U0662475

和聲嘗嘗：商周銅器銘文研究文叢

商周青銅食器
自名、定名整理與研究

夏宸溥 ◎ 著

清華大學出版社
北京

内 容 簡 介

本書對青銅器中具有食器功能的器物鼎、鬲、甗、簋、盨、瑚、敦（盍）、豆（鋪）、盂、盆（盞）、匕（匙）的自載器名、修飾語及著録定名進行整理與研究。

首先，對自名中的器名部分，探討其中疑難字詞，涉及如何破讀、名與實是否相符、與傳世文獻的對應關繫等；其次，對自名中的修飾語部分進行分類（一般性、功能性、特徵性），討論字詞含義及其背後反映的銅器的屬性、具體功能與文化内涵；最後，對相應銅器在不同著録中的定名進行整理，并考察青銅食器的定名規律。

本書對青銅食器自名的整理與考釋，有利於推進對相關疑難字詞的認識，對青銅器自名研究有所助益。同時，本書對定名規律、原則的討論，能爲銅器著録中的定名、博物館銅器定名提供一定的參考。

版權所有，侵權必究。舉報：010-62782989，beiqinquan@tup.tsinghua.edu.cn。

圖書在版編目（CIP）數據

商周青銅食器自名、定名整理與研究 / 夏宸溥著. -- 北京 ： 清華大學出版社，2025. 10. --（和聲響響 ： 商周銅器銘文研究文叢）. -- ISBN 978-7-302-68284-4

I. K876.414

中國國家版本館 CIP 數據核字第 202518XX42 號

責任編輯：張維嘉
封面設計：何鳳霞
責任校對：王淑雲
責任印製：劉　菲

出版發行：清華大學出版社
　　　　　網　　址：https://www.tup.com.cn, https://www.wqxuetang.com
　　　　　地　　址：北京清華大學學研大廈 A 座　　　　郵　　編：100084
　　　　　社 總 機：010-83470000　　　　　　　　　　郵　　購：010-62786544
　　　　　投稿與讀者服務：010-62776969, c-service@tup.tsinghua.edu.cn
　　　　　質量反饋：010-62772015, zhiliang@tup.tsinghua.edu.cn
印 裝 者：三河市人民印務有限公司
經　　銷：全國新華書店
開　　本：170mm×240mm　　　印　張：23　　　字　數：446 千字
版　　次：2025 年 10 月第 1 版　　　　　　　印　次：2025 年 10 月第 1 次印刷
定　　價：139.00 元

產品編號：103055-01

"和聲鏐鏐：商周銅器銘文研究文叢"序

青銅器是人類文明的重要標志，商周時期是中國歷史進程中的重要階段。《左傳·成公二年》記載："名以出信，信以守器，器以藏禮。"器物是禮制的體現方式之一。鑄刻在商周銅器上的銘文，不僅記錄了漢字演變歷史，也承載了中國古代歷史、文化等資訊，具有重要的研究價值。

"和聲鏐鏐：商周銅器銘文研究文叢"第一輯匯集了四本著作。陳琴博士《東周銅器銘文軍事名詞研究》在集釋基礎上，討論東周銅器銘文與軍事建制、軍事職官、軍事物資、軍事賞賜、戰爭物件有關的詞語，訂補《漢語大詞典》《中國古代軍事大辭典》。韓宇嬌博士《曾國銅器銘文整理研究》，編年匯釋曾國銅器銘文，研究曾國及相關歷史問題，依據新材料、新成果，探討"曾隨之謎"等重要問題。趙諺麗博士《商周青銅酒器自名、定名整理與研究》、夏宸溥博士《商周青銅食器自名、定名整理與研究》都研究商周銅器命名，兩位作者在梳理現有數千件商周有銘青銅酒器、食器以後，逐一分析其自名字形、意義，參照已有文獻定名，討論銅器定名。

商周青銅器自名、定名是學者們關注的難題，"自名"是青銅器"自載其名"，自宋代金石學家開始大規模著録銅器圖像、銘文以後，前賢時彦從考古學、博物館學、古器物類型學、古文字學及古文獻學等角度，研究青銅器物自名，爲其定名，碩果累累。我在學習、研究銅器銘文時，也留意銅器自名、定名現象。2008 年，《古文字研究》第二十七輯刊登我撰寫的《釋新刊布應公鼎銘 "🔲"》，小文考釋該器物自名"鼎"前的修飾語爲"簠"。此後，我撰寫了多篇探討青銅器名實問題的文章，《單叔鬲 "🔲" 字及相關問題考釋》（2012 年）分析了 2003 年出土于陝西省楊家村一件西周晚期窖藏青銅鬲的自名"🔲"，結合字形、音讀、辭例等，釋爲"彝"。《談談 "鄫仲監鑑" 器名問題》（2018 年）討論 2006 年陝西鳳翔小沙凹村出土一件青銅器物名稱。學者們曾先後將該器物定名爲 "罍" "瓺" "鑑" 等。通過對器名形體以及器物形制的分析，我們認爲這件器物名稱宜定名爲 "鄫仲監鑑"。《燕國兵器自名 "鈦" 字考釋》（2018 年）討論戰國時期燕國兵器自名 "鈦" 字，有的學者認爲 "鈦" 是 "劍" 的方言詞，有的學者認爲 "鈦" 讀爲 "鍛"，或讀爲 "銛"，或讀爲 "鋏"。我們梳理燕國兵器實物圖片，依據傳世文獻中 "枎—柁" "馱—駝" 等異文及古音關係，分析 "鈦" 讀爲 "鉈"。戰國時期燕國的矛以及由矛演變而成的鈹，都自名爲"鈦"。《燕國兵器自名"鉘"字考釋》（2021 年）聯繫与"鉘"同源的"拂""梻""砩"等詞，分析"鉘"的得名之由與其使用方法、方向相關，"鉘"有橫擊之義。上列文章都從器物自名出發，探討"名從主人""物從中國"等定名原則。

2016—2022 年，我們以吳鎮烽先生《商周金文資料通鑒》爲材料範圍，系統整理商周青銅器六大類的自名、定名。2015 級碩士吳沙沙首先撰寫《商周青銅簠自名、定名研究》，此後碩士生李森、王文文、王爽、趙江寒、范佩瑜等，共同完成了商周青銅水器、樂器等的自名的整理與研究。三位博士生完成了商周青銅兵器、酒器、食器的整理與研究。

感謝、感恩學界前輩、同道的大力支持、指導，在本課題以及碩博士生們論文開題、答辯時，提供了寶貴的建設性意見，"示我周行"，讓我們少走很多彎路。2019 年 6 月 3 日、2020 年 9 月 19 日，我們兩次主辦"商周金文研究"會議，師友們也積極參與，共同研討。

2018 年，我們獲批北京語言大學校級重大基礎研究項目"商周青銅器自名、定名整理與研究"；2019 年，又獲批北京市社會科學基金專案"北京地區三大博物館收藏青銅器自名、定名整理與研究"。項目所劃撥的前期經費，主要用來支持課題組碩博士生的研究，穩定的科研投入，保證了同學們順利完成學業。

2022 年，因爲達到北京語言大學校級重大專案自動結項要求，學校劃撥了後期科研經費。我們決定將此經費用于出版"和聲嗇嗇：商周銅器銘文研究文叢"。因爲宮肇南博士的論文由江蘇省教育廳資助先行出版，所以沒有列入該叢書。陳琴博士的著作在獲批暨南大學科研資助經費後，加入本叢書。韓宇嬌博士在清華大學完成的學位論文《曾國銅器銘文整理研究》，推進了曾國銅器銘文研究，也納入本叢書。

春秋時期徐王子旃鐘有銘："其音嗇嗇（悠悠），䰇（聞）于四方。"馬王堆出土帛書《老子》甲本《道篇》記載："有無（無）之相生也，難易之相成也，長短之相刑（形）也，高下之相盈也，意〈音〉、聲之相和也，先、後之相隋（隨），恒也。"音聲與有無、難易、長短、高下等對立統一的概念，都是永恒存在的。因此，我們用"和聲嗇嗇"命名本叢書，意指四位作者的研究，如同單音與和聲的融合，和諧、悠遠、恒常。

我們非常感謝北京語言大學科研處羅墨懿、曹曉冰兩位老師，她們作爲專案主管，認真負責，關注、推動項目完成。我和清華大學是有緣的，1997 年博士畢業時，我曾聯繫清華大學人文學院，因爲那一年北京語言文化大學計劃成立漢字研究所，所以到了該校。對兩位時任清華大學人文學院和學科負責人的善意，本人至今猶記，至今心存感激。這套叢書能在清華大學出版社出版，真可謂再續前緣。非常感謝清華大學出版社張維嘉編輯，她細緻、專業的編輯工作，使"和聲謦謦：商周銅器銘文研究文叢"得以順利出版。

長路漫漫，關山重重。商周銅器銘文研究任重道遠，我們期待和大家一起潛心耕耘，盡志無悔。

是爲序。

羅衛東

2024 年 12 月

目　　録

第一章 緒 論

1 選 題 緣 起

1.1 食器的自名

1.1.1 自名[①]的定義

"自名"一詞最早見于《禮記·祭統》："夫鼎有銘。銘者，自名也。自名，以稱揚其先祖之美，而明著之後世者也。"這裏的"自名"泛指銅器銘文。

現代所謂"自名"，爲銅器"自載其名"的簡稱，見于王國維[②]《説觥》[③]，容庚《殷周禮樂器考略》也出現"自載之名"一語。[④]又有作"自銘"者，如陳夢家《中國銅器概述》。[⑤]之後學者一般通稱"自名"，如《殷周青銅器綜覽》[⑥]《中國青銅器》[⑦]。朱鳳瀚《古代中國青銅器》曾簡要提及"自名"即"器銘中自稱"。[⑧]陳劍《青銅器自名代稱、連稱研究》[⑨]一文對"自名"作了較爲正式的定義："青銅器的自名，指銘文指稱自身所附着的器物的名稱的那部分內容。"

"自名"，便是青銅器銘文對載其器物的自稱。"自名"真實地反映了鑄器時人們對青銅器的稱謂，是研究青銅器分類的重要參考。

典型的青銅器自名爲"修飾語＋器名"的格式。

（1）器名

"器名"是指在自名中位于"修飾語"之後的青銅器種類的名稱。"器名"包含

---

① "自名"除了銅器自名，還可能有其他材質器物的自名。爲行文簡潔，本書對銅器自名皆簡稱"自名"。"定名"的概念同理。

② 爲行文簡潔，文中學者名後均不加"先生"，絕無不敬之意。

③ 王國維：《説觥》，《觀堂集林》，北京：中華書局，1959 年，第 147 頁。

④ 容庚：《殷周禮樂器考略》，《燕京學報》1927 年第 1 期，第 84 頁。

⑤ 陳夢家：《中國銅器概述》，《海外中國銅器圖錄》第 1 冊，北京：中華書局，第 19 頁。

⑥ 林巳奈夫著，廣瀬薫雄譯，郭永秉潤文：《殷周青銅器綜覽：殷周時代青銅器的研究（第一卷）》，上海：上海古籍出版社，2017 年，第 36 頁。

⑦ 馬承源：《中國青銅器》，上海：上海古籍出版社，1988 年，第 84 頁。

⑧ 朱鳳瀚：《古代中國青銅器》，天津：南開大學出版社，1995 年，第 65 頁。

⑨ 陳劍：《青銅器自名代稱、連稱研究》，《中國文字研究》第 1 輯，南寧：廣西教育出版社，1999 年，第 335 頁。

所有青銅器通用的名稱，如"彝""器"；也有具體青銅器所使用的專稱，如"鼎""鬲"。依據王國維《說彝》的概念即"共名"與"專名"[1]，容庚《殷周禮樂器考略》稱"共名"與"本名"[2]，陳夢家《中國銅器綜述》稱"通用名"與"專名"[3]，張光直《考古分類》則以標準的現代語言學稱法稱"通用名詞""專有名詞"[4]。

（2）修飾語

"修飾語"是指在自名中處于"器名"之前的形容詞，起到說明器物性質、功用或者單純說明器物的寶貴的作用，如"金""行""寶"等。[5]在一些著述中的說法略有不同，如《銅器用途銘辭考辨二題》[6]的"用途銘辭"是"修飾語"裹表明器物用途的一類，包括在修飾語中；《周代青銅容器自名限定語研究》[7]的"自名限定語"與本書"修飾語"的概念是一致的。

另外，對修飾語的範圍應當加以限制，否則會非常繁雜。能獨立修飾器名的單音節詞如"寶""尊""宗""祀"，或者在此基礎上連用形成的并列結構如"寶尊""寶宗""寶祀"是本書所定義的"修飾語"。而偏正結構、起到修飾作用的形容詞，如"某宗""某祀"等，這類形容詞的"某"是對"宗""祀"的修飾，而非對銅器器名的修飾；又如"宗室"這種雙音節詞，以"宗室"代指"宗族""宗廟"，語義中心其實是"宗"，"室"并不能獨立修飾器名；又如一些限定器物安放位置的處所名詞，還有限定器物所屬的人名，都是與器名臨時組合的限定詞，并未常態化爲修飾語。上述之例，都當排除。

1.1.2　食器自名現象

青銅食器的自名從數量來講是諸器類中較多的，《銘圖》[8]《銘續》[9]《銘三》[10]收食器約 7000 件，其中 4417 件有自名。自名的種類也十分複雜多樣。除了使用共名，還存在如下情況：

（1）連稱

"連稱"是指自名中兩個器物專名連用的現象。

---

① 王國維：《說彝》，《觀堂集林》，北京：中華書局，1959 年，第 153 頁。

② 容庚：《殷周禮樂器考略》，《燕京學報》1927 年第 1 期，第 87 頁。又分有"別名"一類。

③ 陳夢家：《中國銅器綜述》，北京：中華書局，2019 年，第 265 頁。

④ 張光直：《考古分類》，《考古學專題六講》，北京：文物出版社，1986 年，第 65 頁。

⑤ 修飾語有時與器名連稱混同，需要加以區別。

⑥ 鄒芙都：《銅器用途銘辭考辨二題》，《求索》2012 年第 7 期，第 109-110 頁。

⑦ 王苛：《周代青銅容器自名限定語研究》，2020 年鄭州大學碩士學位論文。

⑧ 吳鎮烽：《商周青銅器銘文暨圖像集成》，上海：上海古籍出版社，2012 年。爲行文方便，將該書及其續編、三編簡稱《銘圖》《銘續》《銘三》，其他著錄簡稱見書後附《主要書名簡稱對照表》。

⑨ 吳鎮烽：《商周青銅器銘文暨圖像集成續編》，上海：上海古籍出版社，2016 年。

⑩ 吳鎮烽：《商周青銅器銘文暨圖像集成三編》，上海：上海古籍出版社，2020 年。

如𢀛尸鼎（《銘圖》02104，見圖 1）自名"鼎𣪘（簋）"，"鼎""簋"連稱是一種較少見的連稱形式。同器銘還出現兩組自名，從文意來看此器初作爲"尊鼎"，賜予"執亲姒"後用作"寶鼎𣪘（簋）"。

圖 1 𢀛尸鼎

（2）代稱

"代稱"是指以彼類器的專名作爲此類器的自名的現象。

如九月既望盆（《銘三》0624，見圖 2）自名作"寶𣪘（簋）"而器形爲盆。

圖 2 九月既望盆

（3）異稱

"異稱"是指使用疑難字、需要學者考釋以定的自名。

如裏鼎（《銘圖》02065，見圖 3）自名器名爲"碖舵"。又如應侯盨蓋（《銘圖》05504，見圖 4）自名"寶𪗋𣪘（簋）"，修飾語中有一"𪗋"字，曾有多位學者對其進行過考釋，仍未有定論。

圖 3 裏鼎

圖 4 應侯盨蓋

1.2 食器的定名

1.2.1 定名的定義

"定名"一語最早見于《管子·九守》："修名而督實，按實而定名。"可見定名要求"名""實"相符的原則古已有之。

所謂"定名"是後世依據一定的原則爲銅器確定的稱謂。與"自名"相比，"自名"是時人稱謂，"定名"是後人稱謂，時間上存在先後錯位的差別。王國維《説觥》："凡傳世古禮器之名，皆宋人所定也，曰鐘、曰鼎、曰甗、曰敦、曰簠、曰簋、曰尊、曰壺、曰盉、曰盤、曰匜、曰盦，皆古器自載其名，而宋人因以名之者也；曰爵、曰觚、曰角、曰斝，古器銘辭中均無明文，宋人但以大小之差定之。"[①]後人均以"定名"表此概念，這種"定名"其實僅指器類名的定名。

而我們對定名的範疇定義要略大一些。一般標準的定名格式是"限定詞＋器類名"，部分還會在之後附加信息以區別同組器或提供器物信息，爲了加以區別，我們將放在器類名之前的稱爲"前綴限定詞"，之後的稱爲"後綴限定詞"。

（1）前綴限定詞

"前綴限定詞"簡稱"前綴詞"，在"定名"中的位置類似于"自名"中的"修飾語"，一般位于"器類名"之前，是"定名"中用于區別同類器的形容詞，其要素一般來源于器物銘文與形制，在不同著録、文章中呈現的組合是十分多樣的。陳英杰《談青銅器"私名"的定名問題》[②]的"私名"，與本書所説的"前綴詞"範疇相合。

（2）器類名

"器類名"則是器物的專門稱謂，用于區別不同器類的器物，位于"前綴限定詞"之後。"器類名"需要綜合銘文、傳世與出土文獻記載、器物組合、器物形制等因素來確定，不過最主要的依據仍是器物的自名。部分論文如《西周食器稱謂及用途研究》[③]《東周青銅食器稱謂與功用整理研究》[④]所用的"稱謂"一詞，其範疇與本書所謂器類名相當。[⑤]

（3）後綴限定詞

"後綴限定詞"簡稱"後綴詞"，是位于"定名"末尾、對器物所作的説明性

---

① 王國維：《説觥》，《觀堂集林》，北京：中華書局，1959 年，第 147 頁。

② 陳英杰：《談青銅器"私名"的定名問題》，《青銅器與金文》第 5 輯，上海：上海古籍出版社，2020 年，第 109-116 頁。

③ 張芳：《西周食器稱謂及用途研究》，2018 年吉林大學碩士學位論文。

④ 李琦：《東周青銅食器稱謂與功用整理研究》，2019 年吉林大學碩士學位論文。

⑤ 這兩篇論文研究的主要是自名與器類名的定名，并未討論限定詞的定名。

限定詞。銅器銘文中也有在器名之後加 "蓋"，或者在銘文末尾加族徽等信息的例子，與後綴詞的作用是類似的。後綴限定詞要素種類比較少，一般有 "序號" 和 "器、蓋" 兩種，"序號" 一般起到對同組、同類的多件器物作區分的作用，而標明 "器" "蓋" 則是爲了對分體有蓋器物的器與蓋作區分。

　　如《銘圖》05682 定名爲 "師克盨蓋" 的器物（見圖 5），其構成爲 "師克（前綴詞）＋盨（器類名）＋蓋（後綴詞）"，而此器《金文總集》定名爲 "師克旅盨一"，構成是 "師克旅（前綴詞）＋盨（器類名）＋一（後綴詞）"，因師克盨一式三件，另兩件有器、蓋，此器僅有蓋，《銘圖》于後綴詞處標明器蓋，《總集》則將三器排列成序。

圖 5　師克盨蓋

1.2.2　食器定名情況

　　（1）定名之難

　　食器的定名，首先是器類名的確定，存在諸多爭議。容庚《商周彝器通考》云："商器銘文簡質，不著器名，只稱共名曰尊，曰彝，曰尊彝。今之所見，以酒器爲多。……周初之器，雖間仍殷舊，以尊彝稱，然漸著器名……皆自載其名而因以名之者也。春秋以後，形制漸變，無銘者亦多，於是定名復感困難。"[①]

　　另外，各類著錄所使用的限定詞、隸定方式等也不盡相同，缺乏統一標準。觀歷代銅器著錄，限定詞種類大致有 "朝代" "國別" "人名" "作器動詞" "修飾語" "材質" 等，各家有各家的定法，致使跨文獻對照困難，查檢十分不便。

　　（2）諸家食器分類與本書擬采用之分類

　　銅器器類名之定自宋人始。呂大臨《考古圖》十卷，前三卷錄食器，曰 "鼎" "鬲" "甗" "簋" "敦" "簠" "𠤎" "匜" "匦" "鋪"。[②]不過本書所謂 "食

<hr>

　　① 容庚：《商周彝器通考》，臺北：大通書局，1973 年，第 20 頁。
　　② 呂大臨：《考古圖》，清乾隆四十六年四庫全書文淵閣書錄錢曾影鈔宋刻本，《金文文獻集成》第 1 冊，北京：綫裝書局，2005 年。

器"的分類，是基于銅器的功能進行的劃分。宋人只是大致地將用途相近的器物歸入同卷，未能有意識地按照銅器的功能分爲"食器""酒器""水器"等。自宋至清著錄的分類，也未有較大的體系改動，詳見後文綜述。科學地按照功能對銅器進行分類，始于民國時期。

陳夢家《中國銅器綜述》將銅器按用途分爲"日常用器""祭祀用器""陪葬用器"，將食器劃歸"禮器"一類，下分"烹飪器""盛食器""調挹器"，有"鼎""鬲""甗""段""盨""簋""豆""敦""匕"九類。[①]

容庚《殷周禮樂器考略》[②]與之後的《商周彝器通考》，是現代銅器分類學的奠基之作。《通考》分食器爲"鼎""鬲""甗""簋""簠""盨""敦""豆""盧""鐎""俎""匕"，將陳夢家所謂"段或敦的蓋子"[③]——"鐎""飯器"之"盧"、盛肉之"俎"各單列一類，將"盂""盆"劃歸水器。[④]之後容庚、張維持《殷周青銅器通論》在《通考》基礎上，采用近代自然科學的方法將銅器按功能分爲四部十一門，下據器形分五十類，部分器類下分屬。其中"食器部"分"烹煑器門""盛食器門""挹取器門""切肉器門"，烹煮器有"鼎""鬲""甗"，盛食器有"簋""簠""盨""敦""豆""盧"，挹取器有"匕"，切肉器有"俎"。[⑤]

林巳奈夫《殷周青銅器綜覽》依據器物自名，對食器的劃分更加細緻，分爲：

烹煮器："鼎""方鼎""鬲、鬲鼎""甗""釜、錡"；

盛食器："簋""盂""盆（甑)""盨""簠""敦""盛""豆""鉶""俎"；

挹取器："匕""枇""畢"。[⑥]

朱鳳瀚《中國青銅器綜論》分銅器爲六大類，第一類爲"容器"，中有食器，分爲：

烹煮與盛食器："鼎""鬲""甗""簋""簠""盨""敦""豆"；

挹取器："匕"；

切肉器："俎"。[⑦]

① 陳夢家：《中國銅器綜述》，北京：中華書局，2019 年，第 130-144 頁。
② 容庚：《殷周禮樂器考略》，《燕京學報》1927 年第 1 期。
③ 陳夢家：《中國銅器綜述》，北京：中華書局，2019 年，第 142 頁。
④ 容庚：《商周彝器通考》，臺北：大通書局，1973 年，第 21-22 頁。
⑤ 容庚、張維持：《殷周青銅器通論》，北京：文物出版社，1984 年，第 25 頁。
⑥ 林巳奈夫著，廣瀬薫雄譯，郭永秉潤文：《殷周青銅器綜覽：殷周時代青銅器的研究（第一卷）》，上海：上海古籍出版社，2017 年，第 37 頁。
⑦ 朱鳳瀚：《中國青銅器綜論》，上海：上海古籍出版社，2009 年，第 83 頁。初版見 1995 年《古代中國青銅器》。

　　吳鎮烽《商周青銅器銘文暨圖像集成》將食器分爲“鼎”“鬲”“甗”“簋”“盨”“簠”“敦、盞”“豆、鋪”“盂”“盆”“匕、俎”，其中將“豆、鋪”“盆、盞”“匕、俎”并爲一類。①

　　李零《商周銅禮器分類的再認識》將食器分爲兩類：

　　肉食器：煮肉器“鼎”“鬲”；盛肉器“豆”。

　　飯食器：蒸飯器“甗”；盛飯器“簋”“盨”“瑚”“簠”。

　　這種分法將通常稱“簠”的長方形斗狀器改稱“瑚”，而將通常稱“鋪”的鏤空高圈足的豆形器改稱“簠”②，我們認爲是比較科學的稱名與分類。

　　本書擬采用的“食器”的分類，以吳鎮烽《銘圖》的分類爲基礎，參照朱鳳瀚、李零的分類，將食器分爲：

　　烹飪類：鼎、鬲、甗；

　　盛食類：簋、盨、瑚、敦（盞）、豆（鋪）、盂、盆（盞）；

　　食具類：匕（俎）。

2　相關研究綜述

2.1　商周青銅食器的自名研究

　　除了宋、清兩代的金石著録與諸如《兩周金文辭大系圖録攷釋》③《西周銅器斷代》④《西周青銅器銘文分代史徵》⑤《積微居金文説》⑥這類涉及對自名考釋的青銅器與金文研究著作外，專門對自名進行研究的著説也相當繁多，在考釋之前不煩略述一二。

2.1.1　修飾語研究

　　（1）尊

　　金祥恒《釋尊、䙴、![img]、![img]》⑦認爲金文中的“尊器”以盛酒之器、尊大之

---

① 吳鎮烽：《商周青銅器銘文暨圖像集成》，上海：上海古籍出版社，2012 年，凡例第 1 頁。

② 李零：《商周銅禮器分類的再認識》，《中國國家博物館館刊》2020 年第 11 期，第 21-36 頁。

③ 郭沫若：《兩周金文辭大系圖録攷釋》1957 年科學出版社影印本，《金文文獻集成》第 21 册，北京：綫裝書局，2005 年。

④ 陳夢家：《西周銅器斷代》，北京：中華書局，2004 年。

⑤ 唐蘭：《西周青銅器銘文分代史徵》，北京：中華書局，1986 年。

⑥ 楊樹達：《積微居金文説》卷四，北京：中國科學院，1952 年。

⑦ 金祥恒：《釋尊、䙴、![img]、![img]》，《中國文字》第 23 册，臺北：臺灣大學文學研究室，1966 年，合集第 2739-2762 頁。

義釋之均不辭，當釋"奠"。馬薇廎《彝銘中所加于器名上的形容字》[①]將銅器銘文的修飾語分爲五類（祭享、食糧、軍旅、專器、其他用詞），并對諸如"奠（尊）""饎""饋（餴）""盨""甾（鬲）"等食器的修飾語作了考釋。

黃盛璋《釋尊彝》[②]認爲修飾語"尊"不可釋爲"奠"，尊器最初可能是行禮時不搬動之器，後意義弱化等同于寶器，與用途無涉。《釋旅彝》[③]認爲旅彝意義爲可移動之器，與行彝在時間上有先後更替的關繫，以"旅"修飾的器以盨爲多，多是外出所必需之器。

徐正考《殷商西周金文"陣（尊）"字正詁》[④]認爲"尊"是動詞，"有奉獻、登進之義，在銘文中充當動詞性修飾語"。趙平安《跋〈虢叔尊〉》[⑤]仍認爲銅器自名中的"奠彝"，"奠"實爲修飾語，是祭奠、奉獻之義，作器名時則只可理解爲器物通名。

（2）饋、飤

張政烺《卲王之諹鼎及簋銘考證》[⑥]考卲王之諹鼎自名"饎鼎"，"饎"字并非"饋"，而當從食從賁，"賁"字上"甾"下"鼎"，當是"甎"字，而曾者子鼎修飾語"鬵"釋爲"淄"，假爲"甎"。"饎鼎""載鼎""淄鼎""甎殷"音義俱同。而簋銘"盧厴"讀作"薦殷"。

張聞捷《東周飤器組銅器研究》[⑦]結合器物出土地與年代分布情況，對食器修飾語"饋""膳""飤"的含義與功能作了考證。認爲"饋"本義與蒸煮穀物有關，到西周晚期已泛指奉食、饋食之義，"膳""飤"意義與"饋"相類，不過在使用上有更強的地域性特徵。

（3）鬵

吳振武《釋鬵》[⑧]認爲金文自名中的"鬵"字當從"ㄟ"，重"鬲"聲，讀爲

① 馬薇廎：《彝銘中所加于器名上的形容字》，《中國文字》第 43 册，臺北：臺灣大學文學研究室，1973 年，合集第 4675-4695 頁。

② 黃盛璋：《釋尊彝——奠器説正謬》，《歷史地理與考古論叢》，濟南：齊魯書社，1982 年，第 337-344 頁。原載《考古通訊》1958 年第 1 期。

③ 黃盛璋：《釋旅彝——銅器中"旅彝"問題的一個全面考察》，《中華文史論叢》第 10 輯，上海：上海古籍出版社，1979 年，第 105-120 頁。又載《歷史地理與考古論叢》，濟南：齊魯書社，1982 年，第 345-365 頁。

④ 徐正考：《殷商西周金文"陣（尊）"字正詁》，《古漢語研究》1999 年第 1 期，第 75 頁。

⑤ 趙平安：《跋〈虢叔尊〉》，《古文字研究》第 25 輯，北京：中華書局，2004 年，第 186-188 頁。

⑥ 張政烺：《卲王之諹鼎及簋銘考證》，《"中央"研究院歷史語言研究所集刊》第 8 本第三分，北京：商務印書館，1939 年，第 371-378 頁。

⑦ 張聞捷：《東周飤器組銅器研究——兼論周代青銅器稱名制度的變化》，《考古與文物》2017 年第 3 期，第 78-87 頁。

⑧ 吳振武：《釋鬵》，《文物研究》第 6 輯，合肥：黃山書社，1990 年，第 218-223 頁。

"歷",用爲"列",表陳列義。黃錦前《釋疇》①認爲"鬺"與古"邑"字結構相類,將此字釋爲"鑄",讀作"疇"。鄧佩玲《銅器自名前修飾語"鬺"字試釋》②認爲此字即《説文解字》中的"鬺",因爲涉及肉食器與飯食器,不可一并視爲炊粥器,從字音上尋迹可讀爲"延",有鋪陳、陳列義。李零《丽器考》③認爲此字可能讀"丽","鬺"字之兩"鬲"與"麗"字上部所從"丽"頗相似,疑"丽"當本就是兩鬲之形,此處用作修飾語表示偶器。鄔可晶《金文"儔器"考》④同樣認爲"鬺"字與"邑"字結構相似,當讀爲"儔",本義爲"仇匹""匹敵"之義,用自名修飾語表器物器蓋相配。

(4)從、行

龔自珍《説宗彝》⑤曾論及"宗彝"一語的含義。"宗"爲宗廟,"彝"爲"百器之總名",并分析了其用途。認爲修飾語"從",義與"征"同,曰"以別於居器"。

鄒芙都《銅器用途銘辭考辨二題》⑥分析了修飾語"弄"與"行",認爲"弄"并非"把玩""玩弄"之義,而意爲"珍""寶","弄器"當爲珍貴的青銅禮樂重器。而"行器"用途多樣,尚待考察。

楊華《"大行"與"行器"》⑦認爲自名爲"行器"的除了征行,也與遣器有關。吳鎮烽《論青銅器中的"行器"及其相關器物》⑧觀點則更加絶對,認爲自名爲"行器"的器物都是隨葬品,而與所謂征行没有聯繫。吳先生正式發表的論文《試論古代青銅器中的隨葬品》⑨也進一步討論了銅器表隨葬的自名用字"行""從""走""葬"等,討論了其功用、使用時期與地區。

雒有倉《説"從彝"及其相關問題》⑩統計了 111 件自名"從彝"的銅器,認

---

① 黃錦前(網名"贏泉"):《釋疇》,復旦大學出土文獻與古文字研究中心網,2009 年 6 月 6 日。(http://www.fdgwz.org.cn/Web/Show/809)

② 鄧佩玲:《銅器自名前修飾語"鬺"字試釋——兼談"延鐘、反鐘"等辭》,《古文字研究》第 30 輯,北京:中華書局,2014 年,第 200-205 頁。

③ 李零:《丽器考》,《青銅器與金文》第 4 輯,上海:上海古籍出版社,2020 年,第 49-55 頁。

④ 鄔可晶:《金文"儔器"考》,《"古文字與出土文獻"青年學者西湖論壇論文集》,2021 年 5 月,第 1-20 頁。

⑤ 龔自珍:《説宗彝》,《龔自珍全集》,上海:上海人民出版社,1975 年,第 261-262 頁。

⑥ 鄒芙都:《銅器用途銘辭考辨二題》,《求索》2012 年第 7 期,第 109-111 頁。

⑦ 楊華:《"大行"與"行器"——關於上古喪葬禮制的一個新考察》,《湖南大學學報(社會科學版)》2013 年第 2 期,第 88-97 頁。

⑧ 吳鎮烽:《論青銅器中的"行器"及其相關器物》,復旦大學出土文獻與古文字研究中心網,2018 年 9 月 11 日。(http://www.fdgwz.org.cn/Web/Show/4287)

⑨ 吳鎮烽:《試論古代青銅器中的隨葬品》,《青銅器與金文》第 5 輯,上海:上海古籍出版社,2020 年,第 21-46 頁。

⑩ 雒有倉:《説"從彝"及其相關問題》,《古文字研究》第 31 輯,北京:中華書局,2016 年,第 238-246 頁。

爲這一類器物的功能十分多樣，而隨葬器的性質較明顯，有"從祭"或"從葬"的含義。

（5）其他

王子超《媵器試論》①就媵器銘文中"媵"字的詞性、銘文特徵作了討論。陳昭容《兩周婚姻關繫中的"媵"與"媵器"》②考察"媵"字的起源與流變，并分析媵器的使用情況，偏重媵嫁文化方面的討論。

陳英杰《金文釋詞二則》③考金文器名修飾語"𩩍"爲薦熟肉以祭之義，"尊"則由置酒而祭引申出薦獻義，不可與"奠"混同。陳劍《甲骨金文舊釋"𩩍"之字及相關諸字新釋》④認爲甲骨金文中舊釋"𩩍"的字應當釋讀爲"肆"，用在金文中表示"一套、一列（銅器）"義。

何景成《應侯盨"馨簋"解説》⑤討論應侯盨自名"寶䵼簋"，認爲第二字結合吳振武將伯狱簋中"𤔌"字釋爲"馨"，也當釋爲"馨"，從"宀""食""米"，"聖"聲，用以形容黍稷之馨香。

鄧佩玲《古文字"薦"及其相關諸字》⑥論及"薦"字，結合先秦文獻，認爲"薦"用在銅器自名前時，是説明器用的修飾語，表示銅器"具有進獻或者祭獻的用途"；之後又分析了"薦"的字形演變脉絡。

2.1.2 共名研究

王國維《説彝》⑦一文提出了"尊"有"大共名""小共名"與"專名"之別。又根據所見銘文認爲舊金石著録稱"彝"的銅器皆實爲敦。徐中舒《説尊彝》⑧除了討論酒器"尊"外，也討論了通用作食器名的"彝"，認爲其有廣狹二義——廣義之"彝"爲宗廟器之共名，狹義則爲象鳥形器的專稱。

張光直《考古分類》⑨分析了4000多件有銘銅器，利用計算機分析銘文與銅

① 王子超：《媵器試論》，《容庚先生百年誕辰紀念文集》，廣州：廣東人民出版社，1998年，第271-282頁。

② 陳昭容：《兩周婚姻關繫中的"媵"與"媵器"——青銅器銘文中的性別、身份與角色研究之二》，《"中央"研究院歷史語言研究所集刊》第77本第二分，臺北："中央"研究院歷史語言研究所，2006年，第193-278頁。

③ 陳英杰：《金文釋詞二則》，《中國文字研究》第5輯，南寧：廣西教育出版社，2004年，第140-141頁。

④ 陳劍：《甲骨金文舊釋"𩩍"之字及相關諸字新釋》，《出土文獻與古文字研究》第2輯，上海：復旦大學出版社，2008年，第13-47頁。

⑤ 何景成：《應侯盨"馨簋"解説》，《古文字研究》第31輯，北京：中華書局，2016年，第230-237頁。

⑥ 鄧佩玲：《古文字"薦"及其相關諸字》，《青銅器與金文》第1輯，上海：上海古籍出版社，2017年，第204-221頁。

⑦ 王國維：《説彝》，《觀堂集林》，北京：中華書局，1959年，第153頁。

⑧ 徐中舒：《説尊彝》，《"中央"研究院歷史語言研究所集刊》第7本第一分，北京：商務印書館，1936年，第67-78頁。

⑨ 張光直：《考古分類》，《考古學專題六講》，北京：文物出版社，1986年，第65頁。依據前言所述，内容約成于1984年。

器形制的聯繫，認爲"尊、彝、寶彝、尊彝、寶尊彝等屬于通用名"，另外一些專用名則與器形有關，如"車彝、旅彝等名稱多指卣，叫從器的都是食器，偶有酒器"。

杜迺松《金文中的鼎名簡釋》①，考釋了鼎的自名器名與修飾語，認爲"鼎"是此類器物的專名，"彝""䵼""宗"是其共名，十類修飾語如"旅""善""飤""羞""媵"等反映器用，"鬲""鑊""繁""鬲"等則是別名。

2.1.3　專名研究

（1）鼎

唐蘭《壽縣所出銅器考略》②認爲"也鼎"并非指有流鼎，而是形容鼎"窪下深中"，通"于"，"鈕鼎"即"盂鼎"。

陳夢家《中國銅器綜述》③在立足考古器形學分析的基礎上，討論了食器，尤其是鼎的自名異稱的使用情況與意義。提出"牛鼎""羊鼎""豕鼎"是區分鼎之容積的專名，"鼐"是長方形腹之鼎的專名，"礄䵼"是西部地區方言對某種鼎的稱呼，"鬲"通常具有有蓋、曲耳、球腹等特點。《壽縣蔡侯墓銅器》④考察了蔡侯墓出土籩與豆，籩即宋人所謂"鋪"，是豆的一種，與文獻中所謂"豐"有關。另外認爲"鼒"出現在鼎的自名中，西周早期作形容詞，至春秋時已成爲名詞。"鼒"可能是南部諸國方言裏稱一種形制較大的鼎的用語，與鼎是"單個與成組、較大和較小的分別"。自名爲"鼒"，當是平底鼎的稱謂。

郝本性《壽縣楚器集脰諸銘考釋》⑤考釋了壽縣楚幽王墓出土的楚器銘文中出現的"集既""集糈""集醻""集脰"等詞，認爲自名修飾語"脰"由豆實之義而來，引申爲進食之義，在此處當讀作"羞"。

趙平安《金文"礄䵼"解》⑥釋"䵼"爲"鉈"，即"匜"，而"石""礄"當是"庶"的通假字，讀爲"煮匜"。《從語源學的角度看東周時期的一類別名》⑦解釋了子陜□之孫鼎自名"𠙹"當釋爲"覍"，即"弁"字，與脰鼎自名中的"𠙹"同，指一種盛食物的竹器或葦器，用爲鼎修飾語的"綘"類詞也當讀爲

---

① 杜迺松：《金文中的鼎名簡釋——兼釋尊彝、宗彝、寶彝》，《考古與文物》1988 年第 4 期，第 43-46 頁。

② 唐蘭：《壽縣所出銅器考略》，《金文文獻集成》第 22 冊，北京：綫裝書局，2005 年，第 298-299 頁。

③ 陳夢家：《中國銅器綜述》，北京：中華書局，2019 年。

④ 陳夢家：《壽縣蔡侯墓銅器》，《考古學報》1956 年第 2 期，第 95-123 頁。

⑤ 郝本性：《壽縣楚器集脰諸銘考釋》，《古文字研究》第 10 輯，北京：中華書局，1983 年，第 205-213 頁。

⑥ 趙平安：《金文"礄䵼"解——兼及其異構》，《中山大學學報（哲學社會科學版）》1990 年 4 期，第 107-108 頁。

⑦ 趙平安：《從語源學的角度看東周時期的一類別名》，《考古》2008 年第 2 期，第 66-70 頁。

"覍",是江淮流域南方諸國的特殊稱謂,居簋的"銂兒"應是簋的私名而非自名。

謝明文《競之𤭛鼎考釋》①認爲競之𤭛鼎自名"㽄彝鬲靈","㽄"即"𤭛",訓煮,而曾仲姬壺之"酒"則應以"籠統的'祭祀'義來理解"。"鬲"字釋讀遵從吳振武的觀點,而"靈"字則當讀爲"盎"。李家浩《楚王孫鮄兵器與競之鮄鼎》②對于"鬲"字闕釋,認爲"靈"即遣策所記"鑐",當讀爲《玉篇》訓"大鼎"之"鬻"。

(2)鬲、甌

董珊《略論西周單氏家族窖藏青銅器銘文》③考單叔鬲自名"尊𧰲","尊"字右旁中從"豆",爲"尊"異體,"𧰲"爲"象"字,讀音與"鬲"通。黃盛璋《眉縣楊家村迷家窖藏銅器解要》④將"𧰲"字釋爲"豢",假爲"器"。羅衛東《單叔鬲"𧰲"字及相關問題考釋》⑤將此字釋爲"希",在銘文中可讀爲"彝"。

施謝捷《首陽齋藏子犯鬲銘補釋》⑥對子犯鬲自名"𪊽"字作了考釋,認爲當釋爲"䧢",與薦鬲自名"𤭛"、樊君鬲"鬹"同,做器物自名時均是鬲的別稱。郭永秉《釋三晉銘刻"鬲"字異體》⑦釋芮太子伯鬲自名"𤬒"爲鬲字贅加聲符"圭"的異體,樊夫人龍嬴鬲自名"𥝌"内的"土"旁亦是"圭"的訛脱省變之形。

陳英杰《談金文中一種長期被誤釋的象形"甌"字》⑧考黿伯鬲自名"𣇬"字非"鬲"而當爲"甌"字的象形寫法,并列舉鬲、甌金文字形證之。《戰國金文補正三則》⑨考鄆孝子鼎自名末一字非自名"鬲",而是表數目之"兩",讀爲"飤鼎兩"。

崎川隆《關于自名爲"鬻"的青銅器》⑩一文就自名爲"鬻"的5件器物,排

---

① 謝明文:《競之𤭛鼎考釋》,《出土文獻》第9輯,上海:中西書局,2016年,第64-72頁。

② 李家浩:《楚王孫鮄兵器與競之鮄鼎》,《訛字研究論集》,上海:中西書局,2019年,第132-141頁。

③ 董珊:《略論西周單氏家族窖藏青銅器銘文》,《中國歷史文物》2003年第4期,第40-50頁。

④ 黃盛璋:《眉縣楊家村迷家窖藏銅器解要》,《中國歷史文物》2003年第3期,第33-46頁。

⑤ 羅衛東:《單叔鬲"𧰲"字及相關問題考釋》,《古文字研究》第29輯,北京:中華書局,2012年,第295-302頁。

⑥ 施謝捷:《首陽齋藏子犯鬲銘補釋》,《中國古代青銅器國際研討會論文集》,香港:香港中文大學文物館,2010年,第283-290頁。

⑦ 郭永秉:《釋三晉銘刻"鬲"字異體——兼談國博藏十七年春平侯鈹銘的真偽》,《簡帛》第6輯,上海:上海古籍出版社,2011年,第213-219頁。

⑧ 陳英杰:《談金文中一種長期被誤釋的象形"甌"字》,《簡帛》第7輯,上海:上海古籍出版社,2012年,第297-316頁。

⑨ 陳英杰:《戰國金文補正三則》,《古文字研究》第29輯,北京:中華書局,2012年,第434-440頁。

⑩ 崎川隆:《關于自名爲"鬻"的青銅器》,《青銅器與金文》第2輯,上海:上海古籍出版社,2018年,第412-421頁。

除師趛鼎爲仿師趛鼎的僞器，另一件萬觶亦稱"晨"，否定了之前學者認爲"晨"爲"賑"之假借字的觀點，認爲這件器物從尺寸重量上與師趛鬲的足部相似，可能是將大型鬲的足部切割改造而成的器物。

（3）錉

固始侯古堆一號墓出土方豆自名"飤盉"，遣策假作"琦"，是江淮流域的方言稱名。趙彤《方豆考》^①討論了劉家崖楚墓中出土的銅方豆自名爲"盍""錉"，"錉"字當隸定爲"鑑"，是方豆之專稱。劉秋瑞《說"錉"》^②認爲"錉"非如趙彤所說定爲"鑑"，而應當作"杚"，通"卮"。方豆蓋自名爲"卮"，是銅器自名的代稱現象，而遣策中稱"方琦"，可能是與"卮"通假的原因。

（4）孛

孫稚雛《金文釋讀中一些問題的探討（續）》^③認爲子諆盆自名非"寧"字，而當是"皿""于"倒置的"盂"字。還認爲藍田出土的兩件仲其父銅器，自名爲"匿"，從"匸"，"匸"亦聲，是"匡"字的異體，當定名爲"仲其父簠"。

趙平安《金文考釋五篇》^④考釋蘇公簠自名"羊殷"，"羊"指"孛祭"。子諆盞自名"羊"亦"孛"字，與"盞"古音可通。王子申盞自名"盞羊"亦是此字，是連類相及的現象。湯超《試辨盂、羊》^⑤亦將子諆盞自名釋讀爲"盞"。黃錦前《說"盞盂"》^⑥不認同趙平安的觀點，認爲盞器自名"羊"等字仍當釋"盂"，鼎式盞由鼎類發展而來，敦式盞最後發展爲敦，又稱爲"緐鼎""盂""盞盂"等。鄧佩玲《談王子申盞蓋銘文及其拓本》^⑦認爲王子申盞自名當讀爲"盞盂"，是由專名連用構成，類似"羊"的字形皆是"盂"的異寫字。

（5）其他

趙平安《金文考釋四篇》^⑧認爲陳侯午敦器名修飾語"鲜"當釋"鐥"，與"膳"古音相近可通。

---

① 趙彤：《方豆考》，復旦大學出土文獻與古文字研究中心網站，2008 年 1 月 2 日。（http://www.fdgwz.org.cn/Web/Show/289）

② 劉秋瑞：《說"錉"》，《中原文物》2013 年第 2 期，第 48-50 頁。

③ 孫稚雛：《金文釋讀中一些問題的探討（續）》，《古文字研究》第 9 輯，北京：中華書局，1984 年，第 407-419 頁。

④ 趙平安：《金文考釋五篇》，《容庚先生百年誕辰紀念文集》，廣州：廣東人民出版社，1998 年，第 448-454 頁。

⑤ 湯超：《試辨盂、羊》，《金文釋讀與文明探索》，上海：上海古籍出版社，2011 年，第 103-111 頁。

⑥ 黃錦前：《說"盞盂"——兼論楚系盞盂的形態與功能》，《湖南考古輯刊》第 11 輯，長沙：岳麓書社，2015 年，第 260-279 頁。

⑦ 鄧佩玲：《談王子申盞蓋銘文及其拓本》，《青銅器與金文》第 4 輯，上海：上海古籍出版社，2020 年，第 122-133 頁。

⑧ 趙平安：《金文考釋四篇》，《語言研究》1994 年第 1 期，第 180-183 頁。

廣瀨薰雄《淅川下寺 3 號墓出土的"瓮"》[①]認爲楚叔之孫朋鼎自名"興"爲"瓮"字，與"釁（沫）"字構型相似，即洗浴之瓮器。《釋卜鼎》[②]認爲蔿夫人嬭鼎自名"辻鼎"，與"辻缶"同，讀爲"沐鼎"，當是洗浴用的器物。

田率《内史盨與伯克父甘婁盨》[③]在介紹兩件盨器的同時對伯克父甘婁盨自名考釋，認爲其自名"䵼䵼"，"䵼"當讀爲"饙"，"䵼"作修飾詞時通"丕"，在用作器物名時讀爲"盨"，二者古音可旁轉相通。

2.1.4　特殊自名現象研究

趙平安《銘文中值得注意的幾種用詞現象》[④]分析了自名中的"相關替代""同義連用""連類相及"的現象。"相關替代"即銅器"不用本名而用與之相關的其他器種的名稱"，如"盨"稱"簋"，"盤"稱"盂"；"同義連用"即"意義和用法完全相同的詞連接使用"，如作器動詞"作造""鑄爲"等；"連類相及"指把相類的詞語繫聯，只有一部分起表義作用，如"鈴鐘""鼎鬲"等。

陳劍《青銅器自名代稱、連稱研究》[⑤]就銅器自名中出現的代稱、連稱現象作了統計并分析其成因。該文認爲，自名使用連稱、代稱的原因有音近通假（如"軌"借爲"簋"）、保留修飾語省略器名（如"盂鼎"稱"盂"）、形制與功能相近混用（如鼎、鬲、甗三類器互稱）、形制與功能有演變關繫（如盨簋、盞敦）等。同時也依據自名對一些特殊的食器，諸如"盞"自名"鐊鼎"等現象從器形學角度作了解釋，還提出了諸如楚叔之孫倗鼎自名"興"爲"鬲"字繁文等觀點。

2.1.5　綜合研究

張亞初《殷周青銅鼎器名、用途研究》[⑥]對《殷周金文集成》所收的 861 件有自名青銅鼎的自名進行整理，并總結出 16 類自名，考察了其含義與使用情況，是較早的系統整理青銅鼎自名的重要文章。

---

① 廣瀨薰雄：《淅川下寺 3 號墓出土的"瓮"》，《簡帛》第 7 輯，上海：上海古籍出版社，2012 年，第 317-320 頁。

② 廣瀨薰雄：《釋卜鼎——〈釋卜缶〉補説》，《古文字研究》第 29 輯，北京：中華書局，2012 年，第 441-448 頁。

③ 田率：《内史盨與伯克父甘婁盨》，《青銅器與金文》第 1 輯，上海：上海古籍出版社，2017 年，第 418-432 頁。

④ 趙平安：《銘文中值得注意的幾種用詞現象》，《古漢語研究》1993 年第 2 期，第 9-12 頁。

⑤ 陳劍：《青銅器自名代稱、連稱研究》，《中國文字研究》第 1 輯，南寧：廣西教育出版社，1999 年，第 335-370 頁。

⑥ 張亞初：《殷周青銅鼎器名、用途研究》，《古文字研究》第 18 輯，北京：中華書局，1992 年，第 273-296 頁。

　　陳英杰《西周金文作器用途銘辭研究》[①]，以《集成》《近出》及 2007 年版的《商周金文資料通鑒》爲材料，系統整理了西周銅器的"作器用途銘辭"，其第二章第二節第五小節對食器自名作了整理，在自名表注釋中包含了對前人考釋的整理與考證，還對食器修飾語的組合規律作了研究。其後的"用途銘辭"研究也有與食器器名修飾語相通的部分，對修飾語的研究具有重要參考價值。

　　劉樹滿《青銅鬲自名與分類研究》[②]從考古類型學角度分析了使用共名、專名的青銅鬲自名與器形、器用之間的關繫與規律，如自名爲"鍋"的季真鬲爲温煮鬲，自名爲"鬹"的鬲當指器形較大的鬲等。

　　張芳與李琦的碩士學位論文《西周食器稱謂及用途研究》[③]《東周青銅食器稱謂與功用整理研究》[④]分别對西周、東周的食器自名與修飾語作了整理，考釋以整理前人觀點爲主，未涉及食器著録的定名領域。

　　查飛能的博士學位論文《商周青銅器自名疏證》[⑤]涉及對商周青銅食器的自名、專名與修飾語的考釋，對鼎、簋、盨、豆、盆的特殊自名以及意義存在争議的修飾語諸如"鬹"等在疏證的基礎上，提出了自己的觀點。

　　王苛《周代青銅容器自名限定語研究》[⑥]對周代青銅容器自名限定語進行了整理與疏證，并對不同修飾語的使用地區與時間範圍進行了考察。

2.2　商周青銅食器的定名研究

2.2.1　器類名定名研究

　　《博古圖》[⑦]對食器的定名有過相關總説，是較早的對銅器分類的系統討論，不過多結合經典記載，而非器形實物。《鼎·揔説》云"牛鼎、羊鼎、豕鼎又各取其象而飾焉""圓弇上謂之鼐"。《敦·揔説》云："敦者以制作求之，則制作不同。上古則用瓦，中古則用金，或以玉釋，或以木爲；以形器求之，則形器不同。設蓋者以爲會，無耳足者以爲廙，或與珠盤類，或與簠簋同；以名求之則名不同。或以爲土簋，或以爲玉盨；以用求之則用不同。或以盛盉，爲尸盟者之所執。或以盛黍稷，爲内宰之所賚；以數求之，則數不同。明堂位曰有虞氏之兩

① 陳英杰：《西周金文作器用途銘辭研究》，北京：綫裝書局，2008 年。

② 劉樹滿：《青銅鬲自名與分類研究》，《考古與文物》2017 年第 2 期，第 62-72 頁。

③ 張芳：《西周食器稱謂及用途研究》，2018 年吉林大學碩士學位論文。

④ 李琦：《東周青銅食器稱謂與功用整理研究》，2019 年吉林大學碩士學位論文。

⑤ 查飛能：《商周青銅器自名疏證》，2019 年西南大學博士學位論文。

⑥ 王苛：《周代青銅容器自名限定語研究》，2020 年鄭州大學碩士學位論文。

⑦ 王黼等：《博古圖》，清乾隆十八年天都黄晟亦政堂修補明萬曆二十八年吴萬化寶古堂刻本，《金文文獻集成》第 1-2 册，北京：綫裝書局，2005 年。

敦。小宰則曰主婦執一金敦黍。"《簠簋豆鋪揔説》云"簠盛加膳，簋盛常膳，皆熟食用匕之器""簠之器方而鋪之器圓，又自與豆、登略無少異"。《鬲鍑揔説》云"鼎取其鼎盛，而鬲言其常飪""若鍑之爲器則資以熟物……特適時所用，非以載《禮》"。

《綴遺齋彝器考釋》①卷首有《彝器説》三篇。上篇《攷器》强調了器物形制對器物自名、定名考釋的重要性，曰："蓋古人制器，尚象一名一物，具有精意。如鼎、尊、壺、卣、敦、匜、甗、鬲、戈、戊之屬，其文各象其器之形。……不見瑚梿之制則不知《論語》包咸注之謬，不見簠、簋方圓之制則不知許、鄭異同、得失之辨……不見彝、敦方臺之制則不知《周禮》'六彝'有'舟'之義，不見彝器觚棱之制則不知銘文'尊'旁加'皀'爲象形……"

關于"簠""鋪"之論，阮元《積古齋鐘鼎彝器款識》②指出，《左傳·哀公十一年》"胡簋"即"簠簋"，《禮記·明堂位》"殷之六瑚"，"瑚""簠"爲一器之異名。陸懋德《瑚梿考》③亦認爲《論語·公冶長》所謂"瑚梿"之"瑚"是簠的古文"医（匠）"的訛誤，而"梿"則是"甌（簋）"之訛誤。楊樹達《釋簠》④承襲這一觀點，認爲許慎《説文解字》對簠、簋方圓的記載有誤，鄭玄注《周禮·地官·舍人》"方曰簠，圓曰簋"爲確。他還指出《説文解字·皿部》"盨"字爲"匠（簠）"之或體。唐蘭《略論西周微史家族窖藏銅器群的重要意義》⑤認爲"簠"當是宋以來所謂"鋪"的本字，是《説文》所描述的"黍稷圓器"，而舊稱"簠"銘文當作"匡""匠"，是"瑚"的本字。高明《盨、簠考辨》⑥贊同并補充傳世文獻材料證明"梿"確是"甌"之誤，也認爲宋人所定"簠"非這類器物的本名。該字當本作"盨"，而"簠"則應當是"鋪"。何琳儀、黃錫全《"瑚梿"探源》⑦結合考古出土的一組六件器，其中簋、壺、罍、鬲自名"医聯"，本是兩種器名，後詞義擴大爲銅器的泛稱。劉翔《簠器略説》⑧持

---

① 方濬益：《綴遺齋彝器考釋》1935 年商務印書館石印本，《金文文獻集成》第 14 册，北京：綫裝書局，2005 年。

② 阮元：《積古齋鐘鼎彝器款識》卷七，嘉慶九年（1804 年）自刻本，《金文文獻集成》第 10 册，北京：綫裝書局，2005 年，第 160 頁。

③ 陸懋德：《瑚梿考》，《齊大國學季刊》新第 1 卷第 1 期，1940 年。

④ 楊樹達《釋簠》，《積微居小學述林全編》，上海：上海古籍出版社，2007 年，第 17-18 頁。

⑤ 唐蘭：《略論西周微史家族窖藏銅器群的重要意義——陝西扶風新出墻盤銘文解釋》，《文物》1978 年第 3 期，第 21-22 頁。類似觀點亦可見《〈五省出土重要文物展覽圖録〉序言》，《唐蘭全集》第 3 册，上海：上海古籍出版社，2015 年，第 989 頁。

⑥ 高明：《盨、簠考辨》，《文物》1982 年第 6 期，第 70-73 頁。

⑦ 何琳儀、黃錫全《"瑚梿"探源》，《史學集刊》1983 年第 1 期，第 68-70 頁。

⑧ 劉翔《簠器略説》，《古文字研究》第 13 輯，北京：中華書局，1986 年，第 458-463 頁。

反對意見，認爲簠本名爲"医"，并不是"盨"。龍宇純《説簠臣𣪊匤及其相關問題》[1]從古音學角度證明"𣪊""匤"爲"害"字，與"臣"爲語轉，故"臣""瑚"等實爲同字異稱。而"瑚璉"之"璉"，可能是由如"匤"的字形誤讀爲"輦"而來，"匤""臣"同實異名，孔子連用之。朱鳳瀚《中國青銅器綜論》[2]亦對高明與何琳儀的觀點提出疑問，如與文獻難合、"鋪"不便盛黍稷等，因而仍將長方形斗狀器稱爲"簠"。李學勤《青銅器中的簠與鋪》[3]指出鋪類器盤淺而不適于裝稻粱，與文獻記載不符，同時長方形有蓋器的自名與"簠"古音通假，而銘文亦常有"用盛稻粱"一類語，而所謂"鋪"，可能是文獻中的"籩"，自名偶然與"簠"相近而已。而李剛《盨、簠補釋》[4]以新出土的彭子射兒盨爲據，認爲自名爲"臣""匤"等的銅器當定名爲"盨"，自名爲"甫""箪"的銅器才是"簠"，是與豆相似的圓形。趙平安《盨、鋪再辨》[5]一方面提出銅器定名"當以器物自名爲主，以傳世文獻爲輔，當兩者發生衝突時，一般當以出土文獻爲主導，梳理紛亂，厘清真相"；另一方面認爲許慎釋簠爲"黍稷圓器"，因爲"簠"字是鏤空高圈足豆形器"鋪"，而後所舉古文"医"則是誤舉了長方形斗狀、器蓋同形器的自名，高圈足豆形器當定名爲"鋪"，長方形斗狀器當定名爲"盨"。石小力《東周金文與楚簡合證》[6]第三章則再次討論了這一問題，并認爲"簠""胡""盨"便是銅器中自名爲"臣"的長方形有蓋器，"鋪"器則相當于文獻中的"籩"。

　　關于"敦""簋"之別，黃紹箕《説𣪊》[7]首次將舊稱"敦"之"𣪊"釋爲"簋"，并以字形、古音、文獻、器形爲輔證。然關于舊稱"簋"之盨器，王懿榮《翠墨園語》跋云"吾欲爲之説而不得也"。徐中舒《陳侯四器考釋》[8]補正容庚《殷周禮樂器考略》對陳侯午鎛自名"鎛"誤釋"簋"之失，并認爲盨爲後世之"桮"的前身。同時指出該器修飾語當釋"鍊"，即"庚"，有"坳坎窊下"之

　　① 龍宇純：《説簠臣𣪊匤及其相關問題》，《"中央"研究院歷史語言研究所集刊》第 64 本第四分，臺北："中央"研究院歷史語言研究所，1993 年，第 1025-1046 頁。

　　② 朱鳳瀚：《中國青銅器綜論》，上海：上海古籍出版社，2009 年，第 139-140 頁。觀點出自 1995 年版《古代中國青銅器》。

　　③ 李學勤：《青銅器中的簠與鋪》，《中國古代文明研究》，上海：華東師範大學出版社，2005 年，第 76-81 頁。

　　④ 李剛：《盨、簠補釋》，《古文字研究》第 29 輯，北京：中華書局，2012 年，第 367-372 頁。

　　⑤ 趙平安：《盨、鋪再辨》，《古文字研究》第 31 輯，北京：中華書局，2016 年，第 226-229 頁。

　　⑥ 石小力：《東周金文與楚簡合證》，上海：上海古籍出版社，2017 年，第 100-140 頁。

　　⑦ 黃紹箕：《説𣪊》，收于《翠墨園語》，《叢書集成續編》第七十二册，上海：上海書店出版社，1994 年，第 607 頁。

　　⑧ 徐中舒：《陳侯四器考釋》，《"中央"研究院歷史語言研究所集刊》第 3 本第四分，北京：商務印書館，1933 年，第 479-506 頁。

意，與陳侯午錞合兩半圓器而成之形相符。容庚《商周彝器通考》^①下編在論及食器的盨一節中則明確了盨器的形制。

劉淵臨《甲骨文中的"鬲"與"甗"》^②根據甲骨文、金文字形與出土器物形制，比較了鬲與甗的區別及其在文字中與器形不符的原因。認爲"鬵"與"甑"是一字，"甑""甗"形制大抵相同，"鬲""甗"之形亦相近，所別在器之大小與底之有無。

俞偉超、高明《周代用鼎制度研究（上）》^③認爲"鑊"是鼎屬，本爲烹牲之器，後因爲竈的發達，三足炊具變爲無足的釜，漢因而用"釜"釋"鑊"。自名爲"盂鼎""錳""鼒""黄鑊"等均是這種鑊鼎，"鑊""鼒"是音義相同的異體。

劉彬徽《楚國青銅禮器初步研究》^④主張與圈足簋相似而無足的自名爲"盆""盂""盝"的器物，不宜稱簋，而以稱"盆""盝"合適。楚地出土的自名爲"盞"的器物可依據其自名定爲"盞"，而不必再與簋、敦混稱。同人所作陳侯午敦、簋，器形、自名均不同，因而不可把簋、敦看成同種器物在不同時代的産物。劉彬徽《東周時期青銅敦研究》^⑤認爲"敦""盞""盌""盂"均爲同義字，"敦"爲盆體敦和圓體敦的共名，"盞"爲楚地區域性名稱。彭裕商《東周青銅盆、盞、敦研究》^⑥認爲盞、敦承襲自盆器，器物自名上呈現地域化特徵，"盝"是中原文化的稱謂，楚地或稱"盆""盂"，楚地一律稱盞、敦爲"盞"而齊魯一律稱盆、盞、敦爲"敦"。

陳昭容《從古文字材料談古代的盥洗用具及其相關問題》^⑦，搜集了淅川下寺楚墓出土水器的自名并討論其分類與器用。雖是水器，但是涉及了《銘圖》劃分爲食器的晋公盝（《銘圖》06274）與自名爲"渜鼎""浴鼏"的楚叔之孫佣鼎（《銘圖》01843、01844）。認爲盆可當食器或水器，"盝"以晋公盝爲典型，根據銘文是儲水爲鑑或潔净之用。陳氏還將"湯鼎"專門分出作爲一類，根據烟炱分析當是加熱器具，與盂同劃至溫水器下。

① 容庚：《商周彝器通考》，臺北：大通書局，1973年，第360頁。

② 劉淵臨：《甲骨文中的"鬲"與"甗"》，《"中央"研究院歷史語言研究所集刊》第43本第四分，臺北："中央"研究院歷史語言研究所，1971年，第727-748頁。

③ 俞偉超、高明：《周代用鼎制度研究（上）》，《北京大學學報（哲學社會科學版）》1978年第1期，第84-98頁。

④ 劉彬徽：《楚國青銅禮器初步研究》，《中國考古學會第四次年會論文集》，北京：文物出版社，1985年，第108-122頁。

⑤ 劉彬徽：《東周時期青銅敦研究》，《湖南博物館文集》，長沙：岳麓書社，1991年，第28-35頁。

⑥ 彭裕商：《東周青銅盆、盞、敦研究》，《考古學報》2008年第2期，第175-194頁。

⑦ 陳昭容：《從古文字材料談古代的盥洗用具及其相關問題——自淅川下寺春秋楚墓的青銅水器自名説起》，《"中央"研究院歷史語言研究所集刊》第71本第四分，臺北："中央"研究院歷史語言研究所，2000年，第857-904頁。

　　杜迺松《青銅匕、勺、斗考辨》①結合器形、自名討論了匕、勺、斗的性質、功能、定名和形制的演變。認爲"枓"是匕的一種，用來扱醴及羹，除此之外的匕可以取黍稷或者牲肉，而匕不可以統稱爲"勺"。扱取部分内凹，可以扱取酒或羹的匕才能稱"勺"，即"枓"。而扱取酒的勺亦可稱爲"斗"。

　　張亞初《商周卣壺考述》②在反駁區分壺與卣主要靠有無提梁的觀點時，提出器物的分類定名，應主要着眼于器物的主體部分。王輝《卣之定名及其他》③考察了宋人、今人對卣器的定名方法，結合出土文字、傳世文獻對卣器的器形和分類作了考訂，文中提到："人們習慣上是依據器物形制來定名的……青銅器由于代稱和連稱的類化現象，自名情況比較複雜，在定名時應審慎對待。"

　　李零《商周銅禮器分類的再認識》④討論青銅食器的自名、定名分類問題，認爲尊、彝是祭器通名，上蔡郭莊楚墓出土自名爲"鬵鼺"的鼎，"鼺"可能與"臑"有關。盨屬方簋類，舊釋"簠"之器當爲"瑚"，而"簠"則是豆形器。

　　另外還有張懋鎔及其學生所作的系列研究《兩周青銅盨研究》⑤《商周青銅甗初論》⑥《商周青銅鼎研究》⑦《青銅鬲命名問題述略》⑧等，已出版的有《中國古代青銅器整理與研究》系列中的《青銅豆卷》⑨《青銅敦卷》⑩《青銅簋卷》⑪《青銅簠卷》⑫，側重從考古器形學角度對銅食器的形制分類與演變脉絡進行研究，其中自名作爲器類名定名的參考依據有所提及。

　　李樹浪等撰《商周青銅禮器定名與自名研究》⑬以自名帶專名的青銅器爲研究材料，對相應的器物進行考古類型學的分析，以確定其專名是否與器形相符，以爲器物的器類名之定名提供參考標準。在分析器物專名時，也涉及對器名修飾語的簡要疏證。

　① 杜迺松：《青銅匕、勺、斗考辨》，《文物》1991 年第 3 期，第 61-67 頁。

　② 張亞初：《商周卣壺考述》，《容庚先生百年誕辰紀念文集》，廣州：廣東人民出版社，1998 年，第 360-370 頁。

　③ 王輝：《卣之定名及其他》，《容庚先生百年誕辰紀念文集》，廣州：廣東人民出版社，1998 年，第 371-388 頁。

　④ 李零：《商周銅禮器分類的再認識》，《中國國家博物館館刊》2020 年第 11 期，第 21-36 頁。

　⑤ 張懋鎔：《兩周青銅盨研究》，《考古學報》2003 年第 1 期，第 1-28 頁。

　⑥ 張静：《商周青銅甗初論》，西北大學碩士學位論文，2002 年。

　⑦ 梁彦民：《商周青銅鼎研究》，陝西師範大學博士學位論文，2012 年。

　⑧ 喬美美：《青銅鬲命名問題述略》，《咸陽師範學院學報》2013 年第 5 期，第 85-88 頁。

　⑨ 張翀：《中國古代青銅器整理與研究·青銅豆卷》，北京：科學出版社，2015 年。

　⑩ 谷朝旭：《中國古代青銅器整理與研究·青銅敦卷》，北京：科學出版社，2016 年。

　⑪ 任雪莉：《中國古代青銅器整理與研究·青銅簋卷》，北京：科學出版社，2016 年。

　⑫ 胡嘉麟：《中國古代青銅器整理與研究·青銅簠卷》，北京：科學出版社，2018 年。

　⑬ 李樹浪、郭凱、孫海寧、向野：《商周青銅禮器定名與自名研究》，成都：四川大學出版社，2021 年。

2.2.2 定名方法論研究

杜廼松《談銅器定名中的一些問題》①提及器物定名缺少一個明確的共同遵循的原則，因爲器物的自名有地域性，因而不能作爲唯一參照。之後又在《青銅器定名的幾個理論問題》②中探討了定名的一般原則，不可拘泥于"名從主人"，如"銅器自名名稱與器形矛盾，要依器形的常規叫法"等。

張振林《關于更正器名的意見》③提及文物考古定名的慣例，"通常是根據古文獻和古文物自名，按照約定俗成的原則而定名的"。新出土的無自名器，若主要特徵與已定名的器物相同，不能因形態上的次要特徵而改稱他器。

張光裕《從⧈字的釋讀談到盨、盆、盂諸器的定名問題》④提出所謂青銅盆當皆稱"盨"，列舉了青銅盨的自名，作"盂""盆""鑐""⧈"。其中"⧈"字張先生釋爲"盂"，繼而討論了自名爲"盂"的器物實際不是盂，定名當不僅僅依照"名從主人"的原則，也當根據器形、傳統舊名來擬定。無自名和無銘的盨形器，以及使用非本名的盨器均當定爲"盨"，以避免同器異名、器物混淆。

林巳奈夫《殷周青銅器綜覽》⑤肯定了以自名爲第一原則，結合文獻與傳統的銅器命名方法，否定了完全不顧銘文和古籍記載的所謂"考古學"分類，并提出了銅器種類命名的四個根據：

（1）依據自名命名；

（2）依據自名以外的確切的根據命名；⑥

（3）雖然缺乏命名的根據，但承襲傳統的稱呼；⑦

（4）也有我們采用的名稱以外的自名。⑧

李零《楚國銅器類説》⑨對楚國銅器的定名分類作了討論，着重考察了鼎的自名"鼏""鼒""鍋""石也""鐈"等與形制的關繫，認爲楚叔之孫佣鼎自名"興"當讀爲《説文解字·爨部》的"𩰚"。還對"盏"的形制作了討論。文章總結了三項定名分類的方法：

---

① 杜廼松：《談銅器定名中的一些問題》，《故宮博物院院刊》1979 年，第 80-85 頁。

② 杜廼松：《青銅器定名的幾個理論問題》，《古文字與青銅文明論集》，北京：故宮出版社，2015 年，第 416-423 頁。原載《中國文物報》1996 年 8 月 14 日。

③ 張振林：《關于更正器名的意見》，《文物》1980 年第 7 期，第 10 頁。

④ 張光裕《從⧈字的釋讀談到盨、盆、盂諸器的定名問題》，《考古與文物》1982 年第 3 期，第 76 頁。

⑤ 林巳奈夫著，廣瀬薰雄譯，郭永秉潤文：《殷周青銅器綜覽：殷周時代青銅器的研究（第一卷）》，上海：上海古籍出版社，2017 年，第 36-37 頁。

⑥ 如禮書和小學書所見器名的注釋。

⑦ 即宋代以來的通例，其來源也是禮書。

⑧ 指器物有不見于禮書的特殊自名。

⑨ 李零：《楚國銅器類説》，《江漢考古》1987 年第 4 期，第 69-78 頁。

（1）未發現自名，暫以形態定名，有自名則名從其主；

（2）如有異名，則加歸并，而以一名統之；

（3）如近親器種名稱互借，則按器形爲歸類。

張亞初《殷周青銅鼎器名、用途研究》[①]提到："正確地確定銅器的類別名稱，既要考慮銅器自名，又要顧及銅器内部的關聯，更要照顧到器物形制。三者不可偏廢。"

朱鳳瀚《中國青銅器綜論》[②]中有一小節討論了青銅器定名的問題，提出最正確妥當的定名是以"器物被使用的時代之名稱爲准"，而文獻往往與器物本身存在誤差，因而依據自名是最爲可靠的。而無自名的器類則多是宋代學者根據禮書、字書所定。對于有爭議的器物，則是約定俗成，以使用率最高，即最常用的名稱定名。

陳雙新《兩周青銅樂器銘辭研究》[③]除了對青銅樂器修飾語"從""寶""行"等進行討論，還對定名有相關論述："確定青銅器的名稱最科學可信的辦法是遵從'名從主人'的原則，即器銘自稱是什麼就定名爲什麼。"[④]

張懋鎔《試論中國古代青銅器器類之間的關繫》[⑤]在總結青銅器之間派生、相生、更替三種關繫後，論及利用這種理論給器物定名的方法。如衛始豆器形爲豆而自名爲"簋"，當依器形而定爲豆器。虢叔盨自名爲"盂"，只是説明了盆盂的更替關繫，并不能將之定爲盆器。銅器分類定名，須綜合考慮器形、銘文、組合等因素。《關于青銅器定名的幾點思考》[⑥]認爲自名爲"䵼簋"的伯湄父器當爲簋而非豆，并分析了豆形簋的形態特徵與演變脉絡。提出青銅器定名"不能孤立地看待某一件器物，必須了解這一類器物發展的全過程，以及它與其他器物的關聯與區別"。《青銅器定名的新方法：組合關繫定名法》[⑦]認爲銅器定名除要依據自名、史籍著録、器形與用途外，還需根據器物在青銅器組合中的相互關繫來定名。

---

① 張亞初：《殷周青銅鼎器名、用途研究》，《古文字研究》第 18 輯，北京：中華書局，1992 年，第 291 頁。

② 朱鳳瀚：《中國青銅器綜論》，上海：上海古籍出版社，2009 年，第 84 頁。觀點出自 1995 年版《古代中國青銅器》。

③ 陳雙新：《兩周青銅樂器銘辭研究》，保定：河北大學出版社，2003 年。

④ 陳雙新：《兩周青銅樂器銘辭研究》，保定：河北大學出版社，2003 年，第 11 頁。

⑤ 張懋鎔：《試論中國古代青銅器器類之間的關繫》，《華學》第八輯，北京：紫禁城出版社，2006 年，第 53-59 頁。

⑥ 張懋鎔：《關于青銅器定名的幾點思考——從伯湄父簋的定名談起》，《文博》2008 年第 5 期，第 19-24 頁。

⑦ 張懋鎔：《青銅器定名的新方法：組合關繫定名法——以青銅卣的定名爲例》，《古文字與青銅器論集》第五輯，北京：科學出版社，2016 年 12 月，第 308-325 頁。

陳英杰《談青銅器"私名"的定名問題》[1]提出將有銘青銅器定名分爲兩個層次，即"類名"與"私名"，提出了私名定名的"兩原則""三特徵"。

李樹浪等《商周青銅禮器定名與自名研究》[2]認爲器物器類名的定名應當依據四條標準：出現時間最早、使用時間最長、使用頻次最高、見于後世字書，其中前三條是最基本的標準。

3 研究目標與思路

3.1 研究目標

本書着眼于青銅食器自名字形，從字形出發，結合器物形制、器形演變、器物功用、文獻記載以及器物組合關繫對青銅食器的自名和定名進行系統整理與研究。本書的主要内容包括青銅食器中有自名的銅器形制圖像及自名拓片資料的收集整理，食器器名及修飾語用字的考釋，青銅食器器類關繫與定名的研究，青銅食器文獻定名的整理，青銅食器限定詞定名原則與標準的討論等。

研究的材料範圍主要是《銘圖》《銘續》《銘三》所收有自名青銅食器 4417 件，其中青銅鼎 1495 件，鬲 431 件，甗 194 件，簋 1615 件，盨 214 件，瑚 298 件，盆 32 件，盂 30 件，敦 34 件，豆、鋪 65 件，匕、俎 9 件。[3]

3.2 研究思路

在總結前人研究的基礎上，我們提出了青銅食器自名、定名研究的思路：

（1）對《銘圖》《銘續》《銘三》中有自名青銅食器信息進行詳盡統計，不僅包括銘文字形，更應該重視器物形制信息，并補充新公布的食器。在整理青銅食器自名材料的基礎上，完成"商周青銅食器自名數據庫"，盡可能完備，力圖使研究更好地反映食器自名問題的全貌。

（2）在熟悉字形和完備材料的基礎上，結合器物形制對食器自名（包括器名和修飾語）進行綜合研究。研究不僅局限于文字考釋，更力求結合青銅器銘

① 陳英杰：《談青銅器"私名"的定名問題》，《青銅器與金文》第 5 輯，上海：上海古籍出版社，2020 年，第 109-116 頁。

② 李樹浪、郭凱、孫海寧、向野：《商周青銅禮器定名與自名研究》，成都：四川大學出版社，2021 年，第 2 頁。

③《銘圖》《銘續》《銘三》收有銘青銅鼎 3034 件、鬲 516 件、甗 323 件、簋 2343 件、盨 214 件、簠 306 件、盆 38 件、盂 35 件、敦 38 件、豆 84 件、匕（俎）25 件，計 6956 件。

文、文獻記載和器物形制、器物出土情況等揭示青銅食器自名中所反映的器物關鍵信息。

（3）整理自宋以來商周青銅食器著録文獻中對食器的定名，歸納器物定名的影響因素，并探討青銅食器定名的原則，所得成果可爲青銅器著録對青銅食器的稱名提供參考。

第二章　商周青銅食器自名器名整理與研究

商周青銅食器的器名按照其泛用性可以分爲"共名"與"專名"兩類。"共名"可以作爲大多數銅器的通稱，具有較强的泛用性，使用時間長、範圍廣。銅器以共名自稱一般不能直接確定其器類，需要綜合形制、書體特徵等信息才能確定是何種器物。"專名"則一般只能作爲一種銅器的專稱，除了用作器類名的專名外，大多數專名泛用性較弱、使用時間較短、範圍較小，不過這類專名可以作爲確定其器類、器形、年代、鑄造地等信息的依據。

本章將對青銅食器器名的共名與各食器類的專名進行考釋。食器器類名與歸并參考《銘圖》，但改原稱"簋"的長方形斗狀、可器蓋相合的黍稷器爲"瑚"；對于同時可作修飾語的器名，也一并于同節處提及，下章修飾語部分不再另列名目；對于同時可作多類器器名的字（"鬵"組）、器名代稱等現象，也在同一節處提及，其他器類下不再重複列名目。

1　共　　名

1.1　彝

（1）自作隰仲寶隮彝。

　　　　　　　　　　　　——自鼎（《銘圖》01709，西周早期）

（2）作寶彝。

　　　　　　　　　　　　——作寶彝鬲（《銘圖》02666，西周早期）

（3）矢伯作旅彝。

　　　　　　　　　　　　——矢伯甗（《銘圖》03251，西周早期）

（4）作從彝。

　　　　　　　　　　　　——作從彝簋（《銘圖》03944，西周早期）

（5）不顯文考厘公隮彝。

　　　　　　　　　　　　——應侯再盨（《銘圖》05639，西周中期）

（6）對揚王休，用作旅鬸彝。

　　　　　　　　　　　　——免瑚（《銘圖》05974，西周中期）

（7）拍作朕配平姬墉宮祀彝。

——拍敦（《銘圖》06073，春秋晚期）

（8）大有功于洛之戎，用作隣猏。

——競之定豆（《銘圖》06150，春秋晚期）

（9）泳作寶隣彝，＾。

——泳盂（《銘圖》06212，西周早期後段）

自名爲“彝”的銅器數量衆多，上僅舉諸食器各一例。

《説文解字·糸部》：“彝，宗廟常器也。從①糸；糸，綦也。廾持米，器中寶也。彑聲。此與爵相似。《周禮》：‘六彝：雞彝、鳥彝、黃彝、虎彝、蟲彝、斝彝。以待祼將之禮。’纛、𢍍，皆古文彝。”“彝”在經典中有“常”義，故舊説以“常”爲自名“彝”之釋義。如《博古圖》曰：“是器鼎也而曰彝。蓋彝言其常。”②

“彝”之字形象雙手捧縛牲以祭祀。對此前人分析甚繁，多分析爲象雙手捧持雞一類禽鳥之形。王筠認爲“彝”字上從“鳥”。③吳大澂引楊沂孫説：“古‘彝’字從‘雞’從‘廾’。‘＾’象冠翼，距形。手執雞者，守時而動有常道也，故宗廟常器謂之‘彝’。”④方濬益認爲字上象雞啄米形。⑤

甲骨文發現後，學者依據“彝”的甲骨文形體更堅定了這一看法。如羅振玉⑥、汪榮寶⑦、商承祚⑧、徐中舒⑨、高鴻縉⑩、加藤常賢⑪、馬薇廎⑫、陳全方⑬、

---

① 原書作“从”，爲行文統一，後文分析文字凡“从某”皆寫作“從某”。

② 王黼等：《博古圖》清乾隆十八年天都黃晟亦政堂修補明萬曆二十八年吳萬化寶古堂刻本，《金文文獻集成》第 1 册，北京：綫裝書局，2005 年，第 327 頁。

③ 王筠：《説文釋例》，武漢：武漢市古籍書店，1983 年，第 277 頁。

④ 吳大澂：《説文古籀補》清光緒二十四年增輯本，《金文文獻集成》第 17 册，北京：綫裝書局，2005 年，第 259 頁。

⑤ 方濬益：《綴遺齋彝器考釋》1935 年商務印書館石印本，《金文文獻集成》第 14 册，北京：綫裝書局，2005 年，第 78 頁。

⑥ 羅振玉：《增訂殷虛書契考釋》，《羅雪堂先生全集三編》册二，臺北：大通書局，1976 年，第 518 頁。

⑦ 李圃主編：《古文字詁林》第 9 册，上海：上海教育出版社，1999 年，第 1265-1266 頁。

⑧ 商承祚：《甲骨文字研究》，天津：天津古籍出版社，2008 年，第 188-189 頁。又商承祚：《説文中之古文考》，上海：上海古籍出版社，1983 年，第 255-256 頁。

⑨ 徐中舒：《説尊彝》，《“中央”研究院歷史語言研究所集刊》第 7 本第一分，北京：商務印書館，1936 年，第 77-78 頁。

⑩ 高鴻縉：《頌器考釋》，臺北：臺灣省立師範大學，1958 年，第 22 頁。

⑪ 周法高、李孝定：《金文詁林補》，臺北：“中央”研究院歷史語言研究所，1982 年，第 3810-3811 頁。

⑫ 馬薇廎：《從彝銘所見彝器之名稱》，《中國文字》第 42 册，臺北：臺灣大學文學研究室，1973 年，合集第 4599-4600 頁。

⑬ 陳全方：《陝西岐山鳳雛村西周甲骨文概論》，《古文字研究論文集》，成都：四川大學，1981 年，第 307 頁。

李孝定[①]、李零[②]等學者，均以“彝”中所從爲捆縛的禽鳥。但是也有異説，如劉節以彝銘中多可有圖騰，認爲“彝”中的鳥類爲周代的圖騰符號象征。[③]唐蘭則認爲“彝”字象雙手捧一頭反縛的豬，是用豬來祭祀。[④]詹鄞鑫認爲“彝”會雙手進獻被砍掉頭的反縛俘虜，本義是獻俘以祭祖。[⑤]徐在國從之。[⑥]

按“彝”字甲骨文多用爲祭祀動詞。從甲骨文形體來看，并不都是縛鳥。如：

《合集》14294 《合集》14295 《合集》36512

《合集》32551 《合集》32360

或正或反被捆縛，其下部弯曲似人之下軀如“女”形，應當是被捆縛的人形，是戰爭後充作奴隸的人。[⑦]其中《合集》32360 省“廾”，依辭例“～于大乙宗”[⑧]可知確是“彝”字。另外《合集》14294、14295 同片甲骨上有“鳳”字作“”“”，則“”形下部之非“鳥”之尾羽甚明。因而詹鄞鑫的説法是有道理的。當然也有似從鳥作者，如《合集》36512 的字形。

而到了金文及簡帛中，“彝”的形體發生了變化。[⑨]如：

（1）（剌壺，《銘圖》04254，商代晚期）

（2）（作從彝簋，《銘圖》03944，西周早期）[⑩]

（3）（玘鼎，《銘圖》02183，西周早期）

（4）（剛爵，《銘圖》08479，西周早期）

（5）（史頌簋，《銘圖》05259，西周晚期）

（6）（姬鼎，《銘圖》02303，西周晚期）

（7）（曾侯瑚，《銘圖》05936，春秋早期）

（8）（宗婦鄁嬰簋，《銘圖》05037，春秋早期）

（9）（曾子仲諆鼎，《銘圖》02214，春秋早期）

（10）（秦公簋，《銘圖》05370，春秋中期）

（11）（鄬子受鐘，《銘圖》15168，春秋中期・楚）

① 李孝定：《金文詁林讀後記》，臺北：“中央”研究院歷史語言研究所，1982 年，第 443 頁。

② 李零：《商周銅禮器分類的再認識》，《中國國家博物館館刊》2020 年第 11 期，第 22 頁。

③ 李圃主編：《古文字詁林》第 9 册，上海：上海教育出版社，1999 年，第 1266-1268 頁。又劉節：《説彝》，《古史考存》，北京：人民出版社，1958 年，第 172-173 頁。

④ 唐蘭：《中國青銅器的起源與發展》，《故宫博物院院刊》1979 年第 1 期，第 7 頁。

⑤ 詹鄞鑫：《釋甲骨文“彝”字》，《北京大學學報（哲學社會科學版）》1986 年第 2 期，第 116 頁。

⑥ 李學勤主編：《字源》，天津：天津古籍出版社，2012 年，第 1153 頁。

⑦ 王志平老師認爲這類從“人”形的“彝”與從“鳥”的“彝”是甲骨文中的繁簡體關繫，也是説得通的。若然，則最早的“彝”都是縛牲了。

⑧ 釋文參考胡厚宣主編：《甲骨文合集釋文》第 4 册，北京：中國社會科學出版社，2009 年，第 1585 頁。

⑨ 舟甗（《銘圖》03219）釋文作“舟作隮彝”，然字形作“”，恐非“彝”字。

⑩ 可據作從彝盤（《銘圖》14351）自名“”補。

（12）▨（競之定豆，《銘圖》06150，春秋晚期）

（13）▨（曾姬無卹壺，《銘圖》12424，戰國中期）

（14）蒸（清華簡五《厚父》簡6）

（15）▨（清華簡五《封許之命》簡6）

自商代晚期有自名銅器出現開始，"彝"字或繁增"糸"表意，所縛之物下有的會增添類似尾部的形體（與《合集》36512 的字形類似），主要是"▨""▨""▨"形，可能反映了當時開始用動物替代人作爲祭祀所用的犧牲，是邁向文明的表現。至于用的是什麽動物，則不好判斷。可以説是鳥尾羽，也可以説是獸足。

"隹"之尾羽一般是豎加兩筆作"▨"（天亡簋，《銘圖》05303），也有三叉作"▨"的（𡧊鼎，《銘圖》02398）。但結合"彝"字上部的形體來看，此動物的頭部與"隹"的頭部不同。姬鼎字作"▨"，所縛的明顯是四足動物。又清華簡五《厚父》"彝"字作"蒸"，會人手持獸，獸足作"▨"，類似"鹿"之足，寫法如"▨"（貉子卣，《銘圖》13319）、"▨"（馭𪊥塵𪊣，《銘續》0273）。

而有三叉尾形"▨"的玑鼎同銘又有"馬"字作"▨"，也是此尾形。金文的"豕"尾類似，如函皇父簋作"▨"（《銘圖》05144），緋簋作"▨"（《銘圖》05140），則唐蘭釋"猪"也有所據。今天的"彝"從豕頭"彑"，孫詒讓認爲是從"希"聲[1]，"彑"或即示獻祭物爲豕的遺留。競之某器的"彝"作"▨"（獛），從"犬"，是"彝"的異體寫法，將縛牲移至字形左側[2]；清華簡五《封許之命》亦從此作。《説文解字》籀文作"▨"，當本自戰國燕系文字"犬"的寫法，如"�"字作"▨"（《璽彙》2521）。鄔子受鐘字形作"▨"，曾姬無卹壺字形作"▨"，均是這類異體。又《周禮·春官》："司尊彝，掌六尊六彝之位。"注："六彝，雞彝，鳥彝，黄彝，虎彝，蜼彝，斝彝。"六彝大都以犧牲爲象。這些例子均表明祭祀的動物并非一種，但是這不影響解讀"彝"字的本義爲持縛活物以祭祀。

至金文裏則引申之爲祭祀之器名。宋代《考古圖》早已指出"彝"爲祭器之總名。[3] 龔自珍稱"彝"爲"百器之總名"。[4] 王國維謂"彝"爲禮器之總名，爲

---

[1] 孫詒讓：《名原》，濟南：齊魯書社，1986 年，第79-80 頁。

[2] 劉樹滿認爲此字是後人復古的一種表現，但前代并未見此種"獛"，因而并非"復古"，而是後世創的異體寫法。見劉樹滿：《青銅鬲自名與分類研究》，《考古與文物》2017 年第 2 期，第64 頁。

[3] 吕大臨：《考古圖》清乾隆四十六年四庫全書文淵閣書録錢曾影鈔宋刻本，《金文文獻集成》第 1 册，北京：綫裝書局，2005 年，第56 頁。

[4] 龔自珍：《説宗彝》，《龔自珍全集》，上海：上海人民出版社，1975 年，第261 頁。

器物的共名。[1]杜廼松[2]、徐中舒[3]、高鴻縉[4]等學者均從此説。

還有個別特異的字形，如曾子仲謱鼎"䠶"，血點鑄寫作"彳"形。如𤔲簋（《銘圖》04607）"彝"從"阜"作"䠶"，應當是受上部的"隓"的影響（拓片見圖1）。"隓"下部的"廾"移到了右側，只留了一半，而"阜"則鑄寫在了"彝"旁。

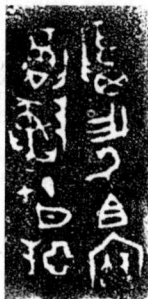

圖1　𤔲簋銘文拓片

"彝"可以稱鼎、鬲、甗、簋、盨、瑚等諸多食器，以及其他器類等，確實可以稱得上銅器之共名。"彝"在食器器名中之使用情況見圖2、圖3：

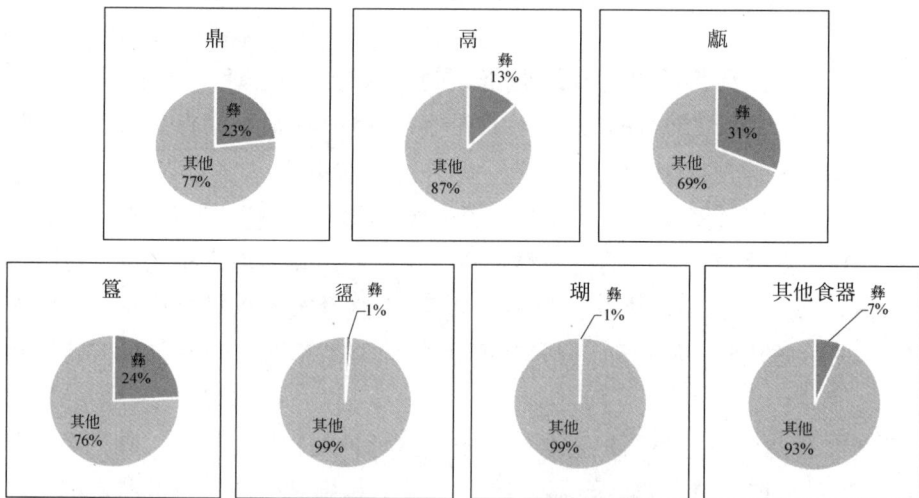

圖2　共名"彝"占各食器器名總數比例

---

① 王國維：《説彝》，《觀堂集林》，北京：中華書局，1959年，第73頁。

② 杜廼松：《金文中的鼎名簡釋——兼釋尊彝、宗彝、寶彝》，《考古與文物》1988年第4期，第43頁。

③ 徐中舒：《説尊彝》，《"中央"研究院歷史語言研究所集刊》第7本第一分，北京：商務印書館，1936年，第77-78頁。

④ 高鴻縉：《頌器考釋》，臺北：臺灣省立師範大學，1958年，第22頁。

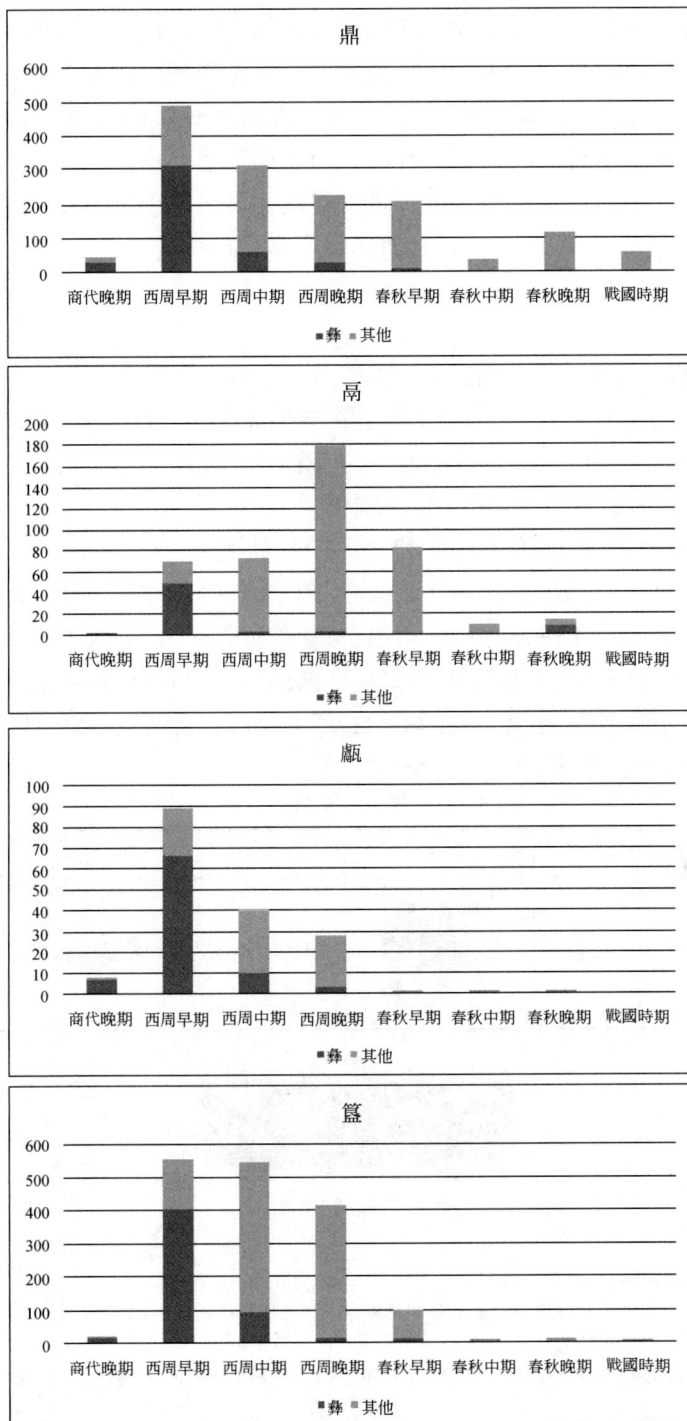

図3　共名"彝"及其他器名使用數量歷時變化

可見"彝"字的使用伴隨商代晚期有自名銅器始，在西周早期廣泛使用，但是西周中期之後伴隨着器物專名漸多而使用頻率漸漸變少，東周偶有出現，使用的情形類似于"器"。同時，鼎、鬲、甗、簋稱"彝"的數量顯著高于其他銅器，這與這些器物出現的時代較早有關。而比如盨器，自西周中期出現，已經過了稱"彝"流行的時期，早期多以"簋"代稱，專名出現後徑以"盨"自名，因而稱"彝"僅有3例，不足1%。其他器物亦多是這種情況。

1.2 器

共有54件食器自名爲"器"（器物較多，字形表見附錄2）。

值得一提的是有一件旁鼎銘曰"旁肇作畀誹"（見表1、圖4），孫詒讓讀爲"卣"[①]，馬叙倫[②]、黃德寬[③]讀爲"器"。按讀"卣"、讀"器"均缺乏更多通假例證，"誹"可能本應當在"肇"後，讀爲"其"，但因疏忽漏鑄，而補于自名"尊"後。以此器銘文行款"尊"和"誹"相距較緊湊，與其他字間距較疏可證。金文"肇誹"一語習見，如逐鼎（《銘圖》01861）銘曰"逐戉誹作廟叔寶隩彝"，甚鼎（《銘圖》01906）銘曰"甚誹肇作父尊彝"，作文祖考鼎（《銘圖》02331）銘曰"……肇誹乍作□穆穆文曼考蕭鼎"，寧簋蓋（《銘圖》04935）銘曰"寧庫誹作乙考隩殷"，叀尊（《銘圖》11728）銘曰"叀戉誹爲礜，作父甲肇隩"，皆是此例。因而"誹"非器名。

表1　旁鼎

序號	編號	器名	器形	時代	銘文	字形
*[④]	01411	旁鼎		西周中期前段	旁肇作畀誹。	

圖4　旁鼎銘文拓本

① 孫詒讓：《古籀餘論》1929年燕京大學哈佛燕京學社石印容庚校補本，《金文文獻集成》第13册，北京：綫裝書局，2005年，第75頁。

② 馬叙倫：《讀金器刻詞》1926年中華書局影印本，《金文文獻集成》第30册，北京：綫裝書局，2005年，第405頁。

③ 黃德寬主編：《古文字譜系疏證》，北京：商務印書館，2007年，第55頁。

④ "*"表示并非此類自名，不計數。但是本節中會涉及討論，故列于此處。下同。

再來説"器"。《説文解字·㗊部》："器，皿也。象器之口，犬所以守之。"對于此義前人多表示懷疑，并提出諸多異説。

高田忠周謂此字是會意字，"㗊"象衆口，"犬"乃犬肉，"犬肉即衆口所嗜食、必盛於器皿"。[1]康桂馨認爲此字中間所從非"犬"，是"聯四器爲一器"的綫條。[2]高鴻縉認爲此字是從"㗊"，"犬"聲的形聲字。[3]朱芳圃認爲此字本義當表犬吠，是"犾"的初文。[4]張日升從之説，認爲此字與訓鳥鳴的"喿"同構。[5]《通解》引申之而以"器"字初文本作"㗊"，後假爲犬吠之義，而造"器"，後以"器"爲器皿字。[6]白川静認爲此字的"犬"是犧牲之用。[7]尹黎雲認爲"器"與"哭""喪"是一個字，三字所從的"犬"均是"桑"之訛形。[8]也有諸如于省吾[9]、張亞初[10]等學者從舊説，認爲"犬"即如許慎所言守器之犬。于省吾解釋説："上古時代地廣人稀，農民耕於荒野，飯於壟畝，故用犬以資警衛，并守護器物。"張亞初認爲器非平常的日用器，而是尊貴的禮器，故用犬守之。

犬守器之説望文生義，實屬牽强。"器"從"犬"聲可備一説。[11]尹黎雲之説則與實際字形不符，聲亦不同。甲骨文中不見"器"字而有"㗊""哭"，"㗊""哭"古音近，而"器"則又遠一層；金文之"器"與從"桑"之"㗊"中間的形體有別，"器"字中多從"犬"一類牲，有首、足、尾，而"㗊"則中間多爲交叉四分之形。釋爲犬吠即"犾"之初文則有其據，因《説文解字·㗊部》僅"器"一字是器物名稱，其他的都與"口"之聲音有關，"器""犾"古音近可通。而白川静認爲"犬"是祭牲，結合甗自名作"獻"從"犬"[12]，"犬"可能的確是獻牲。"彝"是縛牲以祭，"器"也可能與祭牲有關。

對于用作銅器自名的"器"，陳夢家認爲是與"彝"同級的"最大的共名"。[13]

① 高田忠周：《古籀篇》1925 年日本説文樓影印本初版，《金文文獻集成》第 32 册，北京：綫裝書局，2005 年，第 488 頁。

② 康桂馨：《説文識小録》，《古學叢刊》第 2 期，臺北：文海出版社，1967 年。

③ 高鴻縉：《散盤集釋》，高氏私印本，第 60 頁。

④ 朱芳圃：《殷周文字釋叢》，北京：中華書局，1962 年，第 180 頁。

⑤ 周法高、張日升、林潔明：《金文詁林》，香港：香港中文大學出版社，1975 年，第 1166 頁。

⑥ 張世超、孫凌安、金國泰、馬如森：《金文形義通解》，京都：中文出版社，1996 年，第 459 頁。

⑦ 周法高：《金文詁林補》，臺北："中央"研究院歷史語言研究所，1982 年，第 526 頁。

⑧ 尹黎雲：《字源説》，《中國人民大學學報》1992 年第 5 期，第 82 頁。

⑨ 于省吾：《甲骨文字釋林》，北京：中華書局，2009 年，第 278-279 頁。

⑩ 張亞初：《商周古文字源流疏證》，北京：中華書局，2014 年，第 1028-1032 頁。

⑪ "突"字從"犬"，其音聲來源未明，但與"器"韻部相同，又"獻"字亦與"器"音近。待考。

⑫ 詳後文甗器名"甗及其異體"考釋。

⑬ 陳夢家：《西周銅器斷代（三）》，《考古學報》1956 年第 1 期，第 70 頁。

馬薇廎也認爲"器"是"彝"的另一稱謂,與廣義的"彝"義同。[1]不過劉翔則認爲"器"是"不能算作一種具有實際意義的名稱的,尤其不能被視爲所有青銅禮器的共名"。[2]而從上文可以發現,同樣作爲器物共名,與使用十分廣泛的"彝"不同的是,"器"使用的數量極少且辭例集中。西周多作"寶器""尊器";東周多作"行器",少數有"祭器""祥器"等例。則"器"在青銅禮器的自名上,是否與"彝"爲屬于同一級別的共名是有疑問的,至少泛用性上遠不及"彝"。

不過從"器"可用作諸多不同種類的器物自名上,可知"器"當與"彝"意義相似,可作一般銅器的通稱,這與今天的用法是一樣的。另外函皇父組器有銘曰"般盂隨器",後列諸具體器物名稱,亦可作爲一證。

另外傳世文獻中,"器"不專指青銅禮器,亦可表示其他材質、類型的器物。《周禮·地官·質人》:"掌成市之貨賄、人民、牛馬、兵器、珍異。"孫詒讓正義:"器則車輦用器之屬。"《論語·衛靈公》:"必先利其器。"皇侃疏:"器,斧斤之屬也。"另有"器械"一語,《漢書·宣帝紀贊》"至于技巧工匠器械",顏師古注:"有盛謂械,無盛爲器。"《史記·律書》:"其於兵械尤所重。"張守節正義:"内成曰器,外成曰械。"則與"械"對言之時,"器"指内可有盛容的容器,泛而可指廣義的任意器物。

2 鼎

《説文解字·鼎部》:"鼎,三足兩耳,和五味之寶器也。昔禹收九牧之金,鑄鼎荆山之下,入山林川澤,魑魅蛧蜽莫能逢之,以協承天休。《易》卦:巽木於下者爲鼎,象析木以炊也。籀文以鼎爲貞字。凡鼎之屬皆從鼎。"可見鼎在時代上應當早至夏禹時便已産生了。根據許慎的描述,鼎的器形特徵爲"三足兩耳",作用爲"和五味"。《玉篇》亦謂鼎"所以熟食器也",是食器。

傳統認爲鼎是肉食器,但是從自名與實際器形、出土情況來看,鼎還有烹煮穀物、燒熱水等功能。鼎亦有方鼎、圓鼎之別,不拘"三足兩耳"之形制。青銅鼎的沿用時間很久,使用範圍也甚廣,形制、自名形式豐富多變。

---

① 馬薇廎:《從彝銘所見彝器之名稱》,《中國文字》第 42 册,臺北:臺灣大學文學研究室,1973 年,合集第 4601 頁。

② 劉翔:《殷周青銅禮器稱名研究》,《深圳大學學報增刊·青年學者論學集》,1986 年,第 22-33 頁。

有自名青銅鼎共計 1479 件，有 1541 例器名。[①]器名爲"彝"的有 447 例，"器"18 例，其餘爲專名，種類比較豐富。下面逐一進行討論。

2.1 "鼎"及其異體

（1）姨作父庚鼐。周人刻款：……□□氏自作□饎鼎。▨

——姨鼎（《銘圖》02101，商代晚期）

（2）郜史碩父作隮鼎。▨

——郜史碩父鼎（《銘圖》02233，西周早期）

（3）或者作旅鼎。▨

——或者鼎（《銘圖》02248，西周中期）

"鼎"字最早可追溯至甲骨文。正如李濟所言，"在甲骨文中的'鼎'字當器物名稱用的地方并不多。換句話説，象形的'鼎'字，甲骨文中已經大半是用著爲指定卜問之事的'貞'字。……即甲骨文時代，由'鼎'的象形字體所演變成的'貞'字已經過了一段不短的時期"[②]，甲骨文的"鼎"字作爲鼎這類器物的專名使用甚少。這在商代的鼎器銘文中也有所體現，絕大多數商代鼎器無自名，僅 49 件有自名，且多稱"彝"，其他的多是在"鼎"上附加其他字形以表鼎實。自稱"鼎"則是西周時了。[③]

"鼎"在西周時多作"▨""▨"形，突出其兩耳。鼎足上的折角飾筆或繁作"▨"形（姨鼎，《銘圖》02101），乃至延長作"▨"形（作册大鼎，《銘圖》02392）。這類典型的"鼎"字共有 625 例。

同時也有"鼎"上加"卜"形的如"▨"（奉鼎，《銘圖》01543），從"貞"作，

---

① 剔除重出的 01228、01059-01061（隋倫《〈商周青銅器銘文暨圖像集成〉部分圖版及著錄問題》[見 http://www.fdgwz.org.cn/Web/Show/2371]認爲 01058-01061 應當是一器，經重合比對拓本，我們認爲這是正確的，而《銘圖》持保留意見暫分四器）、01637、01638、01810、01948、02155、02302、20174、30135（《銘三》備注曰："此鼎與《銘圖》第 3 卷 14 頁的 01299 興鼎形制、紋飾、銘文相同，二者銘文拓本與銘文照片也極接近，但不能重合，是否同一件器物，待考。"按：此器銘文照片與 01299 銘文拓本經橫向拉伸與旋轉後確可重合，應是同一件器物，僞器或僞刻 02117、02317、20150、20226（《銘續》0150、0226 注言銘文疑僞，亦不錄用），西漢刻銘 02422。而自名的出現數爲 1541 次（爲便于統計數據直觀顯示自名用字字頻情況，部分器、蓋均有自名的器物，分別計數）。這組數據中，鼎自名中出現的修飾語一共 1184 條，一部分是無器名僅有修飾語。

② 李濟：《殷墟青銅器研究》，上海：上海人民出版社，2008 年，第 293 頁。原載《殷墟出土青銅鼎形器之研究：青銅鼎形器的形制與花紋》，《中國考古報告集新編·古器物研究專刊》（第四本）下篇，臺北："中央"研究院歷史語言研究所，1970 年，第 42 頁。

③ 豐鼎（《銘圖》02200）自名爲"鼎"，時代爲商代晚期。另有一件豐鼎自名"臑彝"，時代在西周早期。此二器皆失傳，時代判斷存疑。另外還有單刻爲"鼎"之象形字的例子，但并不能判斷爲自名，也有可能是人名或族徽。如貞鼎（《銘圖》01081）銘曰："鼎作鼎。"不論這些情況則商代無自名爲"鼎"者。

并逐渐弱化其兩耳。東周多沿用此種寫法，并繼續弱化鼎足作"貞"形，如王孫變鼎（《銘圖》01672）作"[圖]"。也有將鼎足寫成類似"火"的寫法，如"[圖]"（中賻王鼎，《銘圖》01345），當是鼎足逐漸收攏形變所致，中間形體如"[圖]"（蔡侯[圖]殘鼎蓋，《銘圖》01586）、"[圖]"（蔡子林鼎，《銘圖》01473）、"[圖]"（昭王之諲鼎，《銘圖》01748）。這類從"貞"作的"鼎"有 183 例。

東周後期偶見從"貞"、增"皿""金"的字形。如楚王酓延鼎（《銘圖》02165，戰國晚期）字作"[圖]"，成臯令趙容鼎（《銘圖》02013，戰國晚期）字作"[圖]"，又如鄎子吳鼎（《銘圖》01664、01665，春秋晚期）兼而有之作"[圖]"。這類字形有 6 例。

2.2 鸞、隻（鑊）

（1）叔父丁鸞。[圖]

——叔父丁鼎（《銘圖》01164，西周早期）

（2）黴作祖丁盟隻。[圖]

——黴鼎（《銘圖》01525，西周早期）

（3）余鄭邦之產，少去母父，作鑄飤器黃鑊。[圖]

——哀成叔鼎（《銘圖》02435，春秋晚期）

叔父丁鼎、黴鼎、哀成叔鼎（見圖 5、圖 6、圖 7）三件器物自名爲"鑊"。

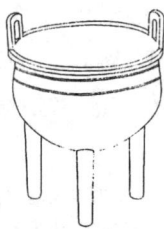

圖 5　叔父丁鼎　　　　　　圖 6　黴鼎　　　　　　圖 7　哀成叔鼎

《説文解字·金部》："鑊，鐯也。從金蒦聲。"又"鐯，嘗也。從金㡭聲。"這裏的"鑊""鐯"兩字可能都是指"鑊"。強伯尊（《銘圖》11685）自名"盂[圖]"，劉昭瑞[1]、張懋鎔[2]、程少軒[3]等學者釋"鐯"，"鐯"陳英杰認爲不一定是器

---

[1] 劉昭瑞：《爵、尊、卣、斝的定名和用途雜議》，《文物》1991 年第 3 期，第 69 頁。

[2] 張懋鎔：《試論寶雞國青銅器的特點》，《古文字與青銅器論集》第 2 輯，北京：科學出版社，2006 年，第 144 頁。

[3] 程少軒：《試説"鷺"字及相關問題》，復旦大學出土文獻與古文字研究中心網，2008 年 3 月 20 日。（http://www.fdgwz.org.cn/Web/Show/380）

名[①]。該器是一件獸形尊，"鐺"可能是該器專名，也有可能是以容器"鐪"代稱之。

《周禮·天官·亨人》："掌共鼎鐪，以給水火之齊。"鄭玄注："鐪所以煮肉魚腊之器，既孰，乃脀於鼎。"

俞偉超和高明據鄭玄注"煮於鐪曰亨""亨於爨用鐪"等，認爲鐪鼎即烹牲之鼎，結合出土材料，一般是每墓最大且有烟炱的鼎。[②]張聞捷也認同此觀點。[③]林沄在《周代用鼎制度商榷》中曾提出質疑并認爲大小與烟炱痕迹不能作爲鐪鼎的判斷依據，而哀成叔鼎是否能稱爲鐪也不一定。[④]而張亞初以甲骨文便可見到"鐪"字，加之自名爲"鐪"的鼎從西周早期一直跨度到春秋晚期，認爲"鐪鼎"在殷周是長期存在的。[⑤]邱德修則認爲，"鐪鼎"爲兩耳、鼓腹、三足之鼎屬，在不同的時期有不同的寫法作"鸄""鼏""鼒""鐪"。[⑥]

叚父丁鼎自名作"鸄"，是"鐪"較早的會意字寫法。鼄鼎，字作"隻"，當是"鐪"的假借字。春秋晚期的哀成叔鼎器名其字與我們今天的"鐪"字略同，加了表意符號"金"，趙振華[⑦]、張政烺[⑧]均徑讀爲"鐪"。右從"雀"形，"雀"字在甲骨文中已有之，此處可能不是"雀"，"隹"上之"小"形可能是鳥的頭羽，類似上述弨伯尊的"鵻"字，頭羽形倒書。《說文解字·隹部》："鵻，周燕也。從隹，中象其冠也。甶聲。一曰蜀王望帝，婬其相妻，慙亡去，爲子鵻鳥。故蜀人聞子鵻鳴，皆起云'望帝'。"董珊曾將"黃鐪"理解成哀成叔鼎的私名，又解讀爲"貺奪"。[⑨]按"黃鐪"確實僅哀成叔鼎一器所用，作此鼎的私名尚可理解，但是實沒必要作"貺奪"解，這樣就有些迂曲了。

弢鼎（《銘圖》01777，商代晚期）查飛能也將"鸄"字歸爲器名，考察該器銘文《銘圖》釋作："汚作文父丁鸄鸄。叚。"這樣劃分似乎沒有問題。但是另有仲子夨弢觥（《銘圖》13659），銘文釋作："仲子夨弢作文父丁尊彝。鸄叚。"

---

① 陳英杰：《西周金文作器用途銘辭研究》，北京：線裝書局，2008年，第184頁。

② 俞偉超、高明：《周代用鼎制度研究（上）》，《北京大學學報》1978年第1期，第85-86頁。

③ 張聞捷：《周代用鼎制度疏證》，《考古學報》2012年第2期，第160頁。

④ 林沄：《周代用鼎制度商榷》，《史學集刊》1990年第3期，第16頁。

⑤ 張亞初：《殷周青銅鼎器名、用途研究》，《古文字研究》第18輯，北京：中華書局，1992年，第286頁。

⑥ 邱德修：《鐪鼎考證——商周禮器考（一）》，《金文文獻集成》第37冊，北京：線裝書局，2005年，第505頁。原載《大陸雜誌》1989年第79卷第3期。

⑦ 趙振華：《哀成叔鼎的銘文和年代》，《文物》1981年第7期，第68頁。

⑧ 張政烺：《哀成叔鼎釋文》，《古文字研究》第5輯，北京：中華書局，1981年，第30頁。

⑨ 董珊：《釋沃——兼說哀成叔鼎銘文》，《紀念清華簡入藏暨清華大學出土文獻研究與保護中心成立十周年國際學術研討會論文集》，2018年，第112-114頁。

"夒臤"在酒器上就連在了一起，頗爲可疑。該器器形爲觥，自名應當是"尊彝"，後面同樣也有"夒臤"一語。觀察銘文拓片更爲直觀，這兩件拓片中的"夒臤"《銘圖》實際上順序釋倒了，按照從右往左、從上往下讀應當是"臤夒"。且這兩字從行款來看，似處于自名及句意之外（見圖8、圖9）。

圖8　夒鼎　　　　　　　　　　圖9　仲子異夒觥

"臤"爲族徽，"夒"字又見于商代甲骨，辭例如下[1]：

（1）令[图]沚或。——《合集》32881

（2）壬申卜：王令[图]以子尹立于帛？——《小屯》341

（3）令[图]？——《小屯》2438

該字羅振玉《增訂殷虛書契考釋》釋爲從"佳""鬲"，即"鑊"字。中間或有小點，象水煮之形。[2]《小屯南地甲骨》則認爲"釋鑊似不當"。[3]此字本義當是會火煮鼎或鬲中的鳥形，甲骨文中均是作王令"夒"的辭例。甲骨文又有"[图]""[图]"（《合集》28124[4]），辭例爲"更中録先夒，吉"。"夒"會升火加熱鼎，《古文字譜系疏證》解釋爲煮物而祭[5]，用爲祭祀動詞，是十分正確的。

《詩經·周南·葛覃》："是刈是濩。"韓詩："濩，瀹也。"《爾雅·釋訓》："是刈是鑊，鑊煮之也。"是"濩"從"水"，亦當是"鑊"的變體。"濩"或者"鑊"也可用作動詞，意思是用鑊煮。我們認爲兩件夒器的"臤夒"可能是專有名詞，作族氏名，或爲"族名+祭名"的形式。

---

① 釋文參考胡厚宣主編：《甲骨文合集釋文》第4冊，北京：中國社會科學出版社，2009年，第1612頁；中國社會科學院考古研究所：《小屯南地甲骨》，北京：中華書局，1983年，第863，1016頁。後文均同，并簡稱《合集》《小屯》。

② 羅振玉：《增訂殷虛書契考釋》，《羅雪堂先生全集三編》冊二，臺北：大通書局，1976年，第522頁。

③ 中國社會科學院考古研究所：《小屯南地甲骨》，北京：中華書局，1983年，第863頁。

④ 郭沫若：《甲骨文合集》第9冊，北京：中華書局，1978-1982年，第3468頁。

⑤ 黃德寬主編：《古文字譜系疏證》，北京：商務印書館，2007年，第1259頁。

2.3　鼾（盂）

表 2　鼾（盂）作器名表

序號	編號	器名	器形	時代	銘文	字形
1	01335—01337	倗鼎	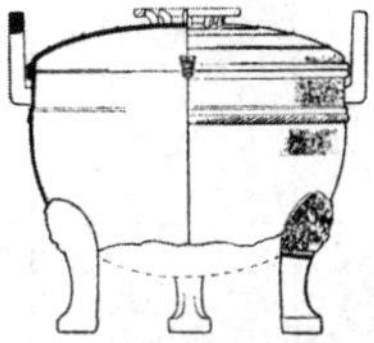	春秋晚期前段	倗之飤盤。	
2	01579	蔡侯龖鼎		春秋晚期	布侯龖之飤鼾。	
3	01745	䣄侯之孫陳鼎		春秋早期	䣄侯之孫陳之鼾。	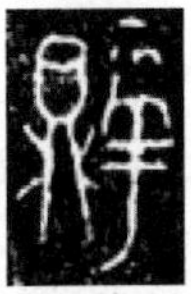
4	01844—01845	楚叔之孫倗鼎		春秋晚期前段	楚叔之孫倗之飤盤。	
5	02264	彭子射兒鼎		春秋晚期	䣄公之孫彭子射兒擇其吉金自作飤盂。	
6	02343	王子吳鼎		春秋晚期	王子吳擇其吉金，自作飤鼾。	
7	02351	丁兒鼎蓋		春秋晚期	雁侯之孫丁兒擇其吉金，玄鏐鑪鋁，自作飤盤。	

序號	編號	器名	器形	時代	銘文	字形
8	20171	吴叔襄鼎		春秋早期	隹吴叔襄自作寶盂。	
9	20173	王子柳鼎		春秋晚期	王子柳擇其吉金，自作飤盨。	
10	30271	膚子鼎	—	春秋晚期	膚子□□□□□作飤䤾。	
11	30272	郬子楚鼎		春秋晚期	郬子楚自以余鉉鏐鋁鏽爲其飤鼒。	
12	30281	仲兒鼎蓋		春秋晚期	雁侯之孫仲兒，擇其吉金，玄鏐鏽鋁，自作飤鍂。	

表 3　鼒（盂）作修飾語表

序號	編號	器名	器形	時代	銘文	字形
1	01307	公鼎	—	西周早期	公作雩鼎。	
2	01644	史宋鼎	—	春秋早期	史宋自作鼒鼎。	
3	01846	宋君夫人鼎蓋		春秋晚期	宋君夫人之鍂釪鼎。	

序號	編號	器名	器形	時代	銘文	字形
4	02206	衛鼎		西周中期後段	衛作文考小仲姜氏盂鼎。	
5	02253	子耳鼎		春秋早期	鄭伯公子=耳乍作盂鼎。	
6	02356—02357	夒伯鼎		春秋早期	夒伯作楚叔妊樂姬朕盂鼎。	
7	02369	癲鼎	—	西周中期後段	王乎虢叔召癲，錫駒兩，拜頡，用作皇祖文考盂鼎。	
8	02417—02418	郘公平侯鼎	—	西周晚期	郘公平侯自作隣鍂。	
9	02465	大鼎		西周晚期	大拜頡首，對揚天子丕顯休，用作朕剌考己伯盂鼎。	
10	02466	大鼎		西周晚期	大拜頡首，對揚天子丕顯休，用作朕剌考己伯盂鼎。	
11	02467	大鼎		西周晚期	大拜頡首，對揚天子丕顯休，用作朕剌考己伯盂鼎。	
12	20188	楚王鼎		春秋早期	楚王媵□姍胹盂鼎。	

序號	編號	器名	器形	時代	銘文	字形
*	—	申公之孫無所鼎①	—	春秋晚期後段	申公之孫無所自作鬲鼎。	—
*	04697	滋簋		西周中期	滋作盂殷。	

西周至春秋計各有 15 件鼎器以"盂"及其異體作器名與修飾語。作爲器名使用主要集中于春秋中晚期,器形較爲統一,都是楚系鼎;而作爲修飾語則西周和春秋都有,各器間器形差異較大。

對這類自名爲"盂"的鼎,宋清兩代就有學者對其有過討論。吕大臨釋王子吳鼎"卤"爲"鬲",宋君夫人鼎"铊"爲"釫",是"釫"省。②薛尚功釋"鋗"③,趙明誠《金石索》釋"釫"④。清人劉心源釋"作盂鼎"爲"作盂作鼎",一説"鼎口侈類盂"。⑤

壽縣蔡侯墓出土盂鼎,學界對這類自名重新進行了考釋。大致有兩類觀點:一類認爲"盂"就是"鑊"的異稱;一類認爲"盂"是對其器形的修飾。

第一類觀點最早由郭寶鈞提出,他認爲"鬲鼎"就是"鑊",用于熟牲。⑥俞偉超和高明從音聲角度證明"于""蒦"二字古通,"鬲""觲""鑊"音義俱同。⑦這一觀點得到了一些學者的認同。如高崇文認爲蔡侯墓的"鬲"是專用的鑊鼎。⑧《商周青銅器銘文選》補充了"于""蒦"可通之證,并説這是"祭祀、宴饗時的煮牲之器"。⑨林沄也認爲"杅""鬲""鑊"相通。但林巳奈夫就高、俞文中對鑊

① 未專列名録,列于彭公之孫無所鼎《銘圖》02158,第 4 卷第 351 頁備注下,無器形圖、拓片。

② 吕大臨:《考古圖》清乾隆四十六年四庫全書文淵閣書録錢曾影鈔宋刻本,《金文文獻集成》第 1 册,北京:綫裝書局,2005 年,第 18-19 頁。

③ 薛尚功:《歷代鐘鼎彝器款識法帖》1935 年于省吾影印明崇禎六年朱謀垔刻本,《金文文獻集成》第 9 册,北京:綫裝書局,2005 年,第 56 頁。

④ 趙明誠:《金石録(節録)》清乾隆四十六年四庫全書文淵閣本,《金文文獻集成》第 16 册,北京:綫裝書局,2005 年,第 167 頁。

⑤ 劉心源:《古文審》光緒十七年自寫刻本,《金文文獻集成》第 11 册,北京:綫裝書局,2005 年,第 431 頁。

⑥ 郭寶鈞:《商周銅器群綜合研究》,北京:文物出版社,1981 年,第 87 頁。

⑦ 俞偉超、高明:《周代用鼎制度研究(上)》,《北京大學學報》1978 年第 1 期,第 86 頁。

⑧ 高崇文:《東周楚式鼎形態分析》,《江漢考古》1983 年第 1 期,第 2 頁。

⑨ 上海博物館商周青銅器銘文選編寫組:《商周青銅器銘文選》第 4 卷,北京:文物出版社,1990 年,第 398 頁。

鼎器形的劃分與功能的描述提出質疑，認爲"給某一種型式的鼎起鑊的名稱恐怕會造成錯誤的成見"。[1]馬承源認爲，"鑊"是無足器，殷墟小屯曾有出土，與"鼒"器形不符，而鼎自名爲"鑊"是特例。[2]實際上自稱"鑊"的鼎數量極少，且時間跨度較大，形制也不拘一，釋"鼒"爲"鑊"的通假確實不够合理。

第二類觀點則是從器形上對"盂"進行解釋。如陳夢家側重于器形之大，認爲"盂"是形制較大的特鼎。[3]陳直也認爲"于"有"大"義，稱"鼒"是表明此鼎爲大。[4]又如馬承源認爲"盂"可讀爲"𦙶"，即宴饗用的大鼎。[5]但是林巳奈夫也指出很多盂鼎并不十分大。[6]李零也對稱盂爲大鼎表示懷疑。[7]劉彬徽則認爲"鼒"是折沿鼎，并分析"鼒"之大者確實有鑊鼎的功能，而較小者則可能有盛其他食物之用。[8]

唐蘭認爲盂鼎是"窪下深中"的鼎。[9]李零認爲"鼒"可能是深腹鼎的別稱。[10]張亞初認爲"盂鼎"是指形制類似盂的深腹鼎，因宋君夫人鼎自名"䤵釫鼎"，是證其爲飯食器而非盛牲之鑊。陳劍也認同唐蘭、張亞初的觀點，認爲自名爲"盂鼎"的器物在器形上與盂極爲相似。[11]趙平安亦持此説。[12]

我們認爲唐蘭等説盂鼎似盂的説法應該比較符合其稱名之實。誠然自名爲"盂"的鼎器形大多都不像盂，器名爲"鼒"的鼎都出自楚文化影響的地區，這類鼎的形制較爲一致，直口深腹圓底，雙附耳，三蹄足，多有隆起或近平的蓋，并有捉手。比較特別的是王子吳鼎，器形呈圓體小口，似湯鼎，不過是宋人摹畫的

---

① 林巳奈夫著，廣瀨薰雄譯，郭永秉潤文：《殷周青銅器綜覽：殷周時代青銅器的研究（第一卷）》，上海：上海古籍出版社，2017 年，第 43 頁注 43。

② 馬承源：《中國青銅器》，上海：上海古籍出版社，1988 年，第 84 頁。

③ 陳夢家：《壽縣蔡侯墓銅器》，《考古學報》1956 年第 2 期，第 107-108 頁。

④ 陳直：《讀金日札》卷一，北京：中華書局，2010 年，第 27-28 頁。

⑤ 馬承源：《中國青銅器》，上海：上海古籍出版社，1988 年，第 84 頁。

⑥ 林巳奈夫著，廣瀨薰雄譯，郭永秉潤文：《殷周青銅器綜覽：殷周時代青銅器的研究（第一卷）》，上海：上海古籍出版社，2017 年，第 43 頁注 43。

⑦ 李零：《楚國銅器類説》，《江漢考古》1987 年第 4 期，第 72 頁。又見氏著《論楚國銅器的類型》，《入山與出塞》，北京：文物出版社，2004 年，第 288-289 頁。

⑧ 劉彬徽：《楚系青銅器研究》，武漢：湖北教育出版社，1995 年，第 113-114 頁。

⑨ 唐蘭：《壽縣所出銅器考略》，《金文文獻集成》第 22 册，北京：綫裝書局，2005 年，第 298 頁。

⑩ 李零：《楚國銅器類説》，《江漢考古》1987 年第 4 期，第 72 頁。又見氏著《論楚國銅器的類型》，《入山與出塞》，北京：文物出版社，2004 年，第 288-289 頁。

⑪ 陳劍：《青銅器自名代稱、連稱研究》，《中國文字研究》第 1 輯，南寧：廣西教育出版社，1999 年，第 341-342 頁。

⑫ 趙平安：《從語源學的角度看東周時期鼎的一類別名》，《考古》2008 年第 12 期，第 68 頁。收于氏著《新出簡帛與古文字古文獻研究》，北京：商務印書館，2009 年，第 16 頁。又收于《金文釋讀與文明探索》，上海：上海古籍出版社，2011 年，第 130 頁。

器形。楚叔之孫倗有同作器者的湯鼎與飤鼎各兩件，可能此鼎也是類似情況，只是畫師誤畫作湯鼎之形。而修飾語爲"盂"的鼎器，器形則多不統一，多無蓋附耳，但有的侈口有的直口，既有深腹鼎如西周的大鼎，也有淺腹鼎如西周衛鼎和春秋楚王鼎等，足形也不一。

但是確實有早期的鼎器形與盂近似，如《銘圖》02466 的大鼎，其器口外侈，深腹附耳，與有足的盂器形十分相似。最初命名其爲"盂鼎"，當是從形制似盂、功能上也是類似于盂的飯食器這兩點出發的。鼎可以稱"齎"，而宋君夫人鼎自名有"餝"，也證明了這一點。另外，還有一件滋簋（《銘圖》04697）自名爲"盂簋"，自名爲"簋"而以"盂"作修飾語，其侈口斂腹、高圈足等器形特徵也與盂十分相似（見圖10）。

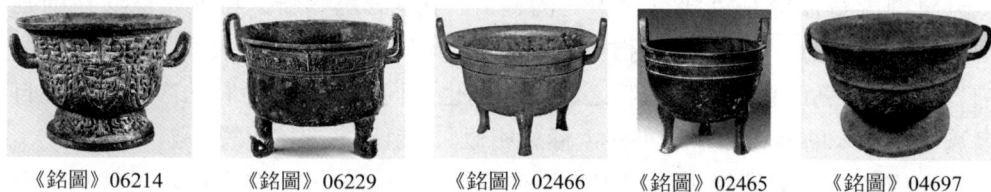

| 《銘圖》06214 | 《銘圖》06229 | 《銘圖》02466 | 《銘圖》02465 | 《銘圖》04697 |

圖10　與盂近似的早期鼎

其後盂鼎的器形隨着時代、地域的變更而有所變化，但保留了"盂鼎"的稱謂和功能。春秋時的楚鼎爲其造了專用字"鼒"，類似于"鼒""鑄""鐈"，也即陳劍所説的"修飾語向器名的轉化"。

2.4　鼒、盨（升）

表4　鼒、盨（升）作器名表

序號	編號	器名	器形	時代國別	銘文	字形
1	01328—01329	克黄鼎		春秋中期，楚國	克黄之盨。	
2	01467—01469	連迀鼎		春秋中期	連迀之行升。	
3	01578	蔡侯𦉢鼎		春秋晚期	𣄰侯𦉢之飤鼒。	

续表

序號	編號	器名	器形	時代國別	銘文	字形
4	01589	蔡侯𦈻殘鼎	—	春秋晚期	肵侯𦈻之飤鼒。	
5	02468—02474①	王子午鼎		春秋晚期，楚國	蓋銘：佣之𦈻鼒。	
6	01441	菜歎鼎		西周中期	菜歎作寶鐙。	
7	01662—01663	鄅子受鼎		春秋中期，楚國	郍子受之𦈻鑑。	

表 5　鼒、盥（升）作修飾語表

序號	編號	器名	器形	時代	銘文	字形
1	02212—02220	曾侯宙鼎		春秋中期	曾侯宙擇其吉金，自作阩鼎。	
2	20079	埼鼎	—	春秋晚期	埼之阩貞。	
3	20185—20187	曾侯宙鼎		春秋中期	曾侯宙擇其吉金，自作阩鼎。	
4	30265	曾侯宙鼎	—	春秋中期	曾侯宙擇其吉金，自作阩鼎。	
5	01672	王孫燮鼎		戰國早期	王孫燮之登貞。	

① 02470—02472 蓋銘未公布拓片，暫計爲同類自名。

序號	編號	器名	器形	時代	銘文	字形
6	01842	盅鼎		春秋中期	盅之饙鼎。	
7	20093	中臣鼎		西周早期前段	中臣羞鼎。	
8	20208	王子桓匕鼎		春秋晚期	王子桓匕，差其吉金，自作羞鼎。	

　　共有14件鼎器名爲"升"及異體，4件以"阩"作爲修飾語。

　　其中有一類自名數量最多，字作"鬻"。大多數學者是從器形的角度來解釋"鬻"的含義的。如陳夢家認爲"鬻"是指平底鼎[①]，容庚認爲"鬻"是侈口平底鼎的專名[②]，高崇文認爲束頸、垂平底是"鬻"的特徵[③]。

　　郭寶鈞從功能出發解釋"鬻"，指出"升"有"進"義，"鬻"鼎是"將已熟牛、羊、豕、魚、腊、腸、胃、膚等分類依次裝入列鼎中，以扛運于中庭，一分爲多，量不能大，故鬻鼎口大腹淺，腰凹底平，爲適量少容，只口徑仍大"。[④]俞偉超和高明認爲"鬻"即"升鼎"的專用字，"升"即把煮熟的牲肉實之于鼎，升鼎即升牲之鼎。[⑤]李零結合"鬻"中出土有牲骨的情況，認爲鬻是薦牲體的鼎，但是是否能作爲一切牲鼎的共名，尚無充分的證據。[⑥]馬承源認爲"升"即"獻"，升鼎是有別于日常實用鼎的祭祀用鼎。[⑦]張亞初結合以上觀點，認爲"鬻"是升載牲體的升鼎之專用字。[⑧]

　　而以"登"作爲器名的鼎器一共2件，還有4件鼎以"登"作爲修飾語。其中

　　① 陳夢家：《壽縣蔡侯墓銅器》，《考古學報》1956年第2期，第108頁。

　　② 容庚：《金文編》第4版，北京：中華書局，1985年，第495頁。

　　③ 高崇文：《東周楚式鼎形態分析》，《江漢考古》1983年第1期，第13頁。

　　④ 郭寶鈞：《商周銅器群綜合研究》，北京：文物出版社，1981年，第87頁。

　　⑤ 俞偉超、高明：《周代用鼎制度研究（上）》，《北京大學學報》1978年第1期，第88-89頁。

　　⑥ 李零：《楚國銅器類說》，《江漢考古》1987年第4期，第69頁。又見氏著《論楚國銅器的類型》，《入山與出塞》，北京：文物出版社，2004年，第286頁。

　　⑦ 馬承源：《中國青銅器》，上海：上海古籍出版社，1988年，第84頁。

　　⑧ 張亞初：《殷周青銅鼎器名、用途研究》，《古文字研究》第18輯，北京：中華書局，1992年，第281頁。

中臣鼎《銘續》原釋"尊"，石小力改釋"登"。[①] "登"，學者多認爲與"升"同，"登鼎"即"升鼎"，如高崇文[②]、李零[③]、張亞初[④]等。

《儀禮·喪服》傳曰："其冠六升。"鄭玄注："升字當爲登。"《左傳·隱公五年》："鳥獸之肉不登於俎，皮革、齒牙、骨角、毛羽不登於器。"疏："以登爲升。"《爾雅·釋詁》："登，陞也。"《小爾雅·廣言》："登，升也。"可見傳世文獻"登""升"可互通。

包山楚簡 265 簡又有"二鎣鼎"一語，胡雅麗結合對應器形與楚式升鼎相同，認爲"鎣"讀爲"升"。[⑤] 又鄬子受鼎銘文自名爲"鎣"，器形亦同（見圖11）。

包山 265

包山 2:137

鄬子受鼎

圖11　包山楚簡与鄬子受鼎

是證明"登"確可以假借爲"升"。

不過自名作"升"或"登"的鼎，如盅鼎，器形也并不完全是典型的楚式升鼎。李零認爲這類鼎也是平底鼎，是楚式升鼎的前身。[⑥] 張亞初從之。[⑦] 張昌平則説盅鼎這類鼎的形制源自出土于湖北隨縣萬店周家崗的伯歸墓鼎（《銘圖》02217），而伯歸墓鼎則是"西周晚期周文化系統附耳垂腹鼎的延續形式"（見圖12）。[⑧]

盅鼎

伯歸墓鼎（自名"寶鼎"）

圖12　盅鼎与伯歸墓鼎

---

① 石小力：《〈商周青銅器銘文暨圖像集成續編〉釋文校訂》，《2016 商周青銅器與先秦史研究論文集》，第 94-95 頁。後收于《商周青銅器與先秦史研究論叢》，北京：科學出版社，2017 年，第 142 頁。

② 高崇文：《東周楚式鼎形態分析》，《江漢考古》1983 年第 1 期，第 13 頁。

③ 李零：《楚鼎圖説》，《文物天地》1995 年第 6 期，第 31-36 頁。後收于氏著《入山與出塞》，北京：文物出版社，2004 年，第 355 頁。

④ 張亞初：《殷周青銅鼎器名、用途研究》，《古文字研究》第 18 輯，北京：中華書局，1992 年，第 281 頁。

⑤ 胡雅麗：《包山二號楚墓遣策初步研究》，《包山楚墓》（上册），北京：文物出版社，1991 年，第 509-510 頁。

⑥ 李零：《楚國銅器類説》，《江漢考古》1987 年第 4 期，第 69 頁。後收于氏著《論楚國銅器的類型》，《入山與出塞》，北京：文物出版社，2004 年，第 286 頁。

⑦ 張亞初：《殷周青銅鼎器名、用途研究》，《古文字研究》第 18 輯，北京：中華書局，1992 年，第 281 頁。

⑧ 張昌平：《曾國青銅器簡論》，《考古》2008 年第 1 期，第 87 頁。

劉彬徽則不同意張昌平的解釋，并細緻地總結了這種升鼎的形制特點：（1）立耳外撇；（2）敞口，口沿外侈，口徑大于腰徑；（3）束腰，腰徑小于口徑和下腹徑；（4）平底；（5）足根接于平底之上。同時劉先生還認爲，伯歸夆鼎因爲足跟接于腹底交界處，屬于"周式升鼎"，與楚式升鼎是"截然不同的兩類鼎"。①

其實這就在器形上求之過苛了。正如李琦所指出的，望山簡遣策中記載的稱"鼎"之鼎，對應實際出土的"鼎"并不能完全滿足劉彬徽的器形標準。②望山楚簡 2 號墓遣册 53 簡有"二鼎"字樣，對應此墓陶製平底"爬獸鼎"二件，整理者認爲與蔡侯墓的"鼎"形制相似。③但是實際上足型亦非接于平底之上（見圖 13）。

"鼎"望山 2.53　　　　　望墓 2:頭 153

圖 13　望山簡

我們認同俞偉超和高明的觀點，凡有升牲功能的鼎，不論是楚式束腰平底鼎，還是圓腹鼎，都可以稱"升鼎"。④如莢敔鼎是西周的弇口柱足鼎，稱"寶鐙"；中臣鼎則是分襠柱足鼎，自名是"銎"；曾侯舀鼎其器形又是另一類附耳圓底鼎，但是却自名爲"阩"。這些鼎與楚式升鼎形態各異，時代各異，僅僅因自名相聯繫而同屬一類。克黃鼎自名爲"鹽"，當是從"鬵"的變體，以示與炊飪有關。又如叔夜鼎（《銘圖》02197）"用鹽用鬻"，郭永秉認爲"鹽"這類從"皿"作的字形是"戰國文字異形的表現"⑤，正是如此。曾侯舀鼎自名"阩"從"阜"，應當是表"上升"義之"升"的本字，借爲升鼎之"升"。查飛能則不將此字釋爲升牲之"升"，而是升降之"升"，認爲可能"與祭祀時迎接受祭者神靈降臨有關"⑥。這又是過于執着于器形而强作他解了。此外還有簋、豆自名或表用途的銘文以"登"爲之。我們認爲，"升"用于鼎是表"薦牲體而祭"。而

① 劉彬徽：《楚系青銅器研究續論》，《湖南省博物館館刊》第 7 期，長沙：岳麓書社，2010 年，第 185 頁。
② 李琦：《東周青銅食器稱謂與功用整理研究》，2019 年吉林大學碩士學位論文，第 22 頁。
③ 湖北省文物考古研究所：《望山楚簡》，北京：中華書局，1995 年，第 129 頁；湖北省文物考古研究所：《江陵望山沙冢楚墓》，北京：文物出版社，1996 年，第 126 頁。
④ 俞偉超、高明：《周代用鼎制度研究（上）》，《北京大學學報》1978 年第 1 期，第 88-89 頁。
⑤ 郭永秉：《釋上博藏西周寓鼎銘文中的"羹"字——兼爲春秋金文、戰國楚簡中的"羹"字祛疑》，《出土文獻與傳世典籍的詮釋——紀念譚樸森先生逝世兩周年國際學術研討會論文集》，上海：上海古籍出版社，2010 年，第 94 頁。又收于氏著《古文字與古文獻論集》，上海：上海古籍出版社，2011 年。
⑥ 查飛能：《商周青銅器自名疏證》，2019 年西南大學博士學位論文，第 292 頁。

"登"可讀爲"烝嘗"之"烝"，也泛化作一般的祭祀義，見修飾語"登（烝）"
（見圖14、圖15、圖16）。

圖14　菓獃鼎　　　　　　　圖15　曾侯宝鼎　　　　　　圖16　中臣鼎

2.5　鑐（絼）、鎇兒

表6　鑐（絼）、鎇兒作器名表

序號	編號	器名	器形	時代國別	銘文	字形
1	01332—01333	佣鼎		春秋晚期前段，楚國	佣之飤鑐。	
2	01658	敀孫宋鼎		春秋晚期	敀孫宋之飤鈑。	
3	01666	彭子射鼎		春秋晚期	彭子射之行鎇。	
4	01668	楚子遐鼎		春秋晚期，楚國	楚子遐之飤鎇。	
5	01671	爰子沱鼎	—	戰國早期	爰子沱之飤鎇。	
6	01747	仲義君鼎	—	春秋晚期	仲義君自作食鎇。	

续表

序號	編號	器名	器形	時代國別	銘文	字形
7	02093	鄧公乘鼎		春秋中期，鄧國	鄧公乘自作飤䵼。	
8	02157	曾孫無期鼎		春秋晚期，曾國	曾孫無期自作飤䵼。	
9	02159	乙鼎	—	春秋晚期	乙自作飤䵼。	
10	02254	曾仲臺鼎		春秋中期，曾國	曾仲臺擇其吉金，自作飤緐。	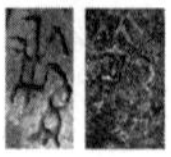
11	02310	鄴子曰鼎		春秋中期，羕國	鄴子曰自乍飤䵼	
12	02318	楚王鼎		春秋中期	楚王媵鬘仲嫡加飤緐。	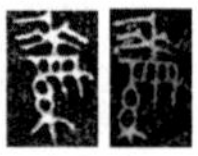
13	02319	揚鼎	—	春秋晚期，楚國	陽嫡子揚擇其吉金，自作飤鐈。	
14	02325—02326	庚兒鼎		春秋中期，徐國	郐王之子庚兒，自作飤緐，用征用行，用龢用鬻。	

续表

序號	編號	器名	器形	時代國別	銘文	字形
15	02335	寬兒鼎		春秋晚期，蘇國	蘇公之孫寬兒，擇其吉金，自作飤鬲。	
16	02349	陬子書玄鼎		春秋晚期，陬國	陬子書玄擇其吉金，自作飤鬲。	
17	02358	鄧叔孫姬鼎		春秋早期，鄧國	鄧叔孫姬擇其吉金，自作飤鯀。	
18	02372	蔡大師䑋鼎	—	春秋晚期，蔡國	蔡太師䑋䊫許叔姬可母飤鏃。	
19	11690	王子啓疆鼎	—	春秋晚期	王子啓疆自乍（作）飤鯀。	
20	20111	羅子龍鼎		春秋晚期	羅子龍之飤鏃。	
21	20162	宋兒鼎		春秋晚期	陳侯之孫宋兒自作飤鯀。	
22	20205	彭子疾鼎		春秋晚期，楚國	彭子疾擇其吉金，自飤鬲。	

序號	編號	器名	器形	時代國別	銘文	字形
23	20210	楚王鼎		春秋中期	楚王酓璗仲嬭加飤繇。	
24	30175	雷子歸産鼎		春秋晚期	雷子歸産之䲦。	
25	30278	䣄子嚣鼎		春秋中期	䣄子嚣擇其吉金,自作飤䤵。	
26	30282	居趩戢鼎	—	春秋晚期	余鬻此廫兒	
27	—	瘽子鼎①		春秋晚期,鄝國	鄝子書左擇其吉金,自作飤䤵。	
*	—	湛鼎②		春秋中期	湛行繁,其永用。	

表7　䲦(緐)、廫兒作修飾語表

序號	編號	器名	器形	時代國別	銘文	字形
1	02288	以鄧鼎		春秋中期,楚國	楚叔之孫以鄧,擇其吉金,鑄其緐鼎。	

---

　　① 不見于《通鑑》。器見曹錦炎:《黃子鼎與瘽子鼎》,《楚簡楚文化與先秦歷史文化國際學術研討會論文集》,武漢:湖北教育出版社,2013年,第684頁。

　　② 見湖北省文物考古研究等:《湖北隨州棗樹林目的81與110號墓發掘》,《考古學報》2021年第1期,第121頁圖3。

续表

序號	編號	器名	器形	時代國別	銘文	字形
2	02289	與子具鼎		春秋晚期，楚國	與子昇自作繁鼎。	
3	20201	以鄧鼎		春秋中期	楚弔叔之孫以鄧，擇其吉金，鑄其緐鼎。	
4	20202	遺仲白虜鼎		春秋晚期	遺仲白虜自作盥其緐貞。	
5	20204	滕□伯毁鼎		春秋晚期，滕國	滕□伯毁自作鑄其繁貞。	
6	20211	歔寶尹仲康鼎		春秋晚期，徐國	余歔寶尹仲康，擇其吉金，自作緐鼎。	
7	20219	諆余鼎		春秋早期	□子諆余擇其吉金，自作飢緐鼎。	

　　共有 28 件鼎器名爲"繁"，同時也有 7 件鼎"繁"用作修飾語。

　　由表 6、表 7 可以總結出，自名爲"繁"的鼎主要特點是：（1）出現于楚文化地區；（2）自春秋早期至戰國早期，春秋晚期尤其集中。關于繁鼎的器形，高崇文形容爲"凸棱型子母口深腹鼎"[①]，劉彬徽認爲這是箍口鼎的一種，自名爲

[①] 高崇文：《東周楚式鼎形態分析》，《江漢考古》1983 年第 1 期，第 5 頁。

"繁鼎"或"鑄鼎"。①陳劍總結這類器物的基本特徵是深腹三蹄足，是"江淮一帶南方諸國特有的流行器物"。②張亞初也認爲這是"江淮一帶南方諸國族通用的一種器名"。③

"繁"字陳邦懷最早釋讀爲"飯"④，孫常叙⑤、張亞初⑥、陳劍⑦均從此釋。而趙平安則根據甲骨文中竹器"弁"字與此"繁"古音相通，"繁"的叫法可能源自"兊"，稱"兊鼎"猶言"兊一樣的鼎"。⑧

我們認爲釋"飯"的説法從意義上講更通順。《説文解字·食部》："飯，食也。從食反聲。"《泉部》："灥，泉水也。從泉縣聲。讀若飯。"又皱孫宋鼎自名爲"飤🔲"，李零與董珊隸定爲"鈑"，當讀若"繁"。⑨李春桃曾認爲此字或是"鋠"，讀若"鬺"，是一種大鼎。⑩此字字形稍殘，無法判斷是否確是"辰"。我們暫從見過第一手材料的李零與董珊兩位學者的意見，釋爲"鈑"。是"反""繁"通假無礙，此器器形也與繁鼎相一致，其説甚確。

另外還有一件葬子皺盉（《銘圖》06075）自名爲"鎺鼎"，張昌平根據此器器腹有烟炱痕迹，説此類盉是由鼎中分化出來的。⑪陳劍⑫、谷朝旭⑬、黄錦前⑭均持這樣的觀點。

（1）葬子皺擇其吉金，自作鎺鼎。🔲

——葬子皺盉（《銘圖》06075，春秋早期）

（2）葬子皺擇其吉金，作鎺鼎。🔲

——葬子皺厄（《銘續》1380，春秋早期）

---

① 劉彬徽：《楚系青銅器研究》，武漢：湖北教育出版社，1995 年，第 115 頁。

② 陳劍：《青銅器自名代稱、連稱研究》，《中國文字研究》第 1 輯，南寧：廣西教育出版社，1999 年，第 355 頁。

③ 張亞初：《殷周青銅鼎器名、用途研究》，《古文字研究》第 18 輯，北京：中華書局，1992 年，第 286 頁。

④ 楊權喜：《襄陽山灣出土的鄀國和鄧國銅器》，《江漢考古》1983 年第 1 期，第 53 頁。

⑤ 孫常叙：《居趟簋簡釋》，《孫常叙古文字學論集》，上海：上海古籍出版社，2016 年，第 282 頁。

⑥ 張亞初：《殷周青銅鼎器名、用途研究》，《古文字研究》第 18 輯，北京：中華書局，1992 年，第 286 頁。

⑦ 陳劍：《青銅器自名代稱、連稱研究》，《中國文字研究》第 1 輯，南寧：廣西教育出版社，1999 年，第 355 頁。

⑧ 趙平安：《從語源學的角度看東周時期鼎的一類別名》，《考古》2008 年第 12 期，第 68 頁。收于氏著《新出簡帛與古文字古文獻研究》，北京：商務印書館，2009 年，第 15-16 頁。又收于氏著《金文釋讀與文明探索》，上海：上海古籍出版社，2011 年，第 129-130 頁。

⑨ 俞偉超等：《保利藏金》，廣州：嶺南美術出版社，1999 年，第 137-138 頁。

⑩ 觀點轉自李琦：《東周青銅食器稱謂與功用整理研究》，2019 年吉林大學碩士學位論文，第 66 頁。

⑪ 張昌平：《襄陽縣新發現一件銅盉》，《江漢考古》1993 年第 3 期，第 43 頁。

⑫ 陳劍：《青銅器自名代稱、連稱研究》，《中國文字研究》第 1 輯，南寧：廣西教育出版社，1999 年，第 355 頁。

⑬ 谷朝旭：《中國古代青銅器整理與研究·青銅敦卷》，北京：科學出版社，2016 年，第 20-21 頁。

⑭ 黄錦前：《説"盉盂"——兼論楚系盉盂的形態與功能》，《湖南考古輯刊》第 11 輯，北京：科學出版社，2015 年，第 268-271 頁。

按盉的器形確實可能與鼎有關聯①，但是説這種盉器稱"繁鼎"是連類相及，我們認爲或有可商。此盉足型矮小，根據其烟炱痕迹，如需加熱食物的話應該是需要架在某種支架上使用的，這與可以直接加熱的鼎器不同，雖説可能有器形相承關繫，但器用已大不相同，本不應使用相同的器名，此是其一；其二，根據《銘續》後來著録的另一件同作器者的盨（《銘續》1380），亦自名爲"䋣鼎"，而黄錦前認爲"盨""盉"二器器形并無太多關聯②，何景成也認爲盉和盨是兩種不同的青銅器類③，那麽盨器也自名爲"䋣鼎"就不好套用器形存在關聯的解釋了（见圖17、圖18）。我們懷疑這種自名情況可能是由于同組器套用了同樣的銘文所致，這還有待更多同組器的公布來證實。

图17　葬子𤭚盉

图18　葬子𤭚盨

另外，《銘圖》著録兩件以鄧鼎，銘文完全一致，都自稱繁鼎，但是其中一件（《銘圖》02288）器形與一般的繁鼎一致，另一件（《銘續》0201）器形却是典型的升鼎。兩器銘文不可重合，《銘續》這一件是否爲僞器不好講。升鼎稱"繁"，大概和盉、盨一樣，也是同組器套用了繁鼎的銘文。

"繁"用作修飾語時一般寫作"䋣"，用爲器名時則有諸多變體。除了上述的"飯"字，還作"鑻""鑻""鑻""䋣"。從"鼎""金""皿"是贅加形符表意。而"勹"，根據謝明文的説法，是"腹部"的象形初文，與"身"共用同一個本字。④那麽這裏的"䋣"，如同"鑞""鎬"鼎之作"匋"，"勹"可能是羨符或訛寫，不表意。

《銘三》還收録了一件居趞戲鼎（《銘三》0282），自名爲"䋣兒"。此器在清人著録中已見，《銘圖》之前未收可能因無法判斷是不是真器。該器清人著録中均稱"彝"，而不見器形。吴榮光釋爲"康𡮝"，讀爲"康爵"⑤；許印林釋爲

---

①　參陳芳妹：《盆、敦與簋——論春秋早、中期間青銅粢盛器的轉變》，《金文文獻集成》第 39 册，北京：綫裝書局，2007 年，第 530 頁。原載《故宫學術季刊》1985 年第 2 卷第 3 期。

②　黄錦前：《説"盨盂"——兼論楚系盨盂的形態與功能》，《湖南考古輯刊》第 11 輯，北京：科學出版社，2015 年，第 265 頁。

③　何景成：《論"叔子毃盨"的自名》，《青銅器與金文》第 7 輯，上海：上海古籍出版社，2021 年，第 37 頁。

④　謝明文：《説腹、飽》，《甲骨文與殷商史》新 5 輯，上海：上海古籍出版社，2015 年，第 96 頁。收于氏著《商周文字論集》，上海：上海古籍出版社，2017 年，第 48-49 頁。

⑤　吴榮光：《筠清館金文》清宜都楊守敬重刻本，《金文文獻集成》第 12 册，北京：綫裝書局，2005 年，第 124 頁。

"盤郳","郳"通"彝",即"盤彝"[1];劉心源釋爲"麻郳",却認爲"麻"是盤
繯的别稱,從許瀚説[2];吳闓生作"麻兒"[3];劉體智徑隸定爲"夒兒"[4]。孫常
叙稱此器爲"居趫簋",自名釋爲"緜兒",認爲"緜"是稱器之詞,"兒"與
"蘇公之孫寰兒"和"郿王之子庚兒"一樣,都是"稱名之詞的幫襯",即後綴,相
當于現在的兒化音。[5]而趙平安從之,認爲"緜兒"是此器的私名。[6]《銘三》根
據此器稱"緜",判斷此器應該是鼎。按,孫常叙、趙平安之説可從。既然"緜
兒"是此器的"私名"專稱,那麽此器是不是鼎,未見實器便不好判斷了。

2.6　鎬、匋

（1）鄴子午之飤鎬。

　　　　　　　——鄴子午鼎（《銘圖》01659,春秋晚期,見圖19）

（2）盅子戜自作飤鎬。

　　　　　　　——盅子戜鼎蓋（《銘圖》01751,春秋晚期,見圖19）

（3）楚王酓脡作鑄匋盅,以供歲嘗。

　　　　　　——楚王酓延鼎（器銘,《銘圖》02165,戰國晚期,見圖20）

（4）正月吉日,窒鑄匋鼎,以供歲嘗。

　　　　　——楚王酓忎鼎（器銘,《銘圖》02359、02360,戰國晚期,見圖21）

（5）罘歈公子皇毃擇其吉金,自作飤犕。

　　　　　　　——皇毃鼎（《銘續》0192,春秋晚期,見圖22）

（6）……吉丁亥……其吉金……鎬

　　　　　　　——鎬鼎（《銘圖》01983,春秋時期）

（7）郙子濾息澤其吉金,自愬飤鎬。

　　　　　　　——郙子濾息鼎（《銘三》0274,春秋晚期）

---

① 吳式芬:《攈古録金文》光緒二十一年吳氏家刻本,《金文文獻集成》第 11 册,北京:綫裝書局,2005
年,第 305 頁。

② 劉心源:《奇觚室吉金文述》清光緒二十八年自寫刻本,《金文文獻集成》第 13 册,北京:綫裝書局,
2005 年,第 430 頁。

③ 吳闓生:《吉金文録》,香港:萬有圖書公司,1968 年,第 156 頁。

④ 劉體智:《小校經閣金石文字（引得本）》,臺北:大通書局,1979 年,第 1285 頁。

⑤ 孫常叙:《居趫簋簡釋》,《孫常叙古文字學論集》,上海:上海古籍出版社,2016 年,第 282 頁。

⑥ 趙平安:《從語源學的角度看東周時期鼎的一類别名》,《考古》2008 年第 12 期,第 69 頁。收于氏著
《新出簡帛與古文字古文獻研究》,北京:商務印書館,2009 年,第 19 頁。又收于氏著《金文釋讀與文明探索》,
上海:上海古籍出版社,2011 年,第 132 頁。

圖 19　鄧子午鼎、　　　圖 20　楚王酓延鼎　　圖 21　楚王酓忎鼎　　圖 22　皇毃鼎
盅子䣄鼎蓋

　　共有 8 件鼎以"鐈"作爲器名或修飾語。可以發現這類鼎數量明顯較盂、升、繁鼎爲少。

　　其中鄧子午鼎與盅子䣄鼎蓋從廢品中收集時恰合，但器、蓋銘作器者不同，而作二器處理。盅子䣄鼎蓋器名細審之，"▨"下當有"皿"。"鐈鼎"銘文殘缺，若依其行款字數判斷，修飾語缺失，"鐈"字處于器名的位置上，因而計入器名（見圖 23、圖 24）。

圖 23　鐈鼎原殘銘拓本　　　　圖 24　鐈鼎行款示意

　　《説文解字·金部》："鐈，似鼎而長足。從金喬聲。"胡光煒據此認爲"鐈"鼎即高鼎。[1]唐蘭[2]、劉節[3]、郭沫若[4]、商承祚[5]、黃錫全[6]、《銘文選》[7]、張亞

---

①　胡光煒：《胡小石論文集三編》，上海：上海古籍出版社，1995 年，第 182-183 頁。

②　唐蘭：《壽縣所出銅器考略》，《金文文獻集成》第 22 冊，北京：綫裝書局，2005 年，第 298 頁。

③　劉節：《壽縣所出楚器考釋》，《古史存考》，北京：人民出版社，1958 年，第 115 頁。

④　郭沫若：《兩周金文辭大系圖録攷釋》1957 年科學出版社影印本，《金文文獻集成》第 21 冊，北京：綫裝書局，2005 年，第 484 頁。

⑤　商承祚：《十二家吉金圖録》1935 年哈佛燕京學社影印本，《金文文獻集成》第 20 冊，北京：綫裝書局，2005 年，第 262 頁。

⑥　黃錫全：《楚系文字略論》，《考古》1990 年第 3 期，第 102 頁。

⑦　上海博物館商周青銅器銘文選編寫組：《商周青銅器銘文選》，北京：文物出版社，1990 年，第 436 頁。

初[①]、戴家祥[②]、朱鳳瀚[③]均認爲"鐈"是長足的高鼎。李零[④]、劉彬徽[⑤]則結合實物器形，稱此"鐈"爲"細長足外撇"的鼎。

仰天湖出土遣册第 10 簡有"鍮鐱"，史樹青讀"鍮"爲"鎬"，與"鐈"聯繫，認爲是高足鼎，讀爲"銅鎬和銅劍"。[⑥]但是對應出土的只有銅劍，并没有銅鼎或鎬。鎬、劍也没有連稱的先例。李學勤讀爲"鐈"，認爲是金屬或合金名。[⑦]劉信芳認爲"鐈鐱"是一種長柄劍的專名，是解"鐈"爲長義。[⑧]金文中"鐈"字確又可作金屬義。如，多友鼎（《銘圖》02500）"湯（錫）鐘一鍢，鐈鋚百匀"，伯公父瑚（《銘圖》05976）"擇之金，佳鐈佳盧"，叔夷鐘（《銘圖》15556—15557）"桓武靈公易尸吉金吉金鈇鎬"，秦政伯喪戈（《銘圖》17356）"秦政白喪，戳政西旁，作遙元戈喬黄"。朱芳圃認爲"鐈"是錫之異名，凡從"高"得聲之字，多有青白二色之義，"銀爲白金，鉛爲青金，錫在銀鉛之間，其色青白，恰與從高得聲諸字義相會合"。[⑨]伍仕謙則認爲"鐈"是玄色金屬，是金之美者。[⑩]董珊[⑪]、黄錫全[⑫]都認爲是鉛、錫與銅的合金。

而杜迺松曾提到"鐈"可能最初是指好的金屬，而後則專指這種"似鼎而長足"的鐈鼎。[⑬]又包山二號墓遣策 265 簡有"二"，胡雅麗釋"二鐈鼎"。同時又提出了疑問："然楚鼎此時均附高足，何爲鐵足鼎特名之以喬（鐈）？"并認爲"鐈"不當獨言其高，并引《急就篇》"釭鐧鍵鑽冶鋦鐈"、顏師古注"鐈者，以鐵有所輔助"，得出"鐈"特指下附鐵足的高足銅鼎。[⑭]而黄錦前根據數據對比指出，下寺出土自名爲"繁"的佣鼎足高與通高比爲 45%，自名爲"鼒"的佣

---

① 張亞初：《殷周青銅鼎器名、用途研究》，《古文字研究》第 18 輯，北京：中華書局，1992 年，第 287 頁。

② 戴家祥主編：《金文大字典》，上海：學林出版社，1995 年，第 4927 頁。

③ 朱鳳瀚：《中國青銅器綜論》，上海：上海古籍出版社，2009 年，第 89 頁。又見氏著《古代中國青銅器》，天津：南開大學出版社，1995 年，第 68-69 頁。

④ 李零：《楚國銅器類説》，《江漢考古》1987 年第 4 期，第 70 頁。又見《論楚國銅器的類型》，《入山與出塞》，北京：文物出版社，2004 年，第 289 頁。

⑤ 劉彬徽：《楚系青銅器研究》，武漢：湖北教育出版社，1995 年，第 115-117 頁。

⑥ 史樹青：《仰天湖出土楚簡研究》，上海：群聯出版社，1955 年，第 27 頁。

⑦ 李學勤：《談近年新發現的幾種戰國文字資料》，《文物參考資料》1956 年第 1 期，第 48 頁。

⑧ 劉信芳：《楚簡器物釋名（上篇）》，《中國文字》新 22 期，臺北：藝文印書館，1997 年，第 192 頁。

⑨ 朱芳圃：《殷周文字釋叢》卷下，北京：中華書局，1962 年，第 143-144 頁。

⑩ 伍仕謙：《白公父簠銘文考釋》，《四川大學學報叢刊第 10 輯·古文字研究論文集》，成都：四川人民出版社，1982 年，第 179 頁。

⑪ 董珊：《珍秦齋藏秦伯喪戈、矛考釋》，《故宫博物院院刊》2006 年第 6 期，第 109 頁。

⑫ 黄錫全：《"取子"所鑄器鋖考》，《古文字與古貨幣文集》，北京：文物出版社，2009 年，第 107-110 頁。

⑬ 杜迺松：《金文中的鼎名簡釋——兼釋尊彝、宗彝、寶彝》，《考古與文物》1988 年第 4 期，第 45-46 頁。

⑭ 胡雅麗：《包山二號楚墓遣策初步研究》，《包山楚墓》，北京：文物出版社，1991 年，第 509 頁。

鼎比率爲 44%，而自名爲 "鐈" 的鄧子午鼎則只有 40.7%，因而 "長足" 之說值得懷疑。[①]

我們也同樣對高足說持懷疑態度。正如王獻唐所言："同一鬴，而漢之古文家謂小鼎，今文家謂大鼎，後代說經者，又各以大小互爭。此事與前說義例正同，鼎有大小，鬴亦隨有大小。當時經師各據聞之大小，從而著録，并不拘一。"[②]憑《説文解字》的記載與 "喬" 有高義之聯想，得出 "鐈" 爲長足之鼎的結論，不免先入爲主，與事實相違背。"鐈" 用作金屬名是早于用作器名的，因而最早鼎稱 "鐈" 可能是表明這類鼎的特定材質，而這類鼎在形制上繼承了早先流行于南方諸國之繁鼎 "箍口"[③]的特徵，又有其特有的細撇足。雖然足絶對長度不長、占全高比例不高，但是相較于渾圓的鼎身，其足部綫條視覺上是纖細的。因而《説文解字》稱其 "似鼎而長足"，也許是後世之人憑自目驗而得出的結論。

還有一部分學者將 "鐈" 與 "鎬" 聯繫起來，如史樹青認爲 "鎬" 是鐈鼎的簡稱。[④]《説文解字·金部》："鎬，温器也。從金高聲。武王所都，在長安西上林苑中，字亦如此。" 如集厨鎬（《銘圖》15055）自名曰 "鎬"，字作 "　"。器形似盆、鑑，商承祚認爲是食器[⑤]，湯餘惠認爲是 "盛熱水加温食飲的用器"[⑥]，郭若愚認爲 "似爲鼎屬"[⑦]，李家浩也認爲此類器與盂相類，可能不是温器，似可讀爲 "盓"。[⑧]田河[⑨]、劉國勝[⑩]從之。《方言》卷十三："椀謂之盓。"《廣雅·釋器》："盓，盂也。" 戴家祥認爲盓與銚音同，其實都是燒水或煮食的温器。[⑪]

"鐈""鎬" 不僅字形相近，意義、讀音也俱近。前述 "鎬鼎" 自名曰 "鎬"，其實上部是殘損的，憑字形不能判斷是 "鎬" 還是 "鐈"。而《説文解字》解作温器的 "鎬" 只出于戰國晚期，自名爲 "鐈" 的鼎出于春秋晚期，二者時代不合。則根據這一時代特徵，"鎬鼎" 的自名應當是 "鐈"。而戰國晚期的

---

① 黄錦前：《"鵗鴕" 新證——兼説其與 "鱉""尉""鐈" 的關繫》，《海岱考古》第 13 輯，北京：科學出版社，2020 年，第 403 頁。

② 王獻唐：《岐山出土康季鬴銘讀記》，《考古》1964 年第 9 期，第 473-474 頁。

③ 劉彬徽：《楚系青銅器研究》，武漢：湖北教育出版社，1995 年，第 115-117 頁。

④ 史樹青：《長沙仰天湖出土楚簡研究》，上海：群聯出版社，1955 年，第 26、36 頁。

⑤ 商承祚：《長沙仰天湖二五號楚墓竹簡遣策考釋》，《戰國楚竹簡匯編》，濟南：齊魯書社，1995 年，第 65 頁。

⑥ 湯餘惠：《戰國銘文選》，長春：吉林大學出版社，1993 年，第 21 頁。

⑦ 郭若愚：《戰國楚簡文字編》，上海：上海書畫出版社，1994 年，第 126 頁。

⑧ 李家浩：《楚大府鎬銘文新釋》，《語言學論叢》第 22 輯，北京：商務印書館，1999 年，第 94-95 頁。

⑨ 田河：《出土戰國遣册所記名物分類匯釋》，吉林大學博士學位論文，2007 年，第 33 頁。

⑩ 劉國勝：《楚喪葬簡牘集釋》，北京：科學出版社，2011 年，第 121 頁。

⑪ 戴家祥主編：《金文大字典》，上海：學林出版社，1995 年，第 3452 頁。

"甸鼎"，不僅自名從專名變成了"修飾語＋鼎"的形式，器形上也與春秋晚期的鐈鼎有了區别。不過，劉彬徽、黄錦前等學者都認爲，春秋晚期的"鐈"和戰國晚期的"甸鼎"仍是一類鼎。①而自名爲"鐈"的鼎器形統一，并没有其他類型的鼎稱"鐈"。而戰國時稱"甸鼎"，可能是爲了與字形相似的"鎬"相區分，也可能只是單純的"喬"的異寫。《説文解字·夭部》："喬，高而曲也。從夭，從高省。《詩》曰：'南有喬木。'"西周的伯喬父簋（《銘圖》04681）字作"䈪"，"高"上曲作"九"或"力"。後期上曲形與"高"分離，如戰國中期的中山王嚳鼎（《銘圖》02517）字作"䔾"。而此"甸"字"高"上所謂從"勹"或從"身"，可能是"高"形上曲的變體。

又燕侯載簋（《銘圖》05127，戰國時期）銘曰"眚敬禕祀"，"禕"强運開釋"袺"②，郭沫若釋"礿"，柯昌濟釋"禂"，楊樹達釋"郊"。③《通解》從郭沫若釋④，《譜系》釋"袺"。⑤大抵是一種祭祀名。查飛能讀"甸"爲"告"，即"告祭"，又認爲"鐈"到後來已由高腳鼎引申爲一般的鼎，不用作專名。⑥楚王鼎作爲戰國時器，與其他的鼎時期不同，寫法也有異，也不排除讀爲"禕祀"之"禕"或"袺"的可能性。

2.7 礶㦾、也

（1）楚旅之石沱。

　　　　——楚旅鼎（《銘圖》01470，春秋晚期·楚國，見圖25）

（2）蓋銘：鄝（鄧）尹疾之沰盨。器銘：鄝（鄧）尹疾之礶盨。

　　　　——鄧尹疾鼎（《銘圖》01661，春秋晚期·楚國，見圖26）

（3）襄自作飤礶㦾。

　　　　——襄鼎（《銘圖》02065，春秋晚期·楚國，見圖27）

（4）唯昶伯騤自作寶礶盨。

　　　　——昶伯業鼎（《銘圖》02215，春秋早期·𢎨國）

（5）樊季氏孫仲嬴董，用其吉金，自作橐沱。

　　　　——樊季氏孫仲嬴鼎（《銘圖》02240，戰國早期·樊國，見圖28）

---

① 見上文兩位學者注引，此略。

② 强運開：《説文古籀三補》1935 年商務印書館石印本，《金文文獻集成》第 17 册，北京：綫裝書局，2005 年，第 373 頁。

③ 以上諸釋見周法高、張日升、林潔明：《金文詁林》，香港：香港中文大學出版社，1975 年，第 166-168 頁。

④ 張世超、孫凌安、金國泰、馬如森：《金文形義通解》，京都：中文出版社，1996 年，第 39 頁。

⑤ 黄德寬主編：《古文字譜系疏證》，北京：商務印書館，2007 年，第 795 頁。

⑥ 查飛能：《商周青銅器自名疏證》，2019 年西南大學博士學位論文，第 52、287、288 頁。

（6）楚子= 戠咎自作石寙。

　　　　　　　——楚子戠咎鼎（《銘圖》02242，春秋晚期，見圖 29）

（7）太師鐘伯侵自作石沱。

　　　　　　　——鐘伯侵鼎（《銘圖》02263，春秋中期偏早·楚國，見圖 30）

（8）銮伯自作飤礜沱。

　　　　　　　——銮伯鼎（《銘續》0184，春秋早期，見圖 31）

（9）游孫癸之飤宕鉈。

　　　　　　　——游孫癸鼎（《銘三》0188，春秋中期·楚國，見圖 32）

（10）㝊孫考叔痟父，其乍石它。

　　　　　　　——塞孫考叔痟父鼎（《銘三》0232，春秋早期，見圖 33）

圖 25　楚旟鼎　　圖 26　鄧尹　　圖 27　裹鼎　　圖 28　樊季氏　　圖 29　楚子戠
　　　　　　　　　　疾鼎　　　　　　　　　　　　孫仲嗣鼎　　　　咎鼎

圖 30　鐘伯侵鼎　　圖 31　銮伯鼎　　圖 32　游孫癸鼎　　圖 33　塞孫考叔痟
　　　　　　　　　　　　　　　　　　　　　　　　　　　　　父鼎

　　共有 10 件東周的楚鼎自名爲“礦舵”及其異體，另外，《銘續》與《銘三》還收錄了兩件器物值得注意：

（11）鄭子旁鄟鑄其礦膚。

　　　　　　　——鄭子旁鄟甗（《銘續》0281，春秋中期）

（12）鄝子厚自作石沱，㠯征㠯征。

　　　　　　　——鄝子厚盤（《銘三》1207，春秋中期）

　　鄭子旁鄟甗自名“礦膚”[①]，正如李琦所説，甗的自名是没有“器名＋甗”這種連稱形式的[②]，因而“礦”只能解釋爲修飾語，而“舵”則是器物的專名。但是

────────

① 左部的“石”不清，還不好判斷是不是“礦”，暫從原釋。
② 李琦：《東周青銅食器稱謂與功用整理研究》，2019 年吉林大學碩士學位論文，第 42 頁。

還有一件盤亦自名作"石沱"，字形上看無誤，此則否定了"它""沱""鼉"作爲鼎的專名的説法，又説明"石"也不是僅能出現在鼎上的專用修飾語。

關于"碩鼉"，已有不少學者或就其中一字，或整體就兩字，或從器形，或從銘文釋讀，作過相關考釋。

羅振玉在考釋昶白縶鼎時提到裹鼎自名爲"石它"，并將"石"讀爲"碩"，認爲"鼎故有石它之稱矣"。[①]容庚亦認爲"碩鼉"爲鼎之別名。[②]唐蘭認爲羅振玉釋"鼉"爲"它"誤，應當釋爲"也"，該字本象匜器之形，鼎之稱"也"，因其"窪下深中"，而不是因爲它有流。[③]楊樹達則徑讀"碩"字爲鼎，并與楚王酓忎鼎（《銘圖》02359）的自名字形"貞"聯繫起來，認爲此字從"火"，"貞"省作"貝"，但并未解釋"石"以及"鼉"字何義。[④]陳直將其讀爲"碩鼉"，認爲鼎非石質，從"石"應當讀爲重量計量單位"石"（音"旦"）；而"鼉"則讀爲"匜"，應當是取鼎"敞口如匜之象征性"，"鼉"即指匜鼎。[⑤]李零曾提及此種自名爲"石也"的器物是一種深腹帶蓋的鼎的稱謂。[⑥]劉彬徽[⑦]、陳佩芬[⑧]也都認爲"碩鼉"爲鼎的異稱、別名。

趙平安在《金文"碩鼉"解》一文中，對"碩鼉"的具體讀法提出過意見，根據望山簡"盤""鉈"二字緊連，結合同墓簡同樣位置上字形作"鼉"，認爲"鼉""鉈"都應當讀爲"匜"字。同時從音聲上，提出"石""碩"都與"庶"通，依于省吾對"庶"字的考釋，認爲"石""碩"應當讀爲"庶"，即"煮"。該文後又收于《金文釋讀與文明探索》，文後又有後記，結合自名爲"匜鼎"的器物器形，補充道："稱匜强調它匜的特點，稱鼎强調它鼎的特點。假定稱匜，它不是注水用的盥匜，而是煮東西用的，應稱煮匜。因此，作爲楚國一帶流鼎的一種地方性稱呼，'石沱''石盨''碩鼉'等，讀爲煮匜是有器形上的依據的。"[⑨]

① 羅振玉：《貞松堂集古遺文》1930 年石印本，《金文文獻集成》第 24 册，北京：綫裝書局，2005 年，第 56 頁。

② 容庚：《金文編》第 4 版，北京：中華書局，1985 年，第 495 頁。

③ 唐蘭：《壽縣所出銅器考略》，《金文文獻集成》第 22 册，北京：綫裝書局，2005 年，第 299 頁。

④ 楊樹達：《積微居金文説》，北京：中國社會科學院，1952 年，第 85-86 頁。

⑤ 陳直：《讀金日札》卷一，北京：中華書局，2010 年，第 27-28 頁。

⑥ 李零：《楚國銅器類説》，《江漢考古》1987 年第 4 期，第 70 頁。又見氏著《論楚國銅器的類型》，《入山與出塞》，北京：文物出版社，2004 年，第 289 頁。

⑦ 劉彬徽：《楚系青銅器研究》，武漢：湖北教育出版社，1995 年，第 327 頁。

⑧ 陳佩芬：《夏商周青銅器研究（東周篇）》，上海：上海古籍出版社，2004 年，第 295、298 頁。

⑨ 趙平安：《金文"碩鼉"解——兼及它的異構》，《中山大學學報（哲學社會科學版）》1990 年第 4 期，第 107-108 頁。又收于氏著《金文釋讀與文明探索》，上海：上海古籍出版社，2011 年，第 118-123 頁。

張亞初認爲"石沱"是楚地對鼎的地方性稱呼，其器形特徵爲深腹，并贊同羅振玉讀"石"爲"碩"。而"沱"字應當是後世的"匜"，作爲對小型盂的稱呼，"石沱"是楚人對中原所常用的盂形鼎的特殊稱謂。[①]朱鳳瀚也大致贊同此種觀點。[②]

張世超則提出，"碢鴕"與文獻中出現的"橐駝"一語有關，二者都是連綿詞，語源相同。"碢鴕"則表示是"橐囊"一樣的用具，因此類鼎鼓腹圓底，形狀似橐袋，故得名。[③]黃錦前則根據仲姬堇鼎（樊季氏孫仲嚚鼎）的自名字形，認爲"沱"前的"🔲""🔲"字從囊形，當依張世超的觀點讀爲"橐"，并根據出土文物證明在當時人們已經認識到駱駝這一物種了。[④]

按樊季氏孫仲嚚鼎自名爲"橐沱"，前一字恰好印證了張世超所説的"碢鴕"與"橐駝"存在音聲上的關聯。不過黃錦前也對其將鼎之"橐鴕"與動物之"駱駝"從外形上相聯繫的説法表示懷疑，這樣的懷疑不無道理。張世超認爲"橐駝"是雙聲連綿詞，不能如韋昭所言"背上有肉似橐，故曰橐駝也"，一般分開解釋，後面却又説"碢鴕"以"橐"修飾是因爲其器形似橐囊，似乎兩相矛盾。連綿詞表音的作用應當遠大于表意，應該只是記錄某一個事物的發音，而并没有依據具體事物造一個象形或會意的字，否則只用一個字來形容便可，不必形成無法拆分的雙音節詞。所以最初的連綿詞都是假借來的，後添加義符略表意罷了。正如張世超所舉的"徜徉"原作"尚羊"，"驌驦"原作"肅爽"，"碢鴕"與"橐駝"音近同源或不假，但兩者可能并没有意義的關聯。又如"蜘蛛"（《説文解字》從"黽"作"鼄蠪"）和"踟躕"（《説文解字》作"歭踷"），兩詞音聲相近[⑤]，而它們意義是否有關，尚有討論餘地，但應該不能附會作"蜘蛛之行若人之踟躕不前狀"。又"蟋蟀"和"窸窣"，"混沌"和"餛飩"等，也是這種情況。"碢"作"石"，又作"橐"，要皆從"石"得聲，僅表音而已，不必牽强去解釋與"橐"的關繫。不過之後黃錦前又進一步論證了張世超的觀點，堅定地認爲"石沱"是不可拆分的連綿詞[⑥]，但是這明顯與鄧子旁郳鷊的自名"碢盧"相悖。

① 張亞初：《殷周青銅鼎器名、用途研究》，《古文字研究》第 18 輯，北京：中華書局，1992 年，第 286 頁。

② 朱鳳瀚：《中國青銅器綜論》，上海：上海古籍出版社，2009 年，第 89 頁。又見氏著《古代中國青銅器》，天津：南開大學出版社，1995 年。

③ 張世超：《"碢鴕""橐駝"考》，《江漢考古》1992 年第 2 期，第 63-64 頁。

④ 黃錦前：《東周金文"石沱"正解》，《江漢考古》2016 年第 1 期，第 106-107 頁。

⑤ "蜘""踟"同從"知"聲自不必言，"蛛"古音侯部，"躕"古音魚部，音亦近。又甲骨文有"蜘蛛"的象形字，尚不能斷定此與今天的"蜘蛛"是否爲一物，即使是一物，今天也不用此字而用"蜘蛛"一詞表示了。

⑥ 黃錦前：《"碢鴕"新證——兼説其與"繁""鼒""鐈"的關繫》，《海岱考古》第 13 輯，北京：科學出版社，2020 年，第 392-394 頁。

　　除"橐"以外，遍觀諸器所用的"礦""舵"，還有很多異體。鄧尹疾鼎器銘自名作"🔲🔲"，《銘圖》釋"礦盨"，王少泉釋爲"礦𩰣"[1]，劉彬徽釋"碩頎"[2]，查飛能釋"礦餻"[3]。按《銘圖》後一字隸定作"盨"，明顯與字形不符。兩字下部之"🔲"當是"鼎"，與"頁"寫法有別，劉彬徽釋誤；後一字也不從"化"，當是"它"，王少泉的釋文亦不確（又蓋銘王少泉釋"洉盨"，是將"石""后"訛混）。查飛能的釋法較爲準確，但是解釋"鼎"上從"卩"即"殄"，則不確，所謂"卩"應該就是"鼎"上的"卜"，是羨符。

　　又蠶伯鼎自名作"礘舵"，前一字"🔲"《銘續》原作"礦舵"，新版《金文通鑒》依石小力的釋文校訂改。[4]從"器"，"鼎""器"一爲專名，一爲共名，可互相替換。《銘三》新收游孫癸鼎自名作"飤㝐鉈"，從"宀"作，簡帛中有非常多加"宀"增繁的寫法，此處"宀"是羨符，也不表意，僅從"石"得聲。而"舵"，除從"鼎"外，還可從"皿""金""水"。從"皿""金"很好理解，同義替換；從"水"或許僅是表音借用"沱"，但是"盤"自名用"沱"，則"水"也兼可表意。

　　信陽長臺關1號墓遣册21簡記有"一鉈"，與該墓出土實物銅匜一件相合，是讀爲"匜"無誤。而江陵望山2號墓遣册46簡則記"二盤，二鉈"，對應此墓出土的兩件素面銅匜。[5]又55簡"一盤，一舵"，《望山楚簡》書後考釋道："此墓出一大陶鼎，疑即舵。一說此'舵'字與楚王酓肯鉈鼎之'鉈'同。該鼎有流，形制合匜、鼎於一體，'鉈'似應讀爲'匜'。此墓未出匜鼎，但有二陶匜（頭四五號），一大一小，簡文以'舵'與'盤'并列，也可能即指陶匜。"[6]不能確定是鼎還是匜。而田河在其博士論文中提到劉國勝見"舵"下文"二口"，闕字從"匕"或"勺"，而勺、匕與鼎常伴出土，據而認爲"舵"是指鼎。[7]

　　按我們認爲簡文之"舵"就是指匜。盤、匜在商周時往往配套使用，體現在文字上，"盤""匜"也常常連稱。[8]正如郭沫若所言，"盤與匜乃相將之物，有

---

① 王少泉：《襄樊市博物館收藏的襄陽山灣銅器》，《江漢考古》1988年第3期，第97頁。

② 劉彬徽：《楚系青銅器研究》，武漢：湖北教育出版社，1995年，第327頁。

③ 查飛能：《商周青銅器自名疏證》，2019年西南大學博士學位論文，第61-62頁。

④ 石小力：《〈商周青銅器銘文暨圖像集成續編〉釋文校訂》，《2016商周青銅器與先秦史研究論文集》，第94-95頁。後收于《商周青銅器與先秦史研究論叢》，北京：科學出版社，2017年，第142頁。

⑤ 湖北省文物考古研究所：《望山楚簡》，北京：中華書局，1995年，第125頁。

⑥ 湖北省文物考古研究所：《望山楚簡》，北京：中華書局，1995年，第129頁。

⑦ 田河：《出土戰國遣册所記名物分類匯釋》，吉林大學博士學位論文，2007年，第22頁。

⑧ 詳見范佩瑜：《商周青銅匜自名、定名整理與研究》，2019年北京語言大學碩士學位論文，第48-49頁；王爽：《商周青銅盤自名、定名整理與研究》，2021年北京語言大學碩士學位論文，第40-42頁。

《夆叔盤》及《夆叔匜》同出，可證。此必同時兼鑄二物，故連言'盤匜'。[①]夆叔盤（《銘圖》15001）與夆叔匜（《銘圖》14522）都自名爲"盤"，可能不是最好的例子。而如季大盤（《銘續》0936）與季大匜（《銘續》0989）、芍盤（《銘續》0940）與芍匜（《銘續》0993）等，銘文均包含作"盤匜"一語，是證二器同出而連言之，知二器關繫之緊密。傳世文獻中，亦不乏"盤""匜"連言之例。《儀禮·既夕禮》："匜實于盤中，南流。"《儀禮·公食大夫禮》："小臣具槃匜，在東堂下。"《國語·吳語》："一介嫡男，奉盤匜以隨諸御。"此"鉈"與"盤"連言，更與望山簡46簡"鉈"與"盤"連言兩相對照，是讀爲"匜"無誤。而《銘三》所收的盤自名"石沱"，爲此更添一嘉證。王爽認爲，此盤"敞口坦底，腹部微鼓，符合自名爲'石沱'的鼎的腹部似橐的形制特點"。[②]其實無須從器形方面解釋，這就是以"匜"稱"盤"的代稱現象罷了。

那麼再回過頭來看作鼎器名的"鉈"，此字既可讀爲"匜"，贅加"鼎"旁作爲這種深腹鼎的專稱，可能取自匜這類水器之"窪下深中"的特點，但不必直接讀"鉈"爲"匜"，讀如字便可。趙平安曾説："稱匜强調它匜的特點，稱鼎强調它鼎的特點。"[③]張亞初提到，"鉈"即"鋱"，并言："鋱就是對小型盂的一種稱呼。石它之它、沱都是盂形鼎的名稱。所以，石它之稱實際上是楚人對中原流行的盂鼎的別名。"[④]《廣韻》："鋱，瓦盌。"《説文》："盌，小盂也。"《方言》："盂，宋楚魏之間或謂之盌。盌謂之盂，或謂之銚鋭。"對此，查飛能認爲："文獻把鋱器解釋爲盂，是因文獻做過統一處理，且礎鉈流行時間很短，文獻形成之時也不知其器型。"[⑤]這樣的説法不無道理。《方言》等書中記載的"盌""鋱"這類器名，都是對後世器物的稱呼，和古已有之的從"也""于"得聲的鼎名不一定是指一種器物，但音聲與器形皆由來有自，一脉相承。器名從"也"有深腹的特點，後世從"瓦"作形容深腹瓦器，也是取一樣的寓意。

另外還有兩件以"也（鉈）"作爲修飾語的鼎器：

（13）郘慶作秦妊也鼎。[兒慶印]

——兒慶鼎（《銘圖》01947，春秋早期，見圖34）

[①] 郭沫若：《兩周金文辭大系圖録攷釋》1957年科學出版社影印本，《金文文獻集成》第21册，北京：綫裝書局，2005年，第513頁。

[②] 王爽：《商周青銅盤自名、定名整理與研究》，2021年北京語言大學碩士學位論文，第45頁。

[③] 趙平安：《金文"礎鉈"解——兼及它的異構》，《中山大學學報（哲學社會科學版）》1990年第4期，第107-108頁。收于氏著《金文釋讀與文明探索》，上海：上海古籍出版社，2011年，第118-123頁。

[④] 張亞初：《殷周青銅鼎器名、用途研究》，《古文字研究》第18輯，北京：中華書局，1992年，第286頁。

[⑤] 查飛能：《商周青銅器自名疏證》，2019年西南大學博士學位論文，第66頁。

（14）楚王酓腏作鑄鉇鼎。 [image]

——楚王酓延鉇鼎（《銘圖》01980，戰國晚期，見圖35）

圖34　兒慶鼎

圖35　楚王酓延鉇鼎

這種鼎其形有流，更加似匜。唐蘭認爲自名爲"鉇"是以其有流，"窪下深中"，可以盛水。[①]劉節認爲此鼎因有流，與匜相似，故稱"鉇鼎"。[②]其後林巳奈夫[③]、張亞初[④]、朱鳳瀚[⑤]、崔恒升[⑥]、陳劍[⑦]等學者均持此觀點。張聞捷認爲這種鼎的流是用來烹煮大羹的[⑧]，要之也是液體，這種有流鼎用來盛液體的功能十分明顯。這兩件鼎的修飾語都不從"鼎"，是因爲其後已有專名"鼎"，其中楚王酓延鉇鼎之"鉇"贅加"金"表義。鼎以"也"修飾，更加説明楚地有以"舵"稱鼎器的傳統。

至于"碢"，現在已經能確定是修飾語，釋"煮"本是説得通的，但是盤器亦用此修飾語却不好解釋了，而釋"橐"意義上又不順。王志平認爲"石沱"可讀爲"宕鉈"，依聲韻可讀爲"湯池"，楚文字中代指盛湯之器皿。[⑨]"石"作"宕"，讀爲"湯"，意爲盛熱湯之器，可備一説。

2.8　鼎

（1）夨王作寶隝鼎。 [image]

——夨王鼎蓋（《銘圖》01555，西周早期後段，蓋高4厘米、縱12.2厘米、橫15.2厘米，重0.45千克，見圖36）

---

① 唐蘭：《壽縣所出銅器考略》，《金文文獻集成》第22冊，北京：綫裝書局，2005年，第299頁。

② 劉節：《楚器圖釋》，北京：國立北平圖書館，1934年，第7頁。

③ 林巳奈夫著，廣瀬薫雄譯，郭永秉潤文：《殷周青銅器綜覽：殷周時代青銅器的研究（第一卷）》，上海：上海古籍出版社，2017年，第42頁。

④ 張亞初：《殷周青銅鼎器名、用途研究》，《古文字研究》第18輯，北京：中華書局，1992年，第287頁。

⑤ 朱鳳瀚：《中國青銅器綜論》，上海：上海古籍出版社，2009年，第88頁。又見氏著《古代中國青銅器》，天津：南開大學出版社，1995年，第68頁。

⑥ 崔恒升：《安徽出土金文訂補》，合肥：黃山書社，1998年，第36頁。

⑦ 陳劍：《青銅器自名代稱、連稱研究》，《中國文字研究》第1輯，南寧：廣西教育出版社，1999年，第341頁。

⑧ 張聞捷：《周代用鼎制度疏證》，《考古學報》2012年第2期，第137頁。

⑨ 王志平：《"石沱"新釋》，《青銅器銘文研究學術研討會議論文集》，2020年，第157-158頁。

（2）王作康季寶寶隣鼎。

——王鼎（《銘圖》01718，西周早期，殘片重 18 斤，約當全器 1/20。據以推計，原器當重 300 斤以上）

（3）鄭戝句父自作飤籮。

——鄭戝句父鼎（《銘圖》02085，春秋早期，通高 22.6 厘米、兩耳相距 20.8 厘米，見圖 37）

（4）姨作父庚鼎，冊。

——姨鼎（《銘圖》02101，商代晚期，通高 93.8 厘米、口徑 64 厘米、腹深 46 厘米，重 96.8 千克，見圖 38）

（5）唯番昶伯者尹作寶鼎。

——番昶伯者君鼎（《銘圖》02175、02176，春秋早期，高 24.6 厘米、口徑 22.5 厘米，見圖 39）

（6）唯己考中之子叔左□之□三鼎……其需用□□□作鼎彝。

——叔左鼎（《銘圖》02334，春秋中期，通高 27.1 厘米、口徑 28 厘米，見圖 40）

（7）叔柁父作寶隣"鼎"。

——叔柁父鼎（《銘三》0227，西周中期，通高 22.6 厘米、兩耳相距 20.8 厘米，見圖 41）

圖 36　矢王鼎蓋

圖 37　鄭戝句父鼎

圖 38　姨鼎

圖 39　番昶伯者君鼎

圖 40　叔左鼎

圖 41　叔柁父鼎

《銘圖》收有 6 件鼎自名器名爲"鼎"，其中兩件番昶伯者君鼎《銘圖》原作"鼎"，觀察拓片器名上從"才"甚明，因而改爲"鼎"字。王獻唐曾認爲凡釋"鼎"者皆當爲"鼎"[①]。確實"鼎""鼎"字形頗近，如攸鼎（《銘圖》01287）字

---

① 王獻唐：《岐山出土康季鼎銘讀記》，《考古》1964 年第 9 期，第 473-474 頁。

作"𪔂"，其横畫斜作，是"卜"形甚明；而番昶伯者君鼎則一件"鼎"上横畫傾斜半穿如"卜"形，一件横畫穿過寫如"十"，作"鼐"。但是可能并不能如王獻唐這樣一概而論，"才"是具有表音功能的，"卜"形則是羨符而無表音、表意之功能（或可能是從"貞"得聲）。又叔柂父鼎字形作"𪔂"，《銘圖》釋爲"鼐"字，但是其字形更像是"鼎"。"才"横畫平直出頭，且一般交叉處有加粗，如"𣎳"；"卜"則是兩筆等粗且横畫不穿過。

戰國鼎銘中又有"肭"字，李學勤認爲當讀作"鼐"①，黄盛璋也認爲"肭"讀"鼐"，是魏鼎之異稱。②而曹錦炎、吳振武依據兩件平安君鼎銘文對讀，將此解釋爲"載"③，"容""肭"對位相同。讀爲"載"的意見是十分正確的，因而這幾件戰國鼎器不計。

《説文解字·鼎部》："鼐，鼎之圜掩上者。《詩》曰：'鼐鼎及鼒。'鎡，俗鼐從金從兹。"《爾雅·釋器》："鼎絶大謂之鼐，圓弇上謂之鼒。"郭璞注："鼎斂上而小口。""鼐"當是一種斂口圓鼎。

鄭戚句父鼎自名爲"鼒"，郭沫若認爲是"鼐"，并指出此鼎爲無蓋流鼎，與《説文》記載不合，稱"知古説實多不足信也"。④楊樹達⑤、黄德寬⑥從之。張亞初根據《詩經·周頌·絲衣》毛傳訓"鼒"作小鼎，認爲"鼐"實際上是指形狀較小的鼎。其實不論作斂口圓鼎還是小鼎，都與幾件鼎的形制有所偏差。

周萼生即從經典之説，認爲娷鼎形制與"口小，腹深，底圜，鼎壁逐漸向上收斂"的描述相符。⑦其實只有叔左鼎、番昶伯者君鼎，其大小、外形是基本符合經典描述的，其他鼎無一符合。商和西周時的"鼐"普遍較大——王鼎殘片已重達 18 斤，娷鼎重近 200 斤；鄭戚句父鼎是有流鼎，矢王鼎甚至還是方鼎。

王獻唐也認識到了"鼐"在文獻中的記載與實物不符，并解釋道："許説本於《爾雅》，《爾雅》不出一時一手，共著是語，殆曾見斂口之鼎，而自署鼐者，因據爲説。……盖鼐只鼎之别名，同一斂口侈腹製作，此稱鼐，彼多稱鼎。鼎之先後形狀不一，統名曰鼎，鼐亦隨同。"⑧或許《説文解字》《爾雅》《毛詩詁訓傳》的

---

① 李學勤：《秦國文物的新認識》，《文物》1980 年第 9 期，第 28 頁。

② 黄盛璋：《魏享陵鼎銘考論》，《文物》1988 年第 11 期，第 47 頁。

③ 曹錦炎、吳振武：《釋散》，《吉林大學社會科學學報》1981 年第 2 期，第 25 頁。

④ 郭沫若：《兩周金文辭大系圖録攷釋》1957 年科學出版社影印本，《金文文獻集成》第 21 册，北京：綫裝書局，2005 年，第 490 頁。

⑤ 楊樹達：《積微居金文説》，北京：中國科學院，1952 年，第 149 頁。

⑥ 黄德寬主編：《古文字譜系疏證》，北京：商務印書館，2007 年，第 219 頁。

⑦ 周萼生：《略談商娷鼐》，《考古》1962 年第 1 期，第 37 頁。

⑧ 王獻唐：《岐山出土康季鼐銘讀記》，《考古》1964 年第 9 期，第 473-474 頁。

描述，僅憑目驗或聽聞得到自名爲"鼐"的鼎的形制便記錄下來，受限于人、時、地等諸多因素影響，没有經過科學舉證、歸納，因而難免與現在出土的實物不符。

實際上的"鼐"或許并没有"小"或"圓"的限制，只是"鼎"的一種異寫，與從"卜"的"鼏"可能没什麼不同，兩字寫法本來就接近，後世也多有混用的可能。如清華簡五《封許之命》"鼎"字作"㝵"，上作"才"。另外，商代晚期的嬭鼎自名"鼐"，而周人刻銘稱"鼎"，是説明"鼐""鼎"可能無別。而"鼏"旁有二"幺"的"鼒"字，所謂"幺"形實象鼎之提鏈形，是否應該連讀作"兹"表音是有疑問的。不過此字中間仍有小"卜"形，可以知道"鼒""鼐"當不同字。

2.9　甾

> 子陳□之孫……行甾。
>
> ——子陳□之孫鼎（《銘圖》01744，春秋時期，通高 11 寸、腹深 7.2 寸、口徑 7 寸）

子陳□之孫鼎自名爲"行甾"，有一特殊的器名，字形作"甾"。容庚《金文編》釋讀此字爲"甾"，認爲是鼎的別名。[1]王獻唐[2]、于省吾[3]則認爲此字雖是甾，但是應當是"鼐"的假借字。趙平安認爲此字當釋讀爲"筭"，即"覚"，與鼎稱"繁"字相同，因而行甾即"行繁"。[4]單育辰根據劉雲[5]的觀點，認爲此字形并非"甾"，而應該是"筐"的象形，用在此處作爲鼎的器名，當讀爲《急就篇》中提到的"盇"。[6]李琦贊同趙平安的意見將此字釋爲"緐"[7]，查飛能則認爲應當徑讀爲"甾"，就是鼎之別名。[8]不過查飛能認爲此字不能釋爲"緐"的理由是，緐鼎未見有貫以修飾語"行"的自名，釋"緐"不合辭例。但

---

① 容庚：《金文編》第 4 版，北京：中華書局，1985 年，第 847 頁。

② 王獻唐：《岐山出土康季鼐銘讀記》，《考古》1964 年第 9 期，第 473 頁。

③ 于省吾：《甲骨文字釋林》，北京：中華書局，2009 年，第 91 頁。

④ 趙平安：《從語源學的角度看東周時期鼎的一類別名》，《考古》2008 年第 12 期，第 67 頁。收于氏著《新出簡帛與古文字古文獻研究》，北京：商務印書館，2009 年，第 16 頁。又收于氏著《金文釋讀與文明探索》，上海：上海古籍出版社，2011 年，第 130 頁。

⑤ 見復旦大學出土文獻與古文字研究中心研究生讀書會：《清華簡〈楚居〉研讀札記》，復旦大學出土文獻與古文字研究中心網，2011 年 1 月 5 日劉雲的兩次發言。（http://www.fdgwz.org.cn/Web/Show/1353）

⑥ 單育辰：《釋甲骨文"甾"字》，《清華簡〈繫年〉與古史新探學術研討會會議論文集》，2015 年，第 213 頁。

⑦ 李琦：《東周青銅食器稱謂與功用整理研究》，2019 年吉林大學碩士學位論文，第 34 頁。

⑧ 查飛能：《商周青銅器自名疏證》，2019 年西南大學博士學位論文，第 49-50 頁。

其實是有自名爲"行"的繁鼎的（《銘圖》01666，彭子射鼎），因而這個立論不成立。

　　單育辰在文章中提到，徐灝曾認爲《説文解字》卷一的"蕾"與卷十二的"屮"相訛混，"屮"是竹器"筐"之本字，應當隸定爲"由"而不是"甾"。[1]這樣的説法不完全正確。"屮"的確是象編織的竹器之形，但説"甾"字非"屮"，而與"蕾"同，會田上雜草之形，却是不正確的。"甾"字甲骨文作"𤰝"（《合集》17397 正），《甲骨文合集釋文》或釋"西"[2]，不確。先秦有"兩甾"圜錢，字作"𤰝"[3]。又"蕾"字齊陶文作"𥳘"（《陶彙》3.687）、"𥳘"（《陶彙》3.689），秦封泥字作"甾"[4]，與《説文解字》小篆略同。"蕾"本從"廿""甾"，後將"甾"上下兩部分分離寫作"𥳘"形，秦文字易中間"田"形省寫作"𠀎"。可知徐鍇所謂從"巛"，"巛"爲田上艸，其實是省寫的"田"。其實都是從"廿""甾"聲的字，而非會意。

　　另外，單育辰列舉了許多從"屮"的字讀爲陽部字的例子，如趞亥鼎（《銘圖》02179）"宋莊公"之"莊"字作"牆"，并根據音聲讀子陝□之孫鼎器名"𤰝"爲"盎"。從"屮"諸字與陽部字在諸多文獻中可通這一點是毋庸置疑的，但是"屮（甾）"是否就是"匡"還不能遽下定論，如後來徐在國釋安大簡"甾"形時便遵從舊釋。[5]同時，釋"盎"也存在疑問（見圖 42）。

　　"盎"字又見于望山 2 號墓簡 51，辭例爲"豕盎"，對應墓中出土 6 件深腹有蓋陶鼎的稱謂[6]，這種陶鼎其中兩式器形見圖 43、圖 44[7]：

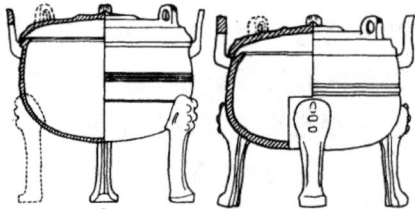

圖 42　"盎"　　　　圖 43　子陝□之孫鼎　　　　圖 44　諆余鼎

---

① 本自徐灝《説文解字注箋》。

② 胡厚宣主編：《甲骨文合集釋文》第 2 册，北京：中國社會科學出版社，2009 年，第 894 頁。

③ 王慶正主編：《中國歷代貨幣大系》，上海：上海人民出版社，1988 年，第 1033 頁。

④ 高明、塗白奎：《古文字類編》，上海：上海古籍出版社，2014 年，第 934 頁。

⑤ 徐在國：《談安大簡〈詩經〉從"甾"的相關字》，《戰國文字研究》第 2 輯，合肥：安徽大學出版社，2020 年，第 10-15 頁。

⑥ 湖北省文物考古研究所：《望山楚簡》，北京：中華書局，1995 年，第 128 頁。

⑦ 湖北省文物考古研究所：《江陵望山沙冢楚墓》，北京：文物出版社，1996 年，第 126 頁。

整體器形，如蓋、環紐、足，大體是相吻合的，但是陶鼎器形稍扁，腹也稍淺，子陵□之孫鼎反而與諆余鼎這類自名爲“繁”的鼎器明顯更接近一些。按照劉彬徽的分類，“盎”應該屬于子口鼎（饋鼎）一類，而子陵□之孫鼎的器形，屬于箍口鼎（繁鼎）一類，是相近但不同的兩種鼎形。①

望山簡“盎”的字形作“盎”，從“皿”“央”。“央”甲骨文和西周金文作“央”（《合集》3006），“央”（虢季子白盤，《銘圖》14538），從人頭上有“⊔”。虢季子白盤還有“壯”字，郭店簡《語叢三》作“壯”，釋“壯”“莊”。“央”字到了東周時，“⊔”形多寫作“用”，如“妓”字作“妓”（《天星》4204），“郟”字作“郟”（《璽彙》3180）等，可能是借“用”表音。“用”古音在東部，“央”在陽部，音近可通。《説文解字·皿部》“盎，盆也。從皿央聲。瓷，盎或從瓦”。《一切經音義》“盎甕”注引《爾雅》云：“缶器也。”“盎”“缶”“甕”應該都本是一種瓦器，楚地用來稱呼陶鼎，也是説得通的。但是青銅製的鼎可否稱“盎”，目前還未見到出土字形佐證。而望山2號墓簡48又有“匡”字，作“匡”，那麼“甾”若讀爲“匡”，通“盎”，在望山簡中就不應當同出“匡”“盎”二字形。

另外，單育辰將“飤”理解爲會意字，會人從筐中取食。而于省吾早先提到過金文中的“飤”“飤”，“才”“甾”作聲符，音近相通。這類從“食”“人”的字更早應當從“皀”，“皀”即“簋”之初文，字會人從食器中取食之形，甲骨文就有一系列這類結構的字，如“既”“即”等。而在此字形基礎上贅加的“甾”，孤立地看有表意的可能，但是又有同義的“飤”字作對照，“甾”便只能是聲符了。又清華簡伍《封許之命》簡八有“甾”字，作“甾”，上從“甾”，又簡三“才”作“才”，上從“才”，也是替換聲符所作。②所以釋“飤”爲“匡”或“盎”仍有一些矛盾之處不可解，故暫不從。③

關于趙平安釋“覓”的説法，目前諸家對相關字形的釋讀還有分歧。如師酉簋（《銘圖》05348）“覓”字，王恩田釋“舅”④，《銘圖》從之，趙平安釋“覓”⑤；

---

① 劉彬徽：《楚系青銅器研究》，武漢：湖北教育出版社，1995年，第114-117頁。

② 或以爲此是一種簡寫，而《封許之命》的寫手習慣將“卜”形貫穿爲“十”形。見蘇建洲：《〈封許之命〉研讀札記（一）》，復旦大學出土文獻與古文字研究中心網，2015年4月18日。（http://www.fdgwz.org.cn/Web/Show/2500）

③ 先秦名物無定字，若“甾”可讀陽部字，或許還可釋“甯”，《説文解字·金部》：“鎯，鎯也。”“鎯，甯也。”《瓦部》：“甯，大盆也。”《皿部》：“盆，盎也。”

④ 王恩田：《釋㠱、舅、寍——兼説界、舅字形》，《古文字研究》第25輯，北京：中華書局，2004年，第30頁。

⑤ 趙平安：《釋甲骨文中的“覓”和“覓”》，《文物》2000年第8期，第62頁。

弭仲瑚（《銘圖》05975）“”字，王筠《説文解字句讀》釋“𢍜”，劉昭瑞[①]、郭沫若[②]、唐蘭[③]、《銘圖》釋“𢍏”，李家浩[④]釋“弁”，謝明文[⑤]、高中正[⑥]徑讀爲“繁”；伯敢𢍜厤盨（《銘圖》05613）“”字王世民釋“𢍏”[⑦]，趙平安仍釋“𡵂”，《銘圖》釋“𢍜”。

“𡵂”如趙平安所説，即後世之“笲”的本字，亦是竹器。《禮記・士昏禮》：“婦執笲棗栗，自門入。”鄭玄注：“笲，竹器而衣者，其形蓋如今之筥，筊簏矣。”《禮記・昏義》：“贊見婦于舅姑，執笲棗栗段修以見。”陸德明《經典釋文・卷一四・禮記音義之四》：“笲，器名，以葦若竹爲之，其形如筥，衣之以青繒，以盛棗、栗、腶修之屬。”“甾”也是竹器。《説文解字・甾部》：“甾，東楚名缶曰甾。象形。凡甾之屬皆從甾。𠙹，古文。”周伯琦《六書正譌》：“甾，竹器，象形。”單育辰已有詳説，因而“甾”也是竹器。

金文簡帛裏“𡵂”與“甾”字形的區别，大致有三點：

（1）“𡵂”完整字形從“廾”托起竹器，“甾”完整字形即竹器，不含手形；

（2）“𡵂”字竹器的中間的豎筆一般較長，而“甾”字中間與兩邊長度區别不大（大體如此，可能有例外）；

（3）“𡵂”字上部可作“”（郭店簡《老子》甲二）、“”（曾侯乙鐘“文王之𩐌商”，《銘圖》15432），中間豎筆不穿過器身，而“甾”字中間的豎筆則未有如此作者。

再觀察子陕□之孫鼎的字形“”，恰好是模棱兩可的易混字形，單憑字形很難判斷到底是“甾”還是“𡵂”。

不過此字又見于叔夷鐘（《銘圖》15552），“𤳳”，字形作“”，乃兩個“甶”相抵，中有曲綫隔開，用作地名“淄浘”之“淄”。[⑧]是證明此字形當從“甶”得聲，則“”非“𡵂”，當是“甾”。

戴家祥認爲：“周器之子陕行甾作，假甾爲從才聲之鼒。”[⑨]此鼎作爲春

① 劉昭瑞：《宋代著録青銅器銘文箋證》，廣州：中山大學出版社，2000年，第128頁。

② 郭沫若：《弭叔簋及訇簋考釋》，《文物》1960年第2期，第5-8頁。

③ 唐蘭：《西周青銅器銘文分代史徵》，北京：中華書局，1986年，第427頁。

④ 李家浩：《釋弁》，《古文字研究》第1輯，北京：中華書局，1979年，第395頁注7。

⑤ 謝明文：《説腹、飽》，《甲骨文與殷商史》新5輯，上海：上海古籍出版社，2015年，第96頁。收于氏著《商周文字論集》，上海：上海古籍出版社，2017年，第49-50頁。

⑥ 高中正：《弭仲簠考釋》，《文史》2021年第3期，第257頁。

⑦ 俞偉超等：《保利藏金》，廣州：嶺南美術出版社，1999年，第96頁。

⑧ 高田忠周：《古籀篇》1925年日本説文樓影印本初版，《金文文獻集成》第34册，北京：綫裝書局，2005年，第1頁。

⑨ 戴家祥主編：《金文大字典》，上海：學林出版社，1995年，第4886頁。

秋時器，形制也符合《説文解字》對"鬵""圓弇上"的描述。不過，真正自名爲"鬵"的鼎數量不多，且器形多與《説文解字》描述不合。我們認爲，此字或可徑讀爲"甾"，以竹器指代青銅容器，是鼎的異稱；也可以讀爲"甗"，省略器名"鼎"，意爲祭祀之器。

另《銘三》新收一件冑乳子鼎（《銘三》0139，戰國晚期），自名作"█"，隸定爲"貞"。單育辰認爲此字類似清華簡一《子居》的"█"，下從"土"，當讀爲"凷"。還認爲此鼎與子陜□之孫鼎器形相近。[①]按"凷"字的内部中間只有一橫畫，而從未有過兩畫的形體。加上此字形上部的"卜"的竪筆并未延長穿過下面的橫畫，因而上半部分是"貞"字。下半部分從"土"，可能是由鼎足訛變的形體，又類化成"土"；也可能就是以"塡"假作"鼎"。此外，兩件鼎器的器形也相差較遠，銘文風格也不類。冑乳子鼎的器形、銘文更類似于公厨右官鼎這樣的戰國晚期盇式鼎（見圖45）。當然《銘三》若是將此字隸定爲"臺"更好。

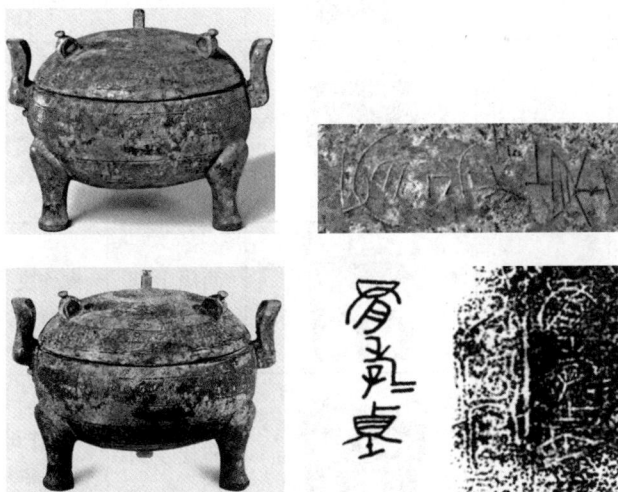

圖45　公厨右官鼎（《銘圖》01885，戰國晚期）

2.10　鬻、鬵、鬲

鼎、鬲的自名中有一組構形相似的字，這組字多從"鬻""鬵"形或其變體，或作器名，或爲修飾語，而《説文解字》中此組字從"鬲"部。爲了直觀且方便討論，我們稱其爲"鬲"組字，并依據字形整理作 A、B、C 三組，列其銘文如下（見表8、表9、表10）。

---

①　單育辰：《〈商周青銅器銘文暨圖像集成三編〉釋文校訂》，武漢大學簡帛研究中心網，2021 年 1 月 11 日。（http://www.bsm.org.cn/?guwenzi/8337.html）

表8　A組

序號	編號	器名	器形	時代	銘文	字形
1	01701	冉鼎		西周早期	冉作父乙寶鼎。	
2	01731	木工册鼎		西周早期	木工册作匕戊鼎。	
3	01777	弢鼎		商代晚期	泓作文父丁鼎鼎。	
4	01924	乃孫鼎		商代晚期	乃孫作祖己宗寶鼎鼎。	
5	02047	禽鼎		西周中期前段	禽作文考父辛寶鼎鼎。	
6	02257	畫鼎		商代晚期	用作母己隣鼎。	
7	02290	堇鼎		西周早期	用作太子癸隣鼎。	
8	02296	戍圅鼎		商代晚期	用乍（作）父乙鼎。	

续表

序號	編號	器名	器形	時代	銘文	字形
9	02314	作册般鼎		商代晚期	太子錫東大貝，用作父己寶彝。	
10	02320	戍嗣子鼎		商代晚期	才鄘宗，用作父癸寶彝。	

表9　B組

序號	編號	器名	器形	時代	銘文	字形
1	01667	彭子射鼎		春秋晚期	彭子射之䵼鼎。	
2	02039	襄腄子湯鼎		春秋晚期	襄腄子湯之䵼。	
3	30280	林公楚福鼎		春秋早期	林公楚福䵼其吉金，[作]其䵼。	
4	02839	樊君鬲		春秋中期	樊君作吊嬴朁䵼器寶䵼。	
5	02862	曾仲塦鬲		春秋中期	曾仲塦自作鬲䵼。	

73

续表

序號	編號	器名	器形	時代	銘文	字形
6	30310	曾仲塦鬲		春秋中期	曾仲塦自作 鬲鬻。	
7	02889— 02890	樊夫人龍 嬴鬲		春秋中期	樊夫人龍嬴 用其吉金 自作行鬻。	
8	20240	曾侯與鬲		春秋晚期	曾侯臧之 行鬻。	
9	30306	曾夫人 黃鬲		春秋晚期	曾夫人黃之 遪鬻。	
10	30323	燕太子鬲	—	春秋晚期	匽太子作 薦鬻。	

表 10　C 組

序號	編號	器名	器形	時代	銘文	字形
1	01328— 01329	克黃鼎		春秋中期	克黃之盟。	
2	02847	皇鬲		西周中期 前段	皇肇家靈 作羹。	

续表

序號	編號	器名	器形	時代	銘文	字形
3	03013	琱生鬲		西周中期後段	琱生作文考宯仲尊鬲。	
4	03025	師趛鬲		西周中期	師趛作文考聖公，文母聖姬尊臠。	
5	10865	萬杯		西周中期前段	萬諆（諅）乍（作）絲（茲）壘。	

　　A 組字時代上多爲商代晚期至西周早期。從字形上看，中從器皿"鬲"或者"鼎"形，下則從"火"，"火"與器皿形有的合體，有的分體。《説文解字》没有"鬻""鬻"字，甲骨文有大量的此類字形。如""""（《合集》28124[①]），辭例爲"叀中録先鬻，吉"。"鬻"字會升火加熱鼎之形，甲骨文中用爲占卜祭祀動詞，黄德寬解釋爲煮物以用于祭祀。[②]

　　B 組字形時代相對較晚，大多爲春秋時器物。可隸定爲從"鬶"，即《説文解字》的"鬻（鬻）"。《説文解字·鬻部》："鬻，厤也。古文亦鬲字。象孰飪五味氣上出也。凡鬻之屬皆從鬶。"段玉裁注："謂弜也，鬲鬻本一字。鬲專象器形，故其屬多謂器。鬻兼象孰飪之氣，故其屬皆謂孰飪。"段玉裁認爲，"鬻"字上部的"弜"形實際上象鬲中烹煮食物時向上升起的蒸汽之形，與"鬲"其實是同一個字。馬叙倫亦謂"鬻實象气出鬲上，鬻爲鬳之異文，亦羹之初文"[③]，循《説文解字》之釋。但是高田忠周考釋《皇鬲》時，提到其自名""，認爲

　　① 郭沫若：《甲骨文合集》第 9 册，北京：中華書局，1978-1982 年，第 3468 頁。

　　② 黄德寬：《古文字譜系疏證》，北京：商務印書館，2006 年，第 1259 頁。

　　③ 馬叙倫：《讀金器刻詞》1926 年中華書局影印本，《金文文獻集成》第 30 册，北京：綫裝書局，2005 年，第 411 頁。

"⿱" 即是鬲形①，金祥恒②、唐蘭③亦持此説，甚確。所謂表 "煮飪五味氣上出" 的 "弜" 形實際上不是炊蒸之氣，而應當是鬲的器壁與鬲底部分離後演化的形體。而鬲的器底或如 "⿱" 字般省略，或如 B 組字與 "火" 融合訛變成類似 "羔" 的字形。④ "羔" 乃中下部的器壁與器底分離，"火" 旁與器底黏連後的訛形。⑤可與 "皿" 同義替換，如薛侯匜 (《銘圖》14974) "眉壽" 之 "眉" (媚) 作 "⿱"，從 "皿"；者減鐘 (《銘圖》15543) "眉" 字作 "⿱"，從 "羔"。

而陳劍認爲："'鼎或鬲加火旁' 之形的下方變爲從 '鬲' 或從 '皿'，皆非字形的自然演變，而是將 '火旁加鬲底筆畫之形' 替換爲了另一成字的意符，上半仍保留 '弜' 或 '㝱' 形。……上舉諸形中的大多數除去上半中間的部分之後，餘下的形體嚴格講實際上對應的是《説文》篆形 '鬻' 除去 '羔' 之後的 '⿱' 類型，而不是 '鬲'。"⑥郭永秉也贊同此説。⑦

鬲之器底與 "火" 合體、與器身分離的趨勢，在甲骨文中便已存在，如 "⿱" (《合集》32881)、"⿱"(《小屯》2438)，當是爲刻寫簡便而爲之。西周時期的乃孫鼎也有類似寫法，當是受此影響。只是西周金文莊重，而甚少使用這種簡寫罷了。甲骨文有 "⿱" 等從 "皿" "羊" 的字，徐中舒謂 "鬻"，即 "煮"。⑧

C 組字則爲兩件特殊的器物，C1 上部從 "升"，下部進一步抽象成意符 "皿"；C2—C5 從 "辰"，器底省略，或從 "又" "廾" "臼"。

A 組字中，A1—A7 從 "量"⑨，A8 從 "齊"，A9、A10 從 "束"⑩。除 A8 之外的 9 件器物均有 "匕" 形會盛取鼎中之實，那麼可以確定的是，"齊" "量" "束" 當是與 "匕" 一同起表意作用的，而不應或不僅用作聲符。

---

① 高田忠周：《古籀篇》1925 年日本説文樓影印本初版，《金文文獻集成》第 31 册，北京：綫裝書局，2005 年，第 136 頁。

② 金祥恒：《釋⿱》，《中國文字》第 28 册，臺北：臺灣大學文學研究室，1968 年，合集第 3213 頁。

③ 唐蘭：《論周昭王時代的青銅器銘刻》，《古文字研究》第 2 輯，北京：中華書局，1981 年，第 28 頁。

④ 季旭升：《説文新證》，臺北：藝文印書館，2014 年，第 191 頁。

⑤ "鼎" 在東周足部或可寫作 "火" 形，可能也是類似的簡化。

⑥ 陳劍：《釋上博竹書和春秋金文的 "羹" 字異體》，《2007 中國簡帛學國際論壇論文集》，臺北：台灣大學中文系，第 328-329 頁。

⑦ 郭永秉：《釋上博藏西周寓鼎銘文中的 "羹" 字——兼爲春秋金文、戰國楚簡中的 "羹" 字祛疑》，《出土文獻與傳世典籍的詮釋——紀念譚樸森先生逝世兩周年國際學術研討會論文集》，上海：上海古籍出版社，2010 年，第 95 頁。收于氏著《古文字與古文獻論集》，上海：上海古籍出版社，2011 年，第 20 頁。

⑧ 徐中舒主編：《甲骨文字典》，成都：四川辭書出版社，2006 年，第 259 頁。

⑨ A3 又有一 "⿱"，徑讀爲 "鑊" 是無疑問的。不過 "蠶" 能否看成器名，還有商討的餘地。詳見本書對鼎之器名 "鑊" 的解釋。A6 "匕" 字一旁的字形漫泐，暫從《銘圖》釋 "量"。

⑩ A9 銘文爲清人摹本，中填實不清，仍暫從《銘圖》釋 "束"。

關于“量”字，《説文解字》認爲是“從重省”的形聲字。于省吾《甲骨文字釋林·釋量》：“量字從日，當是露天從事量度之義，這和甲骨文衆字作𨽵，爲衆人露天勞動同例。”[1]解爲會意字。莫伯峰從此説。[2]郭沫若釋爲“亮”字古文，曰：“日出東方，放大光明也，後世以亮爲之，而字失亮之本義，當爲高亢，聲義俱相近。”[3]馬薇廎認爲甲骨文“量”字“𤱷”，上“𤔲”就“𠂤”而言象正面的斗形，下“東”即囊中貯有穀類，“𤱷”即量米之量器，并舉甲骨文中“𤱷”或用爲地名、人名，或用作“測量”之意。[4]但是觀察甲骨文中的“斗”“升”等只見側視形作“𠂤”“𣅀”（《合集》21341、35966），金文中合體字作“𤳉”“𤳋”（《銘圖》01328、05189），未見正視的“斗”形，故馬文觀點亦不足取。裘錫圭釋此字爲“糧”的本字[5]，王志平從之説[6]，其確。“量”後來成爲“度量”的專字，也可作量詞，如霸伯簋（《銘三》0510）“用㪷一百、丹二數”。又另加“米”旁作“糧食”字，𦅫鼎字作“𥸩”，從“米”可證之。張亞初認爲爐鼎是溫熱食物的青銅禮器，《玉篇》：“爐，火煨也。”[7]

關于“束”，甲骨中有“𣪊”“𣩍”，金祥恒認爲即《説文解字》的“䰞”字，又作“餗”象實菜于鬲中。[8]周忠兵亦釋“餗”。[9]《説文解字·䰜部》：“䰞，鼎實。惟葦及蒲。陳留謂鍵爲䰞。從䰜速聲。餗，䰞或從食束聲。”

金文中從“量”的自名如木工册鼎“𩰫”，吳大澂曾徑釋此字爲“鼎”之初文。[10]方濬益認爲此字不可識，但分析此字是從三足鬲，“米”在其中，從“量”所以量米，以“匕”取飯。[11]字形分析是十分正確的。而孫詒讓[12]、高田忠周[13]、商

---

① 于省吾：《甲骨文字釋林》，北京：商務印書館，2010 年，第 414-416 頁。

② 莫伯峰：《“量”字新説》，《上古漢語研究》第 2 輯，北京：商務印書館，2018 年，第 19-24 頁。

③ 郭沫若：《陝西新出土器銘考釋》，《説文月刊》1943 年第 3 卷第 10 期。

④ 馬薇廎：《量及𤱷》，《中國文字》第 36 册，臺北：臺灣大學文學研究室，1971 年，合集第 4025-4027 頁。

⑤ 裘錫圭：《西周糧田考》，《胡厚宣先生紀念文集》，北京：科學出版社，1998 年，第 221 頁。

⑥ 王志平：《釋“䰞”》，《古文字研究》第 33 輯，北京：中華書局，2020 年，第 204 頁。

⑦ 張亞初：《殷周青銅鼎器名、用途研究》，《古文字研究》第 18 輯，北京：中華書局，1992 年，第 279-280 頁。

⑧ 金祥恒：《釋䰞》，《中國文字》第 28 册，臺北：臺灣大學文學研究室，1968 年，合集第 3205-3213 頁。

⑨ 周忠兵：《釋甲骨文中的“餗”》，《古文字研究》第 29 輯，北京：中華書局，2012 年，第 20-25 頁。

⑩ 吳大澂：《愙齋集古録》1930 年涵芬樓影印本，《金文文獻集成》第 12 册，北京：綫裝書局，2005 年，第 195 頁。

⑪ 方濬益：《綴遺齋彝器考釋》1935 年商務印書館石印本，《金文文獻集成》第 14 册，北京：綫裝書局，2005 年，第 413 頁。

⑫ 孫詒讓：《古籀餘論》1929 年燕京大學哈佛燕京學社石印容庚校補本，《金文文獻集成》第 13 册，北京：綫裝書局，2005 年，第 77 頁。

⑬ 高田忠周：《古籀篇》1925 年日本説文樓影印本初版，《金文文獻集成》第 33 册，北京：綫裝書局，2005 年，第 450 頁。

承祚①、唐蘭②均釋爲"鬻"，"柬""量"不别。張亞初認爲"餗"字與"煷"并非一字，餗鼎是煮菜羹盛菜的器物，與温器"煷"不同。③王志平則認爲從"柬"是"量"字的省形或訛變，都應當從"量"，而"餗"有另外的形體。④

我們認爲，"柬""量""東"用在這類自名中，音義俱近，是同義替换的關繫，而非簡寫、訛變。在卜辭中，"餗"從"皀"或"酉"，右從"𣏗"。孫詒讓舊釋"籹"⑤，王國維釋"餗"，于省吾從之，并云："卜辭祭名、祭牲、用牲之法均同字。如伐、俎等皆是。菜謂之餗，以菜實之祭亦謂之餗。故卜辭之'其餗；弜餗'，乃用爲祭名。"⑥"𣏗"應該是長穗穀物的象形。而"量"或"東"也類似農作物的形狀。⑦"柬"在侯部，"量""東"在東部，可對轉相通。

我們認爲 A 組的"鬻""鬻""鬻"等字，都可讀爲"鬻"，本義表示裝在鼎中的菜羹或米羹，在卜辭中的意思可能是以鼎實饗祖先。⑧用作器名是鼎的别稱，表明是盛菜羹以饗祭用的鼎。也可以如王志平以"量"爲韻讀"羹"，音近義同。又春秋時期淮伯鼎（《銘圖》02316）有"🐏"字⑨，會器中烹羊，即陳劍之言替换"🐑"的形體，可能就是後來"羹"的本字。⑩而 A8 的"𤑔"字，會鼎中烹煮黍稷，與"鬻""鬻"的意義相近（見圖46）。

《合集》27137　《合集》34573　《合集》15818　《合集》18566

《銘圖》02320　《銘圖》02290　《銘圖》01924　《銘圖》01777

圖46　《合集》《銘圖》例字

---

① 周法高主編：《金文詁林附録》，香港：香港中文大學出版社，1977年，第2166-2167頁。

② 唐蘭：《西周青銅器銘文分代史徵》，上海：上海古籍出版社，2016年，第93頁。

③ 張亞初：《殷周青銅鼎器名、用途研究》，《古文字研究》第18輯，北京：中華書局，1992年，第281-282頁。

④ 王志平：《釋"鬻"》，《古文字研究》第33輯，北京：中華書局，2020年，第203-211頁。

⑤ 孫詒讓：《契文舉例》，《吉石盦叢書三集》，1912年，下廿頁。

⑥ 于省吾主編：《甲骨文字詁林》，北京：中華書局，1996年，第3228-3229頁。

⑦ 張懋鎔、秦建明：《釋"柬"及與"柬"有關之字》，《人文雜誌》1981年第6期，第100-102頁。

⑧ 周忠兵：《釋甲骨文中的"餗"》，《古文字研究》第29輯，北京：中華書局，2012年，第24頁。

⑨ 此字讀見文術發：《淮伯鼎銘文考釋》，《古文字研究》第24輯，北京：中華書局，2002年，第231頁。又此器周寶宏疑僞。見周寶宏：《西周金文考釋六則》，《古文字研究》第27輯，北京：中華書局，2002年，第220-221頁。

⑩ 楊樹達釋徐王糧鼎"鬻"爲"羹"，又提到此鼎押句中韻（楊樹達：《積微居金文説》，北京：中國科學院，1952年，第146頁）。陳劍則又補充了叔原父䀋（《銘圖》03361）"用鬻稻汭"、庚兒鼎（《銘圖》02325）"用穌用鬻"兩個押韻的例子。確實此字可押陽聲韻，但可能并不能就此讀爲"羹"。正如陳漢平所説，"字形鬻形之中所從均爲聲傍"（陳漢平：《金文編訂補》，北京：中國社會科學出版社，1993年，第194頁），將此字讀爲"羹"是爲求聲韻和諧，卻未能顧及這一點。爲何"鬻"例外，以"釆"爲表意符號而不取其聲，其實是不好解釋的，且"羹"的聲音不來自"羔"的形體。王志平《釋"鬻"》説"鬻"字從"量"得聲，爲"羹"字異體，其説可從。那麼對於"鬻"字的構形及音讀，或許可有更好的解釋。獻疑于此，待考。

B1 彭子射鼎自名爲"⿰金鼎"，詳見修飾語"湯"的考釋。

B2 襄腫子湯鼎自名爲"⿰朱邑"。胡仁宜隸定作"䣩"，但無釋。[1]王輝隸定爲"䣩"，并與叔夜鼎（《銘圖》02197）"䣩"字同，認爲："䣩從郱聲，郱字邑旁在左，但古文字邑部字邑居左居右無別，郱古音侯部端紐，者魚部照紐，照端准雙聲，魚侯韻部接近，故䣩當是䰞即煮之異構。"范毓周[2]、謝明文[3]、王子楊[4]、黃錦前[5]從此説。李勇、胡援認爲"⿰朱邑"字是楚人對鼎的別稱，但釋"煮"則牽強。[6]陳秉新釋此字作"鸞"，通"䣩"，讀爲"鋗"。[7]後又改釋爲"鬻"，讀與"鑊"通。[8]鄧佩玲贊同陳秉新之釋"鸞"説，假爲《説文解字》之"鬻"，讀如字，解爲"粥"，指出此器的炊粥用途。[9]查飛能從此説。[10]劉彬徽認爲此字上從"邦"，可讀爲"烹"。[11]程鵬萬從之，并認爲"邦""卜"可通，字可讀爲"赴"。[12]

我們認爲此字如果嚴格隸定的話，當作"䣩"，字從"朱""邑"，音、義與叔夜鼎銘文"用䣩用䰞"之"⿰朱邑"略同。郭沫若認爲此字從"兄"聲，讀作"䰞"，即"煮"。[13]楊樹達《叔夜鼎》跋隸定爲"䰞"，曰："銘文從米，與《説文》同；從弜皿與説文從鬲者同；其從兄者，蓋從祝省聲。古音祝在屋部，䰞在覺部，音相近也。"[14]按當以楊樹達之説爲是。

説文有"鬻"字。《説文解字·鬲部》："鬻，鬻也。從鬲侃聲。餰，鬻或從食衍聲。飦，或從干聲。鍵，或從建聲。"又："鬻，鍵也。從鬲米聲。"徐鉉曰："今俗作粥。"而上文提到，《説文》又曰："陳留謂鍵爲鬻。""鍵""鬻"古音同

---

① 胡仁宜：《六安市九里溝出土的銅簋》，《文物研究》第 2 輯，合肥：黃山書社，1986 年，第 39 頁。

② 范毓周：《關於子湯鼎的幾個問題》，《南方文物》1997 年第 4 期，第 54 頁。

③ 謝明文：《談談青銅酒器中所謂三足爵形器的一種別稱》，《出土文獻》第 7 輯，上海：中西書局，2015 年，第 8 頁。

④ 王子楊：《甲骨文煮字補釋》，《出土文獻研究》第 18 輯，上海：中西書局，2019 年，第 26 頁。

⑤ 黃錦前：《讀伯克父甘婁盨銘瑣記》，《曾國銅器銘文探頤》，北京：科學出版社，2020 年，第 7 頁。

⑥ 李勇、胡援：《春秋"子蕩"楚器考》，《文物研究》第 8 輯，合肥：黃山書社，1993 年，第 186-187 頁。

⑦ 陳秉新：《安徽新出楚器銘文考釋》，《楚文化研究論集》第 3 輯，武漢：湖北人民出版社，1994 年，第 416-417 頁。

⑧ 陳秉新：《讀金文札記二則》，《東南文化》2000 年第 5 期，第 81 頁。又見氏著《安徽出土子湯鼎銘文的再認識》，《考古》2005 年第 7 期，第 91 頁。

⑨ 鄧佩玲：《銅器自名前修飾語"鬻"字試釋——兼談"延鐘、反鐘"等辭》，《古文字研究》第 30 輯，北京：中華書局，2014 年，第 202 頁。

⑩ 查飛能：《商周青銅器自名疏證》，2019 年西南大學博士學位論文，第 45 頁。

⑪ 劉彬徽：《楚系金文訂補（之一）》，《古文字研究》第 23 輯，北京：中華書局，2002 年，第 88 頁。

⑫ 程鵬萬：《子湯鼎銘研究綜述》，《古文字研究》第 33 輯，北京：中華書局，2020 年，第 308-309 頁。

⑬ 郭沫若：《金文叢考》，《郭沫若全集·考古編》第 5 卷，北京：科學出版社，2002 年，第 471 頁。

⑭ 楊樹達：《積微居金文説》，北京：科學出版社，1952 年，第 146-147 頁。

在寒部可通，其實一也，故"鬹""鬻"二字可互訓。"鬹"古音在侯部，"粥"古音在幽部，幽、侯古音可相通轉（一説在覺部，亦同）。又《説文解字》有"鬻"字，釋曰："鬻也。從鬲毓聲。鬻，鬻或省從米。"字或作"鬻"。鑒於此字字形只有摹本，"充"也有可能即此""形，"鬹""鬻"古音同部可通。所以，無論采哪種説法，都殊途同歸，即""是"粥"即"鬻"的同音異寫，也就是烹米羹之器。

B2—B10 字形從"圭"，爲"鬲"之異體，詳見鬲器名"鬻"考釋。

C1 從"升"，是"鼎"之異體，"凡牲着於爨上之鑊，謂之亨，由鑊而實於鼎，謂之升。"[1]詳見鼎器名"鼎"考釋。

C2—C5 均從"辰"作。其中前三件是鬲，最後一件器原稱萬杯，但崎川隆認爲是鬲的足部[2]，可從。C4 師趛鬲的"辱"或説是借"晨"字爲之，下部的"収"是受"尊"類化而增。[3]"鬲"字部分形體增"臼"作"鬹"，如芮太子白鬲""、郳妘逵母鬲（《銘三》0307）""、兒慶鬲（《銘三》0312）""等，可能是受金文"鑄"的影響。

甲骨文又有""字（《合集》8612），作方國名。[4]許敬參釋爲《玉篇》與《廣雅》所收之"鬻"字[5]，施謝捷[6]、徐中舒[7]與此同。《廣雅·釋器》："鬻，鼎也。"《玉篇》："鬻，大鼎也。"

金文中器名從此"鬻"字者本另有一師趛鼎（《銘圖》02317），不過崎川隆通過銘文重合法判斷其銘文與師趛完全重合，當爲僞銘，是正確的。張亞初解釋鬲稱鼎之"鬻"爲連類相及的説法，現在看便站不住脚了。[8]此字孫稚雛徑讀作"鬲"[9]，戴家祥以爲是"鬲"之重文或假字[10]，崎川隆認爲"辱"是鬲的一種別稱。[11]另外還有何樹環、謝明文、黃德寬、李守奎等學者皆認爲此字是鼎或鬲的別稱，李森從之。[12]

---

① 中國社會科學院考古研究所：《曾侯乙墓》，北京：文物出版社，1989 年，第 196 頁。

② 崎川隆：《關于自名爲"鬻"的青銅器》，《青銅器與金文》第 2 輯，上海：上海古籍出版社，2018 年，第 421 頁。

③ 張世超、孫凌安、金國泰、馬如森等：《金文形義通解》，京都：中文出版社，1996 年，第 2833 頁。

④ 孫海波：《甲骨文編》，北京：哈佛燕京學社，1934 年，第 108 頁。

⑤ 李孝定：《甲骨文字集釋》，臺北："中央"研究院歷史語言研究所，1970 年，第 854 頁。

⑥ 施謝捷：《甲骨文字考釋十篇》，《考古與文物》1989 年第 6 期，第 71-72 頁。

⑦ 徐中舒主編：《甲骨文字典》，成都：四川辭書出版社，2006 年，第 260 頁。

⑧ 張亞初：《殷周青銅鼎器名、用途研究》，《古文字研究》第 18 輯，北京：中華書局，1992 年，第 292 頁。

⑨ 孫稚雛：《金文釋讀中一些問題的商討》，《中山大學學報（哲學社會科學版）》1979 年第 3 期，第 57 頁。

⑩ 戴家祥主編：《金文大字典》，上海：學林出版社，1995 年，第 5390 頁。

⑪ 崎川隆：《關于自名爲"鬻"的青銅器》，《青銅器與金文》第 2 輯，上海：上海古籍出版社，2018 年，第 421 頁。

⑫ 諸説又詳李森：《商周青銅鬲自名、定名整理與研究》，2021 年北京語言大學碩士學位論文，第 36 頁。

關於此字從"辰"的含義，高田忠周認爲與"裖"有關，并説"作鑄可煮所受裖肉之鬲"[①]，《説文解字·示部》："裖，社肉，盛以蜃，故謂之裖。天子所以親遺同姓。從示辰聲。《春秋傳》曰：'石尚來歸裖。'"字又作"脤"。朱鳳瀚認爲"辰""辱"聲母相差較遠不可通，當讀爲"脤"。[②]此説可從。《春秋穀梁傳·定公十四年》："脤者何也，俎實業，祭肉也。生曰脤，熟曰膰。""鬻""鬻"雖聲母有別，但用作器名含義是一致的，應當指盛"裖"或"脤"之鼎、鬲。宋本字書稱鼎、大鼎，而實物爲鬲，故不足信。

2.11　巽（瓮）

楚叔之孫佣，擇其吉金，自作浴巽，眉壽無期，永保用之。▮

——楚叔之孫佣鼎（《銘圖》02221，春秋晚期前段，見圖 47）

圖 47　楚叔之孫佣鼎

河南淅川下寺春秋墓出土 4 件作器者爲"楚叔之孫佣"的鼎，其中 1 件自名爲"浴巽"，器名作"巽"，此器僅見。

該器物器名發掘簡報釋爲"▮（興）"，無釋。[③]之後出版的《淅川下寺春秋楚墓（上）》則釋爲"巽"，亦無釋。[④]劉彬徽[⑤]、陳昭容[⑥]均從整理釋，作"巽"，認爲與"鼎"同，未作具體解釋。李零釋成"▮（鬻）"，并引《説文解字·爨部》："鬻，所以枝鬲者。從爨省，鬲省。"[⑦]陳劍認爲此字釋"興"與字形不合，當是"鬲"字之繁文，鼎稱"鬲"，是自名的代稱，并解釋説："此類鼎雖已與食器之鼎的功用、性質相差都較遠，但由于它仍屬鼎類，而人們習慣于鼎可以稱作鬲，故

①　高田忠周：《古籀篇》1925 年日本説文樓影印本初版，《金文文獻集成》第 31 册，北京：綫裝書局，2005 年，第 136 頁。

②　朱鳳瀚：《中國青銅器綜論》，上海：上海古籍出版社，2009 年，第 113 頁。又見氏著《古代中國青銅器》，天津：南開大學出版社，1995 年。

③　河南省丹江庫區文物發掘隊：《河南省淅川縣下寺春秋楚墓》，《文物》1980 年第 10 期，第 15 頁。

④　河南省文物研究所等：《淅川下寺春秋楚墓（上）》，北京：文物出版社，1991 年，第 218 頁。

⑤　劉彬徽：《楚系青銅器研究》，武漢：湖北教育出版社，1995 年，第 131-132 頁。

⑥　陳昭容：《從古文字材料談古代的盥洗用具及其相關問題——自淅川下寺春秋楚墓的青銅水器自名説起》，《"中央"研究院歷史語言研究所集刊》第 71 本第四分，臺北："中央"研究院歷史語言研究所，2000 年，第 863 頁。

⑦　李零：《楚國銅器類説》，《江漢考古》1987 年第 4 期，第 75 頁。又見氏著《論楚國銅器的類型》，《入山與出塞》，北京：文物出版社，2004 年，第 315 頁。

浴鼎又稱 '浴鬲'，從而出現了以 '浴' 修飾 '鬲' 這種乍看難以理解的現象。"[①] 之後的《楚系金文彙編》從陳劍釋，將此字隸定爲 "鼳"，通 "鬲"。[②]廣瀨薰雄 則根據上博楚簡《平王與王子木》3、4 號簡的 "齸"，陳劍釋 "瓮"[③]，將此 "鼳" 字釋爲 "瓮"。同時對此字的構形也作了分析，指出此字從 "興"，同從此 的 "頮（沫）" 字象人掬水灑面，"寫朋浴鼎銘文的人可能用從 '興' 的 '鼳' 來 表達洗浴的意思"。[④]石小力贊同釋 "瓮" 的意見，認爲：

關于 "齸" 字，陳劍先生分析爲從共聲從意符皿，當釋讀爲 "瓮" 或 "甕"。首先，從讀音上看，"鼳" 亦從共聲，讀爲 "瓮" 自無問題。其次，從形 制上來看，據陳劍先生研究，楚人心目中的 "鼳" 應該是小口大腹、有蓋的容 器，而楚叔之孫朋浴鼎的器形正是如此。再次，陳劍先生在解釋 "酪羹" 時引用 了馬王堆 3 號墓遣策 103 號 "鮮魷、榆華洛（酪）羹一鼎"，此可證羹既可盛于 瓮中，亦可盛于鼎中，此與小口鼎有時稱 "鼎"，有時稱 "瓮" 情況一致。由此 可證，"鼳" 即 "瓮"，乃小口鼎的另一自名。[⑤]

其説可從。上博簡 "齸" 字從 "共" 得聲，與 "瓮" 古同部，可通；"鼳" 字亦是 "共" 聲，"興" 與 "酉""皿" 爲意符的同義替換，"鼳" 亦可通 "瓮"。 加之馬王堆遣策載鼎亦可盛 "酪羹"，也證明鼎、瓮可能都是指這種小口鼎。

2.12 兂（繁）

連迁之御 "兂"。

——連迁鼎（《銘圖》01466，見圖 48）

《銘圖》01466　　　　　　　　　　　《銘圖》01468

圖 48　連迁鼎

---

① 陳劍：《青銅器自名代稱、連稱研究》，《中國文字研究》第 1 輯，南寧：廣西教育出版社，1999 年，第 344、346 頁。

② 劉彬徽、劉長武：《楚系金文彙編》，武漢：湖北教育出版社，2009 年，第 99 頁。

③ 陳劍：《釋上博竹書和春秋金文的 "羹" 字異體》，《2007 中國簡帛學國際論壇論文集》，臺北：台灣大學 中文系，第 322 頁。

④ 廣瀨薰雄：《淅川下寺 3 號墓出土的 "瓮"》，《簡帛》第 7 輯，上海：上海古籍出版社，2012 年，第 320 頁。

⑤ 石小力：《東周金文與楚簡合證》，上海：上海古籍出版社，2017 年，第 112 頁。

　　1975 年湖北隨縣均川鎮劉家崖出土 4 件連迁鼎，其餘 3 件自名爲 "行升"，器形也均爲升鼎。而 01466 號鼎自名爲 "█ █"，器形殘。

　　該自名發掘簡報整理者釋爲 "御吉"。[1]張亞初[2]、《曾國青銅器》[3]從此釋。劉彬徽認爲器名 "土" 字清楚，而下部漫漶不清，只能闕疑。[4]黃錫全認爲所謂的 "吉" 應當釋爲 "鼎" 字。[5]黃錦前釋器名爲 "垚" 字，認爲 "垚" 有高義，可能讀爲 "鎬"[6]，《銘圖》從之。不過此器的器足較 "鐈" 爲短，也與無足的 "鎬" 不類。李琦認爲此器是盆形器，或釋 "盨"。[7]查飛能認爲此字釋 "方"，讀若 "祊"。[8]我們認爲這些解釋均不確，解釋此字須得從器形入手。

　　按這 4 件鼎的組合可以聯繫 2 件以鄧鼎（見圖 49），《銘圖》02288 出土于 1979 年河南淅川縣倉房鎮下寺春秋墓，而《銘續》0201 則應是盜掘出土。兩件鼎自名均是 "繁鼎"，但形制一件是繁鼎，一件是升鼎。

《銘圖》02288　　　　　　　　　《銘續》0201

圖 49　以鄧鼎器形

　　01466 號連迁鼎詳細形制照片又見《曾國青銅器》，可見此鼎是子母口，口外有凸棱，長方形附耳，圓形深腹蹄足，器身有環紐，腹部飾蟠虺紋，原有蓋，外底有烟炱。與《銘圖》02288 號以鄧鼎形制基本相符，是典型的楚式繁鼎（見圖 50）。

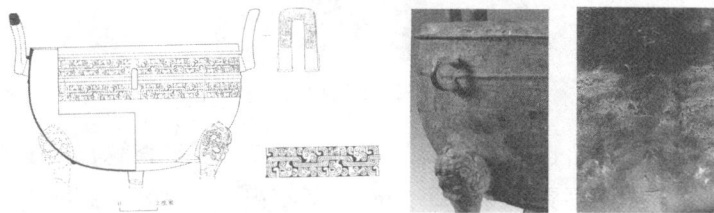

圖 50　　以鄧鼎器形（局部）

① 隨州市博物館：《湖北隨縣劉家崖發現古代青銅器》，《考古》1982 年第 2 期，第 142 頁。
② 張亞初：《殷周青銅鼎器名、用途研究》，《古文字研究》第 18 輯，北京：中華書局，1992 年，第 293 頁。
③ 湖北省文物考古研究所：《曾國青銅器》，北京：文物出版社，2007 年，第 181 頁。
④ 劉彬徽：《湖北出土兩周金文國別年代考述》，《古文字研究》第 13 輯，北京：中華書局，1986 年，第 250 頁。
⑤ 黃錫全：《湖北出土商周文字輯證》，武漢：武漢大學出版社，1992 年，第 82 頁。
⑥ 黃錦前：《楚系銅器銘文研究》，2009 年安徽大學博士學位論文，第 221 頁。
⑦ 李琦：《東周青銅食器稱謂與功用整理研究》，2019 年吉林大學碩士學位論文，第 105 頁。
⑧ 查飛能：《商周青銅器自名疏證》，2019 年西南大學博士學位論文，第 53 頁。

此器自名修飾語作""，又從"彳"，左爲"卩"，中有一"十"形，釋"御"是比較合適的。而器名字作""，前人釋"吉""堯""方"均是受拓片上的長橫畫影響，而銘文照片作""，結合此器器形判斷，非常有可能是"繁"字的殘泐。略舉楚繁鼎的"繁"字字形并對比如下（見圖51）：

| 02318 楚王鼎 | 02288 以鄧鼎（翻轉） | 連迁鼎拓片 | 連迁鼎照片 |

圖51　"繁"字字形對比

長橫畫是"每"頭之延伸，而下部的圓形"▊"是"糸"的殘餘形體。相較于其他説法單據字形而解釋，此器自名"▊"釋爲"繁"是更爲貼近器形的。

2.13　異（匵）

（1）淮伯作鄂垂寶隣異。

——淮伯鼎（《銘圖》02316，西周中期）

（2）公束鑄武王、成王異鼎。

——作册大鼎（《銘圖》02390—02393，西周早期前段，見圖52）

圖52　作册大鼎

淮伯鼎、作册大鼎自名爲"異"或"異鼎"。葉玉森認爲"異鼎"相當于"寶鼎"。[1]郭沫若認爲"異"當讀爲"禩"，即祭祀。[2]容庚[3]、劉凱先[4]從此説。金祥恒或解釋"新異"爲"新奇"[5]，不確。

① 葉玉森：《殷虛書契前編集釋》第5卷，上海：大東書局，1934年，第42頁。

② 郭沫若：《兩周金文辭大系圖録攷釋》1957年科學出版社影印本，《金文文獻集成》第21冊，北京：綫裝書局，2005年，第414頁。

③ 容庚：《善齋彝器圖録》1936年燕京大學哈佛燕京學社影印本，《金文文獻集成》第20冊，北京：綫裝書局，2005年，第478頁。

④ 劉凱先：《説"異"及其相關問題》，《古文字論壇》第3輯，上海：中西書局，2018年，第500頁。

⑤ 金祥恒：《釋異》，《中國文字》第14冊，臺北：臺灣大學文學研究室，1964年，合集第1577頁。

陳夢家認爲“異”當是經典訓“大鼎”的“鼐”，也即《史記·楚世家》“三翮六翼”之“翼”。[1]于省吾也作此釋，認爲“異鼎”指有翼的鼎。[2]鍾柏生從之。[3]林巳奈夫認爲“異”是這種四足方鼎的專稱。[4]張亞初認爲早期的“異”指鳥形扁足鼎，後來泛用爲鼎名。[5]文術發提出或許“異”可讀爲“彝”。[6]按“彝”字習見，一般不以别字另假爲之。

有學者認爲“異鼎”應當看成一字。裘錫圭認爲“異鼎”可能是一個從“鼎”“異”聲的形聲字。[7]鍾柏生、劉凱先、王子楊[8]、管文韜[9]均贊同此觀點。

王子楊還根據霸伯簋（《銘三》0497）自名爲“釴”，認爲“[異/鼎]”應當與“釴”是一字異體。

我們認爲，“異鼎”讀爲“[異/鼎]”的意見是可從的。經典的“鼐”“翼”都是鼎屬而不贅加“鼎”，可知“異”就是這類方鼎的專名。不過是否要聯繫霸伯簋的“釴”字，或許還有待更多的證據支持。

2.14　鍬

……余𠈇𠈇（楚）孱恖之鍬（鈷）。

——楚孱恖鼎（《銘圖》01761，戰國早期，見圖 53）

圖 53　楚孱恖鼎

---

① 陳夢家：《西周銅器斷代（三）》，《考古學報》1956 年第 1 期，第 85 頁。又見氏著《西周銅器斷代》，北京：中華書局，2004 年，第 93 頁。

② 于省吾：《甲骨文字釋林》，北京：中華書局，2009 年，第 238-239 頁。

③ 鍾柏生：《説“異”兼釋與“異”并見諸詞》，《“中央”研究院歷史語言研究所集刊》第 56 本第三分，1985 年，第 557 頁。

④ 林巳奈夫著，廣瀨薰雄譯，郭永秉潤文：《殷周青銅器綜覽：殷周時代青銅器的研究（第一卷）》，上海：上海古籍出版社，2017 年，第 46 頁。

⑤ 張亞初：《殷周青銅鼎器名、用途研究》，《古文字研究》第 18 輯，北京：中華書局，1992 年，第 284 頁。

⑥ 文術發：《淮伯鼎銘文考釋》，《古文字研究》第 24 輯，北京：中華書局，2002 年，第 230 頁。

⑦ 裘錫圭：《卜辭“異”字和詩、書裏的“式”字》，《裘錫圭學術文集·甲骨文卷》，上海：復旦大學出版社，2012 年，第 216 頁注 7。原載《中國語言學報》第 1 期，北京：商務印書館，1983 年。

⑧ 王子揚：《大河口霸國墓地 M1017 出土青銅銘文材料的幾點認識》，社科院歷史所先秦史研究室網，2018 年 3 月 9 日。（https://www.xianqin.org/blog/archives/9917.html）

⑨ 管文韜：《林巳奈夫先生的青銅器研究管窺——讀〈殷周青銅器綜覽〉第一、二卷》，《青銅器與金文》第 6 輯，上海：上海古籍出版社，2021 年，第 210 頁。

　　此器 1977 年 8 月于安徽貴池縣出土，三足已失。此銘字形翻轉後器名位置是 "🖼"，一般都隸定作 "鍬"，李學勤認爲可能讀爲 "鑊"[①]，查飛能認爲 "故""鑊" 古音可通。[②]崔恒升則認爲此字疑爲 "臣" 之異體，此器是一種獨立于鑊鼎、升鼎、羞鼎的鍬鼎。[③]

　　按李學勤認爲疑讀 "鑊"，從音聲上確實可通。但是其實從字形上講，"🖼" 與 "臣" 的異寫如 "匜匜"（商丘叔瑚，《銘圖》05872）、"🖼鈷"（西梌瑚，《銘圖》05799）類似。蘭令趙狟矛（《銘圖》17693）有 "刜人參所釓鍬者"，"鍬" 字作 "🖼"。《玉篇》："鈷鏇也。"《集韻》："鈷，洪孤切，音胡。盛黍稷器名。同瑚。本作鍬。""鈷鏇" 是一種溫器，"瑚" 則是盛黍稷器。"鍬" 可能即《説文解字·鬲部》的 "鬻" 字，其義類似于煮米羹之鼎，也可能泛指一般的鼎類。

2.15　靈（鬻）

唯王八月丁丑，競之獒自作尊彝鬻靈，用共盟祀。🖼

——競之獒鼎（《銘續》0178，見圖 54）

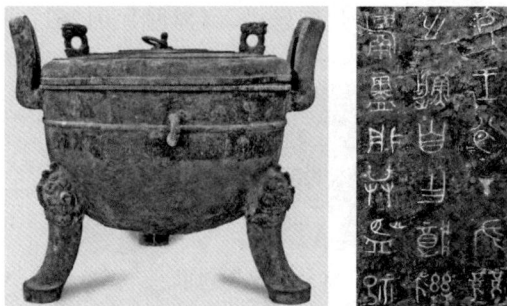

圖 54　競之獒鼎

　　2005 年 11 月出土于河南上蔡縣的競之獒鼎自名爲 "尊彝鬻🖼"，謝明文考釋爲 "盎"，據顏師古是一種大腹而斂口的容器，"盎" 是此器的專名。[④]石小力將包山楚簡 "一牛鑐" 的字形與此字聯繫起來，認爲釋 "靈"，爲鼎之別名。[⑤]馬超

---

　　① 李學勤：《從新出青銅器看長江下游文化的發展》，《文物》1980 年第 8 期，第 39 頁。又見氏著《新出青銅器研究（增訂版）》，北京：人民美術出版社，2016 年，第 226 頁。

　　② 查飛能：《商周青銅器自名疏證》，2019 年西南大學博士學位論文，第 51 頁。

　　③ 崔恒升：《安徽出土金文訂補》，合肥：黃山書社，1998 年，第 325 頁。

　　④ 謝明文：《競之獒鼎考釋》，《出土文獻》第 9 輯，上海：中西書局，2016 年，第 69 頁。又見氏著《商周文字論集》，上海：上海古籍出版社，2017 年，第 364-365 頁。

　　⑤ 石小力：《〈商周青銅器銘文暨圖像集成續編〉釋文校訂》，《2016 商周青銅器與先秦史研究論文集》，第 94 頁。後收于《商周青銅器與先秦史研究論叢》，北京：科學出版社，2017 年，第 142 頁。

認爲此器與"盎"的器形不合，"霝"讀爲"盂"字形、語音均説得通。[①]我們認爲此字與包山簡"鑐"確是一字之異寫。

《集韻》："鑐，鎖牡也。或作鋊。"又："汝朱切，音儒。金鐵銷而可流者。通作濡。""鎖牡"爲鎖之銷鍵，盨器也有自名爲"鋊"的，但此後世之解釋，當與此無關。

包山簡字作"鑐"，袁國華認爲"鑐""鼒"古音相同可通。[②]李零認爲"鑐"指墓中出土的無蓋大鼎，鼎實爲半牲，對于字義則無釋。[③]胡雅麗認爲讀如"臑"，從"金"引申爲食器"鑊"，與"鼒"通。[④]劉國勝從此説。[⑤]何琳儀讀爲"臑"，義爲牲臂，意思是此"鑐"爲盛牲臂之鼎。[⑥]李家浩隸定爲從"臽"之"鑡"，相當于"鼒"，可讀爲"鑊"。[⑦]田河認爲此可備一説。[⑧]劉信芳先釋爲"鑐"即"臑"[⑨]，後又釋作"霝"[⑩]，但都可通讀爲"鼒"。

程鵬萬認爲包山簡所説的"鑐"器形是"鼒"，競之燮鼎則類似于喬鼎以及脰鼎，因而兩者并不能聯繫。包山簡"鑐"當如之前李家浩般隸定爲"鑡"，"霝"當通"脰"，讀爲"臑"。[⑪]李零也用此説。[⑫]

按"霝"與"脰"相通缺乏文獻證據，兩字古聲母也不同，這樣解釋尚存疑問。另外對器形的分析，也不完全正確。首先"鼒"的器形比較多樣，除了深腹似繁鼎的（《銘圖》01335），也有高足似鐈鼎的（《銘圖》01579），還有淺腹的（《銘續》0171），不過并沒有平底鼎。包山墓的這兩件"鑐"均是平底鼎（豕鑐據描述是淺弧腹，平底）[⑬]，反倒與朱家集出土的楚王酓忎"鬲鼎"的腹底近似。所以"鑐"釋"鼒"通"鑊"，器形是不足爲據的。其次，競之燮鼎器腹較圓底的"鐈"爲淺，也與平底"鬲鼎"不類。不過與一些"脰鼎"（《銘圖》01847）器形確實是近似的（見圖55）。

<hr>

① 馬超：《2011 至 2016 新刊出土金文整理與研究》，2017 年西南大學博士學位論文，第 394-395 頁。

② 袁國華：《包山楚簡研究》，1994 年香港中文大學博士學位論文，第 295-297 頁。

③ 李零：《楚鼎圖説》，《文物天地》1995 年第 6 期，第 31-37 頁。又見氏著《入山與出塞》，北京：文物出版社，2004 年，第 335 頁。

④ 胡雅麗：《包山二號楚墓遣策初步研究》，《包山楚墓》（上冊），北京：文物出版社，1991 年，第 509 頁。

⑤ 劉國勝：《楚喪葬簡牘集釋》，北京：科學出版社，2011 年，第 65 頁。

⑥ 何琳儀：《戰國古文字典》，北京：中華書局，1998 年，第 390 頁。

⑦ 李家浩：《包山楚簡所見楚先祖名及其相關的問題》，《文史》第 42 輯，北京：中華書局，1997 年，第 9 頁。

⑧ 田河：《出土戰國遣册所記名物分類匯釋》，吉林大學博士學位論文，2007 年，第 23 頁。

⑨ 劉信芳：《楚簡器物釋名（上篇）》，《中國文字》新 22 期，臺北：藝文印書館，1997 年，第 194 頁。

⑩ 劉信芳：《包山楚簡解詁》，臺北：藝文印書館，2003 年，第 284 頁。

⑪ 程鵬萬：《從競之漁鼎自名談包山楚簡 265 號簡上的"鑐"》，《古文字研究》第 32 輯，北京：中華書局，2018 年，第 205-206 頁。

⑫ 李零：《商周銅禮器分類的再認識》，《中國國家博物館館刊》2020 年第 11 期，第 23 頁。

⑬ 湖北省荆沙鐵路考古隊：《包山楚墓》，北京：文物出版社，1991 年，第 98 頁。

競之鸒鼎　　　　　　胭鼎　　　　　　　"牛鑐"　　　　　　　"豕鑐"

鼾　　　　　　　　　　　　　　　　　　鑐　　　　　　　匋鼎

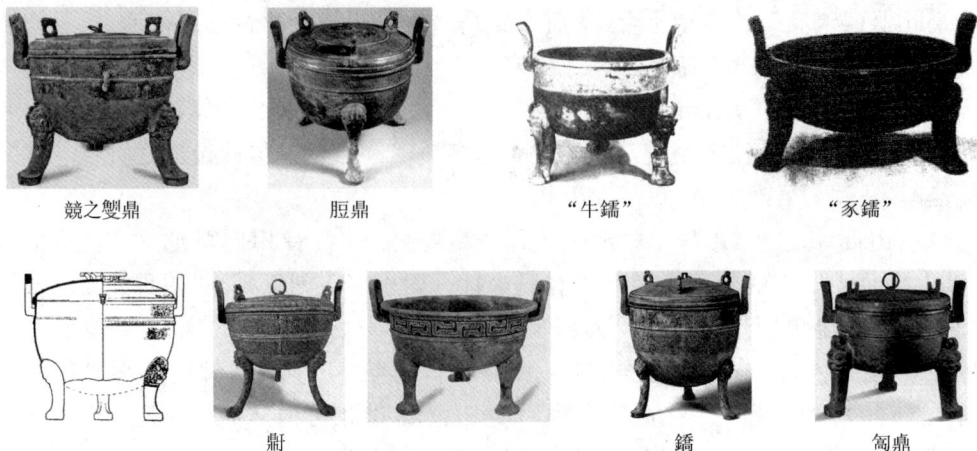

圖 55　各器形對比圖

曹輝、陶亮又另釋此字爲"盧"，通宴饗之"饗"。[1] 按此字與""字，字形上看是明顯不一樣的，"盧"是湯鼎水器，也與此鼎不相類，不確。

而李家浩後又改前釋，認爲包山簡與競之鸒鼎的"鑐""靁"當釋爲"㲟"，《玉篇》謂"大鼎"，"需""辱"古音相近可通。[2] 李琦從之。[3]

前面已經説過，包山簡"鑐"平底鼎的器形與盂鼎器形是不同的，雖然古音可通，但器形不合。而李家浩近釋"㲟"，確實器形上没有了矛盾，古音也通順，我們認爲是目前更合理的解釋。

3　鬲

《説文解字·鬲部》："鬲，鼎屬。實五觳，斗二升曰觳。象腹交文，三足。凡鬲之屬皆從鬲。甋，鬲或從瓦。歷，漢令鬲從瓦厤聲。"《爾雅·釋器》："鼎款足者謂之鬲。"《漢書·郊祀志》謂鼎"空足曰鬲"。《博古圖·鬲鍑揔説》云："蓋自腹所容通扵三足其製。取夫爨火。則氣由是而易以通也。"[4] 古説鼎與鬲都是三足，最明顯的區分是其足部，鬲的足部爲空心。但是鼎也有空足，鬲也有四足。

---

[1] 曹輝、陶亮：《上蔡郭莊一號楚墓"競之朝"鼎銘文及相關問題試析》，《中原文物》2019 年第 3 期，第 117 頁。

[2] 李家浩：《楚王孫鮦兵器與競之鮦鼎》，《先秦兩漢訛字學術研討會論文集》，2018 年，第 5-6 頁。

[3] 李琦：《東周青銅食器稱謂與功用整理研究》，2019 吉林大學碩士學位論文，第 68 頁。

[4] 王黼等：《博古圖》清乾隆十八年天都黄晟亦政堂修補明萬曆二十八年吳萬化寶古堂刻本，《金文文獻集成》第 2 册，北京：綫裝書局，2005 年，第 109 頁。

蘇秉琦認爲鼎與鬲的區別是，"鼎是由一個半球形器加上三足，鬲是腹足不分"。[①]
大致可以作爲區別鬲與鼎的標準（見圖56、圖57）。

圖56　浴鼎（空足）[②]

圖57　饕餮紋四足鬲[③]

其功能依據自名來看，可以是煮肉，也可以是烹黍稷，并不拘于肉食器。《儀
禮・士喪禮》："夏祝鬻餘飯，用二鬲於西牆下。"也説明鬲可以煮穀物。

有自名青銅鬲共計432件，除去65件自名爲"彝"（不包含"𢑚"，詳後），
3件自名爲"器"，其餘的或無器名，或使用專名作爲器名。[④]

3.1　"鬲"及其異體

表11　"鬲"及其異體

序號	編號	器名	器形	時代	銘文	字形
1	02817	作尊鬲	—	西周中期後段	□作陴"龖"，用宫于鄭□。	
2	02884	芮公鬲		春秋早期	内公作盥盨。	
3	02888	虢季氏子組鬲	—	西周晚期	虢季氏子緎作鬻。	
4	02896—02898	芮太子鬲		春秋早期	内太子作盥盨。	

[①]　蘇秉琦：《陝西省寶鷄縣鬥鷄臺發掘所得瓦鬲的研究》，《蘇秉琦考古學論述選集》，北京：文物出版社，1984年，第104頁。

[②]　《銘圖》00186。

[③]　現藏陝西歷史博物館。（https://www.sxhm.com/collections/detail/445.html）

[④]　李森曾在其碩士學位論文中考釋過鬲的相關自名，我們將在其基礎上作進一步的分析與考釋。

续表

序號	編號	器名	器形	時代	銘文	字形
5	02987	虢文公子𤎩鬲		西周晚期	虢文公子𤎩作叔改鬻。	
6	03023—03024	國子碩父鬲		春秋早期	虢仲之嗣或子碩父作季嬴羞鬻。	
7	20238	荀侯鬲		西周中期後段	荀侯爲嫛鬲。	
8	20250—20251，30311	曾卿士寖鬲		春秋早期	曾卿事寖自作薦彝，用亯。	
9	30307	郳始逕母鬲		春秋早期	郳始逕母鑄其羞鬲。	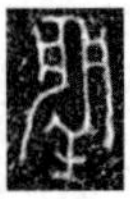
10	30312—30315	郳慶鬲		春秋早期	郳慶作秦妊羞鬲。	
11	30320—30321	子長鬲		春秋早期	子遈作盥盄。	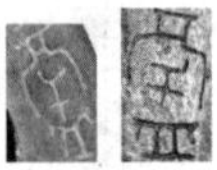
*	02717	季真鬲		西周中期後段	季鼑作隮鎘。	
*	—	湛鬲①	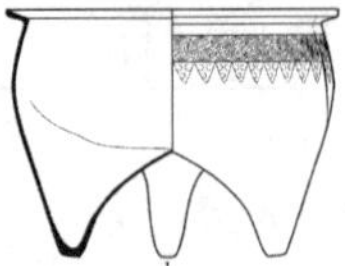	春秋中期	湛之行“鬲”，其永用之。	

① 見湖北省文物考古研究等：《湖北隨州棗樹林目的 81 與 110 號墓發掘》，《考古學報》2021 年第 1 期，第 129 頁圖 16。

銅鬲自名"鬲"的典型形體如仲姬鬲（《銘圖》02691，西周中期）作"圖"，其特徵是平頭、袋足。也有比較象形的"鬲"如"圖"（虢季鬲，《銘圖》02946，春秋早期）。偶有省頭部的寫法如庚姬鬲"圖"（《銘圖》02852，西周中期）。也有在足部加橫綫或者其他形體的繁化寫法，如魯伯愈父鬲（《銘圖》02901，春秋早期）字形作"圖"，呈"井"字形；又如仲枏父鬲（《銘圖》03026—03034，春秋中期）字形作"圖""圖"等，繁寫成類似"羊"的形體。又有中足分離的字形，如仲栁父鬲的"圖"（《銘圖》02745，西周中期），而虢宮父鬲的"圖"（《銘圖》02822，春秋早期）可能是此字的變體。[①]鼎字亦有中間分離的寫法如遹亥鼎"圖"（《銘圖》02179，春秋中期）。湖北棗樹林新出的湛鬲[②]"鬲"字作"圖"，字形特異，下部是鬲器底與"火"形成的"羔"形，鬲的上部有"圖"形，不識。

除了"鬲"字本身的變體，還有在"鬲"上贅加"臼""廾""金""皿""鼎"的繁體，字形見上表11所列。一般"金""皿"比較好理解，贅加意符表其質地、種類。從"鼎"的寫法，陳劍認爲或是"鬲鼎"合文。[③]我們認爲是表此器是鼎一類的炊器，與"皿"作用相同。"臼""廾"同，戴家祥謂"象雙手在鬲上炊事之形"。[④]可從，"爨"字即從此形，會炊火造飯意。[⑤]

值得一提的是季真鬲（見圖58），自名爲"鎘"，但器形特殊，除此器外還有類似的器形（見圖59、圖60）。

圖58　季真鬲　　　　　　圖59　獸足方鬲[⑥]　　　　　圖60　刖人守門方鼎[⑦]

---

① 陳英杰、李森都曾有詳細的"鬲"相關字形總結，此便簡單略述。見陳英杰：《談金文中一種長期被誤釋的象形"甗"字——兼論"鬲""甗"的形體結構》，《簡帛》第7輯，上海：上海古籍出版社，2012年，第297-315頁；李森：《商周青銅鬲自名、定名整理與研究》，2021年北京語言大學碩士學位論文，第41-42頁。

② 見湖北省文物考古研究等：《湖北隨州棗樹林目的81與110號墓發掘》，《考古學報》2021年第1期，第129頁圖16。

③ 陳劍：《青銅器自名代稱、連稱研究》，《中國文字研究》第1輯，南寧：廣西教育出版社，1999年，第345頁。

④ 戴家祥主編：《金文大字典》，上海：學林出版社，1995年，第5387-5389頁。

⑤ 張世超認爲"爨"字是從"鑄"，"釁"省聲的字，鞠煥文認爲"爨"會"雙手持注（傾倒）木于皿中火上以炊煮"（鞠煥文：《金文"爨"及相關問題》，《中國文字研究》第31輯，上海：華東師範大學出版社，2020年，第5-10頁）。在我們看來似有可商。"爨"并非從手持倒皿，而是從手在鬲上，就是會炊爨之形，不必另爲他解。

⑥ 容庚：《商周彝器通考》，上海：上海人民出版社，2008年，第498頁。

⑦ 寶雞市周原博物館：《周原——莊白西周青銅器窖藏考古發掘報告》，北京：科學出版社，2016年，圖版六四。

這類舊説是"方鑪"。[1]周永珍稱爲"鼎形温食器"。[2]朱鳳瀚從之。[3]《周原——莊白西周青銅器窖藏考古發掘報告》認爲這類器當依器形稱爲"鼎"[4]，劉樹滿認爲是温煮鬲[5]，王子楊則認爲當依其自名作"鬲"。[6]我們認爲此器當依其器形爲説，上爲方鼎，下爲爐，是一類特殊的温器。自名爲"鬲"，當是代稱。《銘圖》歸入鬲類，因列于此，其實應是鼎。

還有一從"鬲""屵"的自名字作"▨"，查飛能認爲此字即"鬲"字異體，并言"屵""鬲"音近可通。[7]按"屵"在元部，"鬲"在錫部，若想通假頗有難度。此字左部下似是"女"字，上部有銹痕遮擋，從同時代"鬲"有自名作"婓"（《銘續》0238）來看，可能是"齊"。字從"鬲"，"妻"聲。不過字形尚不明晰，暫且存疑。

3.2 鬻（𩰬）

表 12　鬻（𩰬）

序號	編號	器名	器形	時代	銘文	字形
1	02727	子犯鬲		春秋中期	子軛之寶臺。	
2	02764	鄅子受鬲		春秋中期	鄅子受之鬺盨。	
3	02839	樊君鬲		春秋中期	樊君作叔嬴鬺盨器寶鬻。	

---

① 容庚：《商周彝器通考》，上海：上海人民出版社，2008 年，第 246 頁。

② 周永珍：《西周時代的温食器》，《考古與文物》1981 年第 4 期。

③ 朱鳳瀚：《中國青銅器綜論》，上海：上海古籍出版社，2009 年，第 109-111 頁。又收于《古代中國青銅器》，天津：南開大學出版社，1995 年，第 37 頁。

④ 寶雞市周原博物館：《周原——莊白西周青銅器窖藏考古發掘報告》，北京：科學出版社，2016 年，第 45 頁。

⑤ 劉樹滿：《青銅鬲自名與分類研究》，《考古與文物》2017 年第 2 期，第 68 頁。

⑥ 王子揚：《大河口霸國墓地 M1017 出土青銅銘文材料的幾點認識》，社科院歷史所先秦史研究室網，2018 年 3 月 9 日。（https://www.xianqin.org/blog/archives/9917.html）

⑦ 查飛能：《商周青銅器自名疏證》，2019 年西南大學博士學位論文，第 74 頁。

续表

序號	編號	器名	器形	時代	銘文	字形
4	02862	曾仲塦鬲		春秋中期	曾仲塦自作鬻鬲。	
5	02898—02899、02980—02981	芮太子白鬲		春秋早期	芮太子白作爲叔父寶鬲。	
6	02931	薦鬲		春秋晚期前段	自作薦鬲，子＝孫＝永保用之。	
7	20240	曾侯與鬲		春秋晚期	曾侯賸之行鬲。	
8	30280	林公楚福鼎		春秋早期	林公楚福羃其吉金，[作]其鬲。	
9	30306	曾夫人黃鬲		春秋晚期	曾夫人黃之縢鬲。	
10	30310	曾仲塦鬲		春秋中期	曾仲塦自作鬻鬲。	
11	20323	燕太子鬲	—	春秋晚期	匽太子作薦鬲。	
12	20328—20330	芮太子白鬲		春秋早期	芮太子白作爲叔父寶鬲。	

续表

序號	編號	器名	器形	時代	銘文	字形
*	20506	君子之弄鬲*		戰國早期	君子之弄鬲。	
*	02889—02890	樊夫人龍嬴鬲*		春秋中期	樊夫人龍嬴用其吉金自作行鬻。	
*	（4件）	湛鬲①		春秋中期	湛作季龍鬻。	

　　一共有 21 件鬲自名爲"鬻"及其異體，這類字形都出現于春秋時期。

　　《銘圖》19938 有一件君子之弄鬲，吳鎮烽判爲僞器②，陳英杰則認爲此器器形與銘文均有所據，當非僞。③暫不敢妄斷，姑且列之。

　　郭沫若釋此字爲"鬻"字，"⺀"象鬲上之甗，"丰"象甗下的箅孔。④陳漢平認爲這一類字或可讀爲"鬵"。《説文》："鬵，大釜也。一曰鼎大上小下若甑曰鬵。""丰"形是"粦"字之省。⑤戴家祥認爲此字本義與"鬲"相近。⑥《通解》認爲此字與"鬻"所從的部分相同，"丰"是如樊夫人龍嬴鬲字下的"土"形所變。⑦施謝捷認爲這一類字當釋爲"䰜"，《玉篇》"䰜，甑下空也"，即象甑器下之箅孔；與"攝""鬵"同，應當是鬲的別稱。⑧陳英杰認爲此字是從"圭"得聲的字，爲"鬲"之異體，與"鬲"音近可通。⑨郭永秉認爲"鼀"是"鬲"字贅

---

　　① 見湖北省文物考古研究等：《湖北隨州棗樹林目的 81 與 110 號墓發掘》，《考古學報》2021 年第 1 期，第 151 頁圖 39。

　　② 吳鎮烽：《商周青銅器銘文暨圖像集成》第 35 冊，上海：上海古籍出版社，2012 年，第 532 頁。

　　③ 陳英杰：《談金文中一種長期被誤釋的象形"甗"字——兼論"鬲""甗"的形體結構》，《簡帛》第 7 輯，上海：上海古籍出版社，2012 年，第 304 頁注 1。

　　④ 郭沫若：《金文叢考》，《郭沫若全集·考古編》第 5 卷，北京：科學出版社，2002 年，第 472 頁。

　　⑤ 陳漢平：《金文編訂補》，北京：中國社會科學出版社，1993 年，第 193-194 頁。

　　⑥ 戴家祥主編：《金文大字典》，上海：學林出版社，1995 年，第 5390 頁。

　　⑦ 張世超、孫凌安、金國泰、馬如森：《金文形義通解》，京都：中文出版社，1996 年，第 592 頁。

　　⑧ 施謝捷：《首陽齋藏子犯鬲銘補釋》，《中國古代青銅器國際研討會論文集》，香港：香港中文大學文物館，2010 年，第 283-290 頁。

　　⑨ 陳英杰：《西周金文作器用途銘辭研究》，北京：綫裝書局，2008 年，第 134 頁注 3；又陳英杰：《談金文中一種長期被誤釋的象形"甗"字——兼論"鬲""甗"的形體結構》，《簡帛》第 7 輯，上海：上海古籍出版社，2012 年，第 304 頁注 2。

加聲符“圭”的異體。[①]石小力[②]、禤健聰[③]均從此説。

按若如郭沫若、施謝捷釋甑孔，與實際器物情況是不相符的。但是“窐”與“鼃”，可能確與“鬹”有關。[④]陳漢平釋“鬵”，則字形上不可通，“鬵”其實是“甑”的同音異寫，“鬲”稱“甑”則不可解。我們認同“鬹”字是“鬲”之異體的説法，“圭”有可能本是鬲的足部變體，後聲化而兼有表音的功能。

如仲枏父鬲自名作“”“”“”“”“”“”（《銘圖》03026—03034）等形，或是鬲字象形，或于“鬲”字足下部增横綫，或繁作“木”形，可能是“圭”形的來源。這與鼎足下增横綫的繁寫略同，如作册大鼎（《銘圖》02392）“”形。

又如芮太子白鬲（《銘圖》02898—02981、《銘三》0328—0330）器名字形從“臼”“鬲”“圭”或“土”，作“”。而同爲此梁帶村春秋墓出土的芮太子鬲（《銘圖》02895—02897）器名字形作“”，字從“皿”作“盝”，又《銘圖》02982芮太子鬲器名作“鬲”，是表明此類字均是“鬲”之異體。

而“鬹”則是于變形的“鬻”上加注“圭”聲的後起形聲字。“鬹”早見于西周晚期的叔良父匜（《銘圖》14968），字作“”，不從“鬲”或類似形體，以從“鬻”之字作自名的食器西周時以鼎爲主，春秋後則以鬲爲主，偶有鼎器。春秋早期的林公楚福鼎是唯一一件自名爲“鬹”的鼎器。此鼎年代較早，器自名字形作“”，依陳漢平所言“此類字形鬻形之中所從均爲聲傍”[⑤]，從“圭”即以之爲聲。又有薦鬲字作“𩱧”，子犯鬲字作“𡍮”，則是“鬹”之異構。

“鬹”字下所從之“恚”形（火與鬲底部的變體）又可與“皿”同義替换，如鄦子受鬲。其自名作“鬹”，“”字賈連敏謂“筆畫結構不甚清晰，應爲

① 郭永秉：《釋三晋銘刻“鬲”字異體——兼談國博藏十七年春平侯鈹銘的真僞》，《簡帛》第6輯，上海：上海古籍出版社，2011年，213-219頁。

② 石小力：《〈商周青銅器銘文暨圖像集成續編〉釋文校訂》，《2016 商周青銅器與先秦史研究論文集》，第96頁。後收于《商周青銅器與先秦史研究論叢》，北京：科學出版社，2017年，第144頁。

③ 禤健聰：《釋蘧子受鬲的自名“盝”》，《華夏考古》2018年第1期，第121頁。

④《玉篇》：“鼃，甑下空也。”《説文解字・穴部》：“窐，甑空也。”“空，竅也。”“窯，燒瓦竈也。”“竈，炊竈也。”“突，深也。一曰竈突。”“突，犬從穴中暫出也。”按釋“窐”爲“甑空”當非本義，“突”爲“犬從穴中暫出”亦頗可疑。因甗的結構是上甑下鬲，甑下的鬲在戰國後期足部萎縮變成釜的雛形，而這種甗是架在竈上的。根據“窯”的字形結合之前所討論“鬻”部從“恚”的形體，此類字的“穴”形或即“鬲”的下部形體，即後世之“竈”，“爨”亦從“鬲”可證。“窐”即“𡍮”字，“空”可能是“𡍮”從“土”“工”一類的寫法而來。所謂“甑孔”當是就後世的器形而言的，那時候鬲已經被釜代替了。“窐”即指竈下的空隙，類似“𡍮”是指鬲下的空隙。“突”字構形不明，與“器”古音同在物部，或從“犬”聲。本義可能是竈突，即“烟囱”。

⑤ 陳漢平：《金文編訂補》，北京：中國社會科學出版社，1993年，第193頁。

'鬲'字";①陳英杰謂"就殘畫看，寫法特異"，而歸于"鬲"形下；②禤健聰根據行款距離與彩版照片比對，認爲是"䰲"字（見圖 61）。③我們認爲禤健聰的釋讀是正確的。

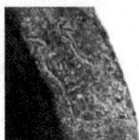

圖 61　彩版

又清華簡五《封許之命》有"龍䰲"，"䰲"字作"䰲"，整理者釋"鬹"，《說文解字·鬲部》："鬹，三足釜也。有柄喙。讀若嬀。從鬲規聲。""龍鬹"即"器上有龍形紋飾"。④高佑仁指出這種龍紋鬲器形可參照淅川下寺出土的薦鬲（《銘圖》02931）⑤，是正確的。不過他認爲"鬹"和此處之"䰲"不可能是一物之異名。按釜的前身即是鬲，戰國中後期，分體甗下部的鬲袋足萎縮以配合竈使用，發展爲後世之釜。⑥此云"三足釜"，但又有握柄，與"鐎"形制描述類似。⑦而《廣雅》則徑云"䰞也"，"䰞""鍑""釜"同。這種三足釜可能與前代的鬲并不是一類器，但是"鬹"却可能源自這種從"圭"聲的自名。而"䰲"作爲"薦彝"，又與其他禮器并舉，亦可證知確是"鬲"字。

宅陽令□懇戟刺（《銘圖》17699）有"䰲"字，又《中國璽印集粹》109 有一件三晉人名古璽有"䰲"，郭永秉釋"閨"，下從"圭"，甚確。⑧這類"䰲"字"圭"已完全替代原"火"與器底之形，變爲純聲符。

樊夫人龍嬴鬲字作"䰲"，陳英杰分析認爲是鬲的另外一種象形的寫法。⑨郭永秉認爲中間的"土"旁是"圭"的訛脫省變之形⑩，而支持郭説的學者更多。但

---

① 賈連敏：《淅川和尚嶺、徐家嶺楚墓銅器銘文簡釋》，《淅川和尚嶺與徐家嶺楚墓》，鄭州：大象出版社，2004 年，第 362 頁。

② 陳英杰：《談金文中一種長期被誤釋的象形"甑"字——兼論"鬲""甑"的形體結構》，《簡帛》第 7 輯，上海：上海古籍出版社，2012 年，第 305 頁。

③ 禤健聰：《釋蓮子受鬲的自名"䰲"》，《華夏考古》2018 年第 1 期，第 120 頁。

④ 清華大學出土文獻研究與保護中心：《清華大學藏戰國竹簡》（伍），上海：中西書局，2015 年，第 121 頁。

⑤ 高佑仁：《清華伍書類文獻研究》，臺灣：萬卷樓圖書有限公司，2018 年，第 463-467 頁。

⑥ 郭寶鈞：《商周銅器群綜合研究》，北京：文物出版社，1981 年，第 181 頁。

⑦ 《廣韻》："鐎，溫器，三足而有柄。從金焦聲。"又作"刁斗""鐎斗"。

⑧ 郭永秉：《釋三晉銘刻"鬲"字異體——兼談國博藏十七年春平侯鈹銘的真僞》，《簡帛》第 6 輯，上海：上海古籍出版社，2011 年，215-219 頁。又見氏著《古文字與古文獻論集續編》，上海：上海古籍出版社，2019 年，第 197-205 頁。

⑨ 陳英杰：《談金文中一種長期被誤釋的象形"甑"字——兼論"鬲""甑"的形體結構》，《簡帛》第 7 輯，上海：上海古籍出版社，2012 年，第 303 頁。

⑩ 郭永秉：《釋三晉銘刻"鬲"字異體——兼談國博藏十七年春平侯鈹銘的真僞》，《簡帛》第 6 輯，上海：上海古籍出版社，2011 年，215-219 頁。又見氏著《古文字與古文獻論集續編》，上海：上海古籍出版社，2019 年，第 197-205 頁。

此器爲春秋中期器，"圭"的橫畫在這一階段從未延長并接觸器壁。本身郭永秉作此解釋是因爲覺得此處的"土"并沒有相應的意義，其實所謂"土"與兩旁的豎筆構成了鬲器身的象形，并與下方的"火"構成會意字，相當于"羹"，而與"圭"無關。

3.3　豖

單弗作孟嫻隉"希"。　

——單叔鬲（《銘圖》02957—02965，西周晚期，見圖62）

圖62　單叔鬲

出土于陝西眉縣楊家村的單叔鬲9件，自名作""。

李學勤認爲此字是"犬"，爲"器"字之省，如同盤器自名"般"省作"殳"。[1]蘇影從之説。[2]董珊釋爲"豖"，與"鬲"可輾轉相通，故可讀爲"鬲"。[3]陳劍[4]、陳英杰[5]、孟蓬生[6]、張芳[7]、查飛能[8]均從董珊之説。黃盛璋讀此字爲"豙"，假作"器"。羅衛東將此字釋爲"希"，作器名可讀爲"彝"。[9]

關于"豖"的相關字義，前人已經論證頗詳。金文中讀爲"墮"可從。不過正如陳劍所説，單叔鬲"豖"字在自名位置出現，是不可以仍沿用此讀法的。值得注意的是，蘇影又重新比對了字形并認爲此字非"豖"，當是"犬"，進而讀作"器"，讓我們發現"犬"與"豕"形其實會有互相混用形體的現象。

我們認爲，此字當釋爲"豖"，讀爲"彝"。依孟蓬生所説，"豖"與"圭"

---

① 李學勤：《眉縣楊家村新出青銅器研究》，《文物》2003年第6期，第70頁。

② 蘇影：《單叔鬲丁"器"字補説》，《華夏考古》2017年第4期，第124頁。

③ 董珊：《略論西周單氏家族窖藏青銅器銘文》，《中國歷史文物》2003年第4期，第40-41頁。

④ 陳劍：《金文"豖"字考釋》，《甲骨金文考釋論集》，北京：綫裝書局，2007年，第256頁。

⑤ 陳英杰：《西周金文作器用途銘辭研究》，北京：綫裝書局，2008年，第135頁注6。

⑥ 孟蓬生：《釋清華簡〈封許之命〉的"豖"字——兼論"豖"字的古韻歸部》，復旦大學出土文獻與古文字研究中心網，2015年4月21日。（http://www.fdgwz.org.cn/Web/Show/2502）

⑦ 張芳：《西周食器稱謂及用途研究》，2018年吉林大學碩士學位論文，第32頁。

⑧ 查飛能：《商周青銅器自名疏證》，2019年西南大學博士學位論文，第74頁。

⑨ 羅衛東：《單叔鬲""字及相關問題考釋》，《古文字研究》第29輯，北京：中華書局，2012年，第300頁。

"奚"聲相通，古音在支部。[①]而"彝"在脂部，可通。除了音聲，字形上也有可解之處。

"犬"和"豕"固然是兩個字形。王國維曰："腹瘦尾拳者爲犬，腹肥尾垂者爲豕。"[②]甲骨文中"犬""豕"的象形寫法字形上主要通過尾部、獸身等特徵區分，字形十分相近的需要結合句意來判斷。[③]金文中，"犬""豕"字形上也是有區別的。談一個字如何讀不能脫離具體的器物，最爲明顯的，莫過於函皇父組器。銘文曰：

函皇父作琱妘般盉尊器鼎簋一具，自豕鼎降十又一，簋八，兩罍兩壺。琱妘其萬年子孫孫永寶用。

該組器銘文中同時出現了"豕鼎"和"器"。其形體如下（見表13）：

表 13　函皇父組銘文字形

編號	器名	豕；隸	器
02380	函皇父鼎		
05144	函皇父簋		
05145	函皇父簋		
14523	函皇父盤		

黃盛璋曾說："'器'從'犬'是秦文字小篆寫法，兩周金文多從'豕'。"[④]但是兩周金文"器"可能并不從"豕"。從上舉的例子可見，一般在同時出現的情況下，"器"中的動物與豕的形體會刻意鑄寫得不一樣。函皇父組器上，兩字主要的區別在于尾部，豕的尾部會有交叉呈三叉狀，而"器"中獸的尾則直出。[⑤]這與甲骨文"豕""犬"之別略同。

---

① 孟蓬生：《"豢"字形音義再探》，《饒宗頤國學院院刊》2017年第4期，第100-102頁。
② 于省吾主編：《甲骨文字詁林》，北京：中華書局，1996年，第1552頁。
③ 單育辰：《甲骨文中所見動物研究》，上海：上海古籍出版社，2020年，第63-105頁。
④ 黃盛璋：《眉縣楊家村迷家窖藏銅器解要》，《中國歷史文物》2004年第3期，第36-37頁。
⑤ 復丰壺二件（《銘圖》12447—12448）銘辭中有"象""象"，葛亮釋"象"（見葛亮：《復丰壺探研》，復旦大學出土文獻與古文字研究中心網，2020年1月11日。[http://www.fdgwz.org.cn/Web/Show/4530]）。則此字本表"三叉尾"的斜綫與豕的後足之形共用形體，與蜷曲的豕身共同組成豕的豐腴身軀。不論哪種字形，豕的特徵都是比較突出的。

　　不過，有時會出現"器"中的動物鑄寫得不那麼分明，"犬""豕"難辨的情況。如師眉簋（《銘圖》05089）字作"▨"，晉尊（《銘圖》11704）字作"▨"，其尾部交叉非犬尾，則是"豕"之尾部。①

　　所謂"彖"字，或説是"豕"頭部繁化的分化字。②《説文解字·彑部》："彖，豕也。從彑從豕。"又"彑，豕之頭，象其鋭，而上見也。""彑"與虎頭類似，添加在形近的動物軀干上以區分是哪種動物。《希部》："希，脩豪獸。一曰河内名豕也。從彑，下象毛足。凡希之屬皆從希。"嚴可均等認爲"希"亦是"彖"③，陳劍則持反對意見。金文從"希"的字作"▨"（毛公旅鼎，《銘圖》02336）"▨""▨"（梜伯盤④，《銘圖》未收）⑤等形，下部所謂象"毛足"的"巾"形即是獸尾，不過頭部與"彖"異，可能本非一字，後世不别。而"彖"則是在豕的頸部或腹部加横或圈表示繩索捆縛，舊釋"毚"⑥，陳劍釋"彖"，這裏我們采用孟蓬生的隸定作"彖"。⑦彔伯威簋蓋（《銘圖》05365）有字作"▨"，辭例是"不惰"，可確定是"彖"，然其尾部則與"犬"尾近似，字形上唯有腹部的横畫可以區别。

　　"彝"字本象人雙手持縛牲以祭祀⑧，從"廾""糸"，中與"彖"是同一結構類型。"彝"字的早期形體前人多説是縛鳥形，但是從金文之後的寫法來看中縛的可能不光是鳥，還可能是别的牲類。《周禮·春官》："司尊彝，掌六尊六彝之位。"注："六彝，雞彝，鳥彝，黃彝，虎彝，蜼彝，斝彝。"諸彝皆有所象，可能是就其祭祀的動物來説的。關于"彝"字上"彑"的來源，《説文解字》釋從"彑"聲，孫詒讓認爲從"希"聲⑨，而段玉裁依《韻會》改爲從"彑"象形，是也。"彑""希"應當是表意兼作聲符。

　　東周文字還有從"犬"作的"彝"。競之某器的自名"彝"，如競之瓕鼎（《銘續》0178）字作"▨"，競之定鬲（《銘圖》03015）字作"▨"，從"犬"

---

　　① 所謂"豕"之尾部三叉狀其實不是"豕"獨有，"隹""馬"等動物的尾部均有作三叉狀者。這裏僅僅爲説明其尾部與"犬"尾有别。

　　② 李學勤主編：《字源》，天津：天津古籍出版社，2012年，第848頁。

　　③ 嚴可均、姚文田：《説文校議》，《説文解字研究資料彙編》第七册，北京：國家圖書館出版社，2010年，第390頁。

　　④《銘圖》暫未收録。收于山西省文物局：《山西珍貴文物檔案》第10卷，北京：科學出版社，2020年，第124頁。

　　⑤ 謝明文認爲是"肆"的異體，讀爲"肆"。見謝明文：《梜伯盤銘文考釋》，復旦大學出土文獻與古文字研究中心網，2021年7月8日。（http://www.fdgwz.org.cn/Web/Show/4805）

　　⑥ 甲骨文中有從"矢"穿"豕"身的字，與横、圈穿"豕"的字當非一字。原釋見羅振玉：《增訂殷虛書契考釋》，《羅雪堂先生全集三編》册二，臺北：大通書局，1976年，第502頁。

　　⑦ 孟蓬生：《釋彖》，《古漢語研究》1998年第3期，第70-71頁。

　　⑧ 或有異説，詳器物共名"彝"考釋。

　　⑨ 孫詒讓：《名原》，濟南：齊魯書社，1986年，第79-80頁（名下八頁）。

"絲"，從"廾"或"丌"。"丌""廾"均是雙手捧拱形，"絲"是捆縛之形，唯有束縛的動物鑄寫成了"犬"。清華簡五《封許之命》"薦彝"之"彝"字作""，與此略同。孟蓬生説："'彝'字上部的'互'本象豕頭，但因爲豕頭和犬頭筆形相似，《封許之命》的'彝'字所從居然被干脆寫成了'犬'。"[①]《説文解字》有古文"彝"作""，戰國燕系文字的"犬"便如此作，如《璽彙》中有（見圖63、圖64）：

圖63　易猜（《璽彙》1675）　　　　　　圖64　口生狗（《璽彙》3496）

"犬"旁便從""的寫法。[②]另外清華簡六《管仲》有字作""，整理者釋爲"綵"，讀爲"緣"[③]，有可能即"彖"字。[④]這種寫法與同時期""的寫法已十分接近。

其實"彝"從"犬"還是"豕"或者其他牲，可能并没有那麽重要，重要的是此字象縛活物以祭祀。又如鄅子受鐘（《銘圖》15168）"彝"字作""，繁增"金"旁表質地，上從"尸"，則被捆縛的又替換成了人，這可能是一種復古的表現。[⑤]

因而我們認爲，單叔鬲的""字從字形上來看是"彖"，是"彝"字的簡省寫法。省去了"廾"，并以橫畫穿過豕頸替代"絲"以象繩索縛牲，表獻牲以祭之"彝"。

3.4　鉒

水姬乍（作）寶鉒，永寶用。

——水姬鬲（《銘續》0247，西周中期後段，見圖65）

---

① 見孟蓬生：《釋清華簡〈封許之命〉的"彖"字——兼論"彖"字的古韻歸部》，復旦大學出土文獻與古文字研究中心網，2015年4月21日。（http://www.fdgwz.org.cn/Web/Show/2502）

② 燕系文字中"犬""豕"區別又見張振謙：《郭大夫甗考》，《戰國文字研究》第1輯，合肥：安徽大學出版社，2019年，第140-141頁。

③ 清華大學出土文獻研究與保護中心：《清華大學藏戰國竹簡》（陸），上海：中西書局，2016年，第111頁。

④ 或説"糸"即從"彖"上脱落的繩索形。説見段凱：《"彖"字補説》，《出土文獻》第15輯，上海：中西書局，2019年，第123頁。

⑤ "彝"字甲骨文便從"人"。或説"尸"是變形表音，見陳斯鵬等：《新見金文字編》，福州：福建人民出版社，2012年，第401頁。

圖 65　水姬鬲

　　西周中期的水姬鬲自名作"■"，吳鎮烽釋"銼"，并引《説文解字》"鍑也"，認爲是鬲的別稱。[①]查飛能從之，認爲"銼"是一種小釜。[②]石小力對該解釋存疑而無釋。[③]張芳認爲此字左側從"鬲"，當分析爲從"金""鬲"，隸定作"鎘"，爲"鬲"的異體。[④]李森從之，并隸定作"鎘"。[⑤]李樹浪等則作存疑字處理。[⑥]

　　按我們認爲現有的解釋均難安。"坐"字從"卩""土"作"坒"（《包山》243），會人跽坐于地。[⑦]而此字下方字形有分叉，非"土"；而左右是對稱結構，則又非"卩"。左右對稱的"坐"見于秦系文字，作"坐"。上述所説的這些形體都是戰國文字。甲骨文有"坐"字，高島謙一讀作"坐"。[⑧]若然則這也是側視圖，而非對稱形體。此器爲西周時器，同時代不見"坐"字，釋"坐"也無字形根據。

　　"鬲"的含義在"鬲"組字考釋時已提及，會鬲中有所煮。同樣，從"鬲"的字是在春秋時期才有的，火與器底分離的構造在這時尚未定型。即使説這個"■"是"鬲"的早期形體，此爲疑字，又沒有其他字形證據依傍，也是難成立的。

　　此字左側不知是否完整，但是應該是中軸對稱的結構，可能是"夾"或者"無"。信陽楚簡有"鋏"作"鋏"（《信陽》2.17），《説文解字》訓熔鑄金屬用的火鉗子，《玉篇》訓"劍"，都與容器無關。而金文有"鄦"字，用作"鄦"，即今之許國，當是假借。郳仲甗鑑（《銘圖》14087）自名作"鑑"，通"甗"。[⑨]

①　吳鎮烽：《商周青銅器銘文暨圖像集成續編》第 1 卷，上海：上海古籍出版社，2016 年，第 325 頁。

②　查飛能：《商周青銅器自名疏證》，2019 年西南大學博士學位論文，第 73 頁。

③　石小力：《〈商周青銅器銘文暨圖像集成續編〉釋文校訂》，《2016 商周青銅器與先秦史研究論文集》，第 94-95 頁。後收于《商周青銅器與先秦史研究論叢》，北京：科學出版社，2017 年，第 142 頁。

④　張芳：《西周食器稱謂及用途研究》，2018 吉林大學碩士學位論文，第 33-34 頁。

⑤　李森：《商周青銅鬲自名、定名整理與研究》，2021 年北京語言大學碩士學位論文，第 39 頁。

⑥　李樹浪、郭凱、孫海寧、向野：《商周青銅禮器定名與自名研究》，成都：四川大學出版社，2021 年。

⑦　黃德寬主編：《古文字譜系疏證》，北京：商務印書館，2007 年，第 2334 頁。

⑧　高島謙一：《凷（坐）字試釋》，《中國文字學報》第 3 輯，北京：商務印書館，2010 年，第 37-41 頁。

⑨　羅衛東：《談談"郳仲甗鑑"器名問題》，《古文字研究》第 32 輯，北京：中華書局，2018 年，第 216-218 頁。

《方言》："甂，周魏之閒謂之瓵。"鬲能否稱"瓵"也不清楚。在見到完整字形前，暫且存疑。

3.5　鑪

佳王正月既死霸丁亥，齊夨子中姜媵"鑪"。

　　　　　　——齊侯子仲姜鬲（甲）（《銘續》0260，見圖 66）

圖 66　齊侯子仲姜鬲（甲）

有兩件齊侯子仲姜鬲，其銘文上下兩件接讀，其中甲器包含自名，可惜磨泐不清。曹錦炎隸定爲"鑪"，并云："鑪，即甗字異體，字從'金'旁，表質地。本器的形制爲鬲，但銘文却寫作'鑪'，這種器形與自名不符的例子，青銅器自名偶有之。這當是在鑄造時將同一篇銘文字範用于多件不同類器的緣故。"[1] 查飛能則認爲鬲、甗古音可通[2]，不過釋音輾轉，不可據信。

對于此字，因爲照片不清加之磨泐，我們對此器自名爲"鑪"表示懷疑。如果確是"鑪"，讀"甗"是合適的。不過未見同器主的其他器驗證此説法，此又一疑點，所以暫且存疑。

4　甗

《説文解字·鬲部》："鬳，鬲屬。從鬲虍聲。"《瓦部》："甗，甑也。一曰穿也。從瓦鬳聲，讀若言。"陳夢家據此認爲鬳、甗有別，"以鬳爲鬲屬，以甗爲甑，則鬳應是指整體"。[3] 實際根據自名情況來看，這兩個字都可用作甗的專名，其實是簡繁之別，而無意義之別。

---

① 曹錦炎：《齊侯子仲姜鬲小考》，《中國考古學會第十五次年會論文集》，北京：文物出版社，2013 年，第351 頁。

② 查飛能：《商周青銅器自名疏證》，2019 年西南大學博士學位論文，第 73 頁。

③ 陳夢家：《西周銅器斷代》，北京：中華書局，2004 年，第 463 頁。

《考古圖》云"古鬳皆下連鬲"[①]，是以甗爲鬳。《博古圖·甗錠揔説》謂："甗之爲器上若甑而足以炊物，下若鬲而足以飪物。"[②]青銅甗的器形便是上甑下鬲，下升火煮水，上蒸汽炊饪。《周禮·考工記·陶人》："甑，實二鬴，厚半寸，脣寸，七穿。"孫詒讓正義："穿，即謂空。"甑下有孔，以容蒸汽透出。按照甑、鬲是否合鑄可以分爲合體與分體兩種。至戰國中晚期時，出現了鬲呈矮足或無足的分體甗，逐步變爲後世之釜。郭寶鈞謂："戰國末期鬴的袋足萎縮，正以有灶之故。"[③]漁陽孝文廟出土的上甑下釜的器物自名爲"甗鍑"，即這種器物。[④]《方言》："釜，自關而西或謂之釜，或謂之鍑。"亦可知漢時確以"甑"爲"鬳"。

商周有自名青銅甗共計 193 件，有 11 件無器名，器名爲"彝"的共 87 件，剩餘使用專名作爲器名。

4.1 "鬳"及其異體

表 14 "鬳"及其異體

序號	編號	器名	器形	時代	銘文	字形
1	03227	克甗		西周早期後段	克作旅獻。	
2	03233	叔甗		西周早期	叔作寶鑶。	
3	03235	寚甗		西周早期	寚作旅獻。	
4	03249	仲旨甗		西周早期	仲旨作旅獻。	

---

① 吕大臨：《考古圖》清乾隆四十六年四庫全書文淵閣書録錢曾影鈔宋刻本，《金文文獻集成》第 1 册，北京：綫裝書局，2005 年，第 35 頁。

② 王黼等：《博古圖》清乾隆十八年天都黃晟亦政堂修補明萬曆二十八年吳萬化寶古堂刻本，《金文文獻集成》第 2 册，北京：綫裝書局，2005 年，第 97 頁。

③ 郭寶鈞：《商周銅器群綜合研究》，北京：文物出版社，1981 年，第 181 頁。

④ 朱鳳瀚：《中國青銅器綜論》，上海：上海古籍出版社，2009 年，第 123 頁。又收於《古代中國青銅器》，天津：南開大學出版社，1995 年，第 78 頁。

序號	編號	器名	器形	時代	銘文	字形
5	03293	弜伯甗		西周中期前段	弜伯作邢姬用甗。	
6	03296	叔㒼甗		西周晚期	叔㒼作寶"焱"，永用。	
7	03311	格伯甗	—	西周晚期	格伯作寶"狀"。	
8	03317	仲姑甗		西周中期前段	仲姑作寶犬，其萬年永用。	
9	03333	鄭邢伯萅父甗		西周晚期	鄭邢伯萅父作寶"獻"。	
10	03334	侯父甗	—	西周晚期	鄭太師小子侯父作寶甗。	
11	03335	叔釗父甗		西周晚期	叔釗父作柏姑寶"甗"。	
12	03354	䲣五氏孫矩甗		春秋早期	䲣五氏孫矩作其衆噗。	

续表

序號	編號	器名	器形	時代	銘文	字形
13	03361	叔原父甗	—	春秋早期	陳公子= 叔原父作遊“束鼎犬”。	
14	03362	王孫叔諲甗		春秋時期	隹六月壬申，王孫叔諲擇曰吉金，作䵼鍴獻。	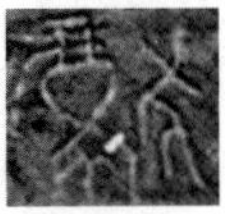
15	20273	馭龘塵甗		西周早期	馭龘塵作旅獻。	
16	30346	叔牢甗		西周早期	叔牢作寶“甗”。	
17	30363	芮伯甗		西周早期前段	芮伯拜稽首，敢作王姊?。	
*	02689	強伯鬲		西周中期	強伯作甗。	
*	02909	邾伯鬲		西周晚期	邾伯作媵口（甗）。	
*	03300	仲姜甗		春秋早期	仲姜作爲趄公“隮甗”。	

　　金文中甗器除了自稱"彝"外，大多自名爲"鬺""鬳"及其異體，共計94例。多作"▨"（王孫壽甗，《銘圖》03357）或"▨"（樂甗，《銘圖》03312），從"虍"，從"鼎"或甗之象形。①或增"犬"旁作"▨"（魯仲齊甗，《銘圖》03345）或"▨"（盂甗，《銘圖》03216）或"▨"（即甗的象形寫法，孟姬安甗，《銘圖》03294）②，未見有從"瓦"作的"甗"字。

　　方濬益認識到了"鬳""獻"均是甗器的古稱，言後人不復知此而"吉金之器問諸陶瓶"。③商承祚以甲骨文中有"▨"，認爲這類從"鼎""虎"的字便是"甗"的本字。而後世從"虍""犬"之"獻"其實是完整"虎"形之誤。④按"甗"字甲骨文已有象形寫法作"▨"（《合集》20317）、"▨"（《銘圖》04827）等形，孫詒讓舊釋"鬲"⑤，羅振玉改釋"甗"⑥，象鬲上有甑形，甑有兩耳似鼎狀。則以"獻"爲"甗"之自名自是假借用法。《說文解字·犬部》："獻，宗廟犬名羹獻。犬肥者以獻之。從犬鬳聲。"李孝定認爲"獻"字所從的"犬"會鼎實，即《說文解字》所謂"羹獻"之意。⑦徐中舒認爲從"犬"、從"虎"的均表鼎實。⑧梁慧婧認爲"虍"是聲符，"犬"是會意。⑨甲骨文中有"▨"（《合集》36345）、"▨"（《合集》26954）、"▨"（三期甲564）等字形，均爲"獻"義，因而我們認爲"犬""虎"可能都是表獻祭的牲。

　　西周金文可見象形的甗之寫法，如伯真甗（《銘圖》03247）作"▨"，下方底座的器形較方，可能不是鬲而是類似于甗架的形狀（見圖67），功能類似于竈。另外此類底座還見于人名，如伯爓簋蓋（《銘圖》04556）"爓"字作"▨""▨"，可能就是會這種聯體甗生火造飯之形，底座上有二甑。"鼎"首不從"虍"頭，而從"貞"，從"貞"當是類似受"鼎"類化的影響。⑩又如馭麤塵甗"▨"（《銘續》0273），"鼎"字寫作"▨"，也是這種情況。春秋時期的甗字象形寫法則繼

----

①《銘圖》隸定的"鬳"字其實下方都不是"鬲"，而是"甗"的象形寫法，因上從"鼎"頭，下從鬲足"羊"形。"獻"有下方作"鬲"形的，如魯仲齊甗（《銘圖》03345）作"▨"。

② 這類字形《銘圖》分爲"獻""獻"二字，然而對于"鼎""鬲""甗"形體辨識得很混亂，不足據。當依實際字形爲準，亦可參陳文。

③ 方濬益：《綴遺齋彝器考釋》1935年商務印書館石印本，《金文文獻集成》第14冊，北京：綫裝書局，2005年，第162頁。

④ 李孝定：《甲骨文字集釋》，臺北："中央"研究院歷史語言研究所，1970年，第3104頁。

⑤ 孫詒讓：《名原》，濟南：齊魯書社，1986年，第23頁。

⑥ 羅振玉：《增訂殷虛書契考釋》，《羅雪堂先生全集三編》冊二，臺北：大通書局，1976年，第522頁。

⑦ 李孝定：《甲骨文字集釋》，臺北："中央"研究院歷史語言研究所，1970年，第3103頁。

⑧ 徐中舒主編：《甲骨文字典》，成都：四川辭書出版社，2006年，第258頁。

⑨ 梁慧婧：《說"甗"》，《語言研究》2022年第1期，第96頁。該文認爲"甗"從"高"義得名，可備一說。

⑩ 陳英杰：《談金文中一種長期被誤釋的象形"甗"字——兼論"鬲""甗"的形體結構》，《簡帛》第7輯，上海：上海古籍出版社，2012年，第313頁。

承了當時"鼎""鬲"各自的變形，"鼎"失去鼎耳作"▮"形，"鬲"的足部則類化爲"羊"的形體，如鄧子旁鄭甗"▮"（《銘續》0281）、邕子良人甗"▮"（《銘圖》03353）都是這種形體。

圖67　婦好三聯甗（《銘圖》03140，商代晚期）[①]

還有諸多省變或增繁的形體。除了增"金"表意的"▮"（叔甗，《銘圖》03233）外，有省略器物形保留"虍"頭的"献"，如克甗字作"▮"（《銘圖》03227），在此基礎上有增羨符"口"的䲞五氏孫矩甗"▮"（《銘圖》03354）[②]，有鑄畫作完整"虎"形的如侯父甗"▮"（《銘圖》03334）、叔釗父甗"▮"[③]（《銘圖》03335）、叔牢甗"▮"（《銘三》0346），也有單寫"犬"的仲姞甗"▮"[④]（《銘圖》03317），有將"虎"寫成"虘"的，如鄭邢伯夆父甗"▮"（《銘圖》03333）。

還有將"虍"寫成"束"形的叔原父甗"▮"（《銘圖》03361），省略"虍"頭字形的如寚甗"▮"（《銘圖》03235）、仲旨甗"▮"（《銘圖》03249），還有變"虍"爲"犬"作雙"犬"形的弢伯甗"▮"（《銘圖》03293）。

還有一些特殊的寫法。如芮伯甗（《銘三》0363）字作"▮"，從"犬""卄""皀"，上部的形體不識，可能是"虍"的變體，則是易器物形爲"皀"；格伯甗（《銘圖》03311）字從"方"，似有殘泐，存疑；仲姜甗（《銘圖》03300）自名部分作"▮"，可能是"隮"和甗形的融合形體，"隮"字上部的"酉"作甗的上部甑形，下部的"卄"融合在鬲形裏，旁增"又"略表其"隮"形。

又邿伯鬲自名作"▮"，舊釋"鬲"，陳英杰分析了鬲、甗字形後認爲是"甗"的象形寫法[⑤]，甚確。象形"甗"字的特徵是上部的類似鼎首與下部的鬲足，此字便符合這兩個特徵。另外還有弢伯鬲（《銘圖》02689）字形作"▮"，是

────────────

① 又見于陳佩芬：《中國青銅器辭典》，上海：上海辭書出版社，2013年，第28頁。

② 梁慧婧或說"口"是符號化的鼎或鬲，亦通。見梁慧婧：《說"甗"》，《語言研究》2022年第1期，第96頁。下引皆同。

③ 梁慧婧認爲是鬲之省形，只保留三足，非，此是動物的尾形，自是虎尾。

④ 張芳、查飛能均將此字釋爲是單叔鬲的"象"，見張芳：《西周食器稱謂及用途研究》，2018年吉林大學碩士學位論文，第30頁；查飛能：《商周青銅器自名疏證》，2019年西南大學博士學位論文，第75頁。此字很明顯尾部呈直線且頸、腹部未見橫綫繩索形。此當是"献"之省聲符作"犬"字。

⑤ 陳英杰：《談金文中一種長期被誤釋的象形"甗"字——兼論"鬲""甗"的形體結構》，《簡帛》第7輯，上海：上海古籍出版社，2012年，第313頁。

甗的上部甑形加某種動物的尾，從銘文行款來看此字上部應該還有形體，結合左部的斜豎綫可能是完整的"虎"形，如叔剄父甗"![字形]"，隸定作"虘"是可從的。

另外《銘續》0397 收録一件舊稱鬲襄友簠的器物，首字字形作"![字形]""![字形]"，《銘續》隸定作"鬲"，石小力認爲是"甗"字，象形[①]，可從。

4.2 复鋀

韋大₌（大夫），冖复鋀乜。![字形]

——郭大夫釜甗（《銘圖》03326，戰國晚期，見圖 68）

有一件戰國晚期的郭大夫釜甗自名爲"![字形]"，這件器物是戰國時期甗上部的甑，如戰國晚期的襄安甗（《銘三》0358）器形上部即與此同（見圖 69）。

圖 68　郭大夫釜甗

圖 69　襄安甗

王輝曾考釋此二字爲"豖鈞"，讀爲"重鈞"，表示甑的重量。[②]《近出殷周金文集録二編》[③]、《銘圖》舊釋[④]均從此讀。李家浩讀爲"复鋀"，是"鍑甗"的別名，古音相近可通。[⑤]劉孝霞[⑥]、《金文通鑒》4.0 從此釋。張振謙近又將銘文末一字釋爲自名"匜"，認爲這是一種代稱。[⑦]

按戰國金文中"乜"字寫法多見于銘文句意之末，如平安君鼎（《銘圖》02389）"卅₌三年單父上官乳子意所受坪安君者乜"，鑄書缶（《銘圖》14094）"正月季春，元日己丑，余畜孫書乜……"，公孫潮子鐘（《銘圖》15180）"墮邊立事歲，十月己丑，鄶公孫淖子窹器乜"等。均用爲語氣詞"也"。青銅匜有自名作"匜"及其變體者，不晚于春秋晚期，戰國匜器多篇自名爲"盅"，如王子

[①] 石小力：《〈商周青銅器銘文暨圖像集成續編〉釋文校訂》，《2016 商周青銅器與先秦史研究論文集》，第 96 頁。後收于《商周青銅器與先秦史研究論叢》，北京：科學出版社，2017 年，第 145 頁。

[②] 王輝：《"富春大夫"甗跋》，《考古與文物》1994 年第 4 期，第 61 頁。

[③] 劉雨、嚴志斌：《近出殷周金文集録二編》第一册，北京：中華書局，2010 年，第 139 頁。

[④] 吳鎮烽：《商周青銅器銘文暨圖像集成》第 7 册，上海：上海古籍出版社，2012 年，第 203 頁。

[⑤] 李家浩：《燕國"泃谷山金鼎瑞"補釋——爲紀念朱德熙先生逝世四周年而作》，《著名中年語言學家自選集·李家浩卷》，合肥：安徽教育出版社，2002 年，第 158 頁。

[⑥] 劉孝霞：《"郭大夫甗"補説》，《蘭州學刊》2012 年第 7 期，第 120 頁。

[⑦] 張振謙：《郭大夫甗考》，《戰國文字研究》第 1 輯，合肥：安徽大學出版社，2019 年，第 141-142 頁。

适匜（《銘圖》14870）[①]，不從“也”。綜上，該字不能釋爲“匜”，甗自名爲“匜”于理也難通。

我們贊同李家浩的意見將該器“⬚”釋爲“复銛”，讀爲“鍑鬴”，是該器的自名。

5　簋

《説文解字·竹部》：“簋，黍稷方器也。從竹從皿從皀。匭，古文簋從匚飢。匭，古文簋或從軌。杚，亦古文簋。”《周禮·地官·舍人》：“祭祀，共簠簋。”鄭玄注：“方曰簠，圓曰簋。盛黍稷稻粱器。”賈公彦疏：“簠盛稻粱，簋盛黍稷，故鄭揔云黍稷稻粱器也。”又《儀禮·公食大夫禮》：“宰夫設黍稷六簋於俎西。”大體可知簋爲盛黍稷稻粱的盛食器。但是關于簋的形制，則鄭、許説異。

而宋代金石著作皆將自名爲“段”的圓形器釋爲“敦”。清代錢坫《十六長樂堂古器款識攷》釋“周平仲簋”自名“⬚”曰：“《説文解字》簋從竹從皿從皀。此所寫之皀卽皀字。皀讀如香。古之簋或以竹作，或以瓦作。故竹皿并用。此則改竹皿而從攴。若敦字從攴從臺。臺從羊從亯。筆迹不能相近，是不得釋敦字之明證也。”[②]改“⬚”釋爲“簋”。其後學者多從此説，如《全上古三代秦漢三國六朝文（節錄）》列“虢姜段”，言“段”借爲“簋”。[③]黃紹箕《説段》申錢坫之説，以“段”爲“簋”文、聲、形無一不合，證“段”確爲傳世文獻所謂的“簋”。[④]容庚則在黃説基礎上增添出土證據與銘文證據。[⑤]其後或有異説，如商承祚則認爲“簋”是“盨”之訛，“段”是另一種黍稷稻粱器。[⑥]但是今日學界終以容庚之説爲定論。

這類自名爲“段”的器物既是簋，那麼形制便也明確爲圓形器。《博古圖·敦揔説》論“簋”的器形特徵有如三獸足、兩耳、有蓋、蓋可却置，也有無蓋、方座、圈足等異形。[⑦]基本符合今之考古學對簋的描述。

---

① 相關數據參范佩瑜：《兩周青銅匜自名、定名整理與研究》，2019 年北京語言大學碩士學位論文。

② 錢坫：《十六長樂堂古器款識攷》1933 年開明書局翻刻嘉慶元年自刻本，《金文文獻集成》第 2 冊，北京：綫裝書局，2005 年，第 431 頁。

③ 嚴可均輯：《全上古三代秦漢三國六朝文（節錄）》清光緒年間黃岡王毓藻刻本，《金文文獻集成》第 16 冊，北京：綫裝書局，2005 年，第 303 頁。

④ 黃紹箕：《説段》，《叢書集成續編》第 72 冊《翠墨園語》，上海：上海書店出版社，1994 年，第 607 頁。

⑤ 容庚：《商周彝器通考》，臺北：大通書局，1973 年，第 323-324 頁。

⑥ 商承祚：《甲骨文字研究》，天津：天津古籍出版社，2008 年，第 143-144 頁。

⑦ 王黼等：《博古圖》清乾隆十八年天都黃晟亦政堂修補明萬曆二十八年吳萬化寶古堂刻本，《金文文獻集成》第 2 冊，北京：綫裝書局，2005 年，第 59 頁。

商周簋的自名一共 1734 例，其中有器名的 1706 例，其中器名爲“彝”的有 551 例，“器” 10 例，剩餘的使用專名作爲器名。

5.1 “𣪘”及其異體

表 15 “𣪘”及其異體

序號	編號	器名	器形	時代	銘文	字形
1	03744	作女皿簋	—	商代晚期	作女皿。	
2	04038	伯簋		西周早期前段	伯作寶𣪘。	
3	30435	伯鏃簋	—	西周早期	戈▼，伯𠂤用作皿。	
4	04238	作希商簋		西周早期	作希商彝𣪘。	
5	04328	㦰姬簋	—	西周中期	㦰姬作寶隣𣪘。	
6	05303	天亡簋		西周早期	隹朕又蔑，每啓王休于隣𣪘。	
7	04118	霝簋	—	西周中期	霝乍（作）寶飤。	
8	04622	伯睘簋		西周中期前段	伯睘作旅𣪘。	
9	30466	仲大父簋		西周晚期	仲大父作寶𣪘。	

序號	編號	器名	器形	時代	銘文	字形
10	30501—30502	呂伯簋		西周中期前段	坒揚王休，用作寶隣即。	
11	04187	伯卽簋	—	西周早期	伯卽作肇簋。	
12	04114	舟簋		西周中期	舟作寶盨。	
13	04286	屝簋蓋		—	屝作盉白寶盨。	
14	04393—04400	蔡侯䲬簋		春秋晚期	布侯䲬之䵼盨。	
15	04988	鼓𩵦簋		西周早期後段	罘子鼓𩵦盨旅盨。	
16	04471—04472	昭王之諻簋		戰國早期	邵王之諻之盧簋。	
17	05299—05300	引簋		西周中期	郢呂兵，用作幽公寶簋。	

续表

序號	編號	器名	器形	時代	銘文	字形
18	30432	斳痜簋		戰國中期	斳痜自作 膚盨。	
19	30477	無㲃簋		春秋中期	無㲃擇其 吉金，自 作猷鹽。	
20	30504	康簋		西周中期 後段	敢對揚王 休，用作 朕皇考餗 "餿"。	
21	05029— 05031	曾仲塦簋		春秋中期	曾仲塦擇其 吉金，自作 隱匜。	
*	04130	伯姬簋		西周中期	伯姬作乀。[①]	

  青銅簋自名"𣪘"及其異體共有 1140 例。

  甲骨文有象形的"簋"字，作"🅰"（《合集》3823）、"🅱"（《合集》23431）。戴家祥認爲此形即古人盛飯器之象形。[②]

  早期金文中也有類似甲骨文象形的寫法。如作希商簋的"🅲"，天亡簋的"🅳"。扻姬簋自名作"🅴"，吳式芬認爲是"彝"省形[③]，楊樹達認爲是"𣪘"字

---

  ① 此器自名當省，未有僅保留匕柶形的"𣪘"的形體。"乀"可能是著于器物末尾的族徽。如孟𤕝鼎（《銘圖》01653）銘曰："孟𤕝作彝，乀。"

  ② 李孝定：《甲骨文字集釋》，臺北："中央"研究院歷史語言研究所，1970 年，第 1011-1022 頁。

  ③ 吳式芬：《攈古錄金文》光緒二十一年吳氏家刻本，《金文文獻集成》第 11 册，北京：綫裝書局，2005 年，第 165 頁。

簡寫。①以楊説爲是。叔噩父簋自名"毀"作"▨"，"皀"中間省去一畫，即與此形相類。

偶有特異的象形寫法，《銘圖》或隸定作"皿"。《説文解字·皿部》："皿，飯食之用器也。象形。與豆同意。凡皿之屬皆從皿。"按這類"皿"形實際即象簋之器形，如作女皿簋"▨"，左右兩耳之形與其圈足底甚明。伯鏃簋"▨"無耳，伯簋"▨"則是深腹的盂形。

甲骨文又有"毀"字，作"▨"（《合集》24956）、"▨"（《合集》25239）。羅振玉謂會以手持勺出納于敦中。②李孝定謂會以手持匕柶從食器中扱取食物之形。③是也。金文簋器自名"毀"亦多從此作。

金文中"毀"字異寫甚多，如叔多父簋（《銘圖》05001—05002，西周晚期）"▨"在"皀"上飾"卜"，可能是受"鼎"的影響。也有變"皀"爲"食"形的，如芇侯簋（《銘圖》04346，西周晚期）"▨"。右部手持匕的形體（暫且稱爲"攴"），變形最爲多樣。

以四件倗生簋（《銘圖》05307—05310，春秋早期）爲例，"毀"字作：（1）"▨"（器）；（2）"▨"（蓋）；（3）"▨"（器）；（4）"▨"（器）。

（1）手上的匕柶與手分離，（2）則省匕柶形，（3）有可能是磨泐，（4）則省手而爲象形。這是匕柶省簡的寫法。

又如杞伯每亡簋（《銘圖》04854—04860，春秋早期）字形作：（1）"▨"；（2）"▨"；（3）"▨"；（4）"▨"；（5）"▨"；（6）"▨"。

從（1）至（6），匕柶漸漸延長，長到可以接觸到食器，再至覆蓋食器上部。魯伯大父簋（《銘圖》04862，春秋早期）字形作"▨"，形成了半包圍的結構。康簋的蓋銘自名字形作"▨"，匕柶延長作"勹"，就是典型的這類形體。

也有替換意符"攴"爲"卩"作"即"。如伯睘簋、仲大父簋、吕伯簋即是這種寫法。而霝簋字形作"▨"，寫成了類似"人"形。這類"即"在意義上與"毀"是類似的。在聲音上，"即"在精母職部，"簋"在見母幽部，"簋"有異體作"朹"，以"九"爲聲符，"即""簋"也可相通假。戰國文字有"▨"（包山簡154）、"▨"（《璽彙》5590），用爲管理馬匹的機構名"大廐"，"廐"從"人"作，也是這種替換意符的例子。

還有一些繁化的字形。如舟簋、屎簋蓋、蔡侯▨簋增"皿"旁。新瘋簋"▨"在變"皀"爲"食"的基礎上，增"金""皿"旁，類似瑚器自名作"▨"

---

① 楊樹達：《積微居金文餘説》，《積微居金文説（增訂本）》，北京：科學出版社，1959 年，第 251 頁。

② 羅振玉：《增訂殷虚書契考釋》，《羅雪堂先生全集三編》冊二，臺北：大通書局，1976 年，第 521 頁。

③ 李孝定：《甲骨文字集釋》，臺北："中央"研究院歷史語言研究所，1970 年，第 1022 頁。

（伯公父瑚，《銘圖》05976）。無殷簋、曾仲墓簋增"匚"，《説文解字》"簋"有古文作"匭""匭"，俱是從"匚"[1]，示其爲容器，義略同"皿"。

伯鄗簋自名"▨"增"宀"，戴家祥謂："據金文書寫慣例，凡加宀之字往往爲本字別構。"[2]是也。昭王之諆簋作"▨"，引簋作"▨"，戴家祥認爲這類"广""厂"爲"石"之省，表示器物的材質。[3]但是這些器物都是銅器，此説恐不確。郭店楚簡《尊德義》有"▨"字，李零釋爲"簋"[4]，白於藍釋爲"飽"[5]，即"廏"。從"广""厂"的字形即後世之"廏"，從"殷"得聲，這裏當是假借用法，借爲"殷"。[6]

5.2　畫（畫）

鳥生穄再鬲，用作季日乙畫。▨▨

——再簋（《銘圖》04869—04870，西周中期，見圖70）

圖70　再簋銘文

再簋在銘文自名位置上使用了"畫"字，從"聿""乂"。甲骨文有"畫"字，王國維認爲是古"畫"字，孫海波、于省吾從之；王襄讀爲"肅"，魯實先從之。[7]徐同柏認爲是"書"字，會以手執筆以書寫。[8]吳闓生讀爲"肅"。[9]郭沫若

---

[1] 格公鼎（《銘三》0216）有"窶"字形作"▨"，"九"是加注聲符。

[2] 戴家祥主編：《金文大字典》，上海：學林出版社，1995年，第2441頁。

[3] 戴家祥主編：《金文大字典》，上海：學林出版社，1995年，第2441頁。

[4] 李零：《郭店楚簡校讀記（增訂本）》，北京：北京大學出版社，2002年，第185頁。

[5] 白於藍：《簡帛古書通假字大系》，福州：福建人民出版社，2017年，第181頁。

[6] 甲骨文中有一類從"勹"從"殷"的字形，隸定作"飽"。其演變脉絡明晰，含義可考（參謝明文：《説腹、飽》，《甲骨文與殷商史》新5輯，上海：上海古籍出版社，2015年，第94-99頁。又見氏著《商周文字論集》，上海：上海古籍出版社，2017年，第47-54頁）。"飽"與上文所論"殷"之異體雖形近但并非一字，"殷"之異體中的"勹"形或表意（匕柶延展形），或爲無意義繁化，"飽"之"勹"本義爲匍匐人形，作表音構件。

[7] 于省吾：《甲骨文字釋林》，北京：中華書局，2009年，第3122-3125頁。

[8] 徐同柏：《從古堂款識學》光緒三十二年蒙學報館影石校本，《金文文獻集成》第10册，北京：綫裝書局，2005年，第416頁。

[9] 吳闓生：《吉金文録》，香港：萬有圖書公司，1968年，第71頁。

以爲是 "規" 之古文。[①]張日升[②]、黃德寬[③]從之。

　　而此器用爲銅器自名，丁山認爲 "又" "彝" 古音近，當讀爲 "彝"。[④]張日升認爲當假爲 "鬻"。[⑤]張崇禮讀爲 "敦"，認爲是黍稷常器。[⑥]查飛能讀爲 "規"，通 "簋"。[⑦]

　　"妻" 字是 "規" "畫" 的共同表意初文，正如張日升所説，"規、畫古音并在佳部合口"，"規" "畫" 二字可相通假。"簋" "規" 雖同在見母，但 "簋" 在幽部，與 "規" 韻部相隔略遠。"規" "簋" 能否相通還存有疑問，不過可備一説。

　　另外也不排除讀爲修飾語、省略器名的可能性。上官豆（《銘圖》06149）銘曰 "富子之上官獲之畫鐈銅鍨十"。《釋名·釋書契》："畫，繪也。以彩色繪物象也。" 以 "畫" "銅" 修飾，表示豆的色彩華麗。或許這裏的 "妻" 也可以這樣解釋。

5.3　衙（釱）

霸伯用作寶衙。

——霸伯簋（《銘三》0497，西周中期前段，見圖71）

圖71　霸伯簋

　　山西翼城大河口西周墓地出土一件方形的霸伯銅器，自名爲 ""。整理者隸定作 "衙"，括注爲 "釱"。[⑧]王子楊認爲此器并非簋，而與一種方形的鼎形溫器聯繫，認爲是這種器物的專名。[⑨]王祁認爲這是一種特殊的蒸器的自

---

　　① 郭沫若：《兩周金文辭大系圖録攷釋》1957 年科學出版社影印本，《金文文獻集成》第 21 册，北京：綫裝書局，2005 年，第 438 頁。

　　② 周法高、張日升、林潔明：《金文詁林》，香港：香港中文大學出版社，1975 年，第 1809 頁。

　　③ 黃德寬主編：《古文字譜系疏證》，北京：商務印書館，2007 年，第 1999 頁。

　　④ 于省吾：《甲骨文字釋林》，北京：中華書局，2009 年，第 3122 頁。

　　⑤ 周法高、張日升、林潔明：《金文詁林》，香港：香港中文大學出版社，1975 年，第 1809 頁。

　　⑥ 張崇禮：《釋古文字中的 "畫" 和 "彤"》，復旦大學出土文獻與古文字研究中心網，2012 年 12 月 8 日。（http://www.fdgwz.org.cn/Web/Show/1970）

　　⑦ 查飛能：《商周青銅器自名疏證》，2019 年西南大學博士學位論文，第 85 頁。

　　⑧ 山西省考古研究所等：《山西翼城大河口西周墓地 1017 號墓發掘》，《考古學報》2018 年第 1 期，第 107 頁。

　　⑨ 王子揚：《大河口霸國墓地 M1017 出土青銅銘文材料的幾點認識》，社科院歷史所先秦史研究室網，2018 年 3 月 9 日。（https://www.xianqin.org/blog/archives/9917.html）

名。①張程昊則隸定此字爲"衕"，無釋。②《銘三》從此隸定。查飛能則認爲"釱"與"簠"通假。③孫合肥認同王子楊對器形的分析，但是認爲此字從"金"，"戈"聲，增"行"繁化。④

我們認同孫合肥對此字形的分析。按此字隸定作"衕"，讀爲《爾雅·釋器》所謂的"釱"，是沒有問題的。但是從器形來看，明顯非簠器，而是一類方形溫器。王祁列舉的幾件類似形體的方形器，考古學定名爲"爐"（或作盤，見圖 72、圖 73、圖 74）均和此器器形類似，但無自名。

圖 72　殷墟郭家莊 M160 "弦紋爐"⑤

圖 73　殷墟鐵三路 M2118:1 "銅烤爐"⑥

圖 74　束方盤⑦

《爾雅·釋器》："鼎絕大謂之鼐，圓弇上謂之鼒，附耳外謂之釴，款足者謂之鬲。"是將"釱"與鼎聯繫。"鼒"之器形描述與實際器形不符，而自名爲"釱"的器形與實際情形不符也就不足爲奇了。但是可能這種器物確實和後來的方鼎形溫食器有關（相關器形詳見 91 頁圖 58 季真鬲）。

---

① 王祁：《略談商周青銅釱》，社科院歷史所先秦史研究室網，2018 年 4 月 25 日。（https://www.xianqin.org/blog/archives/10111.html）

② 張程昊：《霸國墓地出土銅器零釋》，《中原文物》2019 年第 2 期，第 116 頁。

③ 查飛能：《商周青銅器自名疏證》，2019 年西南大學博士學位論文，第 85 頁。

④ 孫合肥：《翼城大河口 1017 號墓出土青銅器銘文補說》，《古文字研究》第 33 輯，北京：中華書局，2020 年，第 298-299 頁。

⑤ 中國青銅器全集編輯委員會：《中國青銅器全集》第 3 卷，北京：文物出版社，1997 年，第 163 頁。

⑥ 中國社會科學院考古研究所安陽工作隊：《河南安陽市鐵三路殷墟文化時期制骨作坊遺址》，《考古》2015 年第 8 期，第 57 頁。

⑦ 陳佩芬：《中國青銅器辭典》，上海：上海辭書出版社，2013 年，第 47 頁。

5.4　寏

康伯作聲用飮寏，萬年寶。

　　——康伯簋（《銘圖》04589—04590，西周中期前段，見圖75）

圖 75　康伯簋銘文

　　康伯簋銘文作："康伯作聲用飮寏，萬年寶。"按照這種斷句，"寏"應當是處在自名位置的。"寏"，《銘圖》隸定作"寏"。查飛能認爲"元"爲聲符，并證"元""簋"古音輾轉可通。[1]

　　按此器有兩件，自名字形是不同的（見圖76）。均從"宀""又"，（1）從"馬""禾"，（2）從"十""𠂤""糸"。字形（2）"又"的上方字形破碎，不作"馬"，而右側的"十"當是對應（1）中"馬"的一部分。早期金文的"米"形一般作"米"形，中間作"十"形的"米"見于戰國時期，如"未"（《雲夢》秦律 41）。因而隸定部件"馬"爲"米"不確。這個字形左側應是從"又"持"才"，飾以意義不明的點畫。

（1）04589　　　　　　　　（2）04590

圖 76　自名字形

　　單從（1）的字形來看，人首作這種菱形的字又見于甲骨文"𦣻"（《合集》98正）、"𦣻"（《合集》33149）。吳麗婉認爲甲骨文菱形的頭部是爲了刻寫簡便而爲之[2]，但是金文裏便不能這麼解釋了，直角的筆畫反而鑄寫不便。金文中一般人形首部都是填實的圓形。結合字形（2），字形（1）中"𠂤"對應字形（2）中的

---

[1] 查飛能：《商周青銅器自名疏證》，2019 年西南大學博士學位論文，第 87 頁。

[2] 吳麗婉：《根據辭例談"𧾷"和"夂"的釋讀》，《古文字研究》第 33 輯，北京：中華書局，2020 年，第 114 頁。

"▨"，似是"糸"。這種訛寫的例子又見于苗嫋盨（《銘圖》05557）"▨"，"須"下部的"卩"形就訛寫作"糸"。但是隸定部件"▨"爲"元"恐非。

此字存疑。

對于該器的銘文，在"▨"字無法釋讀的前提下暫且提出另一種可能的讀法。因從"人"的"即""飤"可讀爲"簋"，則此銘或許可斷爲："康伯作登用飤（簋），▨萬年寶。"[1]

6 盨

盨器于西周中期開始興起，至春秋早期都有出現，但其後便幾近絕迹。故盨器其名不見于經傳。《説文解字·皿部》："盨，槶盨，負戴器也。從皿須聲。"《漢書·東方朔傳》："乃覆樹上寄生，令朔射之，朔曰：'是寠數也。'"顏師古注："寠數，戴器也。""寠數"可能即《方言》之"甄"。《方言》："瓶缻甊甄瓽甄瓮瓿甄礕，罌也。"《玉篇》："瓿甄，小罌也。"大概是一種瓮形容器，與現在所謂的青銅盨并非一物。

宋代以來的金石著録將自名爲"▨"的銅器與傳世文獻的"簋"相聯繫，而稱簋爲"敦"。前文所説清代錢坫《十六長樂堂古器款識攷》雖將"簋"定爲"簋"[2]，但錢氏在此卷仍將自名爲"簋"的方座簋定名爲"簋"，將橢方形自名爲"盨"的器物定名爲"簋"，還是不免混淆。直至容庚《殷周禮樂器考略》始將盨器獨立于"簋"外，并依據其自名字形將其稱爲"盨"。[3]其器形橢方，斂口鼓腹，圈足或四足，有蓋，與簋同爲盛穀物的器物。

《銘圖》至《銘三》共收録 213 件銅盨，其中 1 件因爲器殘（叔克父盨，《銘圖》05519）不見自名，2 件不著器名（召伯虎盨，《銘圖》05518；鄔公盨，《銘圖》05677）。其餘 210 件盨器中，3 件以"彝"爲器名，20 件借"簋"及其異體爲器名，10 件"盨簋"連言，其餘則以專名作爲器名。

6.1 "盨"及其異體

盨器中"盨"及其異體一共出現 180 例（見表 16 中的舉例）。絕大多數都是在"盨"形基礎上增減意符的異體。如伙鄘盨、矢膡盨、倗伯鼗盨字從"金"，鄭邢叔

---

[1] 閆華在引此銘文時也曾如此斷過。見閆華：《金文"用"字考察及釋例》，《古籍研究》2007 年第 2 期，第 169 頁。

[2] 錢坫：《十六長樂堂古器款識攷》1933 年開明書局翻刻嘉慶元年自刻本，《金文文獻集成》第 2 冊，北京：綫裝書局，2005 年，第 431 頁。

[3] 容庚：《殷周禮樂器考略》，《燕京學報》第 1 輯，北京：北京京華印書局，1927 年，第 94 頁。

表 16 "盨"及其異體

序號	編號	器名	器形	時代	銘文	字形
1	05502	攸尃盨		西周晚期	攸尃作旅鎬。	
2	05514	矢膌盨		西周晚期	矢膌作寶旅鎬，永用。	
3	05523—05527	彔盨		西周晚期	彔作豐類盨，其永保用。	
4	05547	京叔盨		西周中期後段	京叔作葬㝈。	
5	05534	京叔盨		西周中期後段	京叔作寶類。	
6	05572—05573	伯大師厘盨		西周晚期	伯大師厘作旅顑。	
7	05630	晋侯對盨		西周晚期	晋侯對作寶隓類。	
8	05631—05634	㫚伯子㝈父盨		春秋早期	㫚伯子㝈父作延顑（㝈）。	

序號	編號	器名	器形	時代	銘文	字形
9	05592	鄭邢叔康盨		西周中期後段	鄭邢叔康作旅槓。	
10	05642—05646	杜伯盨		西周晚期	杜伯作寶糧。	
11	30541—30542	俛伯甔盨		西周晚期	俛伯甔作靈旅鎣。	
12	05666	禺盨		西周中期	遳伯作禺宗"彝"。	
13	05676	獄盨		西周中期前段	用作朕文考甲公寶隋須。	
*	05535	叔元父盨		西周晚期	叔元父作尊盨，永寶用。	
*	20467、30538—30539	曾伯克父盨		春秋早期前段	唯曾伯克父甘婁迺用作旅須，子孫永寶。	

康盨字從"木"，彔盨、晋侯對盨字從"米"。沈寶春曰："金、木或表其質；皿、米，殆徵其用。"[1]陳夢家認爲"米"是聲符。[2]按確有盨器是木質的，如 1984 年陝西西安張家坡西周井叔墓出土了三件盨蓋，出土時的蓋都扣在殘餘的圈足上。[3]

---

① 沈寶春：《〈商周金文録遺〉考釋》，臺北：花木蘭文化工作坊，2005 年，第 405 頁。
② 陳夢家：《中國銅器概述》，《海外中國銅器圖録》第 1 册，北京：中華書局，2017 年，第 20 頁。
③ 張長壽：《論井叔銅器——1983—1986 澧西發掘資料之二》，《文物》1990 年第 7 期，第 33 頁。

張長壽、張孝光認爲此盨的器身本是木質，因木胎腐朽而僅剩銅質器蓋和圈足。[①]
“盨”或從“升”作，于省吾認爲升是“量米以盛於盨者”。[②]異伯子㝬父盨字或
從“升”，或從“又”。我們認爲“又”當是“升”之訛誤。[③]

　　叔元父盨自名作“盨”，字形古怪。陳紅玲釋爲“盨”[④]，陳英杰釋爲“匜”，
盨器自名作“匜”可能是鑄寫之誤。[⑤]張芳[⑥]、查飛能[⑦]從之。按此字確實很像側
視的“匜”形，如季姬匜（《銘圖》14853）“匜”字。但是若按照查飛能從音聲
上來解釋輾轉迂曲，對于此字形我們暫且存疑。張芳還提到了曾伯克父盨自名
“須”可能與此有關，結合《銘三》新出的兩件同銘器，知此字形并非偶然書之，
應是一種比較特殊的“須”的寫法，但與“盨”字形無涉。

　　弄盨自名作“弄”，《銘圖》隸定作“彝”，非。結合獄盨自名作“獄”，知此
字形是將“頁”中橫筆豎作的異形寫法。

　　不同于鼎、鬲、甗、簋的自名有其甲骨象形初文，盨器是找不到其早期象形
形體的。關于“盨”的自名形體來源，薛尚功引王楚云：“‘?’象嘉穀之實，
‘公’象黍稷馨香之氣。”[⑧]吳闓生認爲“盨”可能與“頪”有關。[⑨]李孝定也有
過類似推測。[⑩]岳連建、王安坤認爲“須”爲髯鬚，是有年長義，因盨較簋大故
而稱“須”。[⑪]

　　我們認爲盨器可能是借“盨”即“沬”爲銅器自名。盨卣（《銘圖》13293，西
周早期）“盨”字作“盨”，《銘圖》隸定爲“盨”，是以認爲此字是會人濯鬚眉的
“沬”。按此字嚴格隸定應當作從“皿”“須”之字。而甲骨文有“頮”“頮”字，是
“甗”的早期形體。則“盨”可能也是“盨”的早期形體，從“須”得聲。由于
盨器出現較晚，形體又近似于簋，便不用象形字表示，而以“盨”擬其聲爲之，本
身并不表意。後加“金”“米”等表意偏旁另爲本字。

　　① 張長壽、張孝光：《西周時期的銅漆木器具——1983—1986 年灃西發掘資料之六》，《考古》1992 年第 6 期，
第 550 頁。

　　② 于省吾：《師克盨銘考釋書後》，《文物》1962 年第 11 期，第 56-57 頁。

　　③ 夏宸溥：《兩周青銅盨自名、定名整理與研究》，2019 年北京語言大學碩士學位論文，第 41-42 頁。

　　④ 陳紅玲：《陝西韓城市博物館藏銘文》，《考古與文物》2012 年第 1 期，第 94 頁。

　　⑤ 陳英杰：《〈陝西韓城市博物館藏銘文青銅器〉釋字商榷》，《考古與文物》2017 年第 4 期，第 89-90 頁。

　　⑥ 張芳：《西周食器稱謂及用途研究》，2018 年吉林大學碩士學位論文，第 59 頁。

　　⑦ 查飛能：《商周青銅器自名疏證》，2019 年西南大學博士學位論文，第 92 頁。

　　⑧ 薛尚功：《歷代鐘鼎彝器款識法帖》1935 于省吾影印明崇禎六年朱謀垔刻本，《金文文獻集成》第 9 册，
北京：綫裝書局，2005 年，第 87 頁。

　　⑨ 吳闓生：《吉金文錄》卷四，北京：中國書店出版社，2009 年，第 4 頁。

　　⑩ 李孝定：《釋頮與沬》，《歷史語言研究所集刊外編》第四種，1961 年，第 992 頁。

　　⑪ 岳連建、王安坤：《銅盨的淵源及演變》，《考古與文物》2014 年第 2 期，第 40-45 頁。

6.2　籃

雁侯作寶籃毀。

—— 應侯盨（《銘圖》05503—05504，西周晚期，見圖 77）

圖 77　應侯盨

出土于河南平頂山應國墓地有兩件應侯盨自名爲"寶毀"。陳佩芬將其歸爲盨器的別名。[1]張再興認爲此字是"盨"的異寫，認爲""是"皿"旁旋轉方向所致。[2]禤健聰認爲""是豎置的盨器，""是盨的異體[3]，查飛能從之。[4]《平頂山應國墓地 I》發掘報告讀此字爲"寝"，意與"宗廟"同。[5]何景成認爲此字"宀"下右部的字形與伯狹簋（《銘圖》05275）中的""字右部所從同，""吳振武釋"馨"[6]，故""也可讀爲"馨"。[7]

按"馨"（）字吳振武釋爲從"鬯""聖"聲的字，其右上從"耳"。但是應叔盨的""字形很明顯不是這種形體。禤健聰以""是豎置的盨器或許可從，但是"盨"器不見早期象形寫法，其最初的自名多以"簋"言之，後則以形聲字"盨"自稱。西周晚期的應侯盨從其器形來看已經接近春秋時的盨器，按照張懋鎔的分式與分期來看，在第四期宣、幽時期，是屬于較晚的盨器了[8]，既早有形聲字的寫法，此時再出現象形盨器的字形未免有些不符合文字一般規律。

禤健聰認爲""是豎置的盨器的同時也提到了傳世銅器京叔盨（《銘圖》05547）的""，認爲這是"匚"的象形寫法。但晚期的盨器自名反倒比更早的盨器自名用了更象形的寫法，其實也是不合理的。按""形應是"又"和"米"

---

① 陳佩芬：《夏商周青銅器研究（西周篇）》，上海：上海古籍出版社，2004 年，第 507 頁。

② 張再興：《近十年新發表西周金文中的若干新見字和新見字形》，《二十年來新見古代中國青銅器國際學術研討會論文集》，2010 年，第 15 頁。

③ 禤健聰：《應侯盨自名之字證説》，《古文字研究》第 32 輯，北京：中華書局，2018 年，第 244-245 頁。

④ 查飛能：《商周青銅器自名疏證》，2019 年西南大學博士學位論文，第 90 頁。

⑤ 河南省文物考古研究所：《平頂山應國墓地 I》上，鄭州：大象出版社，2012 年，第 718-720 頁。

⑥ 吳振武：《試釋西周熙簋銘文中的"馨"字》，《文物》2006 年第 11 期，第 61 頁。

⑦ 何景成：《應侯盨"馨簋"解説》，《古文字研究》第 31 輯，北京：中華書局，2016 年，第 230-231 頁。

⑧ 張懋鎔：《兩周青銅盨研究》，《考古學報》2003 年第 1 期，第 5-7 頁。

形的訛體。可以參考"芻"字，其甲骨文字形作 🀄（《合集》95），至戰國文字則寫作" 🀄 "（《璽彙》0570）。[①]另有一件京叔盨（《銘圖》05534 圖 38）自名爲" 🀄 "，便是從"米"作。結合異伯子宬父盨組器（《銘圖》05631—05634）"盨"字多從"升"作" 🀄 "" 🀄 "，05632 的蓋、05633 的器銘自名作" 🀄 "" 🀄 "，知"升""又"會互訛。因而京叔盨的自名" 🀄 "應當是從"升""米"的字形。[②]" 🀄 "字以"食"即食器表意，右" 🀄 "即是京叔盨" 🀄 "從"米""升"的變體[③]，"宀"即一般的羨符，是一種"盨"的特殊異寫。此器自名即爲"盨""簋"連言。

6.3　料

隹（唯）王二月初吉丁卯，白伯弘父作寶料。🀄

——伯弘父盨（《銘圖》05638，西周中期後段，見圖 78）

圖 78　伯弘父盨

上海博物館 2003 年入藏一件伯弘父盨，自名作"寶🀄"，"🀄"從"米""丩"。胡嘉麟認爲此字從"丩"得聲，是"簋"的異體。[④]張芳[⑤]、查飛能[⑥]從之。李鵬輝曾提出此字從"米""勹"聲，讀爲"彝"[⑦]，不過轉而否定了此觀點。"彝"字的音讀當與其所縛的動物相關。

按我們認同胡嘉麟的釋讀。"簋""丩"古音在幽部，聲母相同，可相通假。從"米"表意，故"料"可假爲"簋"。[⑧]

---

① 此字鄔可晶或釋"若"。參鄔可晶：《"芻""若"補釋》，《古文字研究》第 32 輯，北京：中華書局，2018 年，第 274-280 頁。

② 夏宸溥：《兩周青銅盨自名、定名整理與研究》，2019 年北京語言大學碩士學位論文，第 43 頁。

③ 戰國璽印有" 🀄 "（《璽彙》3213），讀爲姓氏"鞠"（《戰國古文字典》第 240 頁），與此字形似。不知是否與此有關。待考。

④ 胡嘉麟：《上海博物館藏伯弘父盨札記》，《中原文物》2016 年第 4 期，第 65-71 頁。

⑤ 張芳：《西周食器稱謂及用途研究》，2018 年吉林大學碩士學位論文，第 56 頁。

⑥ 查飛能：《商周青銅器自名疏證》，2019 年西南大學博士學位論文，第 90 頁。

⑦ 李鵬輝：《上海博物館藏伯弘父盨銘文"彝"字補釋》，武漢大學簡帛研究中心網，2016 年 10 月 25 日。（http://www.bsm.org.cn/?guwenzi/7399.html）

⑧ 金文又有"匊"字作" 🀄 "（番匊生壺，《銘圖》13416），" 🀄 "（仲繇父簋，《銘續》0381），《説文解字》本義是以手掬米，但金文從"勹"，其義、聲來源不詳。"匊"古音在幽、覺部，或與此有關，待考。

6.4 舓

唯伯克父甘婁，自作撰舓，用盛黍稷稻粱。

—— 伯克父盨（《銘續》0474、0475，春秋早期）

現藏于國家博物館的兩件伯克父盨自名爲"撰舓"。此字又見于守宮盤"周師不舓"。田率認爲"舓"即金文習見的"不杯"，通"丕"。此處用爲器物自名當假爲"盨"。[1] 黃錦前也認爲"否""盨"可相通轉。[2]

關于金文習語"不杯"，我們認同徐在國的意見讀爲"福"。[3] 此處用爲銅器自名，讀爲"梧"。[4] 查飛能也和我們有過類似的見解。[5]

略作補充，陳夢家曾認爲"梧"源于盨蓋。[6] 然杯有作四足形者（脩武府杯，《銘圖》10854），且戰國以降的"梧"均無蓋，則"梧"可能是盨身演變而成的，而非盨蓋。[7]

6.5 䇃

遣盅父作龔姬旅䇃。

—— 遣盅父盨（《銘續》0466，西周晚期）

遣盅父盨自名作""，我們曾經認爲與伯克父盨自名"舓"有關，并把此字的""釋爲"否"。[8] 陳英杰認爲此字當是"言"而非"否"[9]，我們現在認爲其意見是正確的。

而此字所從的"廿""夂"形，鄔可晶認爲是"芻"的字形，如""（大簋，《銘圖》05170）、""（乖伯簋，《銘圖》05385）等。[10] 若將""字的

---

① 田率：《內史盨與伯克父甘婁盨》，《青銅器與金文》第 1 輯，上海：上海古籍出版社，2017 年，第 418-432 頁。

② 黃錦前：《讀伯克父甘婁盨銘瑣記》，《中國國家博物館館刊》2019 年第 4 期，第 65 頁。

③ 徐在國：《談銅器銘文中的"不杯"》，《紀念于省吾先生誕辰 120 周年、姚孝遂先生誕辰 90 周年學術研討會論文》，2016 年，第 54-55 頁。又見氏著《據安大簡考釋銅器銘文一則》，《戰國文字研究》第 1 輯，合肥：安徽大學出版社，2019 年，第 62-65 頁。

④ 夏宸溥：《試釋伯克父盨自名"舓"》，《中國文字學報》第 11 輯，北京：商務印書館，2021 年，第 78-86 頁。

⑤ 查飛能：《商周青銅器自名疏證》，2019 年西南大學博士學位論文，第 91 頁。

⑥ 陳夢家：《中國銅器概述》，《海外中國銅器圖錄》第 1 冊，北京：中華書局，2017 年，第 20 頁。

⑦ "須""梧"古音可通。金文"眉壽"之"眉"或從"須"作"鬚"。《方言》："廬，梧也。齊右平原以東或謂之廬，梧其通語也。""廬"從"麻"聲，"麻"在歌部，"眉"在脂部，聲母相同，音近可通。

⑧ 夏宸溥：《兩周青銅盨自名、定名整理與研究》，2019 年北京語言大學碩士學位論文，第 50 頁。又《試釋伯克父盨自名"舓"》，《中國文字學報》第 11 輯，北京：商務印書館，2021 年，第 78-86 頁。

⑨ 爲 2019 年碩士論文答辯時蒙陳老師指點。

⑩ 鄔可晶：《"芻""若"補釋》，《古文字研究》第 32 輯，北京：中華書局，2018 年，第 275-276 頁。

"艸"和"夂"合起來看，這樣解釋看起來似乎是可行的。[①]但是訇簠（《銘圖》04641，西周晚期）中有人名"訇"作"⿱𦫶"，不從"艸"。那麼"夂"這個部件可能不應與"廿"結合在一起來解，而是與"言"構成一個單獨的形體，"廿"只是贅加的意符。

"夂"這個部件是"止"形的倒寫，單獨使用金文中則作"各"，如狱簋（《銘圖》05315）"王夂于康大室"。"⿱𦫶"字可分析爲從"言"，"各"省，讀爲"詻"。《説文解字·言部》："詻，論訟也。《傳》曰：'詻詻孔子容。'從言各聲。"《玉藻》曰："戎容暨暨，言容詻詻。"《玉篇》："詻，教令嚴也。"形容軍容整齊的樣子[②]，這類疊音詞一般都是擬聲詞。《集韻》："詻，聲也。"

而遣盅父盨自名"䇔"當是從"廿""言"，"各"聲。《説文解字》"䓤"訓"艸也"，戰國文字或訓人名（複姓"疋䓤"，《璽彙》0045），或訓"落"（"䓤"炭燼，信陽簡2.28）。《説文解字·竹部》："笿，栖笿也。從竹各聲。"《方言》："陳楚宋衛之間謂之栖落，又謂之豆筥，自關東西謂之栖落。""落""笿"本大概都是一種圓形竹筐，而不單指"杯落""豆筥"，否則便不必加以限定。此用爲銅盨自名，與銅盨稱"栖"、銅瑚稱"匡"略同。[③]

7　瑚

青銅食器中有一類呈長方形斗狀、自名多作"𦥑"的器物。呂大臨《考古圖》初以其自名從"匸"，從"𠤎"或"古"，將之定名爲"簠"（即今之盨）（見圖79）。[④]《博古圖》則將其稱爲"簠"，認爲此器外方内圓，與外圓内方的"簠"不同。[⑤]這種稱法一直沿用至近代。容庚《商周彝器通考》認爲這種"簠"就是經典所謂"瑚"與"胡"。[⑥]

---

① "訇"字釋又可參趙平安：《説字小記（八則）》，《出土文獻》第14輯，上海：中西書局，2019年，第112-113頁。

② 張亞初：《商周古文字源流疏證》，北京：中華書局，2014年，第1124-1125頁。

③ 黃錫全老師在指導拙文時提及其未刊文對此字進行過考釋，認爲字當從"言"，"䓤"省，假借爲"簠"，從字形上來講很好地解釋了"夂"旁多出的一豎筆，其説相較拙説更精。若黃説爲確，那麼訇簠的"訇"字如何釋讀、和此器名的關聯還待進一步討論。

④ 呂大臨：《考古圖》清乾隆四十六年四庫全書文淵閣書録錢曾影鈔宋刻本，《金文文獻集成》第1册，北京：綫裝書局，2005年，第56-57頁。

⑤ 王黼等：《博古圖》清乾隆十八年天都黃晟亦政堂修補明萬曆二十八年吳萬化寳古堂刻本，《金文文獻集成》第2册，北京：綫裝書局，2005年，第88頁。

⑥ 容庚：《商周彝器通考》，臺北：大通書局，1973年，第356頁。

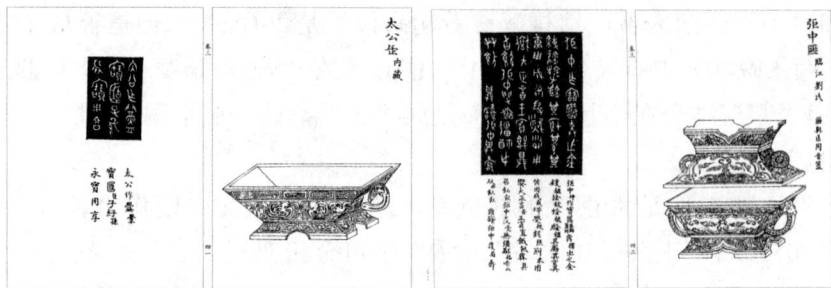

圖 79 《考古圖》例

　　其後或有異説。强運開曾認爲"臣"是"瑚璉"之"瑚"與《説文解字》之
"盨"，而"簠"則是以竹編織的器物。[1]楊樹達也曾認爲"盨"爲"臣"之或
體，但是他仍將自名"臣"的器物稱爲"簠"。[2]唐蘭在考"瘋簠"（微伯瘋鋪）自
名時指出，這類淺盤豆形器當是文獻記載的"簠"，而舊稱"簠"的方形器則是
"匡"，是"瑚"的本字。[3]但是諸異説都未得到學界足夠的關注。

　　真正動揺舊説的是高明《盨、簠考辨》一文。高明認爲，自名爲"臣""匡"
"匲"的器物是傳世文獻中的"瑚"，而"簠"則是類似于豆的高足淺盤器。[4]

　　自此，學界分爲了兩派。一派贊成高明的意見，將"臣"稱爲"瑚""盨"，
諸如李家浩[5]、龍宇純[6]、李零[7]、李剛[8]、李春桃[9]、趙平安[10]等；一派則仍從舊
説，如劉翔[11]、朱鳳瀚[12]、張光裕[13]、袁國華[14]、李學勤[15]、石小力[16]等。

　　① 强運開：《説文古籀三補》1935 年商務印書館石印本，《金文文獻集成》第 17 册，北京：綫裝書局，
2005 年，第 195 頁。

　　② 楊樹達：《積微居小學述林》，上海：上海古籍出版社，2007 年，第 18 頁。

　　③ 唐蘭：《略論西周微史家族窖藏銅器群的重要意義——陝西扶風新出牆盤銘文解釋》，《文物》1978 年第 3
期，第 21-22 頁。

　　④ 高明：《盨、簠考辨》，《文物》1982 年第 6 期，第 71-72 頁。

　　⑤ 李家浩：《關于邾陵君銅器銘文的幾點意見》，《江漢考古》1986 年第 4 期，第 84 頁。

　　⑥ 龍宇純：《説簠臣害匲及其相關問題》，《"中央"研究院歷史語言研究所集刊》第 64 本第四分，1993
年，第 1037 頁。

　　⑦ 李零：《論楚國銅器的類型》，《入山與出塞》，北京：文物出版社，2004 年，第 304 頁。

　　⑧ 李剛：《盨、簠補釋》，《古文字研究》第 29 輯，北京：中華書局，2012 年，第 371 頁。

　　⑨ 李春桃：《嬰膚瑚銘文新釋》，《古代文明》2015 年第 4 期，第 57 頁。

　　⑩ 趙平安：《盨鋪再辨》，《古文字研究》第 31 輯，北京：中華書局，2015 年，第 229 頁。

　　⑪ 劉翔：《簠器略説》，《古文字研究》第 13 輯，北京：中華書局，1986 年，第 459-460 頁。

　　⑫ 朱鳳瀚：《中國青銅器綜論》，上海：上海古籍出版社，2009 年，第 139-140 頁。又收于《古代中國青銅
器》，天津：南開大學出版社，1995 年，第 82-83 頁。

　　⑬ 張光裕：《香江新見蔡公子及蔡侯器述略》，《中國文字》新 22 期，臺北：藝文印書館，1997 年，第 155-157 頁。

　　⑭ 袁國華：《郭店楚簡文字考釋十一則》，《中國文字》新 24 期，臺北：藝文印書館，1998 年，第 141 頁。

　　⑮ 李學勤：《青銅器中的簠與鋪》，《中國古代文明研究》，上海：華東師範大學出版社，2005 年，第 76 頁。

　　⑯ 石小力：《簠鋪考辨》，《古文字論壇》第 1 輯，廣州：中山大學出版社，2015 年，第 332-333 頁。又見氏
著《東周金文與楚簡合證》，上海：上海古籍出版社，2017 年，第 122-131 頁。

持新説者，主要是從器物自名入手。認爲這種長方形斗狀器自名從"古""夫""圭""黄"得聲，但未見有從"甫"的，反而是高足淺盤豆形器自名"鋪"從"甫"得聲，且"鋪"器符合《説文解字》對"簠"器形爲圓的記載。

其反對者的理由，主要是基于器形、楚簡記載而言。鄭玄注《周禮》説"簠"爲方，是符合目前所謂"簠"器的器形的。又如朱鳳瀚認爲高足淺盤的豆形器"鋪"不適合盛穀物，不符合經典謂"簠"是盛稻粱器的記載。[①]袁國華提到郭店簡中有"陶拍於河臣"一語，"臣"讀爲"浦"十分通順。[②]又石小力提到新蔡葛陵楚簡有"一臣，其重一鈞"，這與《考工記·栗氏》所載"（鬴）重一鈞"相吻合。證"古""甫"古音可相通假。[③]

在此基礎上，也有了折中的説法。如麥里筱認爲"簠"最初是方形圓角竹器，製成銅器後始有方形、圓形、斗狀、鏤空等形制，是説"簠"兼爲這兩種器形的名稱。[④]

食器中，曰鼎、曰鬲、曰簋、曰盨，均有其自名字形作爲相應依據，并與傳世文獻記載多有相合之處，故其定名在學界的觀點相對統一。但是到了這類長方斗形器這裏，則與其他食器不同，其器形、自名與傳世文獻記載多顧此失彼，難以完全相合，便造成了現在難以定論的情况。

我們非常贊同趙平安的觀點，"不必依據錯亂的傳世文獻，相互否定，各執一端，使本來清晰的分類陷于混亂的境地。"[⑤]從傳世文獻對器形的描述與實際器形來看，古説是不足以盡信的。我們能够依靠的最直接的證據，仍是器物的自名。

因此，本着銅器定名的最重要標準是其自載器名這一原則，我們將這類呈長方形斗狀，器、蓋同形，自名多爲"臣"的器物，依據其優勢聲符"古"，定名爲"瑚"，也即《説文解字·皿部》之"盬"。"盬，器也。從皿從缶，古聲。"朱駿聲《説文通訓定聲》疑即"瑚璉"的本字，是也。

"瑚"是黍稷器。《禮記·明堂位》："有虞氏之兩敦，夏后氏之四璉，殷之六瑚，周之八簋。"鄭注："皆黍稷器，制之異同未聞。"包山簡 265 有文曰"二合臣"，整理者認爲對應墓葬中出土的兩件陶瑚。[⑥]清華簡八《虞夏殷周之治》簡

---

① 朱鳳瀚：《中國青銅器綜論》，上海：上海古籍出版社，2009 年，第 139-140 頁。又收于《古代中國青銅器》，天津：南開大學出版社，1995 年，第 82-83 頁。

② 袁國華：《郭店楚簡文字考釋十一則》，《中國文字》新 24 期，臺北：藝文印書館，1998 年，第 141 頁。

③ 石小力：《簠鋪考辨》，《古文字論壇》第 1 輯，廣州：中山大學出版社，2015 年，第 332-333 頁。又見氏著《東周金文與楚簡合證》，上海：上海古籍出版社，2017 年，第 122-131 頁。

④ 麥里筱：《簠字構形分析與簠形狀之爭議》，《古文字研究》第 28 輯，北京：中華書局，2014 年，第 267 頁。

⑤ 趙平安：《盬鋪再辨》，《古文字研究》第 31 輯，北京：中華書局，2015 年，第 229 頁。

⑥ 湖北省文物考古研究所：《望山楚簡》，北京：中華書局，1995 年，第 129 頁。

文云“祭器四羅（璉）……祭器六匿……祭器八毁”，正與《禮記·明堂位》記載一一對應，“匿”正是經典所謂之“瑚”。[①]

“瑚璉”連言見于《論語·公冶長》：“子貢問曰：‘賜也何如？’子曰：‘女器也。’曰：‘何器也？’曰：‘瑚璉也。’”而河南洛陽龐家溝西周墓出土的 1 件鬲、1 件簋、2 件壺自名爲“”，發掘報告看作一字，釋“簠”。[②]龍宇純也讀此爲一字“簠”，并認爲“璉”可能是由“匧”而誤讀。[③]蔡運章讀爲“聠医”，認爲即傳世文獻的“連胡”，在多件器物上出現，應當是青銅禮器的通用名稱。[④]何琳儀、黄錫全讀爲“医聠”，認爲“医”和“聠”原來分别爲兩種器名，後來泛化爲一般器物的通稱。[⑤]石小力認爲首字從“匚”，“矢”聲，與“瑚”音近可通，第二字釋“聯”。[⑥]則瑚璉連言也可以泛表銅器，作爲一種一般性的代稱。

“簠”也可與“簋”并言。《左傳·哀公十一年》：“孔文子之將攻大叔也，訪于仲尼。仲尼曰：‘胡簋之事，則嘗學之矣；甲兵之事，未之聞也。’”

兩周銅簠共出現自名 394 例[⑦]，其中，26 件無器名，器名有“彝”的僅 2 例，16 例器名包含“器”。其餘均以專名作爲器名。

7.1 “匿”及其異體

表 17 “匿”及其異體

序號	編號	器名	器形	時代	銘文	字形
1	05821—05822	史𠑻瑚		西周晚期	史𠑻作旅匿，其萬年永寶用。	
2	05976	伯公父瑚		西周晚期	白大師小子白公父作𨥨。	

① 石小力：《清華簡〈虞夏殷周之治〉與上古禮樂制度》，《清華大學學報（哲學社會科學版）》2018 年第 5 期，第 59 頁。

② 洛陽博物館：《洛陽龐家溝五座西周墓的清理》，《文物》1972 年第 10 期，第 23 頁。

③ 龍宇純：《説簠匿𡧝匧及其相關問題》，《“中央”研究院歷史語言研究所集刊》第 64 本第四分，1993 年，第 1039-1044 頁。

④ 蔡運章：《釋聠——兼談考母諸器銘中的“聠医”》，《甲骨金文與古史研究》，鄭州：中州古籍出版社，1993 年，第 99-100 頁。原載《河南省考古學會論文選集》，《中原文物》1981 年特刊。

⑤ 何琳儀、黄錫全：《“瑚璉”探源》，《史學集刊》1983 年第 1 期，第 69 頁。

⑥ 石小力：《清華簡〈虞夏殷周之治〉與上古禮樂制度》，《清華大學學報（哲學社會科學版）》2018 年第 5 期，第 59 頁。

⑦ 剔除 2 件重器。

续表

序號	編號	器名	器形	時代	銘文	字形
3	30550	鄭叔原父瑚		西周晚期	奠叔遵父乍旅故。	
4	20518—20519	曾伯克父瑚		春秋早期前段	用自作旅祜，用征用行。	
5	05913	伯其父麇瑚		春秋早期	唯伯其父麇作旅祜。	
6	05872—05874、30563	商丘叔瑚		春秋早期	商丘叔作其旅匜。	
7	05893—05894	郆仲瑚		春秋早期	圬仲饊孟嬴寶匜。	
8	20500	鄋膚瑚		春秋中期後段	鄋膚擇其吉金，爲羍兒㷭𦨶盅。	
9	05884	彭子射兒瑚		春秋晚期	彭子射兒自作飤盅。	
10	05799	西替瑚		戰國時期	西替作其妹斯隣鈷。	
11	05859、30577	黃君子羕瑚	—	西周晚期	黃君子羕肇作寶害。	

序號	編號	器名	器形	時代	銘文	字形
12	05830	伊設瑚		西周晚期	伊設作害，用事于万。	
13	05765	剮伯瑚		西周晚期	剮白作孟姬"☒"。	
14	05849—05851	彙山奢滤瑚		春秋早期	彙山奢滤爨其寶害。	
15	05852	魯侯瑚		春秋早期	魯侯作姬嫪朕害。	
16	05855—05857	薛子仲安瑚		春秋早期	薛子仲安作旅害。	
17	05905	鑄公瑚蓋		春秋早期	饡公作孟妊車母朕害。	
18	30579—30581	徐厘尹瞀瑚		戰國早期	邻賽尹瞀肇作寶害。	
19	05889	季宫父瑚		西周晚期	季宫父作仲姊孃姬俟匲。	
20	05816—05819	魯士浮父瑚		春秋早期	魯士浮父作飤匲。	
21	05910	叔邦父瑚		西周晚期	叔邦父作医，用征用行。	
22	05977—05978、39501—39502	陳逆瑚		戰國早期	擇厥吉金，以作厥原配季姜之祥器，鑄茲寶笑。	

续表

序號	編號	器名	器形	時代	銘文	字形
23	30559	曾太保受瑚		春秋早期	唯曾大保受用其吉金，自作寶宝。	
*	05975、30590	弨仲瑚		西周晚期	弨仲作寶匿。	

　　絕大多數瑚器自名都以"古"作爲聲符，其中從"臣"作的有 305 例。在此基礎上有替換意符或繁化的異體。如鄭叔原父瑚自名作"故"，曾伯克父瑚、伯其父慶瑚作"祜"，均是假借用法；史奠瑚、西替瑚從"金"作"▨""▨"；伯公父瑚以"皿"替換"匸"作"▨"；商丘叔瑚、郜仲瑚在"故"的基礎上添形符"匸"；鄭膚瑚"▨"也是以"皿"表意。值得一提的是彭子射兒瑚自名爲"▨"，從"缶"，正與《説文解字》"盨"字形同。

　　還有一類自名以"夫""害"爲聲符，這類字形嚴格意義上并非異體，而是假借字。黃君子𣪘瑚、伊設瑚、鼄山奢虎瑚、魯侯瑚、薛子仲安瑚、鑄公瑚蓋、徐厘尹晉瑚等共計 14 件瑚以"害"爲自名。陳秉新認爲"害"是"胡簠"之"胡"的本字，象器蓋上下相合。[1]可能并非如此。甲骨文有"▨"字，于省吾釋"葦"[2]，金文中有"▨"（榮簋，《銘圖》05274）字。甲骨文有從"匸"之"匰"作"▨"（《合集》13889）。可見"害"早期并不是上下對稱的。史牆盤（《銘圖》14541）"害"字形作"▨"，是受上部類化的影響。[3]瑚器自名"害"增聲符"五"，"五"與"胡"同在魚部可通，史牆盤的"害"即讀爲"胡"，是其證。劃伯瑚自名則從"金""▨"，"▨"即"害"的省形寫法。也有加"匸"表意的"匰"，如季宮父瑚、魯士浮父瑚。還有以"夫"爲聲符的例子，如叔邦父瑚作"▨"，比較特殊的是陳逆瑚字從"竹"作"▨"。信陽楚簡有"竹器。十筊……""二豆筊。二▨筊。"（《信陽》2.05、2.06）李家浩讀爲"篕"（即長柄豆

---

　　① 陳秉新：《害即胡簠之胡本字説》，《安徽大學漢語言文字研究叢書·陳秉新卷》，合肥：安徽大學出版社，2013 年，第 69-75 頁。

　　② 于省吾：《甲骨文字釋林》，北京：中華書局，2009 年，第 427-428 頁。

　　③ 張世超、孫凌安、金國泰、馬如森：《金文形義通解》，京都：中文出版社，1996 年，第 1872 頁。

形器"鋪")①，石小力同釋。②但同時簡 29 又有"二筊杓……"，劉雨釋爲"簠"（斗形器）③，石小力同釋。④則"瑚""鋪"均可從"夫"得聲，僅在意符上或略加區分。

弭仲瑚的字形與通常的自名字形略異。《銘圖》所采摹本恐有失真（有從"匚""央"，或二"人"，拓片間差別過大），薛尚功《歷代鐘鼎彞器款識法帖》摹本作"𤱛""𤱛""𤱛""𤱛"。⑤楊樹達解此字從"匚""大"，"大"與"夫"同，兩"耳"示此器有兩耳。⑥劉翔認爲此字可隸定爲"𨉷"，從耴医聲。⑦我們贊同劉翔的意見，認爲此字形可能與考母諸器"医聇"有關，可能是"医聇"的合文。

曾太保夎瑚自名作"𥂂"，從"盂"得聲。"盂""古"古音同在魚部，有相通的可能，有待更多例證支持。

7.2 匪、匱、匫

表 18　匪、匱、匫

序號	編號	器名	器形	時代	銘文	字形
1	05825	尹氏叔緜瑚		春秋早期	吳王御士尹氏叔緜作旅匪。	
2	05837	密姒瑚		西周晚期	密姒作旅匪。	
3	05869	尹氏賈良瑚	—	西周晚期	尹氏賈良作旅匪。	
4	05870	師麻孝叔瑚		西周晚期	師麻孝叔作旅匪。	

① 李家浩：《關于邨陵君銅器銘文的幾點意見》，《江漢考古》1986 年第 4 期，第 84 頁。

② 石小力：《東周金文與楚簡合證》，上海：上海古籍出版社，2017 年，第 122-131 頁。

③ 劉雨：《信陽楚簡釋文與考釋》，《信陽楚墓》，北京：文物出版社，1986 年，第 130 頁。

④ 石小力：《東周金文與楚簡合證》，上海：上海古籍出版社，2017 年，第 122-131 頁。

⑤ 薛尚功：《歷代鐘鼎彞器款識法帖》1935 年于省吾影印明崇禎六年朱謀垔刻本，《金文文獻集成》第 9 册，北京：綫裝書局，2005 年，第 84-86 頁。

⑥ 楊樹達：《積微居金文餘説》，《積微居金文説（增訂本）》，北京：科學出版社，1959 年，第 262 頁。

⑦ 劉翔：《簠器略説》，《古文字研究》第 13 輯，北京：中華書局，1986 年，第 459 頁。

续表

序號	編號	器名	器形	時代	銘文	字形
5	05909	史兔瑚		西周晚期	史兔作旅匿。	
6	05925	郘召瑚		春秋早期	郘釁作爲其旅匿。	
7	05955	叔家父瑚	—	春秋早期	叔家父作仲姬匿。	
8	05929	曹公瑚		春秋晚期	瞱公媵孟姬念母匿臣。	
9	05933—05934	蔡侯瑚		春秋晚期	衆侯媵孟姬齋匿臣。	
10	05935	陳公子仲慶瑚		春秋中期	陳公子仲慶，自作匿臣。	
11	20509	奠伯瑚		春秋早期	婁伯作楚叔妊□姬縢臣。	
12	20512—20513	楚伯氏孫皮瑚		春秋晚期	楚伯氏孫皮，擇其吉金，自作匿臣。	
13	30584—30585	鼄子旟氏大叔瑚		春秋早期	鼄子旟氏大叔作孟姜恝匿臣。	
14	30589	黃子季庚臣瑚	—	春秋早期	黃子季庚臣，擇其吉金，自作匿臣。	
15	05829	冶遣瑚		西周晚期	冶遣作寶匿。	

序號	編號	器名	器形	時代	銘文	字形
16	05767—05768	仲其父瑚		西周晚期	仲其父作旅匦。	
17	05800	京叔姬瑚		春秋早期	京叔姬作寶匦。	

與以魚部聲符"古""夫"不同的是，還有少數的瑚自名以陽部"坒""黄"爲聲符。楊樹達讀爲"匡"，瑚與"匡"雙聲對轉[1]，甚確。同時他還認爲，《説文解字·匚部》："匡，飲器，筥也。從匚坒聲。筐，匡或從竹。"段注改"飲"爲"飯"，則與瑚器的功能相合。《説文解字·匚部》："匚，受物之器。象形。凡匚之屬皆從匚。讀若方。匸，籀文匚。""匚"即方形器的側視象形，可能即瑚的象形本字，最早是竹製的。而冶遣瑚自名爲"匦"，"黄""坒"同在陽部，可相通假。一部分"匡"與"臣"連言，陳劍認爲"匡""臣"古音相近，意義相同，僅爲方言的差異，因可連用。[2]

另外有從"金"作的"匦"字，劉翔認爲是省聲字，省"古"或"坒"。[3]孫稚雛認爲當釋爲"匡"，因"匚""匡"音近。[4]按當以孫説爲是。清華簡五《封許之命》賞賜物中有"周匦"一詞，"匦"謝明文讀爲"匡"，是指方形斗狀、器蓋同形的器，即我們説的"瑚"。[5]羅衛東也從此釋讀。[6]

8 敦、盨

敦之名散見于經典。《儀禮·士喪禮》："新盆、槃、瓶、廢敦、重鬲。"鄭玄注："廢敦，敦無足者，所以盛米也。"《禮記·内則》："敦牟巵匜。"鄭玄注："敦牟，黍稷器也。"《儀禮·少牢·饋食禮》疏引緯書《孝經·鈎命訣》云："敦

① 楊樹達：《積微居金文説（增訂本）》，北京：科學出版社，1959年，第98頁。
② 陳劍：《青銅器自名代稱、連稱研究》，《中國文字研究》第1輯，南寧：廣西教育出版社，1999年，第338頁。
③ 劉翔：《簠器略説》，《古文字研究》第13輯，北京：中華書局，1986年，第460頁。
④ 孫稚雛：《金文釋讀中一些問題的探討（續）》，《古文字研究》第9輯，北京：中華書局，1984年，第408頁。
⑤ 謝明文：《談談青銅酒器中所謂三足爵形器的一種別稱》，《出土文獻》第7輯，上海：中西書局，2015年，第8-10頁。
⑥ 羅衛東：《〈封許之命〉"𝑥𝑦"補證》，《民俗典籍文字研究》第25輯，北京：商務印書館，2020年，第193-194頁。

規首，上下圓相連。"《爾雅·釋丘》疏引緯書《孝經》："敦與簠簋容受雖同，上下內外皆圓爲異。"可知敦是一種呈圓形的有蓋黍稷器，或無足而稱"廢敦"。

但宋以來的金石著錄都將今之簋稱爲"敦"，而今所謂的敦器，不見于宋代著錄。清代錢坫正"段"作"簋"，不過早期清代的著錄仍多將敦器歸類爲漢鼎一類銅器。[①]而清代後來著錄的敦則冠之以他器之名，如拍敦（《銘圖》06073），《積古》置于"盤"目[②]，《攗古》誤爲"尊蓋"[③]。

《殷周禮樂器考略》既正"簋"之自名，然"敦"其實爲何尚未解決。"敦"之正名，緣于學者對陳侯器的自名考釋。《攗古錄》又收"陳侯午錞"，許瀚隸其自名釋爲"鑄錞"。[④]吳大澂《説文古籀補》曾于"鑄"下言陳侯因脊敦"鑄"字即"敦"之異文。[⑤]郭沫若《兩周金文辭大系》因《攗古錄》之釋文，釋陳侯午敦自名"鑄鑄"爲《儀禮·士喪禮》之"廢敦"，即鄭玄所謂"無足之敦"，又稱"西瓜鼎"。徐中舒《陳侯四器考釋》采郭氏之説。[⑥]《商周彝器通考》分敦于諸器類，并形容敦的形制："三足兩耳，蓋器各爲半圓，合之則成球形。"[⑦]

有自名敦（蓋）器共34件，其中有一例器名爲"彝"，自名"器"出現 7 例，1 例以"皿"爲器名，其餘以專名爲器名。

8.1 "辜"及其異體

表 19 "辜"及其異體

序號	編號	器名	器形	時代	銘文	字形
1	06064—06065	齊侯敦	—	春秋晚期	齊侯作飤辜，其萬年永保用。	

---

① 谷朝旭認爲《博古圖》收錄的一件漢百乳鼎是敦，查驗原著似乎并非敦器。敦器相關著錄情況詳見谷朝旭：《中國古代青銅器整理與研究·青銅敦卷》，北京：科學出版社，2016 年，第 1-2 頁。

② 阮元：《積古齋鐘鼎彝器款識》嘉慶九年自刻本，《金文文獻集成》第 10 冊，北京：綫裝書局，2005 年，第 172 頁。

③ 吳式芬：《攗古錄金文》光緒二十一年吳氏家刻本，《金文文獻集成》第 11 冊，北京：綫裝書局，2005 年，第 286 頁。

④ 吳式芬：《攗古錄金文》光緒二十一年吳氏家刻本，《金文文獻集成》第 11 冊，北京：綫裝書局，2005 年，第 310 頁。

⑤ 吳大澂：《説文古籀補》清光緒二十四年增輯本，《金文文獻集成》第 17 冊，北京：綫裝書局，2005 年，第 263 頁。

⑥ 徐中舒：《陳侯四器考釋》，《"中央"研究院歷史語言研究所集刊》第 3 本第四分，北京：商務印書館，1933 年，第 485-486 頁。

⑦ 容庚：《商周彝器通考》，臺北：大通書局，1973 年，第 365 頁。

序號	編號	器名	器形	時代	銘文	字形
2	06066	歸父敦		春秋晚期	魯子仲之子遍父，爲其齍𡌆。	
3	06067	隨公胄敦	—	春秋晚期	隨公胄豊其饗鐈。	
4	06069—06070	荆公孫敦		春秋晚期	鄀公孫豱其齍盉。	
5	06072	益余敦		春秋時期	邵鄝公之孫盈余及陳弔嬀爲其饙𡌆。	
6	06076	齊侯敦		春秋晚期	齊厌作朕寡圖孟姜饙𡌆。	
7	06077—06079	十四年陳侯午敦		戰國中期	墮侯午以羣諸侯獻金，作皇妣孝大妃祭器銖鐈。	
8	06080	陳侯因脊敦		戰國中期	諸侯寏薦吉金，用作孝武趄公祭器鎬。	
9	30595	槃可忌敦		春秋晚期	槃可忌作乑元中姑夒器寳鐈。	
*	06057	滕侯昃殘豆		春秋晚期	滕侯吳之御鐈。	

续表

序號	編號	器名	器形	時代	銘文	字形
*	06152	樊可忌豆		春秋晚期	樊可忌作厥元子仲姞媷鐏。	
*	張光裕藏	樊可忌豆①		春秋晚期	樊可忌作厥元子仲姞媷鐏。	

　　共計 13 件敦器自名爲"臺"及其異體。《説文解字·亯部》："臺，孰也。從亯從羊。讀若純。一曰鬻也。臺，篆文臺。"甲骨文有"臺"字，作""（《合集》28915），用爲享祭、迫伐或者地名。②金文裏用爲敦器自名當是假借用法，或增"金"旁表意。荆公孫敦、隰公冑敦字形下方的"羊"鑄寫成"皿"，是類化表意的結果。

　　徐中舒謂"敦"有"團"意，與這種器物器形呈團球狀有關。③可備一説。

　　另外還有一件豆自稱"敦"。該器作器者爲樊可忌，另有一件同作器者的敦（《銘三》0595）亦作此自名。豆、敦在器形上存在一定的相關，一些敦可能就是去除柄的豆。如張光裕曾購得一件銅器，其銘文與樊可忌豆同，而器底殘，張先生推測是豆折斷柄後的形體。④又《銘圖》06057 器《銘圖》定名爲"豆"，然此器發掘報告稱器底有殘，可能是豆。⑤此後陳公柔⑥、王恩田⑦俱目驗其器，確定其器底有殘，確是豆柄缺失。則張光裕所藏的樊可忌豆也是相同的情況，故在此改作豆器。

---

① 張光裕：《雪齋新藏可忌豆銘識小》，《雪齋學術論文二集》，臺北：藝文印書館，2004 年。原載《書目季刊》1994 年第 4 期。

② 白玉崢：《契文舉例校讀》，《中國文字》第 34 册，臺北：臺灣大學文學研究室，1970 年，合集第 386 頁。

③ 徐中舒：《陳侯四器考釋》，《"中央"研究院歷史語言研究所集刊》第 3 本第四分，北京：商務印書館，1933 年，第 486 頁。

④ 張光裕：《雪齋新藏可忌豆銘識小》，《雪齋學術論文二集》，臺北：藝文印書館，2004 年，第 69 頁。原載《書目季刊》1994 年第 4 期。

⑤ 滕縣博物館：《山東滕縣發現滕侯銅器墓》，《考古》1984 年第 4 期，第 337 頁。

⑥ 陳公柔：《滕國、邾國青銅器及相關問題》，《中國考古學研究——夏鼐先生考古五十周年紀念論文集》上册，北京：文物出版社，1986 年，第 180 頁。

⑦ 王恩田：《東周齊國銅器的分期與年代》，《中國考古學會第九次年會論文集》，北京：文物出版社，1997 年，第 280 頁。

　　何琳儀讀此自名爲“錞”，“豆”“錞”均是定紐，雙聲可通。[1]張光裕認爲“錞”與“敦”通，與“豆”文侯對轉。[2]

　　王恩田認爲豆可能是由敦分化出來的。[3]張懋鎔[4]、張翀[5]均認爲豆與敦存在形制上的關聯。翟勝利也持相同的觀點。[6]敦與這種圓形豆有相對應的器形關繫，可知這種觀點是有道理的（見圖80）。

　　李琦則綜合認爲，“敦”“豆”古音、形態、功用俱近，故可互稱。[7]該説可從。

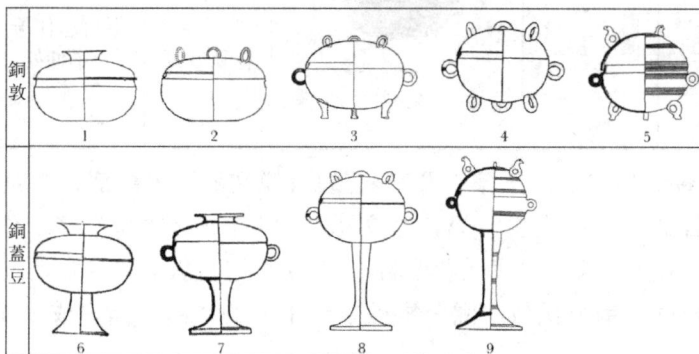

圖80　戰國時期銅敦、銅蓋豆器形對比[8]

8.2　盉

表20　盉

序號	編號	器名	器形	時代	銘文	字形
1	06054	仲姬齊敦		春秋晚期	中姬齊之盉。	

---

① 何琳儀：《節可忌豆小記》，《考古》1991 年第 10 期，第 939 頁。又見氏著《安徽大學漢語言文字研究叢書·何琳儀卷》，合肥：安徽大學出版社，2013 年，第 104 頁。

② 張光裕：《雪齋新藏可忌豆銘識小》，《雪齋學術論文二集》，臺北：藝文印書館，2004 年，第 69 頁。原載《書目季刊》1994 年第 4 期。

③ 王恩田：《東周齊國銅器的分期與年代》，《中國考古學會第九次年會論文集》，北京：文物出版社，1997 年，第 280 頁。

④ 張懋鎔：《試論青銅器自名現象的另類價值》，《古文字與青銅器論集》第 3 輯，北京：科學出版社，2010 年，第 136 頁。

⑤ 張翀：《中國古代青銅器整理與研究·青銅豆卷》，北京：科學出版社，2015 年，第 68 頁。

⑥ 翟勝利：《海岱地區蓋豆類器物的淵源及命名問題辨正》，《中國國家博物館館刊》2019 年第 7 期，第 17、19 頁。

⑦ 李琦：《西替敦研究》，《出土文獻》2021 年第 2 期，第 29-30 頁。

⑧ 翟勝利：《海岱地區蓋豆類器物的淵源及命名問題辨正》，《中國國家博物館館刊》2019 年第 7 期，第 16 頁。

续表

序號	編號	器名	器形	時代	銘文	字形
2	06055	大府盞		戰國晚期	大府之饋盞。	
3	06058	許子佗敦		春秋晚期	鄦子旆之盞盞。	
4	06059	賹于旮盞		春秋晚期	賹于旮之行盞。	
5	06063	慍兒盞		春秋晚期	慍兒自作盤其盞盞。	
6	06068	襄王孫盞		春秋晚期	叟王孫口娟擇其吉金自作飤盞。	
7	06071	王子申盞		春秋晚期	王子申作嘉芈盞盎。	
8	20524	穀兒盞		春秋晚期	穀兒擇其吉金，自作飤盞。	
9	20525	昭之王孫即盞		春秋晚期	卲之王孫即自作盤其飤戔。	
10	20526	陳子颫盞		春秋晚期	陳子颫擇其吉金，自作飤盞。	
11	30593	叔皇之孫鈴敦		春秋晚期	弔皇之孫鈴之飤盞。	

139

敦中還有一類自名爲"盞"的，或別爲一類。《積古齋》收王子申盞（《銘圖》06071），定爲"王子申盞盞"，并認爲是"盂""敦"一類器。[1]程欣人、劉彬徽認爲這是一種流行于楚地的特殊器形。[2]陳芳妹認爲這種器物應當稱爲"盞式敦"，是平底敦向球形對稱敦發展的中間器形。[3]劉彬徽認爲，"盞"是楚文化區的區域性名稱，仍應屬敦類。[4]李零認爲這種盞器與西周的盆形盂在功能、器形方面都有關[5]，彭裕商總結言盆、盞、敦間是先後承襲發展的關繫。[6]李家浩也提及部分盞器形類似有蓋的盆。[7]黃錦前認爲盞器形受盆、盂的影響，其中敦式盞是後來敦的前身。[8]

兼采諸家之說，盞在流傳時間上與敦存在重合，器形與自名也有關聯，可以稱作"盞式敦"。故我們將自名爲"盞"的這類器物也歸爲敦類。

《方言》："盞，桮也。自關而東，趙魏之間曰械，或曰盞。"《玉篇》："盞盞，大盂也。"

8.3 盏、盞

表 21　盏、盞

序號	編號	器名	器形	時代	銘文	字形
1	06056	楚王酓審盞		春秋中期	楚王酓審之盞。	
2	06058	許子佗敦		春秋晚期	鄦子佗之盞盞。	

① 阮元：《積古齋鐘鼎彝器款識》嘉慶九年自刻本，《金文文獻集成》第 10 册，北京：綫裝書局，2005年，第 172 頁。

② 程欣人、劉彬徽：《古盞小議》，《江漢考古》1983 年第 1 期，第 76 頁。

③ 陳芳妹：《盆、敦與簋——論春秋早、中期間青銅粢盛器的轉變》，《金文文獻集成》第 39 册，北京：綫裝書局，2007 年，第 525-526 頁。原載《故宮學術季刊》1985 年第 2 卷第 3 期。

④ 劉彬徽：《東周時期青銅敦研究》，《湖南博物館文集》，長沙：岳麓書社，1991 年，第 30 頁。

⑤ 李零：《論楚國銅器的類型》，《入山與出塞》，北京：文物出版社，2004 年，第 299-301 頁。

⑥ 彭裕商：《東周青銅盆、盞、敦研究》，《考古學報》2008 年第 2 期，第 188 頁。

⑦ 李家浩：《葛陵村楚簡中的"句鄝"》，《古文字研究》第 29 輯，北京：中華書局，2012 年，第 506 頁。

⑧ 黃錦前：《說"盞盂"——兼論楚系盞盂的形態與功能》，《湖南考古輯刊》第 11 輯，北京：科學出版社，2015 年，第 268-271 頁。

续表

序號	編號	器名	器形	時代	銘文	字形
3	06063	愠兒盞		春秋晚期	愠兒自作盤其盞盅。	
4	06071	王子申盞		春秋晚期	王子申作嚻嫻盞盅。	
5	20523	黃子婁盞		春秋晚期	黃子婁以作叔嫻盅。	
6	06266	子諆盆		春秋中期	隹子諆鑄其行盂。	
*	04596	蘇公簋		西周晚期	穌公作王改學殷，永寶用。	

共有 5 件盞、1 件盆、1 件簋自名中包含"▉"一類結構。對于該字的釋讀，總結起來大概有三說。

第一，釋"蓋"。

阮元《積古齋》著王子申盞蓋"▉"，并釋作"薵"，讀爲"蓋"[1]，劉心源從之。[2]不過之後學者已多不用此說。

第二，釋"盂"。

此說從者甚衆，具體的理解或有不同，但都認爲是"盂"的異寫。按照不同的解讀可分四類。

---

[1] 阮元：《積古齋鐘鼎彝器款識》嘉慶九年自刻本，《金文文獻集成》第 10 冊，北京：綫裝書局，2005 年，第 172 頁。

[2] 劉心源：《奇觚室吉金文述》清光緒二十八年自寫刻本，《金文文獻集成》第 13 冊，北京：綫裝書局，2005 年，第 453 頁。

（1）字上從“艹”。高田忠周《古籀篇》將王子申盞自名讀爲“茉”，即“盂”字。[1]方濬益也認爲其上不爲“羊”，當讀爲“芳”。[2]郭沫若也將此字別寫作“蓋”，當是認爲其與“盂”異。[3]李學勤贊同此種釋讀。[4]

（2）字上從“皿”。1975 年河南潢川縣新出一件子諆盆，自名作“▨”。張光裕認爲是“盂”字而非“寧”，其上“▨”是“皿”形。[5]孫稚雛也提出過相似的觀點，認爲這是將“皿”與“于”顛倒的寫法。[6]王人聰深發闡述了這一觀點。[7]《通解》[8]、陳昭容[9]、李守奎[10]、鄒芙都[11]、《新見金文字編》[12]、黃錦前[13]、鄧佩玲[14]均持此類看法。

（3）字上從“丫”。饒宗頤認爲此字上部從“丫”，字形分析爲從“丫”“于”聲。[15]吳振武、董蓮池[16]、黃德寬[17]、董珊[18]均持此種解釋。

（4）徑釋爲“盂”。于省吾[19]、張政烺[20]、羅福頤[21]、李零[22]、陳初生[23]、《銘

---

① 高田忠周：《古籀篇》1925 年日本説文樓影印本初版，《金文文獻集成》第 31 册，北京：綫裝書局，2005 年，第 451 頁。

② 方濬益：《綴遺齋彝器考釋》1935 年商務印書館石印本，《金文文獻集成》第 14 册，北京：綫裝書局，2005 年，第 429 頁。

③ 郭沫若：《兩周金文辭大系圖錄攷釋》1957 年科學出版社影印本，《金文文獻集成》第 21 册，北京：綫裝書局，2005 年，第 483 頁。

④ 李學勤：《楚王審會盞及有關問題》，《走出疑古時代》，瀋陽：遼寧大學出版社，1994 年，第 288-289 頁。

⑤ 張光裕：《從𥦗字的釋讀談到蓋、盆、盂諸器的定名問題》，《考古與文物》1982 年第 3 期，第 76 頁。

⑥ 孫稚雛：《金文釋讀中一些問題的探討（續）》，《古文字研究》第 9 輯，北京：中華書局，1984 年，第 408 頁。

⑦ 王人聰：《楚王審會盞餘釋》，《江漢考古》1992 年第 2 期，第 66-67 頁。

⑧ 張世超、孫凌安、金國泰、馬如森：《金文形義通解》，京都：中文出版社，1996 年，第 1203 頁。

⑨ 陳昭容：《從古文字材料談古代的盥洗用具及其相關問題——自淅川下寺春秋楚墓的青銅水器自名説起》，《“中央”研究院歷史語言研究所集刊》第 71 本第四分，臺北：“中央”研究院歷史語言研究所，2000 年，第 866 頁注 27。

⑩ 李守奎：《楚文字編》，上海：華東師範大學出版社，2003 年，第 307 頁。

⑪ 鄒芙都：《楚系銘文綜合研究》，成都：巴蜀書社，2007 年，第 48-49 頁。

⑫ 陳斯鵬等：《新見金文字編》，福州：福建人民出版社，2012 年，第 151 頁。

⑬ 黃錦前：《説“蓋盂”——兼論楚系蓋盂的形態與功能》，《湖南考古輯刊》第 11 輯，北京：科學出版社，2015 年，第 263 頁。

⑭ 鄧佩玲：《新出兩周金文及文例研究》，上海：上海古籍出版社，2019 年，第 226-229 頁。又《談王子申盞蓋銘銘文及其拓本》，《青銅器與金文》第 4 輯，上海：上海古籍出版社，2020 年，第 123-124 頁。

⑮ 饒宗頤：《楚恭王會審盂跋》，《中國文哲研究集刊》第 1 期，臺北：中國文哲研究所，1991 年，第 39-43 頁。

⑯ 董蓮池：《金文編校補》，長春：東北師範大學出版社，1995 年，第 339 頁。

⑰ 黃德寬主編：《古文字譜系疏證》，北京：商務印書館，2007 年，第 1299 頁。

⑱ 董珊：《釋楚國文字中的“汁邡”與“胸忍”》，《出土文獻》第 1 輯，上海：中西書局，2010 年，第 169 頁。

⑲ 于省吾：《雙劍誃吉金文選》，北京：中華書局，1998 年，第 364 頁。

⑳ 張政烺：《邵王之諻鼎及殷銘考證》，《“中央”研究院歷史語言研究所集刊》第 8 本第三分，1939 年，第 373 頁。

㉑ 羅福頤：《三代吉金文存釋文》文十八，香港：問學社，1983 年，第 4 頁。

㉒ 李零：《楚國銅器銘文編年彙釋》，《古文字研究》第 13 輯，北京：中華書局，1986 年，第 365 頁。

㉓ 陳初生：《金文常用字典》，西安：陝西人民出版社，1987 年，第 538 頁。

文選》①、陳佩芬②徑釋此字爲“盂”，無釋。

第三，釋“盄”。

子諆盆的整理者曾將其自名釋爲“盄”③，其後有《新出金文分域簡目》從之。④戴家祥也曾將蘇公簋“”字釋爲“寧”⑤，但并未得到重視。趙平安結合甲骨、簡帛、漢印等字形分析，認爲此字就是“盄”字，即“寧”。⑥其後學者如陳劍⑦、陳英杰⑧、湯超⑨、李家浩⑩、石小力⑪、劉洪濤⑫、何景成⑬均從此説。

按我們認爲當以釋“盄”説爲是。

釋爲“盂”的學者有相當一部分將此字的上部釋爲“皿”形，這點確實是正確的。子諆盆的“”上部的“皿”形尤爲典型，此字形與部分金文的“皿”的寫法極爲相近（見圖81、圖82）：

圖81　吴盉（《銘圖》14732）

圖82　儠匜（《銘圖》15004）

而王子申盞的“”上部的“皿”形則以綫條替代圓形，更接近金文中通常的“皿”的寫法。蘇公簋的“”，“皿”部兩側器身融合，金文中也是有這樣的例子的（見圖83、圖84）：

圖83　伯考父盤（《銘圖》14453）

圖84　仲鰈父盨（《銘圖》04399）

① 上海博物館商周青銅器銘文選編寫組：《商周青銅器銘文選》，北京：文物出版社，1990年，第426頁。

② 陳佩芬：《中國青銅器辭典》，上海：上海辭書出版社，2013年，第33頁。

③ 信陽地區文管會、潢川縣文化館：《河南潢川縣發現黃國和蔡國銅器》，《文物》1980年第1期，第48頁。

④ 中國社會科學院考古研究所：《新出金文分域簡目》，北京：中華書局，1983年，第27頁。

⑤ 戴家祥主編：《金文大字典》，上海：學林出版社，1995年，第4927頁。

⑥ 趙平安：《金文考釋二篇》，《語言研究》1996年第2期，第112頁。

⑦ 陳劍：《青銅器自名代稱、連稱研究》，《中國文字研究》第1輯，南寧：廣西教育出版社，1999年，第356頁。

⑧ 陳英杰：《西周金文作器用途銘辭研究》，北京：綫裝書局，2008年，第162頁注2。

⑨ 湯超：《試辨盂、盄》，《金文釋讀與文明探索》，上海：上海古籍出版社，2011年，第111頁。

⑩ 李家浩：《葛陵村楚簡中的“句鄱”》，《古文字研究》第29輯，北京：中華書局，2012年，第506頁。

⑪ 石小力：《東周金文與楚簡合證》，上海：上海古籍出版社，2017年，第75頁。

⑫ 劉洪濤：《形體特點對古文字考釋重要性研究》，北京：商務印書館，2019年，第31頁。

⑬ 何景成：《論“叔子欮匜”的自名》，《青銅器與金文》第7輯，上海：上海古籍出版社，2021年，第38頁。

但是正如趙平安所言，没有"皿"置于"于"上的字形。不過"皿"字有倒置之形，如"眉壽"之"眉"（見圖 85、圖 86）：

圖 85　楸大叔弇鋪（《銘三》0611） 　　　　　圖 86　追夷簋（《銘圖》05222）

但很明顯這種倒置的形體是與"皿"上置不同的。而且盂器自名"盂"也没有作此寫法者，更説明了此字非"盂"。

甲骨文有"𢆶"（《合集》01314）、"𢆉"（《合集》26517）等字形，羅振玉釋爲"宁"，即"寧"。[1]這與盞、盆自名"于"上有"🀰"的形體也是相吻合的。

不過這只解決了字形的釋讀，我們再來看該如何訓釋。趙平安曾訓"盇"爲"盞"，我們認爲或有可商。湯超曾結合諸器器形分析，自名爲"宁"的子祺盆和盂器形存在區别，與"盞"則十分接近[2]，但這種比較是片面的，只能説明子祺盆是盆、盞一類的器物。他并没有提盞類器與盂、盞的器形對比，盞類器和盂、盞的器形其實也不盡相同，這類深腹容器也可以統稱瓮形器。盆類器稱"盆""盞""盎""盇"，"皿"旁所從大致都是表音的部分，反映了方言的地域差異。而只有"盇"還可以兼作盞類器的自名，且自名中已有"盞"的字形，這類字形特異的"盇"直接釋爲"盞"，或有可商之處。

如果定要在傳世文獻中尋找其對應的話，董珊曾經據音聲釋之爲"盌"[3]，倒是與"盞"古韻在同部，不過聲母較遠。又《方言》"瓶㼑甄𦉢甀瓷甒瓮瓵甄罃"，似乎稱"罃"也可，不過這類瓮器與盞可能并非一類；《方言》："盌㭬盞溫閜㯶廅，杯也。"似乎"㯶"與"盞"是一類，只是韻部又遠了一些。不過"盆""盎"本身聲韻俱乖而爲一類，"盇"之音讀實没有定論。與其以瓦器去强稱銅器，讀如字倒不失爲更好的選擇。[4]

另外以"宁"作修飾語的蘇公簋，不當如李家浩理解爲器名連用的"宁簋"。[5]我們贊同趙平安的意見讀"宁"爲甲骨文中的祭祀動詞，即宁祭之簋。

---

[1] 羅振玉：《增訂殷虚書契考釋》，《羅雪堂先生全集三編》册二，臺北：大通書局，1976 年，第 590 頁。

[2] 湯超：《試辨盂、盇》，《金文釋讀與文明探索》，上海：上海古籍出版社，2011 年，第 111 頁。

[3] 董珊：《釋楚國文字中的"汁邡"與"胸忍"》，《出土文獻》第 1 輯，上海：中西書局，2010 年，第 169 頁。

[4] 鄒仲盤鑑自名爲"鑑"，羅衛東認爲以瓦器"瓺"稱此器是不合適的，當以器物自名爲第一依據。我們十分贊同這樣的方法。見羅衛東：《談談"鄒仲盤鑑"器名問題》，《古文字研究》第 32 輯，北京：中華書局，2018 年，第 216-218 頁。

[5] 李家浩：《葛陵村楚簡中的"句鄟"》，《古文字研究》第 29 輯，北京：中華書局，2012 年，第 507 頁。

8.4　皿

（1）獣侯定自作飲血（皿）。

————獣侯定盉（《銘續》0522，春秋晚期，見圖87）

（2）曾大保慶用作寶皿。

————曾太保慶盆（《銘圖》06256，春秋早期，見圖88）

圖87　獣侯定盉

圖88　曾太保慶盆

青銅食器中自名爲"皿"（或"血"）的僅有2件，1盆、1盉。另外還有兩件戰國晚期的小口瓮形器自名爲"皿"。《説文解字・皿部》："皿，飯食之用器也。象形。與豆同意。凡皿之屬皆從皿。""皿"可用作血祭，故"血""盆"從"皿"。[①]此用爲器名的"血"，可徑讀作"皿"（見圖89）。

寧缶（《銘圖》14070，戰國晚期）

滎陽上官皿（《銘圖》14085，戰國晚期）

圖　89

裘錫圭曾認爲"皿"最初象尊、瓿一類的容器[②]，鄔可晶據此以爲曾太保慶盆與瓿器形相差較遠，自名爲"皿"可能是"盆"之類器名漏鑄。[③]這樣的判斷

---

① 鄔可晶：《釋青銅器銘文中處于自名位置的"盆""盟"等字》，《出土文獻與古文字研究》第 4 輯，上海：上海古籍出版社，2011 年，第 67 頁。

② 裘錫圭：《釋殷虛卜辭中的"㞢""㞢"等字》，《第二屆國際中國古文字學研討會論文集》，香港：香港中文大學，1993 年，第 83、92 頁。

③ 韓自强、劉海洋也曾提出相似的觀點，但是就類似的盆對比而言的，再結合現在新出的盉器則可證其説爲非。見湖北省文物考古研究所：《曾國青銅器》，北京：文物出版社，2007 年，第 420 頁；鄔可晶：《釋青銅器銘文中處于自名位置的"盆""盟"等字》，《出土文獻與古文字研究》第 4 輯，上海：上海古籍出版社，2011年，第 67 頁。

未免過于主觀。"皿"字最初可能是象某一種容器，但是從金文的使用情況看，凡銅器自名都可加"皿"表意，單用"皿"也不拘于一類器物。高鴻縉説是"通用爲凡器之稱"，可從。[①]現在又見一件非酒器的盇自名爲"皿"，可證曾太保慶盆的自名當非漏鑄。

不過"皿"單用的使用範圍要小一些，只有東周時這類矮足（圈足）或無足的深腹的瓮形器[②]自名爲"皿"，而鼎、鬲、簋、盨等器物則無此自名。這類深腹器的自名多從"皿"作（"盇""盆""盩""盎""盂""甒"等，而《方言》中這類器名也可從"瓦"）。可知"皿"單用不能指有高足或者是淺腹的容器，這與"皿"的甲骨文象形形體"𠙷"是吻合的。故"皿"也就不能作爲"彝""器"一類的青銅容器的通用共名，但是可作爲這種低矮的、深腹的瓮形器的限定共名使用。

8.5　鍳

工尹坡之秦鍳。 ![符]

——工尹坡"盇"（《銘圖》06060，春秋晚期，見圖90）

圖90　工尹坡"盇"

曹錦炎曾于《工尹坡鍳銘文小考》提及一件自名爲"鍳"的器物，形容其器形"圓形、三足、兩耳，蓋鼎紋飾華麗，三環紐，蓋之口沿兩側有卡口"，認爲與楚式"盇"器形類似。同時曹先生認爲"此"在經典中有與"戔"相通之例，故"鍳"可通作"盇"。[③]查飛能從之。[④]

不過根據李琦論文中提供的器形圖，此器的足部很長，器腹較淺，與盇還是有明顯區別的。李琦認爲是越式鼎，并認爲與信陽楚簡的"![符]"有關。[⑤]按該器器形符合春秋晚期撇足動物耳形的越式鼎[⑥]，今從其説。

①　高鴻縉：《中國字例》，臺北：三民書局，1960年，第165頁。
②　段玉裁謂罌爲小口，瓮爲大口，此爲晰言。統言則不別，其實都是深腹瓦器。
③　曹錦炎：《工尹坡鍳銘文小考》，《古文字學論稿》，合肥：安徽大學出版社，2008年，第18頁。
④　查飛能：《商周青銅器自名疏證》，2019年西南大學博士學位論文，第101頁。
⑤　李琦：《東周青銅食器稱謂與功用整理研究》，2019年吉林大學碩士學位論文，第62頁。
⑥　向桃初：《"越式鼎"研究初步》，《古代文明》第4卷，北京：文物出版社，2005年，第71頁。

《説文解字・金部》："鍙，鍙錍，釜也。從金此聲。"段玉裁據《玉篇》《集韻》改"釜"爲"斧"。信陽簡有"鍙"字，原釋"鍙"。田河認爲是一種有蓋容器，并附于食器下。[1]應該是正確的。此銅鼎自名爲"鍙"，則《説文解字》的訓釋當由來有自。

9 豆、鋪

《説文解字・豆部》："豆，古食肉器也。從口，象形。凡豆之屬皆從豆。且，古文豆。"甲骨文中有"豆"字（《合集》18587），李孝定釋"豆"。[2]説明豆和鼎、鬲、簋等器一樣出現時代較早。其器上部呈托盤狀，下有柄，延伸而爲圈足。

豆載于經典，是十分常見的器物。《詩經・大雅・生民》："卬盛於豆。"毛傳："豆，薦菹醢也。"《周禮・天官・醢人》："掌四豆之實，醢醢……雁醢。"則豆爲盛各種菜羹、肉醬之用。陳夢家據甲金文有從"米"作的"粱"，認爲豆在最早時也可以盛黍稷。[3]這與考古出土實物情況相符合，如安陽墓葬中豆往往與獸腿骨在一起，洛陽燒溝戰國墓出土的豆中有粟米的殘餘。[4]

另外還有一種淺盤、高圈足的自名爲"鋪"的器物。

《銘圖》共計收錄65件有自名的青銅豆（鋪、方豆）。7例稱"彝"，4例稱"器"，其餘均使用專名作爲器名。

9.1 豆

表 22 豆

序號	編號	器名	器形	時代	銘文	字形
1	06129	單癸生鋪		西周晚期	單癸生作羞豆，用亯。	
2	06141—06142	周生豆		西周晚期	周生作隓豆。	

---

① 田河：《出土戰國遣册所記名物分類匯釋》，吉林大學博士學位論文，2007年，第32頁。
② 李孝定：《甲骨文字集釋》，臺北："中央"研究院歷史語言研究所，1970年，第1665頁。
③ 陳夢家：《中國銅器概述》，《海外中國銅器圖錄》第1冊，北京：中華書局，2017年，第21頁。
④ 林巳奈夫著，廣瀬薰雄譯，郭永秉潤文：《殷周青銅器綜覽：殷周時代青銅器的研究（第一卷）》，上海：上海古籍出版社，2017年，第63頁及注222。

续表

序號	編號	器名	器形	時代	銘文	字形
3	06158	大師盧豆	—	西周中期後段	太師盧作鬟隣豆。	
4	06159	姬癸母豆		西周晚期	姬癸母作太公……豆。	
5	30596	凡父鋪		西周中期	凡父作旅豆。	
6	30604	申比父豆		春秋早期	郇比父作孟姜豆。	
7	30605	孟免旁豆		西周中期	孟免旁作父旅母豆。	
8	30607	史盨父豆		西周晚期	史盨父作寶豆。	

共有9件器物自名爲"豆"，字形上没有疑問。這類器物多是西周時器，東周的豆屬器則多不稱"豆"。

此外，淺盤、鏤空圈足的鋪如單㝉生鋪、凡父鋪自名爲"豆"，可以看成器名的代稱，也説明豆、鋪在器形與器類上是存在聯繫的。

9.2　登（豋）

（1）哀成弔（叔）之鎜。

——哀成叔豆（《銘圖》06116，春秋晚期，見圖91）

（2）以爲大赴之從鉄。

——上官豆（《銘圖》06149，戰國時期，見圖92）

（3）毀仲姜作好盨，永寶用。

—— 毀仲姜盆（《銘續》0537，西周晚期，見圖93）

圖91　哀成叔豆　　　　圖92　上官豆　　　　　　圖93　毀仲姜盆

共有 2 件豆、1 件盆自名爲 "盨" 或 "鉄"。

上官豆 "🔲" 字《綴遺》隸定爲 "鉷"，但無考。① 《周金文存》認爲是 "登"字，即漢之 "鐙" 的本字。② 哀成叔豆出于哀成叔墓，簡報整理者隸定爲 "盨"，讀爲 "登"。③ 李學勤從之。④ 李家浩認爲此字從 "朕" 得聲，與 "登" 音近相通。⑤《銘文選》⑥、趙思木⑦均從此釋。而張光裕認爲 "🔲" 是 "縢豆" 的省文。⑧

林沄則認爲此字不從 "朕" 聲，當從 "豆" "㞕" 聲，讀爲《説文解字》釋 "豆屬" 的 "䚣"。裘錫圭⑨、董蓮池⑩、禤健聰⑪、謝明文⑫、李春桃⑬從之。

但是《銘續》有一件盆也自名爲 "盨"。石小力認爲此字可能不從 "斧" 得聲，而當從 "㚇" 得聲。⑭

---

① 方濬益：《綴遺齋彝器考釋》1935 年商務印書館石印本，《金文文獻集成》第 14 冊，北京：綫裝書局，2005 年，第 386 頁。

② 鄒安：《周金文存（附補遺）》1916 年廣倉學宭石印本，《金文文獻集成》第 23 冊，北京：綫裝書局，2005 年，第 204 頁。

③ 洛陽博物館：《洛陽哀成叔墓清理簡報》，《文物》1981 年第 7 期，第 66 頁。

④ 李學勤：《考古發現與東周王都》，《新出青銅器研究（增訂版）》，北京：人民美術出版社，2016 年，第 201 頁。原載《歐華學報》1983 年第 1 期。

⑤ 李家浩：《關于邾陵君銅器銘文的幾點意見》，《江漢考古》1986 年第 4 期，第 85 頁。

⑥ 上海博物館商周青銅器銘文選編寫組：《商周青銅器銘文選》，北京：文物出版社，1990 年，第 501 頁。

⑦ 趙思木：《利用〈保訓〉"朕" 字補釋有關金文》，《中國文字》新 43 期，臺北：藝文印書館，2017 年，第 104 頁。

⑧ 張光裕：《雪齋新藏可忌豆銘識小》，《雪齋學術論文二集》，臺北：藝文印書館，2004 年，第 69 頁。原載《書目季刊》1994 年第 4 期。

⑨ 裘錫圭：《〈説文〉與出土古文字》，《裘錫圭學術文集·金文及其他古文字卷》，上海：復旦大學出版社，2012 年，第 435 頁。

⑩ 董蓮池：《〈金文編〉校補》，長春：東北師範大學出版社，1995 年，第 361 頁。

⑪ 禤健聰：《銅器銘文識小録》，《中國文字研究》第 21 輯，上海：上海書店出版社，2015 年，第 25 頁。

⑫ 謝明文：《金文叢考（四）》，《古文字研究》第 32 輯，北京：中華書局，2018 年，第 238 頁。

⑬ 李春桃：《談青銅盆的一種自名》，《紀念方光燾、黄淬伯先生誕辰 120 周年國際學術研討會論文集》，南京：南京大學文學院、南京大學漢語史研究所，2018 年，第 214、217 頁。

⑭ 石小力：《〈商周青銅器銘文暨圖像集成續編〉釋文校訂》，《2016 商周青銅器與先秦史研究論文集》，第 98 頁。後收于《商周青銅器與先秦史研究論叢》，北京：科學出版社，2017 年，第 147-148 頁。

按盆類器有從"公"得聲的自名，與此字異，故此字聲符應該不是"异"。"盤"字當從"弇"得聲，讀爲"盞"，這與《説文解字》的訓釋相合。[①]"盞"字或即《方言》之"盎"，《方言》曰："（盂）海岱東齊北燕之間，或謂之盎。"

"盞"用爲盆的自名，或可解釋爲器名的代稱，或可以讀爲"盌"。"盌""弇"古音皆在元部，故可相通。《説文解字·皿部》："盌，小盂也。從皿夗聲。"即是指此種器物。

9.3　鈺

表 23　鈺

序號	編號	器名	器形	時代	銘文	字形
1	20530	黿子煩豆		春秋晚期	黿子燹作爲行鈺。	
2	30609—30610	叜子豆		春秋晚期	叜子燹其䆻鈺。	
*	06257	西替敦	[②]	戰國時期	西替作其妹斮䆻鈺鐱	

有 2 件豆、1 件敦自名爲"鈺"（"鐱"字是指器物之蓋，見修飾語考釋）。兩件豆呈圓腹圓底，上部與西替敦形制相似。

其中 06257 器（西替敦）《集成》歸類爲簋[③]，《銘圖》歸入盆類。李琦曾認爲此器或是缺失校（柄）的豆[④]，後認爲西替盆的器形與路國權分類的敦形同，應當定名爲"敦"。[⑤]陳芳妹認爲平底敦的形體脱胎于盆，"平底敦與盆造型僅隔一間"。[⑥]路國權則將敦、盆、盞乃至部分豆類（稱豆形敦）都歸類爲

① 雖不讀爲"登"，但此字可能與後世的"鐙"器相關。《説文解字》又有"癶""𣥳"二字，其實是正反手的關繫，即今之"攀"，"登"，"盞"與"癶"同在元部，與蒸部的"登"音聲雖較遠，但是意義却各自有關聯。

② 圖片來源：《出土文獻》2021 年第 2 期，第 28 頁圖 3。

③ 中國社會科學院考古研究所編：《殷周金文集成（修訂增補本）》，第 3 册，第 1966 頁。

④ 李琦：《東周青銅食器稱謂與功用整理研究》，2019 年吉林大學碩士學位論文，第 227 頁注 4。

⑤ 李琦：《西替敦研究》，《出土文獻》2021 年第 2 期，第 28 頁。

⑥ 陳芳妹：《盆、敦與簋——論春秋早、中期間青銅粢盛器的轉變》，《金文文獻集成》第 39 册，北京：綫裝書局，2007 年，第 530 頁。原載《故宮學術季刊》1985 年第 2 卷第 3 期。

"敦"①，或許有些擴大了敦的形體範圍，但是也側面説明敦、盆、豆之間存在器形的融合與關聯。我們認同李琦將此器稱"敦"，本節所列的兩件豆去除豆柄便與相應的敦形制幾乎一樣（詳器名"臺"考釋部分），因而這種豆、敦存在器名代稱的現象也是十分好理解的。②

李家浩將"鉦"讀爲"甋"。③李琦從之。④謝明文將"鐺"解讀爲器名，并認爲"鉦"可以讀爲"征行"之"征"。⑤查飛能則從《銘圖》之釋認爲"鉦"可通于"登"。

我們認爲，李家浩讀"鉦"爲"甋"在聲韻是十分和諧的，不過此器既是與圓腹圓底豆相類似的敦器，可能與盆的關繫就略遠一層，這件器物應當是以豆的自名自稱的。"甋"是形容盆一類器物的名稱，況且盆類器自名中已有"盨"字，我們認爲釋"甋"不如讀如字。"鉦"是這一類圓腹圓底豆的專名。

9.4　鈇盇

郳陵君王子㠱……造鈇盇。

——郳陵君豆（《銘圖》06160—06161，戰國晚期，見圖 94）

圖 94　郳陵君豆

2 件郳陵君豆自名爲"▨盇"。李零、劉雨釋後一字爲"盇"，并認爲是此器的器名，作爲"豆"的異稱。⑥李家浩則將前一字釋爲"鈇"，讀爲"簠"，并讀二字是"簠盒"。⑦《銘文選》將前一字作爲不識字，後一字讀爲"蓋"。⑧孔仲温從李家浩的解釋，并認爲"鈇盇"就是包山簡的"四鐈，一鐈盇"，"鐈"

---

① 路國權：《東周青銅容器譜系研究》（上），上海：上海古籍出版社，2018 年，第 106-123 頁。

② 或許也可能是豆器失柄，此器既是圓底又無環足，那麼置于几案便會十分不穩，易傾倒，作爲盛食器是很不便使用的。

③ 李家浩：《葛陵村楚簡中的"句䣄"》，《古文字研究》第 29 輯，北京：中華書局，2012 年，第 507 頁。

④ 李琦：《東周青銅食器稱謂與功用整理研究》，2019 年吉林大學碩士學位論文，第 232 頁。

⑤ 謝明文：《新出登鐸銘文小考》，《中國文字學報》第 7 輯，北京：商務印書館，2017 年，第 83 頁。原文發于復旦大學出土文獻與古文字研究中心網，2013 年 9 月 12 日。（http://www.fdgwz.org.cn/Web/Show/2111）

⑥ 李零、劉雨：《楚郳陵君三器》，《文物》1980 年第 8 期，第 31 頁。

⑦ 李家浩：《關于郳陵君銅器銘文的幾點意見》，《江漢考古》1986 年第 4 期，第 84 頁。

⑧ 上海博物館商周青銅器銘文選編寫組：《商周青銅器銘文選》，北京：文物出版社，1990 年，第 444 頁。

"盍"同是器名,"盍"也是一種飯器稱名,即"∧盧"。[①]按包山簡的"鎝"當是指一種盤,與豆的承盤類似[②],而非指此"鈇"。劉國勝也是將"盍"理解爲器名,認爲可通作"盍",類似高足方盒。[③]但是此器器形爲圓,承盤也過于淺了,與方豆不類。查飛能也認爲此即包山簡"籩盍",指銅製蓋豆。[④]

按此器雖無鏤空的圈足,但是有淺盤和鋪的特徵,如果第一字確是"鈇",讀爲"鋪"是有可能的。但大多數鋪均無蓋,此器亦無蓋[⑤],"盍"釋爲"蓋",作蓋豆(鋪)解實在牽強。而孔仲溫可備一説。"盍"字從"去",即"∧",又作"笭",加"皿"旁與加"竹"旁意略同。而"鈇"則是"去盧"之"盧"。《説文解字》"∧""盧"皆訓飯器,此曰"盧∧",也是一個意思,是孔所謂"複合的器名"。不過此説亦尚缺更多文獻佐證。

9.5 盍(錡)、盌

表 24 盍(錡)、盌

序號	編號	器名	器形	時代	銘文	字形
1	06115	訇方豆		春秋晚期	訇之飤盍。	
2	06132	克黃方豆		春秋中期	楚叔之孫克黃之錡。	
3	06113—06114	卲方豆		春秋晚期	卲之御盌。	

① 孔仲溫:《論邿陵君三器的幾個問題》,《容庚先生百年誕辰紀念文集》,廣州:廣東人民出版社,1998 年,第 540-542 頁。

② 胡雅麗:《包山二號楚墓遣策初步研究》,《包山楚墓》(上冊),北京:文物出版社,1991 年,第 509 頁。

③ 劉國勝:《楚喪葬簡牘集釋》,北京:科學出版社,2011 年,第 15 頁。

④ 查飛能:《商周青銅器自名疏證》,2019 年西南大學博士學位論文,第 120 頁。

⑤ 望山簡的"鎝盍"確實有一蓋四"鎝"。

续表

序號	編號	器名	器形	時代	銘文	字形
*	19300	昭器蓋		春秋中期	卲之御盤。	

2 件方豆自名爲"盍""錡"。

1979 年訇方豆出土，整理者將自名隸定爲"盍"。[1]趙平安將此字與信陽楚簡的"方琦"聯繫起來，認爲是這種方豆的專名，具有方言色彩。[2]劉彬徽亦持此説。[3]劉信芳破讀"奇"爲"可"，即《廣雅·釋器》訓"盂"的"柯"。[4]

克黃方豆最早著録于《玫茵堂藏中國銅器》，整理者隸定爲"锆"。[5]葛亮改釋爲"鎬"。[6]後有學者評論釋爲"錡"。則當以釋"錡"爲是。

還有一組隨縣 1975 年出土的自名爲"盤"的器物，自名爲"御盤"（《銘圖》用器下收一"昭器蓋"，從拓片判斷當是《銘圖》06114 的重出器，應删）。黃錫全釋爲"盥"，劉彬徽[7]、李家浩[8]、何琳儀等[9]均釋爲"盤"。趙彤認爲當讀爲"鹽"字[10]，劉秋瑞讀爲"卮"。[11]

還有多數學者認爲"錡""盤"應是指同一種器物，如黃錫全[12]、趙彤[13]、劉

---

① 固始侯古堆一號墓發掘組：《河南固始侯古堆一號墓發掘簡報》，《文物》1981 年第 1 期，第 3 頁。

② 趙平安：《金文考釋四篇》，《語言研究》1994 年第 1 期，第 181 頁。又見氏著《金文釋讀與文明探索》，上海：上海古籍出版社，2011 年，第 90-91 頁。

③ 劉彬徽：《楚系青銅器研究》，武漢：湖北教育出版社，1995 年，第 148 頁。

④ 劉信芳：《楚簡器物釋名下篇》，《中國文字》新 23 期，臺北：藝文印書館，1997 年，第 93 頁。

⑤ Christian Deydier. *Chinese Bronzes from the Meiyintang Collection Vol.1*. Hongkong: OM Publishing, 2013: 313.

⑥ 葛亮：《〈玫茵堂藏中國銅器〉有銘部份校讀》，復旦大學出土文獻與古文字研究中心網，2009 年 12 月 11 日。（http://www.fdgwz.org.cn/Web/Show/1012）

⑦ 劉彬徽：《楚系青銅器研究》，武漢：湖北教育出版社，1995 年，第 339 頁。

⑧ 李家浩：《信陽楚簡中的"柿枳"》，《簡帛研究》第 2 輯，北京：法律出版社，1996 年，第 2、8 頁。

⑨ 何琳儀、房振三：《"也""只"考辨》，《上海文博》2005 年第 3 期，第 20 頁。

⑩ 趙彤：《方豆考》，復旦大學出土文獻與古文字研究中心網，2008 年 1 月 2 日。（http://www.fdgwz.org.cn/Web/Show/289）

⑪ 劉秋瑞：《説"盤"》，《中原文物》2013 年第 2 期，第 49 頁。

⑫ 黃錫全：《湖北出土商周文字輯證（增補本）》，武漢：武漢大學出版社，2019 年，第 93 頁。

⑬ 趙彤：《方豆考》，復旦大學出土文獻與古文字研究中心網，2008 年 1 月 2 日。（http://www.fdgwz.org.cn/Web/Show/289）

彬徽[1]、李零[2]、黄鳳春[3]、劉秋瑞[4]、蔡一峰[5]均持此觀點。

我們認爲，克黄方豆的"▣"隸定爲"盌"是没有問題的。厄器自名從"只"，名"厄"是爲與記載相合，而"盌"既無相應記載，則無必要另讀。"錡""盌"異名而同實，都是作爲這種銅方豆的專名。"奇"從"可"得聲，"可""只"古韻在同部。

9.6 絫百

郘子嬰之絫百。▣ ▣

——郘子嬰豆（《銘三》0599，戰國早期，見圖 95）

圖 95　郘子嬰豆

《銘三》著録一件器主爲"遴子嬰"的器物，并歸入豆類，不過此器不見器形，暫歸豆類。銘文處于自名位置的部分作"▣ ▣"，《銘三》後一字作未識字處理。遴子一族的銅器自名寫法奇特，此器也不例外。

此二字第一字爲"絫"，即"系""奚"，應是修飾語。早期甲金文"系"從"爪"，重"糸"，如"▣"（《合集》27997）、"▣"（小臣系卣，《銘圖》13284），戰國文字或從單"糸"，如"▣"（侯馬盟書 324）、"▣"（包山簡 179）。目前銅器修飾語從未見有作"絫"者，只能從音讀上推求之。此處"絫"可能讀爲"䐺"，《説文解字·肉部》："䐺，脯也。從肉奚聲。"《太玄經》："多田不婁，費我䐺功。"注曰："熟食曰䐺。"則指此豆盛乾肉、熟食。也可能讀爲"醯"。"醯""奚"古聲韻相同。《説文解字·皿部》："醯，酸也。作醯吕鬻吕酒。從鬻、酒并

---

[1] 劉彬徽：《楚系青銅器研究》，武漢：湖北教育出版社，1995 年，第 339 頁。

[2] 李零：《關于銅器分類的思考》，《入山與出塞》，北京：文物出版社，2004 年，第 261 頁。

[3] 黄鳳春：《説方豆與宥坐之器》，《江漢考古》2011 年第 1 期，第 86 頁。

[4] 劉秋瑞：《説"盌"》，《中原文物》2013 年第 2 期，第 49 頁。

[5] 蔡一峰：《豆器自名"盉"新考》，《文史》第 135 輯，北京：中華書局，2021 年，第 266-270 頁。

省，從皿。皿，器也。"《周禮·醢人》："醢人掌共五齊七菹，凡醢物。"《釋名》："醢多汁者曰醓。"大抵是一種肉醬汁，作爲修飾語，説明此豆是盛醢醬的。

第二字爲器名，初以爲是"籩"所從之"自"，但是"鼻"從"丙"聲，去聲符保留表意作用不明的"自"，不大可能。我們認爲當是"百"。[①]《説文解字·百部》："百，頭也。象形。凡百之屬皆從百。"即"頭"的初文。西周金文"百"多作"甾"，如""（兮甲盤，《銘圖》14539），《説文解字》謂古文"百"即此，東周楚系文字或省作""（包山簡 2.273）。後起的"頭"字即贅加聲符"豆"[②]，"頭""豆"古音聲韻本就相同，可徑讀爲"豆"。

9.7　鋪（甫、簠）

表 25　鋪（甫、簠）

序號	編號	器名	器形	時代	銘文	字形
1	06119—06120	姜休母鋪		西周晚期	姜休母作尨甫。	
2	06124	舱叔鋪		西周晚期	舱叔作德人旅甫。	
3	06128	虢姜鋪		西周晚期	虢姜作甫。	
4	06130	曾仲斿父鋪		春秋早期	曾仲斿父自作寶甫。	
5	06140	微伯瘋鋪		西周中期	散伯瘋作箅。	

① 信陽 2.05、17 簡有"鋪頁，屯有環"。"鋪頁"讀爲"鋪首"，一般指銅環。"首"字何解，"鋪"對應的出土器物是否正確，又是否與此有關，待考。

② 修飾語"厨"一般作"腥"，"豆"聲。曾嵒公臣鼎（《銘續》0117）字作""，以"顛"假作。亦可證。

序號	編號	器名	器形	時代	銘文	字形
6	06143	🐾公鋪		西周晚期	🐾公作杜媯陞鋪。	
7	06144—06145	虢季鋪		春秋早期	虢季作甫。	
8	06147	叔頌父鋪		西周晚期	□叔頌父作杜孟媯隮甫。	
9	06154—06156	厚氏元鋪		春秋中期	魯大嗣土厚氏元，作蕭匜。	
10	06157	宋公㷵鋪		春秋晚期	作溇叔子餯箮。	
11	20527	虢仲鋪		春秋早期	虢仲作旅盙。	
12	20528	遣盅父鋪		西周晚期	趯盅父作寶鋪。	
13	20531—20532	宋公㷵鋪		春秋晚期	作溇叔子餯箮。	
14	30597	王季姜鋪		西周晚期	王季姜作羞甫。	

续表

序號	編號	器名	器形	時代	銘文	字形
15	30600	曾公得豆		春秋早期	曾公得自作盧盠。	
16	30611	楙大叔弅鋪	—	春秋早期	楙大叔弅作罷叔姜寶鋪。	
17	30612	宋公圝鋪		春秋晚期	作淺叔子餘箐。	
18	06112	蘇貉豆		春秋早期	穌貉作"小用"。	

還有一種似豆而淺盤，圈足而鏤空，自名從"甫"得聲，舊稱"鋪"的器物。呂大臨稱此器"似豆而卑"[1]，王黼等則云此器與豆形制略有不同，宜歸于豆類。[2]

對這類自名字形，學界一般有兩種觀點。

高亨認爲自名爲鋪的豆形器即可讀爲經典所謂"籩"[3]。陳夢家[4]、李學勤[5]、石小力[6]從之。而唐蘭[7]、高明[8]則認爲此就是傳世文獻中的"簠"，李零[9]、李剛[10]、李春桃[11]從此説。

---

①　呂大臨：《考古圖》清乾隆四十六年四庫全書文淵閣書録錢曾影鈔宋刻本，《金文文獻集成》第 1 册，北京：綫裝書局，2005 年，第 60 頁。

②　王黼等：《博古圖》清乾隆十八年天都黄晟亦政堂修補明萬曆二十八年吳萬化寶古堂刻本，《金文文獻集成》第 2 册，北京：綫裝書局，2005 年，第 96 頁。

③　高亨：《古銅器雜説·説鋪》，《高亨著作集林》第 9 卷《文史述林》，北京：清華大學出版社，2004 年，第 454-455 頁。

④　陳夢家：《壽縣蔡侯墓銅器》，《考古學報》1956 年第 2 期，第 105 頁。

⑤　李學勤：《青銅器中的簠與鋪》，《中國古代文明研究》，上海：華東師範大學出版社，2005 年，第 80 頁。

⑥　石小力：《東周金文與楚簡合證》，上海：上海古籍出版社，2017 年，第 122-131 頁。

⑦　唐蘭：《略論西周微史家族窖藏銅器群的重要意義——陝西扶風新出牆盤銘文解釋》，《文物》1978 年第 3 期，第 21-22 頁。

⑧　高明：《簠、簋考辨》，《文物》1982 年第 6 期，第 72 頁。

⑨　李零：《論楚國銅器的類型》，《入山與出塞》，北京：文物出版社，2004 年，第 304 頁。

⑩　李剛：《簠、簋補釋》，《古文字研究》第 29 輯，北京：中華書局，2012 年，第 371 頁。

⑪　李春桃：《嬰膚瑚銘文新釋》，《古代文明》2015 年第 4 期，第 57 頁。

讀爲“籩”則“鋪”“籩”古韻較遠，通假有些困難。而讀“簠”，如《説文解字》釋“黍稷器”，則正如朱鳳瀚所説，此類器承盤過淺，盛穀物不便。[1]又厚氏元鋪自名作“◻”，從“肉”作，意此爲盛肉食之器，也與文獻記載不合。

既然與傳世文獻都不能契合，倒不如徑讀爲“鋪”。器形異體除了上述從“肉”作的，還有從“竹”“匚”“小”的形體，均以“甫”爲聲符，替換表意偏旁，其實一也。

10　盂

《説文解字·皿部》：“盂，飯器也。從皿亏聲。”《急就篇》顏師古注：“杅，盛飯之器也。”陳夢家、林巳奈夫[2]、馬承源[3]、陳佩芬[4]、吳鎮烽、李零[5]將盂歸爲食器；不過最早宋人曾將盂歸爲水器[6]，容庚[7]、朱鳳瀚[8]從之；陳夢家則在兩種觀點中搖擺，他曾在《中國銅器概述》中將盂歸爲水器（盥器），後在《海外中國銅器圖録》的目録并説明中又歸類爲盛食器。[9]從自名修飾語來看，盂除了可盛食，也可兼爲飲器、水器，這與文獻記載相符。

《韓非子·外儲説左上》引孔子言：“爲人君者，猶盂也，民猶水也，盂方則水方，盂圜則水圜。”古水器“盤”與“盂”常連言，如《韓非子·大體》：“豪杰不著名於圖書，不録功於盤盂，記年之牒空虚。”《墨子·兼愛》：“琢於盤盂。”

朱鳳瀚認爲，體型正常的盂自名修飾語皆不提示盂爲食器，主要功能應當是盛水。[10]結合器型來看，除體型較小的燕侯盂與類似盆的妻君盂外，一般的中、大型盂器腹較深，是更適合盛、貯水而不便盛食的。

---

① 朱鳳瀚：《中國青銅器綜論》（上冊），上海：上海古籍出版社，2009 年，第 149 頁。

② 林巳奈夫著，廣瀨薰雄譯，郭永秉潤文：《殷周青銅器綜覽：殷周時代青銅器的研究（第一卷）》，上海：上海古籍出版社，2017 年，第 55 頁。

③ 馬承源：《中國青銅器（修訂本）》，上海：上海古籍出版社，2003 年，第 148 頁。

④ 陳佩芬：《中國青銅器辭典》，上海：上海辭書出版社，2013 年，第 33 頁。

⑤ 李零：《商周銅禮器分類的再認識》，《中國國家博物館館刊》2020 年第 11 期，第 24 頁。

⑥ 呂大臨：《考古圖》清乾隆四十六年四庫全書文淵閣書録錢曾影鈔宋刻本，《金文文獻集成》第 1 冊，北京：綫裝書局，2005 年，第 121 頁。

⑦ 容庚：《商周彝器通考》，臺北：大通書局，1973 年，第 472 頁。

⑧ 朱鳳瀚：《中國青銅器綜論》，上海：上海古籍出版社，2009 年，第 307 頁。又收于《古代中國青銅器》，天津：南開大學出版社，1995 年，第 139 頁。

⑨ 陳夢家：《海外中國銅器圖録》第 1 冊，北京：中華書局，2017 年，第 40 頁。又第 2 冊，第 294 頁。

⑩ 朱鳳瀚：《中國青銅器綜論》，上海：上海古籍出版社，2009 年，第 309 頁。又收于《古代中國青銅器》，天津：南開大學出版社，1995 年，第 141 頁。

　　《銘圖》共有 30 件有自名盂器[1]，35 例自名。其中 3 例器名爲"彝"，2 例器名爲"器"[2]，其餘皆以專名"盂"及其異體作爲器名（見表 26）。

表 26　盂

序號	編號	器名	器形	時代	銘文	字形
1	06205	寢小室盂		商代晚期	帚小室盂（盋）。	
2	06206	伯盂		西周中期後段	伯作寶盂。	
3	06207—06208	燕侯盂		西周早期	燕侯作旅盂。	
4	06209	燕侯盂		西周早期	燕侯作鑄盂。	
5	06210—06211	虢叔盂		西周中期後段	虢叔作旅盂。	
6	06213	丹叔番盂		西周晚期	丹叔番作寶盂。	
7	06215	聽盂		春秋晚期	聽所歔爲下㝨盂。	
8	06216	王盂		西周早期	王作莽京帚浸盂。	

---

① 包含 1 件吳鎮烽定爲鑑的器物（《銘續》0535）。

② 30536 同銘出現 2 次"器"。

续表

序號	編號	器名	器形	時代	銘文	字形
9	06218	天盂		西周晚期	作寶盂，其子=孫=永寶用。	
10	06219	作父丁盂		西周中期後段	□作父丁寶盂，其萬年永寶。	
11	06220	伯公父盂	—	西周晚期	伯公父作旅盂。	
12	06221	魯大司徒元盂		春秋中期	魯大嗣徒元作歙盂。	
13	06222	伯盂		西周早期	伯作寶障盂。	
14	06223	善夫吉父盂		西周晚期	譱夫吉父作盂。	
15	06224	伯索史盂	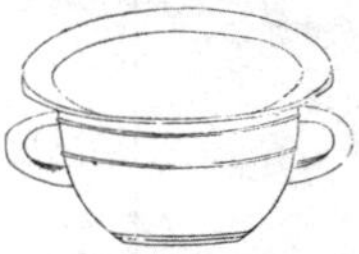	春秋早期	伯𡨦史作季姜寶盂。	
16	06225	齊侯盂		春秋晚期	齊侯作朕子仲姜寶盂。	
17	06226	婁君盂		春秋晚期	嬰君伯𩪘自作餴盂。	
18	06227	宜桐盂	—	春秋中期	郤王季糧之孫宜桐作爂飤盂。	
19	06228	逋盂		西周中期後段	用作文且己公障盂。	

序號	編號	器名	器形	時代	銘文	字形
20	06229	霸伯盂		西周中期後段	霸伯拜稽首，對揚王休，用作寶盂。	
21	06230	永盂		西周中期後段	永用作朕文考乙伯𤭴盂。	
22	20534	吴季大盂		春秋早期	吴季大作其飤盂。	
*	06217	庶盂	—	西周中期後段	庶作寶皿（盂？），其萬年子孫永寶用。	
*	20535	𥂴君季覥鑑		春秋中期	邛伯歔之孫𥂴君季總自作濫盂。	

　　諸器自名字形清楚，且并無太多異寫。寢小室盂器銘的自名作"▨"，或説從"升"作。[1]雖然從字形上來講，也可能是蓋銘"㡴"的類化所致，但是鑒於此器與勺共出[2]，且有匜自名"盉"，所以也不排除這種可能。另齊侯匜（《銘圖》14997）自名"盥盉"。或説"盂"可以作爲銅器通名。[3]但是齊侯匜與齊侯鼎（《銘圖》02363）、齊侯盤（《銘圖》14518）銘文基本相同，僅器名有别，鼎稱"善鼎"，盤稱"盥𦨁"，故不能作通名解。唐蘭認爲"匜""于"音近可通[4]，杜廼松[5]、張光裕[6]、陳劍[7]從之。

　　陳芳妹曾論及盂形器的基本器形在於"圓腹、圈足、彎形附耳，腹壁曲綫外

① 見趙江寒：《商周青銅盆、盂、敦自名、定名整理與研究》，2020 年北京語言大學碩士學位論文，第 27 頁。
② 梁思永、高去尋：《侯家莊》，臺北："中央"研究院歷史語言研究所，1996 年，第 52-54 頁。
③ 陳初生：《金文常用字典》，西安：陝西人民出版社，1987 年，第 538 頁。
④ 唐蘭：《壽縣所出銅器考略》，《金文文獻集成》第 22 册，北京：綫裝書局，2005 年，第 299 頁。
⑤ 杜廼松：《談銅器定名中的一些問題》，《故宮博物院院刊》1979 年第 1 期，第 82 頁。
⑥ 張光裕：《從𥂴字的釋讀談到盨、盆、盂諸器的定名問題》，《考古與文物》1982 年第 3 期，第 79 頁。
⑦ 陳劍：《青銅器自名代稱、連稱研究》，《中國文字研究》第 1 輯，南寧：廣西教育出版社，1999 年，第 339 頁。

侈，口緣極外張，論其口徑……多爲大型器"。[①]不過諸器器形有的是標準的盂，有的類似盆，有的類似鑑。陳佩芬認爲器形爲盆而稱"盂"，"可能是方言所致"。[②]盂與鑑也存在器形的相關。如陳昭容認爲聽盂的器形其實是鑑；[③]齊侯盂，舊稱"齊侯鑑"；[④]䴏君季鼎鑑，《銘續》原歸盂類，《金文通鑒》4.0改稱"鑑"。

我們認爲，大抵盆、鑑、盂、匜都可盛水，春秋時由于器形相近或方音影響，偶存在混稱不別的情況，是可以理解的。盆、鑑、盂器形上界限模糊，我們便以"名從主人"爲原則將其歸爲盂爲是。匜的器形與上述三類差異較大，故仍歸爲匜。

又庶盂（見圖96）自名"寶![字形]"（此器不見器形，《綴遺》言其形制是盂[⑤]），根據行款來看"皿"上當有字形，但已磨泐。根據盂器專名都爲"盂"的情況，可以推測殘泐的是"于"。不過未見器形前，還是存疑爲好。

圖96　庶盂

11　盆、盨

《説文解字·皿部》："盆，盎也。從皿分聲。"《方言》中提及這類器物，大抵爲一種深腹的瓫形瓦器。上文提到盂器部分著録歸類爲水器，盆也是同樣的情況。宋《博古圖》曾將盆歸類爲水器[⑥]，容庚[⑦]、朱鳳瀚[⑧]也如此分類。不過大多數學者將盆置于食器下。

---

① 陳芳妹：《簋與盂——簋與其他粢盛器關繫研究之一》，《故宮學術季刊》1983年第1卷第2期，第65頁。

② 陳佩芬：《中國青銅器辭典》，上海：上海辭書出版社，2013年，第33頁。

③ 陳昭容：《從古文字材料談古代的盥洗用具及其相關問題——自淅川下寺春秋楚墓的青銅水器自名説起》，《"中央"研究院歷史語言研究所集刊》第71本第四分，臺北："中央"研究院歷史語言研究所，2000年，第866-868頁。

④ 張劍：《齊侯鑑銘文的新發現》，《文物》1977年第3期，第75-76頁。

⑤ 方濬益：《綴遺齋彝器考釋》1935年商務印書館石印本，《金文文獻集成》第14冊，北京：綫裝書局，2005年，第428頁。

⑥ 王黼等：《博古圖》清乾隆十八年天都黃晟亦政堂修補明萬曆二十八年吳萬化寶古堂刻本，《金文文獻集成》第2冊，北京：綫裝書局，2005年，第143頁。

⑦ 容庚：《商周彝器通考》，臺北：大通書局，1973年，第474頁。

⑧ 朱鳳瀚：《中國青銅器綜論》，上海：上海古籍出版社，2009年，第315頁。又收于《古代中國青銅器》，天津：南開大學出版社，1995年，第143頁。

據文獻記載，盆亦可盛液體。《儀禮·士喪禮》："新盆槃瓶。"鄭注："盆以盛水。"《周禮·地官·牛人》："凡祭祀共其牛牲之互與其盆簝以待事。"注："盆所以盛血。"另外出土的同作器者器物裏，有盆與水器匜搭配的組合，如樊君盆、匜，杞伯每匕盆、匜等，證盆可以盛水。

而從盆類器物修飾語的情況看，盆應該主要用爲食器。陳芳妹認爲，"盆"的基本器形是圓腹、平底和環耳，基本功用是粢盛，同時墓葬中的盆與簋遞換出現，而盤、匜則是成套出現，證盆爲粢盛器。[①]

銘圖共收 31 件有自名青銅盆（盨）[②]，35 例自名。其中 2 例沒有器名，1 例以"皿"爲器名，1 例器名爲"器"，其餘都是以專名作爲器名。

11.1　盆、分

表 27　盆、分

序號	編號	器名	器形	時代	銘文	字形
1	06258—06259	仲叀父盆		西周中期前段	仲叀父作旅盆。	
2	06261	樊君夒盆		春秋中期	楙君夒用其吉金，自作寶盆。	
3	06262	鄬子行盆		春秋早期	息子行自作飤盆，永寶用之。	
4	06264	曾孟嬭諫盆		春秋時期	曾孟芈諫作飄盆。	
5	06267	鄬子宿車盆		春秋早期	唯鄬子宿車自作行盆。	

---

① 陳芳妹：《盆、敦與簋——論春秋早、中期間青銅粢盛器的轉變》，《金文文獻集成》第 39 册，北京：綫裝書局，2007 年，第 519、522 頁。原載《故宮學術季刊》1984 年第 2 卷第 3 期。

② 剔除 06257，此爲敦器。

序號	編號	器名	器形	時代	銘文	字形
6	06268	曾太保屬叔亚盆		春秋早期	用其吉金，自作旅盆。	
7	06269	黄太子伯克盆		春秋中期	黄太子伯克作其餴盆。	
8	06271	彭子仲盆蓋		春秋時期	彭子仲擇其吉金，自作餴盆。	
9	06273	上郜公之孫盆	—	春秋早期	上郜公之孫叔□□擇其吉金，自鑄其飤盆。	
10	20538	伯巨盆		西周中期後段	伯巨作寶盆。	
11	20539	行氏伯爲盆		春秋早期	行氏伯爲安天姬子姑媵盆。	
12	30616	倗伯盆		西周中期前段	倗伯肇作旅分。	
13	30620	叔無殷盆		春秋早期	叔無殷作其飤盆。	
14	30622	作文考盆		西周中期	□作朕文考隣盆。	

序號	編號	器名	器形	時代	銘文	字形
*	06270	子季嬴青盆		春秋時期	□子季[嬴青自]作鑄□皿（？）。	

　　共計 15 件盆器自名爲"盆"，占盆類自名的接近半數，因而以"盆"作爲這一器類的名稱是可行的。其中子季嬴青盆《銘圖》認爲自名是"鑄盆"，不知何據。此器銘文拓片殘泐，僅餘"皿"與上部殘畫，暫且存疑不論。

　　韓文博曾總結青銅盆主要形態是敞口（斂口）、折肩（溜肩）、平底。[2]據我們收集并觀察青銅盆形器的形體，這類器形還具有深腹而内收、雙環耳、無足等特徵。《急就篇》："甄缶盆盎甕罃壺。"顏師古注："缶盆盎一類耳。缶即盎也。大腹而斂口。盆則斂底而寬上。"朱鳳瀚將盆（盨）分爲兩類，一類斂口，一類侈口，大抵和顏師古的形容相吻合。[3]

　　不過同時一些盆具有敦的特徵。如郞子行盆的器形與一些敦器的器形相類似（見圖 97、圖 98）。[4]陳芳妹指出平底敦可能脫胎于盆[5]，劉彬徽也持相同的觀點，認爲盆器稱"敦"具有地域性特徵。[6]張懋鎔、谷朝旭則直接將郞子行盆歸爲敦類。[7]

圖 97　歸父敦　　　　　　　　　　　　　圖 98　郞子行盆

---

　　① 圖片來源：鄒安：《周金文存（附補遺）》1916 年廣倉學宭石印本，《金文文獻集成》第 23 册，北京：綫裝書局，2005 年，第 241 頁。方濬益認爲是盒（即盨）（方濬益：《綴遺齋彝器考釋》1935 年商務印書館石印本，《金文文獻集成》第 14 册，北京：綫裝書局，2005 年，第 430 頁），鄒安認爲是盂，皆非。

　　② 韓文博：《西周青銅盆小議》，《青銅器與金文》第 6 輯，上海：上海古籍出版社，2021 年，第 170 頁。

　　③ 朱鳳瀚：《中國青銅器綜論》，上海：上海古籍出版社，2009 年，第 316 頁。又收于《古代中國青銅器》，天津：南開大學出版社，1995 年，第 144 頁。

　　④ 張懋鎔稱此器爲息子行敦。見張懋鎔：《青銅敦：非仿陶青銅器産生、演進的典型代表》，《中國古代青銅器整理與研究·青銅敦卷》，北京：科學出版社，2016 年，第VI頁。

　　⑤ 陳芳妹：《盆、敦與簋——論春秋早、中期間青銅粢盛器的轉變》，《金文文獻集成》第 39 册，北京：綫裝書局，2007 年，第 530 頁。原載《故宮學術季刊》1984 年第 2 卷第 3 期。

　　⑥ 劉彬徽：《楚系青銅器研究》，武漢：湖北教育出版社，1995 年，第 161 頁。

　　⑦ 谷朝旭：《中國古代青銅器整理與研究·青銅敦卷》，北京：科學出版社，2016 年，第 90-91 頁。

　　依據考古器型學分類，這類盆確實與敦的形制極爲相似。但是敦、盆的器形存在演變的關繫，郎子行盆自名爲"盆"，那麼製作郎子行盆的人認爲此器是盆而不是敦——這類脱胎于瓦器的瓮形器可能在部分地區是混稱不别的。因此，還是依據其自名定名爲盆較好。

　　甲骨文有"〔字形〕"（《合集》28167）字，可能是"盆"的初文，不過不用作器名。用爲盆器自名最早見于西周金文，從"皿""分"聲，字形上没有太多疑問。

　　《銘三》新收 2 件俪伯盆，自名爲"〔字形〕"，字形特異。整理者徑釋作"盆"，無釋。[1]王子楊分析字形上部爲從"分"[2]，孫合肥從之。[3]按王釋可從，此字形中間的"刀"的一畫與"八"的一側黏連到了一起，其實是"分"，結合器形，釋爲"盆"即可。

11.2　盨

表 28　盨

序號	編號	器名	器形	時代	銘文	字形
1	06272	邛仲之孫伯戔盆		春秋早期	邛仲之孫伯戔，自作篒盨。	
2	06274	晋公盆		春秋中期	作元女孟媿盨三盨。	

　　有 2 件盆器名爲"盨"。

　　此字形宋清著録多釋爲"盦"。如《考古圖》就將此字隸定爲"音頭酉足"，加"皿"作"盦"。[4]郭沫若歷數過去將此字誤釋的著録，并認爲此字從"奠"聲，當讀爲"盨"。[5]徐中舒也曾提出過相似的意見，認爲當讀爲《方言》中的

---

　　① 深圳博物館、山西省考古研究所、山西博物院：《封邦建霸——山西翼城大河口墓地出土西周霸國文物珍品》，北京：文物出版社，2016 年，第 156 頁。

　　② 王子楊：《大河口霸國墓地 M1017 出土青銅銘文材料的幾點認識》，社科院歷史所先秦史研究室網，2018 年 3 月 9 日。（https://www.xianqin.org/blog/archives/9917.html）

　　③ 孫合肥：《翼城大河口 1017 號墓出土青銅銘文補説》，《古文字研究》第 33 輯，北京：中華書局，2020 年，第 299 頁。

　　④ 吕大臨：《考古圖》清乾隆四十六年四庫全書文淵閣書録錢曾影鈔宋刻本，《金文文獻集成》第 1 册，北京：綫裝書局，2005 年，第 113 頁。

　　⑤ 郭沫若：《殷周青銅器銘文研究》，《郭沫若全集·考古編》第 4 卷，北京：科學出版社，2002 年，第 132 頁。

"甉"。[①]之後容庚[②]、唐蘭[③]等學者均從此釋讀。

　　關于"甉"與"盆"的區別，容庚認爲"甖甉缶盆皆一類"。[④]陳夢家認爲稱"甉"是晋地的方言稱謂。[⑤]杜廼松從此説，認爲曾國稱"盆"，晋國稱"甉"。[⑥]林巳奈夫認爲使用這兩種自名器物的數量過少，不足以定，但是兩者形制相似，因而可以歸爲同一類器。[⑦]我們認同林巳奈夫的意見，兩類器物具有相同的外形特徵，功能應當也是相似的。《方言》中這些稱謂都是指缶、盆一類的器物，方言差異大于實際器用的差異。

11.3　盈

　　杞伯每刃作竈嫀寶盈。

——杞伯每刃盆（《銘圖》06265，春秋早期）

　　杞伯每刃盆自名作""。

　　許瀚認爲此字與《説文解字》訓"器也"的"盉"字古音相同，又作"銚"，是一種温器。[⑧]方濬益[⑨]、陳夢家[⑩]、《通解》[⑪]、戴家祥[⑫]、黄德寬[⑬]均采此説，而戴家祥還進一步推論"盈、銚、盉、盉"均是一器之異名。

　　孫詒讓曾認爲此字上從"台"，讀爲"瓵"。[⑭]然"台"字與"召"字形迥異，此字形非"台"甚明，故不可據。

---

①　徐中舒：《當塗出土晋代遺物考》，《"中央"研究院歷史語言研究所集刊》1931 年第 3 本第三分，第 315 頁。

②　容庚：《頌齋吉金圖録》1933 年考古學社專集第八種影印本，《金文文獻集成》第 19 册，北京：綫裝書局，2005 年，第 367 頁。

③　唐蘭：《晋公𦈻鼎考釋》，《唐蘭全集》第 1 册，上海：上海古籍出版社，2015 年，第 384 頁。原載《國學季刊》1934 年第 4 卷第 1 號，第 37 頁。

④　容庚：《商周彝器通考》，臺北：大通書局，1973 年，第 475 頁。

⑤　陳夢家：《中國銅器概述》，《海外中國銅器圖録》第 1 册，北京：中華書局，2017 年，第 31 頁。

⑥　杜廼松：《談銅器定名中的一些問題》，《故宫博物院院刊》1979 年第 1 期，第 82 頁。

⑦　林巳奈夫著，廣瀬薫雄譯，郭永秉潤文：《殷周青銅器綜覽：殷周時代青銅器的研究（第一卷）》，上海：上海古籍出版社，2017 年，第 56 頁。

⑧　吴式芬：《攈古録金文》光緒二十一年吴氏家刻本，《金文文獻集成》第 11 册，北京：綫裝書局，2005 年，第 245 頁。

⑨　方濬益：《綴遺齋彝器考釋》1935 年商務印書館石印本，《金文文獻集成》第 14 册，北京：綫裝書局，2005 年，第 433 頁。

⑩　陳夢家：《中國銅器概述》，《海外中國銅器圖録》第 1 册，北京：中華書局，2017 年，第 18 頁。

⑪　張世超、孫凌安、金國泰、馬如森：《金文形義通解》，京都：中文出版社，1996 年，第 888 頁。

⑫　戴家祥主編：《金文大字典》，上海：學林出版社，1995 年，第 3452 頁。

⑬　黄德寬主編：《古文字譜系疏證》，北京：商務印書館，2007 年，第 833 頁。

⑭　孫詒讓：《古籀餘論》1929 年燕京大學哈佛燕京學社石印容庚校補本，《金文文獻集成》第 13 册，北京：綫裝書局，2005 年，第 83 頁。

鄒安似見過此器器形，于《周金文存》中認爲此器當是盆，故自名也讀
"盆"。[①]張光裕從之，認爲該字是"盆"的異體。[②]《銘文選》認爲"盨"是
"盆"的方言。[③]

我們認爲此字當以本字"盨"爲隸定，"召"聲與"銚""盄"音近，"召"
"兆"相通之例甚繁，前人多有論及。訓爲"盄"聲意順，可從。

11.4　盆

仲阪父作戎伯寶盆。

——仲阪父盆（《銘三》0619，春秋早期，見圖99）

圖99　仲阪父盆

周博 2018 年公布了一件春秋早期的仲阪父盆，器名爲""。周博將此字釋
爲"益"，讀爲"彝"。[④]查飛能也認爲是"益"，并讀爲"皿"。[⑤]李春桃認爲此字
"皿"上部是"共"的省體，可讀爲"盞"。[⑥]李琦從此説。[⑦]

按"益"字一般中不從"◉"，而從"一""丶"或填實的"·"，以示水滿
溢，鮮有作空心"◉"形的例子。[⑧]此盆釋"盞"似有同例毁仲姜盆自名從
"共"爲佐，但"共"同樣不作此"◉"形，故不確。

雖然"公"下部之"口"一般上平作"▱"，但也有作圓形者，如叔角父簋
""（《銘圖》04927）、公厨右官鼎""（《銘圖》01885）、公芻權""（《銘

---

①　鄒安：《周金文存（附補遺）》1916 年廣倉學宭石印本，《金文文獻集成》第 23 册，北京：綫裝書局，
2005 年，第 241 頁。

②　張光裕：《從筆字的釋讀談到盨、盆、盂諸器的定名問題》，《考古與文物》1982 年第 3 期，第 76 頁。

③　上海博物館商周青銅器銘文選編寫組：《商周青銅器銘文選》，北京：文物出版社，1990 年，第 515 頁。

④　周博：《重慶中國三峽博物館藏仲阪父盆》，《文物》2018 年第 10 期，第 91-92 頁。

⑤　查飛能：《商周青銅器自名疏證》，2019 年西南大學博士學位論文，第 126-127 頁。

⑥　李春桃：《談青銅盆的一種自名》，《紀念方光燾、黃淬伯先生誕辰 120 周年國際學術研討會論文集》，南
京：南京大學文學院、南京大學漢語史研究所，2018 年，第 217 頁。

⑦　李琦：《東周青銅食器稱謂與功用整理研究》，2019 年吉林大學碩士學位論文，第 233 頁。

⑧　特例僅見王臣簋（《銘圖》05313）。

圖》18857）等。“盆”即“瓮”，《説文解字》訓“罌也”，《方言》“甀”“瓮”，都是屬盆、缶一類器物。

仰天湖竹簡 17 簡有“盗”字，或即“盆”。上博簡六《平王》簡 3、4 有“甖”，從“酉”“皿”，替換聲符從“共”聲，亦讀爲“瓮”。[①]

11.5　盎

妝作旅盎。盎

——妝盎（《銘三》0618，春秋早期）

《銘三》著録一件器物自名爲“盎”，從“皿”“央”，作盆的器名爲首見。《説文解字》“盎”“盆”互訓，《方言》：“罃甀謂之盎。自關而西或謂之盆。或謂之盎。”此器自名正反映了這一方言稱謂。不過尚待見到器形以證之是否爲盆器。

“盎”并不一定專指這種盆形器。望山 3 號墓遣策 51 簡有“一豕盎”，對應墓中的陶鼎[②]，則可能是一種代稱現象。

11.6　鍸

弔句邻之孫，啓旨邸之子，僮郊公之妻嬰同盥用鍸。鍸

——嬰同盆（《銘三》0621，春秋晚期，見圖 100）

圖 100　嬰同盆

《銘三》新收嬰同盆，銘尾部曰“鑄用鍸”。

“鍸”字又見于郳公镮鐘（《銘圖》15421，春秋晚期）“盥辝穌鍾二鍸鍸”，用爲量詞。此處當不作此解。

疑讀爲“瓶”，《方言》：“罃。陳魏宋楚之間曰甒。或曰瓶。”“鍸”“瓶”魚侯旁轉可通。此從“金”以表其質。

---

① 陳劍：《釋上博竹書和春秋金文的“羹”字異體》，《2007 中國簡帛學國際論壇論文集》，臺北：台灣大學中文系，第 322 頁。

② 湖北省文物考古研究所：《望山楚簡》，北京：中華書局，1995 年，第 128 頁。

12　匕、俎

12.1　匕

表 29　匕

序號	編號	器名	器形	時代	銘文	字形
1	06307—06308	微伯癲匕		西周中期	微伯癲作匕。	
2	06318	仲柟父匕		西周中期後段	仲柟父作匕，永寶用。	
3	06319—06320	箴銘匕		春秋晚期	曰：𢓊（誕）有氏蚰匕。	
4	30625	鹿禾匕		春秋晚期	鹿禾匕。	
*	—	曾叔孫湛匕①		春秋中期	曾叔孫湛之鬲"匕"。	

　　《説文解字・匕部》："匕，相與比叙也。從反人。匕，亦所以用比取飯，一名柶。凡匕之屬皆從匕。"《廣雅・釋器》："柶，匙，匕也。"則與前文討論的容器型食器不同，匕是工具型的食器，一存一取，是組合使用的。

　　匕之形體，容庚謂"其狀略如今之羹匙，體微凹，鋭末而柄曲"。②羅振玉曾將此器與勺比較，認爲勺深、匕淺。③杜廼松也總結認爲，"匕"淺而柄直，"勺"圓而深腹，有着不同的發展演變序列。④

---

　　① 見湖北省文物考古研究等：《湖北隨州棗樹林目的 81 與 110 號墓發掘》，《考古學報》2021 年第 1 期，第 155 頁圖 3。

　　② 容庚：《商周彝器通考》，臺北：大通書局，1973 年，第 372 頁。

　　③ 羅振玉：《貞松堂集古遺文》1930 年石印本，《金文文獻集成》第 24 册，北京：綫裝書局，2005 年，第 225 頁。

　　④ 杜廼松：《青銅匕、勺、斗考辨》，《文物》1991 年第 3 期，第 66 頁。

《儀禮·士昏禮》：“匕俎從設。”鄭注：“執匕者，執俎者，從鼎而入設之，匕所以別出牲體也，俎所以載也。”《儀禮·少牢·饋食禮》“廩人概甑甗匕與敦於廩爨”，鄭注：“匕所以匕黍稷。”因而可以匕肉食，也可以匕黍稷。而匕出土時可置于鼎、鬲、甗之內①，這也與文獻記載相合。

《銘圖》收録 6 件有自名的俎，均以“匕”爲器名。其中有一件新出的曾叔孫湛匕，自名作“”，當是以“此”代“匕”。

其中“箴銘匕”（或稱魚鼎匕、魚顛匕）自名字形的爭議較大。06319 器“”字羅振玉釋“匕”，劉體智從此釋。②李零改釋爲“人”③，詹鄞鑫從此釋。④史克禮⑤、臧克和⑥批判了這一解釋，認爲釋“人”爲牽附巫祝之説，從句意來看此處應是器名“匕”。然而之後有王志平⑦、何琳儀⑧、吳鎮烽⑨又相繼釋此字爲“尸”，讀爲“夷”。吳雪飛⑩、單育辰⑪、李樹浪等⑫則從舊説讀爲“匕”。

按如吳鎮烽所言，“匕”“人”“尸”字形易混，而此“”字“頭、腹、臀部皆用肥筆，膝部彎曲”⑬，字形上來看確實更像“尸”。又何琳儀認爲“匕”字的朝向多爲右向，而“”字朝左則不當釋“匕”。但是新見冊㭪簋有銘曰：“旂伯休于冊㭪，賜玭。”韋心瀅認爲“玭”是玉製的匕。⑭“匕”字作“”，朝向則是向上作的，可見朝向并不能作爲判斷是不是“匕”的依據。而且此字不能完全依據字形來判斷，上下文也很重要。

---

① 朱鳳瀚：《中國青銅器綜論》，上海：上海古籍出版社，2009 年，第 153 頁。又收于《古代中國青銅器》，天津：南開大學出版社，1995 年，第 87 頁。

② 劉體智：《小校經閣金石文字（引得本）》，臺北：大通書局，1979 年，第 1798 頁。

③ 李零：《李零自選集》，南寧：廣西師範大學出版社，1998 年，第 78 頁。

④ 詹鄞鑫：《〈魚鼎匕〉考釋》，《中國文字研究》第 2 輯，南寧：廣西教育出版社，2003 年，第 175-176 頁。

⑤ 史克禮：《〈魚鼎匕〉銘文性質及“下民無智”的有關問題》，《中國文字研究》第 4 輯，南寧：廣西教育出版社，2003 年，第 131 頁。

⑥ 臧克和：《〈魚鼎匕〉銘文有關器名性質新釋》，《考古與文物》2004 年第 5 期，第 94 頁。

⑦ 王志平：《一則蚩尤傳説的新解釋——兼論神話傳説中的語源迷誤》，《中國典籍與文化》1999 年第 4 期，第 95-98 頁。

⑧ 何琳儀：《魚顛匕補釋——兼説昆夷》，《安徽大學語言文字研究叢書·何琳儀卷》，合肥：安徽大學出版社，2013 年，第 114-115 頁。

⑨ 吳鎮烽：《“魚鼎匕”新釋》，《考古與文物》2015 年第 2 期，第 55 頁。

⑩ 吳雪飛：《新見魚顛匕通讀》，《中國文字》新 42 期，臺北：藝文印書館，2016 年，第 231-232 頁。

⑪ 單育辰：《新見三種金文探微》，《古文字研究》第 32 輯，北京：中華書局，2018 年，第 209 頁。

⑫ 李樹浪、郭凱、孫海寧、向野：《商周青銅禮器定名與自名研究》，成都：四川大學出版社，2021 年，第 277-279 頁。

⑬ 吳鎮烽：《“魚鼎匕”新釋》，《考古與文物》2015 年第 2 期，第 55 頁。

⑭ 韋心瀅：《新見冊㭪簋初探》，《古文字研究》第 33 輯，北京：中華書局，2020 年，第 331 頁。

"𣢯"字前一字"蚰"的讀法很大程度上影響了"𣢯"字的讀法。羅振玉釋"蚰"，認爲形容此匕之形體如蟲；何琳儀則是合二字讀爲"昆夷"；吳雪飛則將又上一字與"蚰"連讀，讀爲"蚳"，假爲"匙"，則此器自名爲"匙匕"。我們認爲"氏"與"蚰"從銘文行款上來看是有一定距離的，不宜讀爲一字。而結合上文"寸（鑄）"字來看，這裏的"𣢯"字應當就是自名部分，讀爲"匕"是無礙的。

12.2 俎

金文"𩰬"字習見，會以匕取鼎中的牲肉，以盛于俎（"爿"）。可見俎、匕是可以配套使用的食器。《説文解字·且部》："俎，禮俎也。從半肉在且上。"《方言》："俎，几也。"《左傳·隱公五年》："鳥獸之肉，不登於俎。"杜預注："俎，祭宗廟器。"《玉篇》："俎，斷木四足也，肉俎也。"可知俎是切肉以祭祀的几案。

金文中有"𧊵"字，故學者多釋爲"宜"字。[1]甲骨文中有"𥄎"，早期學者多釋讀爲"俎"，如孫詒讓認爲是"俎"字，或借爲祖、且。[2]羅振玉亦釋"俎"，并云前人釋"宜"均誤。[3]葉玉森[4]、陳夢家[5]從之。

王國維認爲"宜"是正視之形，"俎"是側視之形。[6]容庚進一步認爲"俎""宜"爲一字。[7]孫海波[8]、李孝定[9]、唐蘭[10]、戴家祥[11]、于省吾[12]均贊成這種觀點。

而于豪亮曾提出過異議，他認爲三年癲壺（《銘圖》12441）中的"𢼸𤯔"即《儀禮》和《禮記》中多見的"豕俎"，則"俎"與"宜"其實是不同的兩個字。[13]王人聰亦持此説，并另舉與兵壺（《銘圖》12445）"皇𣢯文考"，"俎"借爲

---

① 吳大澂：《説文古籒補》清光緒二十四年增輯本，《金文文獻集成》第 17 冊，北京：綫裝書局，2005 年，第 236 頁。

② 孫詒讓：《契文舉例》，《吉石盦叢書三集》，1912 年，下一頁。

③ 羅振玉：《增訂殷虛書契考釋》，《羅雪堂先生全集三編》冊二，臺北：大通書局，1976 年，第 522 頁。

④ 葉玉森：《殷虛書契前編集釋》第 1 卷，上海：大東書局，1934 年，第 93 頁。

⑤ 陳夢家：《殷虛卜辭綜述》，北京：中華書局，1988 年，第 266 頁。

⑥ 王國維：《説俎（上、下）》，《觀堂集林》，北京：中華書局，1959 年，第 155-157 頁。

⑦ 見容庚《金文編》1915 年版。轉引自商承祚：《甲骨文字研究》，天津：天津古籍出版社，2008 年，第 157-158 頁。

⑧ 孫海波：《甲骨文編》，北京：中華書局，1965 年，第 529 頁。

⑨ 李孝定：《甲骨文字集釋》，臺北："中央"研究院歷史語言研究所，1970 年，第 2459 頁。

⑩ 唐蘭：《殷虛文字二記》，《古文字研究》第 1 輯，北京：中華書局，1979 年，第 55-56 頁。

⑪ 戴家祥主編：《金文大字典》，上海：學林出版社，1995 年，第 3587 頁。

⑫ 于省吾主編：《甲骨文字詁林》，北京：中華書局，1996 年，第 3337 頁。

⑬ 于豪亮：《説俎字》，《中國語文研究》1981 年第 2 期，第 47-49 頁。

"祖"爲據。[①]曾憲通[②]、陳劍[③]贊成此説。

晁福林認爲甲骨文中的"⿴"是俎形，"宜"是其引申義。[④]我們認爲，"⿴"字在兩周金文中出現，是"且"字（即俯視的俎）的側視形變體，與"宜"字形有異，但是共用形體"且"是無疑問的，但并不是完全同形，故不能看成一字。

俎大多以木爲之，存世青銅俎器本身數量不多。《銘圖》收錄 2 件有自名的俎，1 件以共名"彝"爲器名，1 件器名爲"俎"，也是首次見到俎器自名爲"俎"。字形作"⿴"，其左側的案俎的足型已經訛變作"⿰"的形狀，也是許慎誤識爲"半肉"的形體，而且案俎"且"上的欄界也類化作"⿰"形，可知這種直綫作折筆的訛寫是確實存在的，證之前學者所言非虛。

無叔擇其吉金，自作歊（齎）俎。⿴

——無叔俎（《銘三》0627，春秋中期，見圖 101）

簡帛中亦有"俎"字，如望山簡 2.5"三皇俎⿰，三皇豆"，俎即對應墓中出土的木俎（見圖 102）。雲夢秦簡《法律答問》27 簡"置豆俎鬼前"。豆、俎連言，知其爲盛肉食祭祀之器。

圖 101　無叔俎

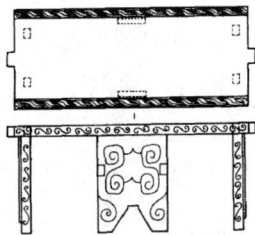

圖 102　木俎

小　結

在本章中，我們先對食器的共名進行了考釋。"彝"字會雙手持縛活物以祭祀，用爲銅禮器之通用名稱，主要使用于西周時期。"器"字或從"犬"聲，也可能是表以"犬"爲祭，也可以看作銅器共名，不過相比"彝"數量少了許多。

---

① 王人聰：《釋西周金文的"俎"字》，《第二屆國際中國古文字學研討會論文集》，香港：香港中文大學，1993 年，第 269-270 頁。

② 曾憲通：《古文字資料的釋讀與訓詁問題》，《曾憲通自選集》，廣州：中山大學出版社，2017 年，第 90-91 頁。原載《第一屆國際訓詁學研討會論文集》，1997 年。

③ 陳劍：《甲骨金文舊釋"⿰"之字及相關諸字新釋》，《出土文獻與古文字研究》第 2 輯，上海：復旦大學出版社，2008 年，第 36-37 頁。

④ 晁福林：《從甲骨文"俎"説到"義"觀念的起源》，《考古學報》2019 年第 4 期，第 477 頁。

之後，我們將食器的專名歸入"鼎""鬲""甗""簋""盨""瑚""敦、盞""豆、鋪""盂""盆、盞""匕、俎"中分別討論，并對各自用爲器類名之字的異寫作了分析。

鼎的器名數量最多，種類最爲豐富。除了見于文獻的"鑊""鼐""鼏（翼）"，還有楚鼎特有的"鼒""鼒""繁""鐈""礋鈨""鼼"等方言稱謂，反映了楚地用鼎文化的發達，對鼎器器形、功能存在進一步細分的需求；"甾"本是竹器，以"甾"稱鼎是代稱的現象，也可能是修飾語"飮"之省；"鬻"組字同時可作爲鼎、鬲的器名，基本結構都從"籅""鬵"，器中所從的字形表示烹煮的食物，兼有表音的功能，至春秋時期器底與"火"旁訛變爲"羔"形；"鏃""靈"字的含義尚待進一步討論。

鬲器大多數自稱"鬲"。"鬶"其實是"鬲"的異寫，所從之"圭"并非表食物，而可能本是鬲足的變體，之後逐漸聲化而表音；"豙"會縛豕之形，其實是"彝"字縛牲之形的省簡寫法；水姬鬲的"▨"字可能是從"金""夾"或"無"聲，但是意義上不好解釋，存疑；齊侯子仲姜鬲器名"▨"，字形磨泐不可辨，暫從原釋作"鑸"。

甗器絕大多數器名都是"鬺"及其異體。僅有戰國晚期的郭大夫釜甗自名"复錇"，可讀爲"鍑甗"。

簋器雖數量僅次于鼎，但器名種類較少，絕大多數自稱"殷"。再簋自名"奏"，讀爲"規"，假爲"簋"，或許是修飾語"畫"，形容器物的色彩華美，省略器名；霸伯"簋"自名爲"衒"，但是從器形上來看，此器非簋，是一種方形溫爐，"衒"當是這種器物的專名；"寏"尚不能確定是不是器名，該字的釋讀也存在疑問。

盨器器名多數從"須"。應侯盨自名"䤔殷"，"䤔"應當是"盨"字異寫；伯弘父盨自名作"料"，從"米""丩"聲，假爲"簋"；伯克父盨自名爲"舐"，即後世之"栖"；遣盄父盨自名"薈"，"畲"從"言""各"聲，加"艸"頭與"竹"同義替換，讀爲"笿"，是一種竹器。

瑚器器名多從"古"聲作"匙""盬"等，或從"夫""害"聲，或以"匡"代稱，或從"金"作"匼"。

敦器器名多從"臺"，還有一類平底敦器名作"盞"。敦器器名中有一類從"学""皿"的字形，也記錄了這類器物的地方性稱謂。有一件盞、一件盆器名爲"皿"，應是這類低矮而深腹容器的通稱，不過使用限制比"彝""器"多很多，屬于小範圍的限定性共名。"工尹坡盞"自名爲"鐅"，器形其實是鼎，"鐅"是以另一種器物代稱此鼎，還是這種形制的鼎之別稱，尚不清楚。

　　豆器多以其象形本字"豆"自稱。或有器名從"弇"聲作"鉄""盠"，即後世之"𣀈"，《説文解字》訓"豆屬"；或作"鉦"，是一類特殊的圓腹圓底豆的專名；郘陵君豆器名爲"鉄盍"，或釋爲"簠盍"，或認爲是器名連用的"盧𠫑"，尚不能定論；器名"錡""盠"古音相同，都是一種銅方豆之專名；郘子㜌豆自名"𥾝百"，可能讀爲"朕豆"；還有一類器名從"甫"得聲，一般稱"鋪"，應當是這種似豆而淺盤、圈足鏤空的器物的專名。

　　盂器均以"盂"作爲專名，無異稱。

　　盆形器以"盆"自稱爲多。或自名爲"盨"，即《方言》所提到的"甋"；或自名爲"盈"，當即後世之"銚"；或自名作"瓮"，可讀爲"瓮"；或自名爲"盎"，《説文解字》與"盆"互訓；或自名爲"鍺"，疑是《方言》中的"瓶"。

　　匕、俎器物數量較少，自稱"匕""俎"，即對應後世對其的稱謂，意義無礙。

第三章　商周青銅食器自名修飾語
整理與研究

　　我們共收集到商周青銅食器自名修飾語約 3500 例，根據其使用頻次，製成統計圖①，并根據其作用分類討論（見圖 1）。

　　我們根據修飾語所限定的内容，將修飾語分爲一般性修飾語、功能性修飾語和特徵性修飾語。一般性修飾語主要是"寶"和"尊"，不具備限定器物用途、特徵的作用，而僅僅用來形容器物珍貴、寶貴等，也可以説是吉語。它們可以用于修飾不同器物的器名，具有很强的泛用性。功能性修飾語主要對器物具體的功能作出限定，主要有祭祀類、進獻類、膳飲類、盥洗類、出行隨葬類、媵娶類、動物類以及其他類。特徵性修飾語主要是對器物的外形、質地與器蓋、組合關繫進行限定，數量比較少。還有一些修飾語我們認爲目前没有特別好的解釋，暫作存疑字處理。

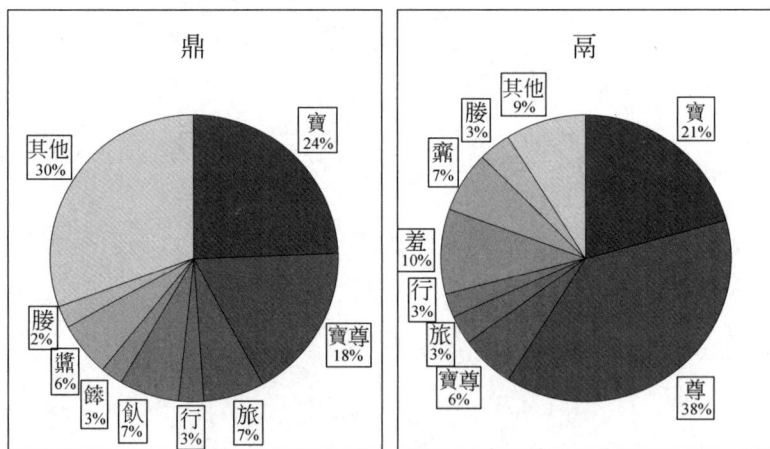

圖 1　食器修飾語使用頻率統計圖

---

　　① 僅統計該修飾語單用的情况（寶尊因數量較多而例外），連用因存在數據重複，不便以圖表方式展現。敦、豆、盂、盆、匕、俎修飾語樣本數量較少，單類器物的數據不具備參考價值，故不單列圖表。

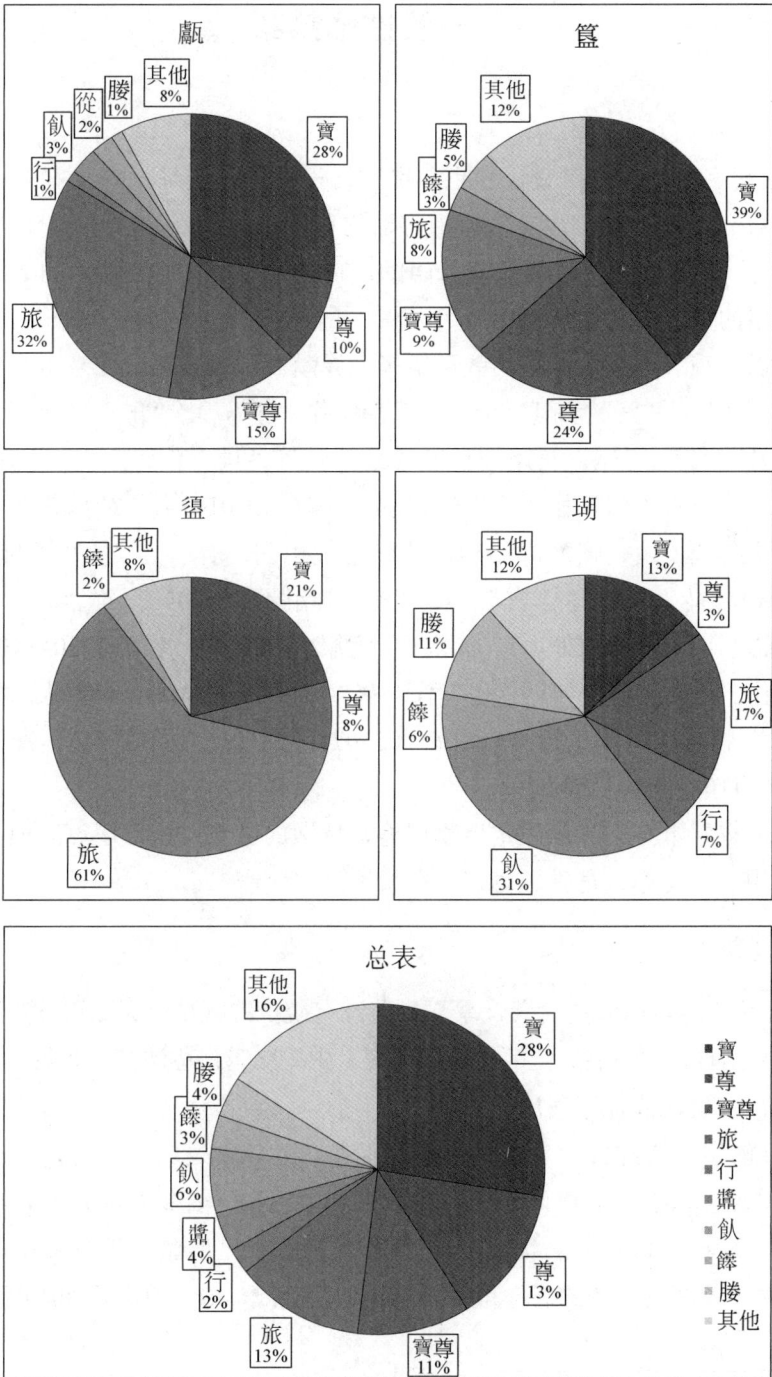

圖 1　食器修飾語使用頻率統計圖　（续）

1　一般性修飾語

1.1　寶

《説文解字・宀部》："寶，珍也，從宀從玉從貝，缶聲。宲，古文寶省貝。"又《玉部》："珍，寶也。""寶"即形容器物珍貴①，意義没有争議，是最常用的修飾語之一。單獨使用"寶"爲修飾語的器物數量約占有自名銅器的 28%，這還不包括連用的情况，足見其使用頻率之高。

銅器以"寶"作爲修飾語的數量衆多，異體數量自然也十分豐富。甲骨文寶作"🔲"，從"宀""貝""玉"。金文一般形體作"🔲"，增"缶"爲疊加聲符。或省"玉"作"𡪄"（寂鬲，《銘圖》02686），或省"貝"作"𡪄"（格伯簋，《銘圖》04923），或省"缶"作"𧷤"（嬴氏鼎，《銘圖》01434），或繁化增"廾"作"寶"（量侯�簋，《銘圖》04837），或簡寫從"缶"作"窑"（姞晉母鼎，《銘圖》01795），從"貝"作"宜"（農父簋，《銘圖》04204），從"玨"作"宔"（番君䢔伯鬲，《銘圖》02990），簡寫作"🔲"（貔父簋，《銘圖》04340）。還有一些不用作器名的異體，如以"缶"代"寶"（如吳氏季大鼎，《銘續》0165）等。或以"保"假之，如倗生簋（《銘圖》05307—05310，西周中期）、眚仲之孫簋（《銘圖》05110，春秋早期）。

因爲"寶"本身不具備限定器物用途、特徵的意義，往往還可以與其他修飾語搭配使用，如寶尊、寶旅、寶宗、寶飤等。

1.2　尊（尊）

"尊"字作修飾語時的含義，學界目前没有統一的觀點，大致可分爲五類，我們曾在《兩周青銅盨自名、定名整理與研究》中總結爲：尊法度；尊貴、寶貴；祭祀、進獻；陳設、放置；假爲"宗"。②

《説文解字・酉部》："尊，酒器也。從酉，廾以奉之。……尊，尊或從寸。""尊"字本義會以手奉酒尊以祭祀，甲骨文作"🔲"（《合集》00999），或置于地作"🔲"（《合集》15856），從"寸"之"尊"是後起形體。甲骨文中多用爲祭名，故"尊"有祭祀義。祭祀一般需置器于地而陳設，故"尊"器如唐蘭所言，在

---

① 李零：《商周銅禮器分類的再認識》，《中國國家博物館館刊》2020 年第 11 期，第 22 頁。

② 參拙文夏宸溥：《兩周青銅盨自名、定名整理與研究》，2019 年北京語言大學碩士學位論文，第 19-20 頁。

與“旅”這類修飾語相對而言時，是表示置于宗廟、不可移動之器。[①]祭祀用器地位重要，因而也有與“寶”相類似的“寶貴”“尊貴”等意義，或增“阜”旁表示之。故這些解釋都有可依。但是從“尊”的使用頻率僅次于“寶”，且從“尊”以“隣”假之來看，“尊”與最初的“置酒祭祀”本義已經有了一定的差別，而泛化爲一般的器名修飾語，意義與“寶”相當。

陳夢家釋此字爲“奠”[②]，聞一多[③]、馬薇廎[④]等學者從之。甲骨文有“”（《合集》00816 反）字，會置酒尊于地，可能是“奠”的本字，金文從“丌”，則改置几案。趙平安認爲“尊”是由“奠”分化出來的字；[⑤]陳英杰認爲商代至戰國“尊”“奠”形體區別十分明顯，但大概在西周晚期時在人們的理解中“尊”“奠”曾發生混同（如筥小子簋“”，《銘圖》05036）。[⑥]

從“廾”的“”出現很早，“尊”與“奠”形體、意義雖有區別，但又有相近、關聯之處，故可能存在形近混用的現象（甲骨文有“”，可能是“尊”與“奠”的共同形體）。李零說“尊”是雙手捧酒器，“奠”則是把酒器放在几案上，“一個是拿，一個是放”。[⑦]“尊”“奠”意義雖都是祭祀，但各司其職，各有側重，這也與今天的用法相符——“尊”多表衍生義“尊貴”，“奠”表本義“奠祭”。但是金文裏修飾語位置的“”還應當釋“尊”而非“奠”。黃盛璋曾指出，修飾語“尊”下多從“廾”，不從“丌”，且多增“阜”旁，與“奠”不同。[⑧]雖然認知上“尊”“奠”或混同，但是其表達的意義主體仍當是“尊”。

對于部分自名爲“修飾語+尊”的食器，我們認爲“尊”也應該是修飾語，只不過是省略了器名。正如陳英杰所說，“尊”的語法位置比較靈活，相較于位置固定的共名“彝”，更類似于一般修飾語“寶”。[⑨]“尊”僅次于“寶”的使用頻率也印證了這一點。

---

① 唐蘭：《〈五省出土重要文物展覽圖録〉序言》，《唐蘭全集·論文集中編》，上海：上海古籍出版社，2015年，第989頁。

② 陳夢家：《西周銅器斷代（一）》，《考古學報》1955年第3期，第154頁。

③ 聞一多：《大豐𣪘考釋》，《聞一多全集》第10冊，武漢：湖北人民出版社，1993年，第611頁。

④ 馬薇廎：《彝銘中所加于器名上的形容字》，《中國文字》第43冊，臺北：臺灣大學文學研究室，1973年，第4頁。

⑤ 趙平安：《跋虢叔尊》，《古文字研究》第25輯，北京：中華書局，2004年，第187-188頁。

⑥ 陳英杰：《金文字際關繫續辨（二則）》，《古文字研究》第28輯，北京：中華書局，2010年，第306頁。

⑦ 李零：《商周銅禮器分類的再認識》，《中國國家博物館館刊》2020年第11期，第22頁。

⑧ 黃盛璋：《銅器中“奠器”的說法不能成立》，《考古通訊》1958年第1期，第74頁。

⑨ 陳英杰：《金文釋詞二則》，《中國文字研究》第5輯，南寧：廣西教育出版社，2004年，第141頁注2。總結自張振林：《商周銅器銘文之校讎》，《第一屆國際暨第三屆全國訓詁學學術研討會論文集》，臺北：文史哲出版社，1997年，第772頁。

2　功能性修飾語

2.1　祭祀類

2.1.1　宗

（1）叔作憨宗盉。

—— 叔鼎（《銘圖》01460，西周早期）

（2）乃孫作祖己宗寶齎鼎。

—— 乃孫鼎（《銘圖》01924，商代晚期）

（3）王子剌公之宗婦邯嬰，爲宗彝齎彝。

—— 宗婦邯嬰鼎、簋（《銘圖》02280—02286，05037—05048，春秋早期）

（4）克作朕皇祖厘季寶宗彝。

—— 小克鼎（《銘圖》02454、02460，西周晚期）

（5）趩伯作冉宗彝。

—— 冉鼎、簋、盨（《銘圖》05213—05214，05666，20227，20443—20444，西周中期）

（6）叔壴謽作宗寶隮彝。

—— 叔壴簋蓋（《銘續》0368，西周早期）

（7）汗皇孝于宮宀，作宗隮敀。

—— 汗簋（《銘續》0406，西周中期前段）

《説文解字·宀部》：“宗，尊祖廟也。從宀從示。”“宗”字會在屋下祭祀祖先之神主之意。“宗”作修飾語，若是直接與器名相連，則多與“彝”搭配。“宗彝”一語見于經典。《周書·洪範》：“武王既勝殷，邦諸侯，班宗彝，作《分器》。”鄭玄注：“宗彝，宗廟彝”。則“宗”即指宗廟。

陳英杰認爲“宗”亦即“宗室”之省[1]，是十分正確的。叔鼎自名“宗盉”，“盉”即“齎”。矩鼎（《銘三》0259）曰：“矩乍（作）宗室夔。”伯武父鼎（《銘圖》02189）銘文曰：“伯武父作寶夔鼎，其朝夕用……婚遘于宗室。”

稱“宗彝”則指祭祀于宗室，即祖廟之器。

2.1.2　祭、祀

（1）妳作皇妣□君仲妃祭器八簋，永宝用亯。

—— 鄦侯少子簋（《銘圖》05149，春秋晚期）

---

[1]　陳英杰：《西周金文作器用途銘辭研究》，北京：綫裝書局，2008年，第288頁。

（2）作皇妣孝大妃**祭**器釴鐟。

　　　　　　　　　　——十四年陳侯午敦（《銘圖》06077，戰國中期）

（3）諸侯盍薦吉金，用作孝武桓公**祭**器鐘。

　　　　　　　　　　——陳侯因脊敦（《銘圖》06080，戰國中期）

（4）缶用作官太子乙家**祀**隋。

　　　　　　　　　　——小臣缶鼎（《銘圖》02224，商代晚期）

有 3 件食器修飾語爲“祭”。《説文解字·示部》：“祭，祭祀也。從示，以手持肉。”金文“祭”字構形也符合《説文解字》的解釋。這 3 件器物從銘文來看，均是爲祭祀考妣所作，以“祭”爲修飾語，表祭祀用器十分合適。

另外，還有 1 件鼎自名修飾語爲“祀”。李學勤認爲此處“祀尊”不宜連讀，應該與家連讀作“家祀”。[①]陳英杰以商代子卣（《銘圖》13281）亦作“祀尊”，認爲此器讀爲“祀尊”没有問題。[②]我們認同陳英杰的讀法。

《説文解字·示部》：“祀，祭無已也。從示巳聲。禩，祀或從異。”“祀”在金文中多用作祭祀動詞，如天亡簋（《銘圖》05303）“王祀于天室降”。“祭”“祀”用爲修飾語的例子極少，大概因爲銅器多爲祭器，“祭”“祀”表一般的祭祀，并不能起到限定器用的作用，不必以此修飾。

2.1.3　盟盟、皿

（1）子作鼎盟彝。

　　　　　　　　　　——子鼎（《銘圖》01416，西周早期）

（2）𩰫作祖丁**盟**隻。

　　　　　　　　　　——𩰫鼎（《銘圖》01525，西周早期）

（3）戒作莽官**明**隋彝。

　　　　　　　　　　——戒鬲（《銘圖》02767，西周早期）

（4）作**皿**隋毀。

　　　　　　　　　　——作皿尊簋（《銘圖》04107，西周早期後段）

食器中共有 4 件以“盟”（皿）爲修飾語，均爲西周早期時器。

《説文解字·囧部》：“盟，殺牲歃血，朱盤玉敦，以立牛耳。從囧從血。盟，篆文從朙。”

---

① 李學勤：《小臣缶方鼎》，《李學勤學術文化隨筆》，北京：中國青年出版社，1999 年，第 258 頁。原載《殷都學刊》1985 年第 1 期。

② 陳英杰：《商代金文文例研究》，《中國文字研究》第 11 輯，鄭州：大象出版社，2008 年，第 54 頁及注 5。

連劭名認爲"盟""盘""皿""血"來源相同，音近可通，都是指血祭。[①]裘錫圭也認爲"盟""皿"可通用，并在此基礎上，將甲骨文中舊釋"[字]"的字改釋爲"盘"，并認爲或可讀爲"烹"。[②]

對于銅器修飾語"盟"，張亞初認爲意即盟祭。[③]陳英杰認爲"盟"指血祭。[④]陳劍認爲"嚳""盟""享""祀"意義相近。[⑤]鄔可晶[⑥]、查飛能[⑦]從之。

則"盟"本義是指此器是取牲血以祭祀之器，但這是就"皿"一類器而言。鼎、鬲、簋不是用以盛牲血的，則"盟"在此類器的修飾語位置上應該已經泛化爲一般的祭祀義了。

子鼎銘曰："子作鼎盟彝。"陳英杰認爲"鼎"并非族名，而是器物專名。[⑧]因爲自名中"專名＋共名"的形式極少，此爲特例。

2.1.4　嚳、糈

共有 77 件鼎、4 件鬲、3 件甗、51 件簋、1 件盨、3 件瑚以"嚳"作爲器名修飾語，并主要與"彝"組合作器物自名，僅 3 件與"鼎"、1 件與"簋"組合的例子（《銘圖》02063、02292、05363，《銘三》0241）。其使用時間分布與組合情況見圖 2：

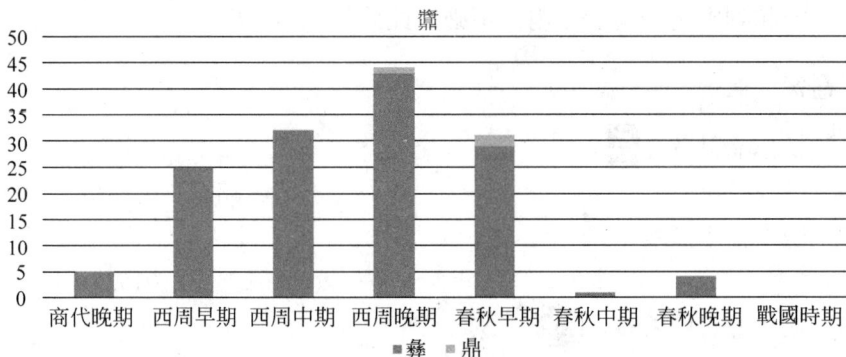

圖 2　使用時間分布与組合

---

① 連劭名：《甲骨刻辭中的血祭》，《古文字研究》第 16 輯，北京：中華書局，1989 年，第 49-67 頁。

② 裘錫圭：《釋殷虛卜辭中的"[字]""[字]"等字》，《第二屆國際中國古文字學研討會論文集》，香港：香港中文大學，1993 年，第 76-81 頁。

③ 張亞初：《殷周青銅鼎器名、用途研究》，《古文字研究》第 18 輯，北京：中華書局，1992 年，第 277 頁。

④ 陳英杰：《西周金文作器用途銘辭研究》，北京：綫裝書局，2008 年，第 288 頁。

⑤ 陳劍：《甲骨金文舊釋"嚳"之字及相關諸字新釋》，《出土文獻與古文字研究》第 2 輯，上海：復旦大學出版社，2008 年，第 29-30 頁。

⑥ 鄔可晶：《釋青銅器銘文中處于自名位置的"盘""盟"等字》，《出土文獻與古文字研究》第 4 輯，上海：上海古籍出版社，2011 年，第 58-67 頁。

⑦ 查飛能：《商周青銅器自名疏證》，2019 年西南大學博士學位論文，第 34 頁。

⑧ 陳英杰：《商代金文文例研究》，《中國文字研究》第 11 輯，鄭州：大象出版社，2008 年，第 60 頁。

可見"鬹"主要使用于西周與春秋早期，一般多用來作鼎的修飾語，其次是簋，大概是因爲此時期鼎、簋常常組合使用。作修飾語在銘文中的意義，諸家説法不一。或曰進奉[1]、宴饗[2]，但《玉篇》訓"煮"，故過去大多數學者都釋爲"煮"，如宋代王黼[3]、薛尚功[4]、潘祖蔭[5]、劉心源[6]，楊樹達[7]、陳夢家[8]、張政烺[9]、謝明文[10]等學者均作此解。

高鴻縉[11]、杜迺松[12]、張亞初[13]、李學勤[14]等學者認爲此字當表祭祀義。陳英杰認爲"鬹"與祭名"盟"連用，"鬹"也爲祭名。[15]

陳劍也認爲"鬹"與"盟""享"意義相近，進而認爲此字是古書中肆解牲體的"肆"的表意本字。[16]鄔可晶從之。[17]

"鬹"，王國維謂會匕肉于鼎置于俎之形。[18]陳劍認爲是會以刀切割俎上之肉，繁增"鼎"形，可從。刺鼎（《銘圖》01986）："刺肇作寶隣，其用盟鬹宼媐日辛。"魯侯熙鬲（《銘圖》02876）："魯侯獻作彝，用卣鬹毕文考魯公。"《詩

---

① 徐同柏：《從古堂款識學》光緒三十二年蒙學報館影石校本，《金文文獻集成》第 10 册，北京：綫裝書局，2005 年，第 275 頁。

② 馬叙倫：《讀金器刻詞》1926 年中華書局影印本，《金文文獻集成》第 30 册，北京：綫裝書局，2005 年，第 412 頁；又馬薇廎：《彝銘中所加于器名上的形容字》，《中國文字》第 43 册，1973 年，第 6-7 頁。

③ 王黼等：《博古圖》清乾隆十八年天都黄晟亦政堂修補明萬曆二十八年吳萬化寶古堂刻本，《金文文獻集成》第 2 册，北京：綫裝書局，2005 年，第 91 頁。

④ 薛尚功：《歷代鐘鼎彝器款識法帖》1935 年于省吾影印明崇禎六年朱謀垔刻本，《金文文獻集成》第 9 册，北京：綫裝書局，2005 年，第 87 頁。

⑤ 潘祖蔭：《攀古樓彝器款識》清同治十一年滂喜齋木刻本，《金文文獻集成》第 7 册，北京：綫裝書局，2005 年，第 599 頁。

⑥ 劉心源：《奇觚室吉金文述》清光緒二十八年自寫刻本，《金文文獻集成》第 13 册，北京：綫裝書局，2005 年，第 180 頁。

⑦ 楊樹達：《積微居金文説》，北京：中國社會科學院，1952 年，第 193 頁。

⑧ 陳夢家：《西周銅器斷代（三）》，《考古學報》1956 年第 1 期，第 70 頁。

⑨ 張政烺：《周厲王胡簋釋文》，《古文字研究》第 3 輯，北京：中華書局，1980 年，第 110 頁。

⑩ 謝明文：《競之鋁鼎考釋》，《出土文獻》第 9 輯，上海：中西書局，2016 年，第 68 頁。又見氏著《商周文字論集》，上海：上海古籍出版社，2017 年，第 364 頁。

⑪ 高鴻縉：《頌器考釋》，臺北：臺灣師範大學，1958 年，第 22 頁。

⑫ 杜迺松：《金文中的鼎名簡釋——兼釋尊彝、宗彝、寶彝》，《考古與文物》1988 年第 4 期，第 43 頁。

⑬ 張亞初：《殷周青銅鼎器名、用途研究》，《古文字研究》第 18 輯，北京：中華書局，1992 年，第 276 頁。

⑭ 李學勤：《談盂方鼎及其他》，《文物》1997 年第 12 期，第 57 頁。

⑮ 陳英杰：《西周金文作器用途銘辭研究》，北京：綫裝書局，2008 年，第 279 頁。

⑯ 陳劍：《甲骨金文舊釋"鬹"之字及相關諸字新釋》，《出土文獻與古文字研究》第 2 輯，上海：復旦大學出版社，2008 年，第 47 頁。

⑰ 鄔可晶：《釋青銅器銘文中處于自名位置的"盇""盟"等字》，《出土文獻與古文字研究》第 4 輯，上海：上海古籍出版社，2011 年，第 65 頁。

⑱ 王國維：《説俎（上、下）》，《觀堂集林（外二種）》，北京：中華書局，1959 年，第 158 頁。

⑲ 《銘圖》釋文漏"鬹"字。

經·周頌·我將》："我將我享，維羊維牛。""盟""齋""享"連用，意義相近，知其用于祭祀意甚明。所以"齋"也同"盟"一樣，脱離最初具象的祭祀手段，而泛化爲一般的祭祀意義了。

字形上"齋"也有諸多異體，若將"齎"看成完整或最繁的形體，"爿""肉""刀""鼎"任何一個部件均可省略，如史頌鼎（《銘圖》02444）作"齋"，王鬲（《銘圖》02790）作"鼏"，作父乙鼎（《銘圖》01378）作"齋"，師獸簋（《銘圖》05363）作"删"。也有替换部件作""（競之璺鼎，《銘續》0178），字又見于楚簡，如清華簡《封許之命》"嚴遮天命"，讀爲"莊"；又《子産》"自分重任以果遮"，讀爲"將"。①《周禮·春官·小宗伯》："辨六彝之名物，以待果將。"鄭玄注："果讀爲裸。""將"，即"齋"，與裸祭同表祭祀義。

2.1.5 登（烝）、嘗

表 1　登（烝）、嘗

序號	編號	器名	器形	時代	銘文	字形
1	01672	王孫燮鼎		戰國早期	王孫燮之登貞。	
2	01842	盅鼎		春秋中期	盅之嘗鼎。	
3	20093	中臣鼎		西周早期前段	巨臣羴鼎。	
4	20208	王子桓匕鼎		春秋晚期	王子桓匕，差其吉金，自作羴鼎。	
5	04346	莆侯簋		西周晚期	莆侯作羴寶殷。	
6	06158	大師盧豆	—	西周中期後段	太師盧作羴隬豆。	

---

① 白於藍：《簡帛古書通假字大系》，福州：福建人民出版社，2017年，第1056頁。

续表

序號	编號	器名	器形	時代	銘文	字形
7	05341	六年琱生簋		西周晚期	用作朕烈祖召公嘗簋。	

　　"烝""嘗"多見于經典。《詩經·小雅·楚茨》："濟濟蹌蹌，絜爾牛羊，以往烝嘗。"《左傳·僖公三十三年》："烝嘗禘于廟。"《爾雅·釋天》："秋祭曰嘗，冬祭曰烝。"

　　《春秋繁露·四祭》："秋曰嘗，嘗者以七月嘗黍稷也。"劉雨認爲嘗祭作爲秋時祭，在金文中得不到肯定的證明，如召伯虎簋作于四月却用于嘗祭。[1]陳英杰也認爲"烝""嘗"從銘文中看不出與四季有何關聯，内涵已不可考，到了戰國時可能已經泛指祭祀。[2]

　　金文中"烝"常以"登"假之，"嘗"或作"裳"。大盂鼎（《銘圖》02514）："有紫蓁祀無敔釁。""蓁"讀爲"烝"。[3]楚王酓延鼎（《銘圖》02165，戰國晚期）："以共戠裳。""裳"爲嘗祭本字。[4]"用烝用嘗""以烝以嘗"爲金文習語。如姬鼎（《銘圖》02303，西周晚期）："姬鷟彝。用糦用嘗，用孝用亯。"十年陳侯午敦（《銘圖》06079，戰國中期）："諸侯享以吉金，則作平壽造器瓾，以祭以嘗。"

　　共有4鼎、1簋、1豆以"登"爲修飾語。"登"也當讀爲"烝祭"之"烝"，泛指祭祀用器。石小力認爲中臣鼎 當讀爲"升"，指升牲之鼎。[5]《孟子·滕文公上》："五穀不登。"趙岐注："登，升也。"按也可以讀爲"烝"。六年琱生簋修飾語爲"嘗"，意即嘗祭之簋。

2.1.6　糦

　　寏朐糦鼎。（蓋銘）

　　　　　　　　　　　——楚王酓延鼎（《銘圖》02165，戰國晚期）

　　① 劉雨：《西周金文中的祭祖禮》，《考古學報》1989 年第 4 期，第 511 頁。

　　② 陳英杰：《西周金文作器用途銘辭研究》，北京：綫裝書局，2008 年，第 271 頁。

　　③ 陳英杰認爲西周金文"蓁"字只表示"烝"祭義，而東周金文則以"登"假"烝"。見陳英杰：《金文字際關繫續辨（二則）》，《古文字研究》第 28 輯，北京：中華書局，2010 年，第 307-308 頁。

　　④ 郭沫若：《壽縣所出楚器之年代》，《金文叢考》1954 年人民出版社影印本，《金文文獻集成》第 25 冊，北京：綫裝書局，2005 年，第 537 頁。

　　⑤ 石小力：《〈商周青銅器銘文暨圖像集成續編〉釋文校訂》，《2016 商周青銅器與先秦史研究論文集》，第 94-95 頁。後收于《商周青銅器與先秦史研究論叢》，北京：科學出版社，2017 年，第 142 頁。

楚王酓延鼎蓋銘自名“社鼎”。“社”從“示”，“工”聲，金文中又見于景之定組器，如景之定鬲（《銘圖》03015）“大有社于洛之戎”，讀爲“功”。此處用爲修飾語，當不作此解。《通解》認爲此字當讀爲“共”，是供祭的專字。[①]李家浩認爲當讀爲“攻鼎”，意爲攻祭之鼎。[②]何琳儀[③]、黄德寬[④]、查飛能均從此釋。

楚簡中亦見此“社”。如上博簡四《内豊》：“時昧社縈，行祝於五祀。”《周禮·春官·大祝》：“掌六祈以同鬼神示。一曰類。二曰造。三曰禬。四曰禜。五曰攻。六曰説。”則此“社”“縈”正對應經典“六祈”中的“攻”“禜”。故此鼎修飾語“社”解爲祭名“攻”，文從意順。

不過該鼎的器銘自名“匋盄”，與蓋銘不同。唐蘭認爲此器的器、蓋并非一件器物上的，應是誤配。[⑤]查飛能則據此認爲“鐈”是六祈的“造”，即告祭。[⑥]按結合楚王酓忎鼎（《銘圖》02359—02360）器、蓋同銘來看，此鼎的器、蓋確有可能不是同件器物。但是也可以理解成，器銘的“匋鼎”是就其形制言之，蓋銘的“社鼎”則是就其功能言之，并于下句補充此鼎功用爲“以供歲嘗”。

2.1.7 造、借（祰）

（1）郙宭之孫簷太史申，作其**造**鼎。

——簷太史申鼎（《銘圖》02350，春秋晚期）

（2）諸侯享以吉金，則作平壽**造**器䵼，以烝以嘗。

——十年陳侯午敦（《銘圖》06079，戰國中期）

（3）卲王之即擇氒吉金，作鑄**借**鼎，春秋恭嘗。

——昭王之即鼎（《銘續》0224、20225[⑦]，春秋晚期）

（4）卲王之即擇氒吉金，作鑄**借**匿，春秋恭嘗。

——昭王之即瑚（《銘續》0515、20516，春秋晚期）

共有6件器物自名修飾語爲“借”或“造”。

對于昭王之即鼎、瑚，“借”不應當與“作鑄”連讀爲作器動詞。因還有同作器者的兩件器物，其銘曰：

（5）昭之王孫即自作鑄其飤戔。

——昭之王孫即盞（《銘續》0525）

---

① 張世超、孫凌安、金國泰、馬如森：《金文形義通解》，京都：中文出版社，1996年，第36頁。

② 李家浩：《包山祭禱研究》，《簡帛研究·二〇〇一》上册，桂林：廣西師範大學出版社，2001年，第32頁。

③ 何琳儀：《新蔡竹簡選釋》，《安徽大學學報（哲學社會科學版）》2004年第3期，第7頁。

④ 黄德寬主編：《古文字譜系疏證》，北京：商務印書館，2007年，第1141頁。

⑤ 唐蘭：《壽縣所出銅器考略》，《金文文獻集成》第22册，北京：綫裝書局，2005年，第298頁。

⑥ 查飛能：《商周青銅器自名疏證》，2019年西南大學博士學位論文，第287-288頁。

⑦ 《銘續》0226銘文疑僞，不録。

（6）昭王之即擇氒吉金，作鑄隣缶，春秋恭嘗。

——昭王之即缶（《銘續》0909）

在"作鑄"的對位上使用的是器名修飾語"飤""隣"而非作器動詞，是其明證。

"造"，于省吾讀爲"箋"，"箋鼎"意爲"副鼎"[1]，吳闓生[2]、陳直[3]從之。楊樹達對此解表示懷疑。[4]郭沫若讀爲"祰"，意爲祭祀之鼎。[5]全廣鎮從此説。[6]張亞初認爲"造"讀爲"灶"，意爲炊爨之鼎。[7]查飛能則認爲不同的器物讀法不同，莒太史申鼎之"造"讀爲"酷"，意即熟食之鼎；昭王之即器、十年陳侯午敦均讀爲"祰"祭。[8]

我們認爲均讀爲"祰"便可。《説文解字·示部》："祰，告祭也。從示從告聲。"昭王之即器言其功能曰"春秋糦嘗"，又楚王酓延鼎自名"釭鼎"，器銘曰"以供歲嘗"。則此二器都是祭祀用器。師同鼎（《銘圖》02431）銘曰："用祰王差于甽。""祰"即祰祭。《周禮·春官·大祝》："掌六祈以同鬼神示……二曰造……五曰攻。"酓延鼎用爲攻祭，昭王之即器則用以造祭，即"祰"。也可見"祰""造"古有通用之例。又十年陳侯午敦銘曰"以烝以嘗"，也更確定了這一點。故箋太史申鼎、十年陳侯午敦的"造"也可讀爲"祰"。

2.1.8　簞（襌）

應公作尊彝簞鼎。　

——應公鼎（《銘圖》02105，西周晚期，見圖3）

圖3　應公鼎

---

①　于省吾：《雙劍誃吉金文選》，北京：中華書局，2009年，第151頁。

②　吳闓生：《吉金文録》，香港：萬有圖書公司，1968年，第110頁。

③　陳直：《讀金日札·讀子日札》，北京：中華書局，2008年，第111頁。

④　楊樹達：《簞大史申鼎跋》，《積微居金文説（增訂本）》，北京：科學出版社，1959年，第213頁。

⑤　郭沫若：《兩周金文辭大系圖録攷釋》1957年科學出版社影印本，《金文文獻集成》第21冊，北京：綫裝書局，2005年，第487頁。

⑥　全廣鎮：《兩周金文通假字研究》，臺北：臺灣學生書局，1989年，第147頁。

⑦　張亞初：《殷周青銅鼎器名、用途研究》，《古文字研究》第18輯，北京：中華書局，1992年，第288頁。

⑧　查飛能：《商周青銅器自名疏證》，2019年西南大學博士學位論文，第286-287頁。

平頂山應國墓地出有一件應公鼎，自名爲"尊彝鼎"，修飾語爲""。

發掘報告將""隸定爲"簟"，讀爲"禪"，表祭祀義。[1]陳絜將""與"鼎"看成一字，認爲"鷥"結構與"鸞"相同，此處用爲祭祀動詞。[2]朱鳳瀚從此讀法。[3]李學勤認爲"簟"當讀爲"鬻"，是這種似釜鼎的專名。[4]張富海認爲此字當讀爲"燂"，"燂鼎"即烹煮之鼎。[5]羅衛東認爲""不從"膚"，而從"盧"，當隸定爲"籚"，義爲陳列以祭。[6]

按應公鼎""字上從"竹"，中從"卤""皿"，嚴格隸定的話，應當隸定爲"籚"，與"盧"的"盧"部分共用形體。"盧"從"皿""膚"，"膚"亦聲。"膚"從"虍"得聲，所謂"田"其實是甲骨文的""，即火爐的象形，金文"盧"字中火爐的象形或訛爲"卤"形作"盧"。[7]

而若要釋爲"盧"，得看"虍"是否可以省略。春秋晚期出土于浙江紹興的徐王元子㡇爐（《銘圖》19267），銘文曰："徐王之元子背之少閌胃。"我們知道，東周金文"盧"或寫作從"皿""膚"聲。春秋時期的王子嬰次爐（《銘圖》19261）自名爲""，諸稽耕爐（《銘圖》19268）自名"盤"，信陽簡2.14有""，讀爲"爐"。[8]而徐王元子㡇爐的器名"胃"，似乎省略了"虍"頭（見圖4、圖5）。

圖4　諸稽耕爐及拓片

圖5　徐王元子㡇爐及拓片

---

① 河南省文物考古研究所、平頂山市文物管理局：《河南平頂山市應國墓地八號墓發掘簡報》，《華夏考古》2007年第1期，第45頁。

② 陳絜：《應公鼎銘與周代宗法》，《南開學報（哲學社會科學版）》2008年第6期，第10頁。

③ 朱鳳瀚：《中國青銅器綜論》，上海：上海古籍出版社，2009年，第1556頁。

④ 李學勤：《新出應公鼎釋讀》，《古文字學論稿》，合肥：安徽大學出版社，2008年，第2頁。

⑤ 張富海：《讀新出西周金文偶識》，《古文字研究》第27輯，北京：中華書局，2008年，第234頁。

⑥ 羅衛東：《釋新刊布應公鼎名""》，《古文字研究》第27輯，北京：中華書局，2008年，第259頁。

⑦ 于省吾：《甲骨文字釋林》，北京：中華書局，2009年，第52-55頁。

⑧ 田河：《出土戰國遣冊所記名物分類匯釋》，吉林大學博士學位論文，2007年，第254頁。

按此器自名曹錦炎隸定作"少燹胃"，讀爲"小炙爐"。[1]吳振武釋爲"小
闌"，即"小筥"，讀爲"小爐"[2]，李零從之。[3]《銘圖》釋爲"小爡膚"，即温
爐。朱鳳瀚釋爲"小攝爐"，爲小型手持爐。[4]我們認爲當以吳振武所言爲是。其
實"閔胃"是一個字，陶文中有""（《陶彙》3.418）字爲證。除此例以外，目前
來看金文中"盧"是没有省略"虍"頭的例子的，將該字釋爲"盧"還需更多字
形佐證。而金文"覃"字見于商器銘（見圖6、圖7）：

圖6 《銘圖》04142

圖7 《銘圖》08314

會罈中有"鹵"形，甲骨文"鹵"或作"米"形，如""（《合集》09551）。
而這種罈一般下作尖底，即唐蘭所謂"巨口狹頸之容器"[5]，與早期仰韶文化出
土的尖底瓶類似（見圖8）。

從"竹"的"簟"，西周金文凡兩見，辭例爲"金簟弻"（見圖9、圖10）：

圖8 仰韶尖底瓶

圖9 番生簋蓋
（《銘圖》05383）

圖10 毛公鼎
（《銘圖》02518）

其中番生簋蓋的""只是在早期"覃"形體上增"竹"，毛公鼎的""字
却從"皿"，下部不作尖底瓶形。清人曾對此字做過考釋，徐同柏謂"簟從皿
者，皿且覆器，簟亦覆也"。[6]吳大澂認爲是古"簟"字，訓"方文席"。[7]毛公鼎

① 曹錦炎：《紹興坡塘出土徐器銘文及其相關問題》，《文物》1984年第1期，第28頁。

② 吳振武：《談徐王爐銘文中的"閭"字》，《文物》1984年第11期，第84頁；又《釋戰國文字中的從
"膚"和從"朕"之字》，《古文字研究》第19輯，北京：中華書局，1992年，第495頁。

③ 李零：《紹興坡塘306號墓的再認識》，《中國國家博物館館刊》2020年第6期，第43頁。

④ 朱鳳瀚：《試説自組卜辭中"盧"字的異體》，《古文字研究》第32輯，北京：中華書局，2018年，第20
頁注6。

⑤ 唐蘭：《殷虛文字記》，北京：中華書局，1981年，第32-34頁。

⑥ 徐同柏：《從古堂款識學》光緒三十二年蒙學報館影石校本，《金文文獻集成》第10册，北京：綫裝書
局，2005年，第472頁。

⑦ 吳大澂：《説文古籀補》清光緒二十四年增輯本，《金文文獻集成》第17册，北京：綫裝書局，2005
年，第223頁。

的"▨"因爲有番生簋蓋相同的辭例可推,讀爲"簟"是無疑的。"皿"形與鐔形應當屬于同義替換。

而毛公鼎的"▨"字形正符合"𥂗"字的結構。結構與"盧"相似的字,還見于東周文字。如包山楚簡"▨",讀爲"鹽";侯馬盟書"▨",用爲人名。[1]那麼"盧"字形既可讀爲"鹽",也可讀爲"簟"。"鹽""簟"古音在侵、談部,韻部較近。不過讀"鹽"在意義上不好解釋。

讀爲"簟",可以通"禫""燂"。我們傾向于讀爲"禫"。《説文解字·示部》:"禫,除服祭也。從示覃聲。""禫鼎"即祭祀之鼎。

2.1.9 遂

□季作孟姬寶女**遂**鬲,其萬年子孫用之。
——郜季鬲(《銘圖》02935,春秋早期)

方濬益釋爲"追",讀與"縢"同。[2]羅振玉釋"後",無釋。[3]劉承幹分析形體從"彳""幺""夂",亦讀爲"後"。[4]劉體智從之。[5]《殷周金文集成》釋爲"遂"[6],陳英杰認爲可讀爲"律","作爲法度、標準的器物,大概女性受器以此爲標準之義,不能僭越"。[7]張芳引李春桃的觀點,認爲釋"追"無誤,讀爲"饋"。[8]李森亦釋"追",表追祭義。[9]

按此字從字形上來看應當是"遂(遂)"。"追"字如"▨"(南方追孝鼎,《銘圖》02073)、"▨"(畢伯克鼎,《銘圖》02273),從"𠂤",字形一般是一豎下作兩個半圓,未見有整圓形。則"止"字上部爲"幺",非"𠂤"。"後"字下從倒"止",此非倒"止"而正作"止"形(見圖11、圖12、圖13)。

圖11 追　　　　　　　圖12 後　　　　　　圖13 郜季鬲"遂"

---

① 何琳儀:《戰國古文字典》,北京:中華書局,1998年,第1457頁。

② 方濬益:《綴遺齋彝器考釋》1935年商務印書館石印本,《金文文獻集成》第14册,北京:綫裝書局,2005年,第418頁。

③ 羅振玉:《貞松堂集古遺文》1930年石印本,《金文文獻集成》第24册,北京:綫裝書局,2005年,第74頁。

④ 劉承幹:《希古樓金石萃編》第3册,北京:文物出版社,1982年,第8頁。

⑤ 劉體智:《小校經閣金石文字(引得本)》,臺北:大通書局,1979年,第570頁。

⑥ 中國社會科學院考古研究所:《殷周金文集成(修訂增補本)》第1册,北京:中華書局,2007年,第670頁。

⑦ 陳英杰:《西周金文作器用途銘辭研究》,北京:綫裝書局,2008年,第134頁注4。

⑧ 張芳:《西周食器稱謂及用途研究》,2018年吉林大學碩士學位論文,第165頁。

⑨ 李森《商周青銅鬲自名、定名整理與研究》,2021年北京語言大學碩士學位論文,第54頁。

《説文解字・辵部》：“達，先道也。從辵率聲。”楚簡有“遚”字，如上博簡《容成氏》“遚”，郭店簡《尊德義》“遚”，皆讀爲“率領”。此處用爲修飾語，當不作此解，疑假爲“膟”。《説文解字・肉部》：“臂，血祭肉也。從肉帥聲。膟，臂或從率。”《禮記・祭義》疏引《字林》：“膟，血祭。”無“肉”字。《廣韻・至韻》：“臂，血祭。”《集韻・至韻》：“臂，師祭。”此處義與修飾語“盟”略同，表祭祀之鼎。①

2.2　進獻類

2.2.1　薦

表 2　薦

序號	編號	器名	器形	時代	銘文	字形
1	02333	郘公湯鼎		春秋早期	郘公湯用其吉金，自作薦鼎。	
2	20250—20251、30311	曾卿事寰鬲		春秋早期	曾卿事寰自作薦鬲，用亯。	
3	02794—02796、30309	鄭登伯鬲		西周晚期	鄭登伯作叔嬬薦鬲。	
4	30323	燕太子鬲	—	春秋晚期	燕太子作蓐鬹	
5	02931	薦鬲		春秋晚期前段	□□□自作薦鑪。	

---

① 或許也可能籠統地理解成與從“辵”“彳”的修飾語義略同。驫羌鐘（《銘圖》15425）“遂征秦遝齊”，甲金文中“遣”“率”有派遣、率領之義（武振玉：《殷周金文中的征戰類動詞》，《北方論叢》2009 年第 4 期，第 1-4 頁）。“遣”又有送行逝者的意義，否叔卣（《銘圖》13299）“用遣母”，“達”或許也有“遣”“行”等隨葬義。不過這種推測尚待文獻佐證。

续表

序號	編號	器名	器形	時代	銘文	字形
6	30432	靳疢簠		戰國中期	慎疢自作鳶盨。	
7	04471—04472	昭王之諻簋		戰國早期	昭王之諻之盧匲。	
8	05029—05031	曾仲塦簋		春秋中期	曾仲塦擇其吉金,自作隱匲。	
9	05967—05969	叔朕瑚		春秋早期	弔朕擇其吉金,自作蹲臣。	
10	30600	曾公得豆		春秋早期	盧(薦)盨(鋪)	
*	20155—20157	曾卿事宣鼎		春秋早期	唯曾卿事宣用其吉金,自作繠鼎。	

　　方濬益引金誠齋將叔朕瑚"▨"字釋爲"薦"。[1]劉心源、丁佛言、林義光、高田忠周、馬叙倫等學者均將此類從"鳶""鼎"的字釋爲"薦"。[2]

　　于省吾認爲,自名凡稱"薦"者均是祭器。[3]黄德寬從此説。[4]李零認爲

---

　　① 方濬益:《綴遺齋彝器考釋》1935 年商務印書館石印本,《金文文獻集成》第 14 册,北京:綫裝書局,2005年,第 135 頁。

　　② 參周法高、張日升、林潔明:《金文詁林》,香港:香港中文大學出版社,1975 年,第 5907-5911 頁。

　　③ 于省吾:《雙劍誃殷契駢枝·雙劍誃殷契駢枝續編·雙劍誃殷契駢枝三編》,北京:中華書局,2009 年,第 269 頁。

　　④ 黄德寬主編:《古文字譜系疏證》,北京:商務印書館,2007 年,第 2744 頁。

“薦”讀爲“進獻”。[1]張亞初[2]、朱鳳瀚[3]、鄧佩玲[4]采此説。胡雅麗認爲“薦鼎”表“祭獻之鼎”。[5]張聞捷認爲“薦”是“薦食”之意。[6]

《説文解字·廌部》：“薦，獸之所食艸。從廌從艸。”《論語·鄉黨》：“必熟而薦。”劉寶楠正義：“凡祭，進熟食曰薦。”《春秋·桓公八年》“己卯烝”，范寧注：“無牲而祭曰薦，薦而加牲曰祭。”則“薦”表祭祀是指無牲肉的祭祀，當是假借用法。“薦”指薦食于鬼神，故有“進獻”之意。《周禮·庖人》：“以共王之膳與其薦羞之物及後世子之膳羞。”鄭注：“薦亦進也。備品物謂之薦。”陳侯因𦅍敦（《銘圖》06080，戰國中期）銘曰：“諸侯𧻚薦吉金，用作孝武桓公祭器鐈。”也是這種用法。不過用作器名修飾語，不當解爲進獻。清華簡《封許之命》周王封賞呂丁“薦彝”，那麼此處的“薦彝”當泛指盛裝進獻鬼神祭品的祭器。

“薦”，或從“艸”，或簡作“薦”（“■”，曾卿事𤞤𩰬），或徑以“廌”爲之（訢痣簋），或增“皿”旁表意（昭王之諻簋），或贅加“阜”旁（曾仲塞簋）。比較特殊的是曾卿事宣鼎，修飾語《銘續》隸定爲“𩰬”，字作“■”，查飛能認爲從“屯”省，讀爲“臺”，指熟物之鼎。[7]我們認爲此字可能是“薦”，則所謂“屯”其實是廌首之角形，“艸”爲倒書。另有曾卿事𤞤𩰬自名“薦鬲”，也可以作爲旁證。

2.2.2　饋

表3　饋

序號	編號	器名	器形	時代	銘文	字形
1	01486—01487	無臭鼎		戰國晚期	無臭之饋鼎。	

---

① 李零：《楚國銅器銘文編年匯釋》，《古文字研究》第13輯，北京：中華書局，1986年，第367頁。

② 張亞初：《殷周青銅鼎器名、用途研究》，《古文字研究》第18輯，北京：中華書局，1992年，第281頁。

③ 朱鳳瀚：《中國青銅器綜論》，上海：上海古籍出版社，2009年，第113頁。又收于《古代中國青銅器》，天津：南開大學出版社，1995年。

④ 鄧佩玲：《古文字“廌”及其相關諸字——從金文“用作”文例中的“薦”字談起》，《青銅器與金文》第1輯，上海：上海古籍出版社，2017年，第204-221頁。

⑤ 胡雅麗：《包山二號楚墓遣策初步研究》，《包山楚墓》（上冊），北京：文物出版社，1991年，第509頁。

⑥ 張聞捷：《周代用鼎制度疏證》，《考古學報》2012年第2期，第154-155頁。

⑦ 查飛能：《商周青銅器自名疏證》，2019年西南大學博士學位論文，第326-327頁。

续表

序號	編號	器名	器形	時代	銘文	字形
2	01748	昭王之 諻鼎	—	戰國早期	卲王之諻 之饙鼎。	
3	06055	大府盞		戰國晚期	太府之 饙盞。	
4	30140	智僕鼎		春秋晚期	智辟 "饙"鼎。	
5	30594	膚公之孫 賃丘子敦		春秋晚期	夆取膚公 之孫賃丘 子鉦夆 饙哭。	
6	01774	膉鼎		戰國晚期	膉所造 卣鼎	
*	01673	唬皆君鼎		戰國早期	唬皆君之 貴鼎。	
*	04302	楊伯簋		西周中期	楊伯自作 甒皀。	

　　共有 8 件食器以 "饙" 爲自名修飾語，都是春秋晚期及以後的器物。

　　吴大澂列此字于 "饙" 下。[1]吴式芬將此字隸定爲 "饙"。[2]馬薇廎亦認爲是

---

　　① 吴大澂：《説文古籀補》清光緒二十四年增輯本，《金文文獻集成》第 17 册，北京：綫裝書局，2005 年，第 276 頁。
　　② 吴式芬：《攈古録金文》光緒二十一年吴氏家刻本，《金文文獻集成》第 11 册，北京：綫裝書局，2005 年，第 146 頁。

“饋”，意爲進食于鬼神。[①]張政烺以字右上部從“甾”，讀此字爲“甂”字或體。[②]湯餘惠[③]、張亞初[④]從之。張亞初并進一步讀爲“餾”，意爲煮飯之鼎。

李零以望山簡、天星觀楚簡均有“饋”字作此寫法，認爲“█”就是“饋”字。[⑤]胡雅麗[⑥]、高智[⑦]、田河[⑧]、張聞捷[⑨]等學者均贊同此釋。

按釋“饋”甚確。《周禮·天官·膳夫》：“凡王之饋食用六穀。”鄭注：“進物於尊者曰饋”。孫詒讓正義：“凡經典於生人飲食、鬼神祭享通謂之饋，亦并取進餉之義，本不辨尊卑。”李善注《文選》引《蒼頡篇》：“饋，祭名也。”劉彬徽曾提及，包山楚簡遣策“大兆之金器”“二鐈鼎”後寫“二口鬳鼎，二饋鼎”，是“薦”“饋”異名同實，都是進獻、祭祀之意。[⑩]是“饋鼎”“饋盞”亦爲進食于先祖的祭器。

朕鼎修飾語作“█”，李零認爲是“饋”字的省體。[⑪]李琦從之。[⑫]何琳儀讀爲“餚”，即“飯鼎”[⑬]，趙平安亦從此說。[⑭]張亞初讀爲“貞鼎”。[⑮]

我們認爲李零的釋讀是正確的，此“█”字當是“饋”的省形，讀爲“饋”意義上也無礙。另外，虢皆君鼎銘文末尾的“█”，《銘圖》原釋爲“鼎裳”，李琦認爲這種器名後贅加用途的情況很少見，進而根據字形比對將該辭釋爲“饋鼎”。[⑯]王磊也有相似的意見。[⑰]我們認爲該改釋意見可從，字形上確有據，并且

---

① 馬薇廎：《彝銘中所加于器名上的形容字》，《中國文字·第 1—52 冊合集》第 43 冊，臺北：藝文印書館，1972 年，第 4686 頁。

② 張政烺：《邵王之諻鼎及𣪘銘考證》，《“中央”研究院歷史語言研究所集刊》第 8 本第三分，北京：商務印書館，1939 年，第 371-378 頁。

③ 湯餘惠：《楚器銘文八考》，《古文字論集（一）》，西安：陝西省考古研究所，1983 年，第 61 頁。

④ 張亞初：《殷周青銅鼎器名、用途研究》，《古文字研究》第 18 輯，北京：中華書局，1992 年，第 288 頁。

⑤ 李零：《楚國銅器銘文編年匯釋》，《古文字研究》第 13 輯，北京：中華書局，1986 年，第 366 頁。

⑥ 胡雅麗：《包山二號楚墓遣策初步研究》，《包山楚墓》（上冊），北京：文物出版社，1991 年，第 509 頁。

⑦ 高智：《古璽文徵十則》，《第三屆國際中國古文字學研討會論文集》，香港：香港中文大學，1997 年，第 856 頁。

⑧ 田河：《出土戰國遣册所記名物分類匯釋》，吉林大學博士學位論文，2007 年，第 21 頁。

⑨ 張聞捷：《周代用鼎制度疏證》，《考古學報》2012 年第 2 期，第 154 頁。

⑩ 劉彬徽：《楚系青銅器研究》，武漢：湖北教育出版社，1995 年，第 118-119 頁。

⑪ 李零：《楚國銅器銘文編年匯釋》，《古文字研究》第 13 輯，北京：中華書局，1986 年，第 383 頁。

⑫ 李琦：《東周青銅食器稱謂與功用整理研究》，2019 年吉林大學碩士學位論文，第 81 頁。

⑬ 張亞初：《殷周青銅鼎器名、用途研究》，《古文字研究》第 18 輯，北京：中華書局，1992 年，第 274 頁。

⑭ 趙平安：《從語源學的角度看東周時期鼎的一類別名》，《考古》2008 年第 12 期，第 68 頁。又見氏著《新出簡帛與古文字古文獻研究》，北京：商務印書館，2009 年，第 16 頁。又收于《金文釋讀與文明探索》，上海：上海古籍出版社，2011 年，第 130 頁。

⑮ 張亞初：《殷周青銅鼎器名、用途研究》，《古文字研究》第 18 輯，北京：中華書局，1992 年，第 274 頁。

⑯ 李琦：《東周青銅食器稱謂與功用整理研究》，2019 年吉林大學碩士學位論文，第 84-85 頁。

⑰ 王磊：《釋口口君鼎銘中的“貴鼎”》，《戰國文字研究》第 2 輯，合肥：安徽大學出版社，2020 年，第 108-111 頁。

此鼎的形制與球形長足的饋鼎相符，釋“饋”比分讀爲“鼎，嘗”更合理。不過，器名後是否存在注明用途的銘辭，還可以商榷。串𩁹鼎（《銘圖》01689，商代晚期）：“串𩁹作父丁彝。豆。”串𩁹父丁觶（《銘圖》10573）：“串𩁹父丁。𤼷。”吴鎮烽注曰：“‘串𩁹’是複合族氏名，‘登’，祭祀名，與古書的烝、蒸對應。”[①]又如史述簋（《銘圖》04495）：“史述作父乙寶段。飤。”這類銘尾贅加表示器物用途的銘辭也是客觀存在的。

《銘三》新收智僕鼎，修飾語作“”，原釋“饋”；膚公之孫賃丘子敦，修飾語作“”，原釋“饡”。單育辰均認爲是“饋”字[②]，甚確。另外，楊伯簋自名修飾語作“”，《銘三》釋“𩚵”，我們認爲右邊所從非“鬼”，時代上也與“饋器”遠隔。右部所從可能是“若”下部的人手形，在這裏意義與“飤”的“人”相當。

2.2.3 饙（饋）

（1）穆父作姜歑母饙鼎。

——穆父鼎（《銘圖》01828，西周中期）

（2）戲伯作饙鬲。

——戲伯鬲（《銘圖》02893，西周晚期）

（3）禾肇作皇母懿龔孟姬饙彝。

——禾簋（《銘圖》04811，戰國早期）

（4）伯克父自作𢷎盨。

——伯克父盨（《銘續》0474，春秋早期前段）

（5）京叔作𩞁盨。

——京叔盨（《銘圖》05547）

（6）鼄太宰欉子掛鑄其饙匠……其眉壽以[③]饙。

——邾太宰欉子掛瑚（《銘圖》05972，春秋早期）

“饙”作爲修飾語，出現在甗、敦、盞、匕、俎以外的食器上，以鼎、簋、瑚的數量居多。時代分布上并没有呈現明顯的特徵，是食器較爲常用的修飾語（見圖 14）。

---

① 參《金文通鑒》4.0。原書中注釋與此不同。

② 單育辰：《〈商周青銅器銘文暨圖像集成三編〉釋文校訂》，武漢大學簡帛研究中心網，2021 年 1 月 11 日。（http://www.bsm.org.cn/?guwenzi/8337.html）

③ 原釋文誤，“用”當爲“以”。

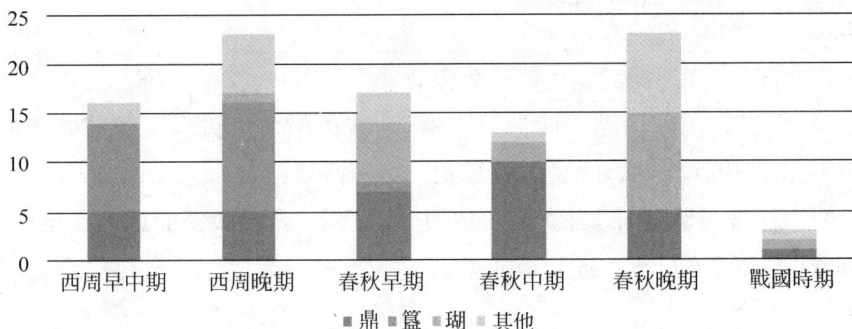

圖 14　饎

"饎"字的含義，目前來看可總結爲三類：

第一，飯食説。

A. 釋"餗"。宋人吕大臨將宋君夫人鼎"餗"釋爲"餗"①，王黼認爲"餗"表鼎實②，薛尚功從此説。③

B. 釋"饋"。清人錢坫首提此説④，其後多數學者如阮元⑤、方濬益⑥、高田忠周⑦、孫詒讓⑧、林義光⑨、張效彬⑩、楊樹達⑪、陳夢家⑫、杜廼松⑬、張亞初⑭、張聞捷⑮等，都從此釋。

---

① 吕大臨：《考古圖》清乾隆四十六年四庫全書文淵閣書録錢曾影鈔宋刻本，《金文文獻集成》第 1 册，北京：綫裝書局，2005 年，第 19 頁。

② 王黼等：《博古圖》清乾隆十八年天都黄晟亦政堂修補明萬曆二十八年吴萬化寶古堂刻本，《金文文獻集成》第 1 册，北京：綫裝書局，2005 年，第 343 頁。

③ 薛尚功：《歷代鐘鼎彝器款識法帖》1935 年于省吾影印明崇禎六年朱謀垔刻本，《金文文獻集成》第 9 册，北京：綫裝書局，2005 年，第 52 頁。

④ 錢坫：《十六長樂堂古器款識攷》1933 年開明書局翻刻嘉慶元年自刻本，《金文文獻集成》第 2 册，北京：綫裝書局，2005 年，第 434 頁。

⑤ 阮元：《積古齋鐘鼎彝器款識》嘉慶九年自刻本，《金文文獻集成》第 10 册，北京：綫裝書局，2005 年，第 111 頁。

⑥ 方濬益：《綴遺齋彝器考釋》1935 年商務印書館石印本，《金文文獻集成》第 14 册，北京：綫裝書局，2005 年，第 67 頁。

⑦ 高田忠周：《古籀篇》第 88 册，1925 年日本説文樓影印初版，《金文文獻集成》第 34 册，北京：綫裝書局，2005 年，第 188 頁。

⑧ 孫詒讓：《籀高述林（節録）》1916 年刻本，《金文文獻集成》第 16 册，北京：綫裝書局，2005 年，第 463 頁。

⑨ 林義光：《文源》1920 年寫印本，《金文文獻集成》第 17 册，北京：綫裝書局，2005 年，第 485 頁。

⑩ 商承祚：《十二家吉金圖録》1935 年哈佛燕京學社影印本，《金文文獻集成》第 20 册，北京：綫裝書局，2005 年，第 327 頁。

⑪ 楊樹達：《積微居金文説》，北京：中國科學院，1952 年，第 168 頁。

⑫ 陳夢家：《西周銅器斷代》，北京：中華書局，2004 年，第 48 頁。

⑬ 杜廼松：《金文中的鼎名簡釋——兼釋尊彝、宗彝、寶彝》，《考古與文物》1988 年第 4 期，第 45 頁。

⑭ 張亞初：《殷周青銅鼎器名、用途研究》，《古文字研究》第 18 輯，北京：中華書局，1992 年，第 282 頁。

⑮ 張聞捷：《楚國青銅禮器制度研究》，廈門：廈門大學出版社，2015 年，第 285 頁。

第二，祭祀説。

A. 釋"饋"。强運開認爲"饋"表祭祀義。[1]

B. 釋"祓"。馬叙倫讀"饆"爲"祓"，假爲祭名"祓"。[2]贊同此説的學者有胡厚宣[3]、白川静[4]、張連航[5]、黄德寬[6]、董蓮池[7]等。

C. 釋"禱"。冀小軍認爲"祓"當讀爲"禱"，是爲禱祭而造的專字。[8]龍宇純[9]、陳劍[10]、李學勤[11]從此説。

第三，進獻説。

馬薇廎認爲"饆"有進獻之義。[12]陳英杰認爲"饆"本表進獻，又引申爲一般的宴享義。[13]單育辰認爲此字應當釋"羞"，爲膳羞或進膳羞之義。[14]

其實盛食、進獻都是祭祀所需要的流程，本質上是不矛盾的。黄庭頎認爲"饆"器用以"裝盛祭禱食物"[15]，我們認爲這是合理的解釋。

關于"夆"字，我們也曾做過考察，諸家異説甚多。[16]"夆"甲文作"𡳾"（《合集》19946 正），龍宇純認爲象草根形；[17]黄盛璋認爲象禾，意爲"求禾求

① 强運開：《説文古籀三補》1935 年商務印書館石印本，《金文文獻集成》第 17 册，北京：綫裝書局，2005 年，第 373 頁。

② 馬叙倫：《讀金器刻識》1935 年國立北京大學《國學季刊》第 5 卷第 1 號，《金文文獻集成》第 27 册，北京：綫裝書局，2005 年，第 411 頁。

③ 胡厚宣：《殷代婚姻家庭宗法生育制度考》，《甲骨學商史論叢初集》上册，北京：哈佛燕京學社，1944 年，第 145 頁。

④ 白川静：《金文通釋》，《白鶴美術館誌》第六輯，大阪：日本白鶴美術館，1962 年，第 301 頁。

⑤ 張連航：《釋𡳾》，《第二屆國際中國古文字學研討會論文集續編》，香港：問學社有限公司，1995 年，第 151 頁。

⑥ 黄德寬主編：《古文字譜系疏證》，北京：商務印書館，2007 年，第 3787 頁。

⑦ 董蓮池：《"夆"字釋禱説的幾點疑惑》，《古文字研究》第 27 輯，北京：中華書局，2008 年，第 117 頁。

⑧ 冀小軍：《説甲骨金文中表祈求義的夆字——兼談夆字在金文車飾名稱中的用法》，《湖北大學學報（哲學社會科學版）》1991 年第 1 期，第 41 頁。

⑨ 龍宇純：《甲骨金文夆字及其相關問題》，《"中央"研究院歷史語言研究所集刊》第 34 册下，1963 年，第 421-422 頁。

⑩ 陳劍：《據郭店簡釋讀西周金文一例》，《甲骨金文考釋論集》，北京：綫裝書局，2007 年，第 31 頁。

⑪ 李學勤：《談叔夨方鼎及其他》，《文物》2001 年第 10 期，第 68 頁。

⑫ 馬薇廎：《彝銘中所加于器名上的形容字》，《中國文字》第 43 册，臺北：臺灣大學文學研究室，1973 年，第 6-7 頁。

⑬ 陳英杰：《西周金文作器用途銘辭研究》，北京：綫裝書局，2008 年，第 475 頁。

⑭ 單育辰：《釋饆》，《考古與文物》2017 年第 5 期，第 119 頁。

⑮ 黄庭頎：《論金文"饆"及"饆＋器名"》，《東華漢學》2015 年第 21 期，第 19-24 頁。

⑯ 夏宸溥：《兩周青銅簠自名、定名整理與研究》，2019 年北京語言大學碩士學位論文，第 32-34 頁。

⑰ 龍宇純：《甲骨金文夆字及其相關問題》，《"中央"研究院歷史語言研究所集刊》第 34 册下，1963 年，第 421-422 頁。

年"；①黄德寬以爲是"蕡"的本字。②這幾種説法其實都是差不多的。我們認爲"莑"象一種可以食用并用于祭祀的草本植物，具體是什麽植物無從考證，大概是禾屬。甲骨文"莑"多用爲祭祀動詞，如"莑年""莑禾""莑雨"。金文亦可解作祭祀義，如叔簋（《銘圖》05113）"唯王莑于宗周"。金文"莑"或作"🀄"，《通解》認爲是增"艸"表意③，我們認爲这類似"奉"形所從的"廾"（如《銘圖》05365，"🀄"可證），會以手捧禾祈求之意，"捧（拜）"字從"手""莑"，可能也是由此衍生出的意義，祈求與祭拜是相關聯的。而"饡"則是在此基礎上增"食"旁表意，以示此器與食有關。"食"是飯食，"莑"是禾屬，故可以表食器有盛飯食的功能，"饡"訓"瀿飯"的意義當來自于此。

　　綜上，我們認爲"饡"用作食器修飾語，表示此器用以進獻食物（主要是飯食）以祭祀之用，從音聲上或可讀爲"禱"。

　　"饡"或以"捧（拜）"假之。如伯氏始氏鼎（《銘圖》02192）"🀄"；或增羡符"口"，如"🀄"（新𢉖簋，《銘圖》04198）；或從"艸"作"🀄"；或從"奉"作，如工尹坡鼎（《銘圖》06060）"🀄"，上部寫成類似"𡿺"的形體，左右手形均不相連，是一種特異的寫法。④

2.2.4　羞

表4　羞

序號	編號	器名	器形	時代	銘文	字形
1	01938—01942	伯氏鼎		春秋早期	伯氏作媵氏羞鼎。	
2	02091	武生𣝘鼎		春秋早期	武生仔作其羞鼎，子=孫=永寶用之。	

---

①　黄盛璋：《晋侯墓地 M114 與叔矢方鼎主人、年代和墓葬世次年代排列新論證》，《晋侯墓地出土青銅器國際學術研討論論文集》，上海：上海書畫出版社，2002 年，第 217 頁。

②　黄德寬主編：《古文字譜系疏證》，北京：商務印書館，2007 年，第 3787 頁。

③　張世超、孫凌安、金國泰、馬如森：《金文形義通解》，京都：中文出版社，1996 年，第 2496 頁。

④　陳英杰認爲或是"衹"字，我們認爲仍應當是"奉"，只是訛寫得比較嚴重。見陳英杰：《西周金文作器用途銘辭研究》，北京：綫裝書局，2008 年，第 891 頁。

续表

序號	編號	器名	器形	時代	銘文	字形
3	02746—02758	仲姞鬲		西周晚期	仲姞作羞鬲。	
4	02762—02763	邾秦妊鬲		西周晚期	黽秦妊作羞鬲。	
5	02782	邾慶鬲		西周晚期	黽慶作縣妊羞鬲。	
6	02783	鄭叔歖父鬲		西周晚期	鄭叔歖父作羞鬲。	
7	02797—02799	時伯鬲		西周晚期	詩伯作叔仲□羞鬲。	
8	02810①	鄭邢叔歖父鬲		西周晚期	鄭邢叔歖父作羞鬲。	
9	02813、30307	郘姶逨母鬲		春秋早期	郘姶逨母靈其羞鬲。	
10	02825	槀姬鬲		西周晚期	祝姬作孟妊姑丝羞鬲。	
11	02866—02868、30312—30315	郘慶鬲		西周晚期	郘慶作縣妊羞鬲，其永寶用。	

① 另一件自名爲"鱠"。

续表

序號	編號	器名	器形	時代	銘文	字形
12	02892	己侯鬲		西周晚期	紀侯□作羞鬲。	
13	02901—02906	魯伯愈父鬲		西周晚期	魯伯愈[父]作竈姬孚觚羞鬲。	
14	03023—03024	國子碩父鬲		西周晚期	虢仲之嗣或子碩父作季嬴羞鬲。	
15	20302	鄂姜鬲		西周晚期	噩姜作羊鬲。	
16	06119—06120	姜休母鋪		西周晚期	姜休母作羞甫。	
17	06129	單㝬生鋪		西周晚期	單㝬生作羞豆，用宮（享）。	
18	30597—30598	王季姜鋪		西周晚期	王季姜作羞甫。	

共計 53 件食器以"羞"爲修飾語，以鬲爲主，少量鋪、鼎，時代多爲西周晚期至春秋早期，地域上多分布于齊魯諸地，是一種有地域性特色的修飾語。

"羞"，吳式芬、徐同柏、方濬益釋爲"養"，吳雲引陳宋南説改釋爲"羞"，吳大澂、劉心源亦釋作"羞"，其後學者多從此釋。[1]

---

① 參周法高、張日升、林潔明：《金文詁林》，香港：香港中文大學出版社，1975 年，第 8248-8253 頁。

《説文解字·丑部》："羞，進獻也。"《左傳·昭公二十七年》："羞者獻體改服於門外。"杜預注："羞，進食也。"《周禮·天官·籩人》："凡祭祀，共其籩薦羞之實。"鄭玄注："薦羞，皆進也。未食未飲曰薦，既食既飲曰羞。"《左傳·隱公三年》："可薦於鬼神，可羞於王公。""薦""羞"對文。"羞"用作修飾語，杜迺松[1]、張亞初[2]、黃天樹[3]等學者均解爲進獻義，與"薦""饋"意義相近。

2.2.5 鬲、鎣

表 5　鬲、鎣

序號	編號	器名	器形	時代	銘文	字形
1	02123	曾者子鎣鼎		春秋早期	曾諸子鎣用作鬲鼎。	
2	30459	曾公得簋		春秋早期	曾公得擇其吉金，自作鬲毁。	
3	02862、30310	曾仲棗鬲		春秋中期	曾仲棗自作鬲鎣。	
4	—	曾叔孫湛匕[4]		春秋中期	曾叔孫湛之鬲匕。	
5	30306	曾夫人鞷鬲		春秋中期	曾夫人鞷之鬲鎣。	
6	02133	瘝鼎	—	春秋時期	瘝作其鬲鼎鼎。	

---

① 杜迺松：《金文中的鼎名簡釋——兼釋尊彝、宗彝、寶彝》，《考古與文物》1988 年第 4 期，第 44 頁。

② 張亞初：《殷周青銅鼎器名、用途研究》，《古文字研究》第 18 輯，北京：中華書局，1992 年，第 281 頁。

③ 黃天樹：《釋殷墟甲骨文中的"羞"字》，《古文字研究》第 25 輯，北京：中華書局，2004 年，第 20 頁。

④ 見湖北省文物考古研究等：《湖北隨州棗樹林目的 81 與 110 號墓發掘》，《考古學報》2021 年第 1 期，第 155 頁圖 3。

序號	編號	器名	器形	時代	銘文	字形
7	01662—01663	鄴子受鼎		春秋中期	郳子受之 爲鼒。	
8	02764	鄴子受鬲		春秋中期	郳子受之 爲鬵。	
*	12187	蔡侯龘壺		春秋晚期	蔡侯龘之 爲壺。	
9	04393—04400	蔡侯龘簠		春秋晚期	蔡侯龘之 爲盤。	
10	20178	競之塈鼎		春秋晚期	競之塈自作 湿彝爲靈。	
11	03036	競孫旗 號鬲	—	春秋晚期	競孫旗乇作 嬰爲鬲。	
12	05166	有兒簠		春秋中期	陳洹公之孫 有兒自作爲 其爲段。	
13	05957	上都府瑚		春秋中期	上都府擇其 吉金，鑄其 爲匝。	
14	02347—02348	伯怡父鼎		春秋晚期	郎凡伯刍父 自作遷鼎。	

续表

序號	編號	器名	器形	時代	銘文	字形
15	02468—02474	王子午鼎		春秋晚期前段	倗之臠鼎。/ 鼺遉遉鼎	
*	14075	蔡公子缶		戰國時期	蔡公子作姬安之□□。	

　　食器中共 28 件以"臠"或"遉"爲器名修飾語。對于"臠"字的解釋，諸家説法甚多，總結如下：

　　第一，釋"旅"。

　　最早吳式芬將曾者子𩱴鼎"❒"隸定爲"旅"，無釋。[①]劉體智從此説。[②]

　　第二，釋"甾"。

　　高田忠周認爲齊侯鎛的"𪔌"是"蕃"之古文，與"己"從"𠃉"同意，"甶"會耕地。[③]馬薇廎認爲"𪔌"會窑中燒製甾缶之形，讀爲"甾"。[④]張亞初釋爲"淄"。[⑤]

　　第三，釋"飤"。

　　陳夢家將蔡侯墓蔡侯申鼎、簋、壺修飾語均讀爲"飤"。[⑥]張光裕從意義上低額度認爲兩鬲相疊會煮食或享用，意與"飤"同。[⑦]

　　第四，釋"飦"。

　　張政烺將曾者子鼎修飾語讀爲"淄"，假爲"飦"。[⑧]唐蘭在《〈五省出土重要文物展覽圖録〉序言》中亦將蔡侯申簋、壺修飾語都讀爲"飦"，即載食之"載"。[⑨]

　　① 吳式芬：《攗古録金文》光緒二十一年吳氏家刻本，《金文文獻集成》第 11 册，北京：綫裝書局，2005 年，第 238 頁。

　　② 劉體智：《小校經閣金石文字（引得本）》卷二，臺北：大通書局，1979 年，第 363 頁。

　　③ 高田忠周：《古籀篇》1925 年日本説文樓影印本初版，《金文文獻集成》第 34 册，北京：綫裝書局，2005 年，第 1-2 頁。

　　④ 馬薇廎：《彝銘中所加于器名上的形容字》，《金文文獻集成》第 37 册，北京：綫裝書局，2005 年，第 500 頁。

　　⑤ 張亞初：《殷周青銅鼎器名、用途研究》，《古文字研究》第 18 輯，北京：中華書局，1992 年，第 280 頁。

　　⑥ 陳夢家：《壽縣蔡侯墓銅器》，《考古學報》1956 年第 2 期，第 112 頁。

　　⑦ 張光裕：《蔡侯鼎銘𪔌字試釋》，《毛子水先生九五壽慶論文集》，臺北：幼獅文化事業公司，1987 年，第 198-200 頁。

　　⑧ 張政烺：《邵王之諻鼎及簋銘考證》，《"中央"研究院歷史語言研究所集刊》第 8 本第三分，北京：商務印書館，1939 年，第 371-378 頁。

　　⑨ 唐蘭：《〈五省出土重要文物展覽圖録〉序言》，《唐蘭全集·論文集中編》，上海：上海古籍出版社，2015 年，第 989 頁。

第五，釋"胥"。

趙世綱、劉笑春分析"𥫗"爲從"肉"從"ㄗ"，示取肉于鼎的動作，故讀爲"胥"。劉彬徽從之，并認爲"胥"通作"升"。①

第六，釋"鬲"。

伍仕謙認爲是"鬲"之繁文。②戴家祥從此説，并認爲王子午鼎"遷"是"遷"之別體。③

第七，釋"徹"。

邱德修認爲此字從二鬲從丿，會撤除之意，故讀爲"徹"，義爲徹饌。④

第八，釋"瀝""列"。

吳振武讀"𥁕"爲從"乁""𤎫"聲，即"瀝"字的異構。用爲修飾語，讀爲"歷"，義爲陳列。⑤林沄⑥、黃德寬⑦、陳斯鵬等⑧、謝明文⑨從此説。

第九，釋"壽"。

黃盛璋曾轉述郭沫若的觀點，認爲此字結構似"壽"字，後棄之。⑩《銘文選》認爲字讀與"皿"同，假爲"醻"，是饗醻之意。⑪黃錦前認爲"𥁕"是"鑄"的本字。⑫鄔可晶認爲"𥁕"與"𠧊"的結構相似，是替換"口"爲"鬲"，讀與"𠧊"同，"儔"器即成雙成對、有匹配之義。⑬

第十，釋"延"。

鄧佩玲認爲"𥁕"即《説文解字》的"鬻"，用于修飾語讀爲"延"，表鋪陳、陳列。⑭

---

① 劉彬徽：《楚系青銅器研究》，武漢：湖北教育出版社，1995 年，第 123 頁。

② 伍仕謙：《王子午鼎、王孫𩁹鐘銘文考釋》，《古文字研究》第 9 輯，北京：中華書局，1984 年，第 280 頁。

③ 戴家祥主編：《金文大字典》，上海：學林出版社，1995 年，第 5388-5389 頁。

④ 邱德修：《楚王子午鼎"𥻳遷遷鼎"銘考》，《故宮學術季刊》1988 年第 6 卷第 2 期，第 83-90 頁。

⑤ 吳振武：《釋𥁕》，《文物研究》第 6 輯，安徽：黃山書社，1990 年，第 218-223 頁。

⑥ 林沄：《周代用鼎制度商榷》，《史學集刊》1990 年第 3 期，第 15 頁。

⑦ 黃德寬主編：《古文字譜系疏證》，北京：商務印書館，2007 年，第 2065 頁。

⑧ 陳斯鵬等：《新見金文字編》，福州：福建人民出版社，2012 年，第 358 頁。

⑨ 謝明文：《競之𣪠鼎考釋》，《商周文字論集》，上海：上海古籍出版社，2017 年，第 364 頁。

⑩ 黃盛璋：《郭院長關于新出銅器三器的考釋及其意義——紀念郭沫若院長》，《社會科學戰綫》1980 年第 3 期，第 219 頁。

⑪ 張亞初：《殷周青銅鼎器名、用途研究》，《古文字研究》第 18 輯，北京：中華書局，1992 年，第 280 頁。

⑫ 黃錦前（網名贏泉）：《釋疇》，復旦大學出土文獻與古文字研究中心網，2009 年 6 月 6 日。（http://www.fdgwz.org.cn/Web/Show/809）

⑬ 鄔可晶：《金文"儔器"考》，《"古文字與出土文獻"青年學者西湖論壇論文集》，杭州：中國美術學院，2021 年，第 17 頁。

⑭ 鄧佩玲：《銅器自名前修飾語"𥁕"字試釋——兼談"延鐘、反鐘"等辭》，《古文字研究》第 30 輯，北京：中華書局，2014 年，第 200-205 頁。

第十一，釋"丽"。

李零認爲"𪓌"象兩器上下拮抗，讀爲訓"兩相附"之"丽"，意爲器物成雙成對。[①]

按從以上諸説中可以總結釋"𪓌"的兩種思路。一種思路關注點在解釋兩個"鬲"形上，或釋"甾"，進而有了"甾""蕾""淄""齍""𪓌"等解；或讀"肉"，則訓"脊"；或讀"鬲"，則認爲是"鬲"的異體，又假作"瀝""列"；或讀"丽"。另一種思路側重點在"冂"上，釋爲"圅"，進而有讀"鑄""疇""儔"的説法。

我們整理了"𪓌"的字形，所謂"鬲"，早期字形作"⿰""⿰""⿰"，反而是最不像"鬲"的。後有作"⿰""⿰""⿰""⿰"，似"鬲"，但也有"⿰""⿰""⿰"，似"甾"形，也有作似後世"眉"所從的"⿰""⿰"形，也有作壺形的"⿰"，其實形體是不穩定的。因此，依據其中任何一個形體去關聯更遠的字讀"鬲""丽""甾"，都是無法解釋其他字形的。其實會兩物相抵的字形非常多，如"⿰"（讀祇）、"⿰"（讀郭）、"⿰"（讀融），而它們與"𪓌"的本質區別便是少了"冂"。

觀察諸字例，"𪓌"字核心不變的構件便是"冂"，因而以"冂"出發解讀"𪓌"是正確的思路。最早郭沫若認爲此字是"壽"，但是上都府瑚銘文中同出"𪓌""壽"，因而作罷。黃錦前直接將此字釋爲"鑄"，但是同樣瑚銘中也有鑄字，也是説不通的。

過去學者多釋"圅"爲田疇之本字，既然是兩田之界，"畺"徑以"田"作，"圅"却用"口"不用"田"，于義難安。而鄔可晶解釋"圅"表示仇匹之義的"儔"，是十分可信的。《楚辭·九懷·危俊》："步余馬兮飛柱，覽可與兮匹儔。"注："二人爲匹，四人爲儔。儔，一作疇。"《荀子·勸學》："草木疇生，禽獸群焉。"楊倞注："疇與儔同，類也。"但是他認爲"𪓌"也讀爲"儔"，并認爲是指器物相互儔匹配套使用，解釋一組相同的器物則可，解釋匕器則説是與同出的鬲相匹配，則又與"圅"義失之。

"冂"意表界畔，從"冂"的字還有一個容易忽略的點是，"冂"之兩畔所從都是完全一樣的兩個部件，如"圅""𣍱"[②]"𪓌"，其"仇匹"之義即來自于此。若是匕與鬲相配，于義不合。

我們認爲，"𪓌"從"圅"得聲，但意義不必解爲"儔"，而可假爲"醻"，

---

① 李零：《丽器考》，《青銅器與金文》第4輯，上海：上海古籍出版社，2020年，第54頁。

② 《詩經·鄭風》："無我魗兮。"疏："魗與醜，古今字。"《集韻》言："醜，古作媿、𣍱。"《説文解字·𣍱部》："𣍱，目圍也。從𣍱冂。""冂"是一個指事符號，意指兩目間的界畔。"𣍱"字出現得比較晚，如包山簡174"⿰"，從"女"作。

"醻器"即醻獻之器。與曾叔孫湛匕同墓出土的嬭加鐘（《銘三》1284）有"醻獻歌舞"，即此義。"醻"字也有"儔匹"之義，"醻答""報醻"均是表與其對等而回報之義。《易·繫辭上》："是故可與醻酢。"惠棟："醻酢，往來也。"韓康伯注："醻酢，猶應對也。"

2.3　膳飲類

2.3.1　食、飤

（1）蔡侯𦥑之**飤**鼎。

——蔡侯𦥑殘鼎（《銘圖》01582，春秋晚期前段）

（2）曾公孫叔考臣自作**食**甗。

——曾公孫叔考臣甗（《銘三》0357，春秋晚期）

（3）陳姬小公子=爲叔嬀**飤**盨。

——陳姬小公子盨（《銘圖》05554，春秋時期）

（4）楚子暖盩其**飤**匜，子孫永保之。

——楚子暖瑚（《銘圖》05899，戰國早期）

食器類中共有 212 例以"食""飤"作修飾語的自名。其中鼎、瑚的數量最多，時代上集中分布于春秋晚期，且多是楚地所出的器物，具有楚文化地域色彩（見圖 15）。

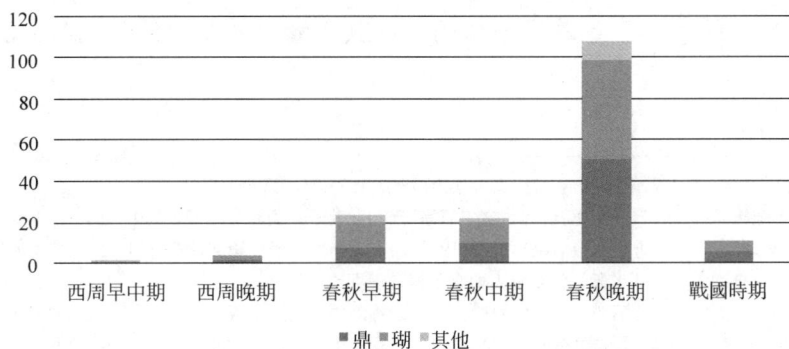

圖 15　飤

"飤"即"食"。"食"經典多訓飯食，與膳羞相對文。《周禮·天官·膳夫》："膳夫掌王之食飲膳羞。"鄭玄注："食，飯也。""食"甲骨文作"🖼"（《合集》20791），或曰上部的"亼"是食器蓋[1]，非，參考"歙"字之"人、口"，"食"上

---

[1] 戴家祥主編：《金文大字典》，上海：學林出版社，1995 年，第 5257 頁。

部應亦是"人、口",省人形罷了。"飤"當會人以口食簋中的食物①,也就是指穀物。不過簋器以"飤"爲修飾語的只有牧🔲簋(《銘圖》04493)一件②,當是春秋時楚地以瑚、盨代簋的緣故。嚴格來説,牧🔲簋的"🔲"從"食""又",可以看成意義與"飤"相近的字,但是與春秋時楚器修飾語"飤"表示的并不是同一個字。

2.3.2 🔲

伯喬父作🔲設。　🔲

——伯喬父簋(《銘圖》04681,西周中期)

該器自名修飾語作"🔲",舊多釋"鯢""饢",《金文詁林》列于"飤"下。③孟蓬生認爲從"食"聲,讀爲"頤"。④字又見于仲虡父盤(《金文編》附録 239)"🔲"、曩臥戈(《銘圖》16417)"🔲",又燹公盨銘曰:"🔲才天下。"李學勤認爲字從"募"聲,讀爲"顧"。⑤朱鳳瀚認爲是"層"的異體,讀爲"饢"。⑥裘錫圭認爲此字從"首"聲,是"飪"的古字。文後附陳劍意見,認爲當讀爲"饈"。⑦李零認爲字從"憂"省,讀爲"擾"。⑧馮時亦認爲字從"食""惡"省,讀爲"優"。⑨周鳳五與此意見相同。⑩陳英杰認爲字從"首"聲,讀爲"憂"⑪,用爲修飾語當讀爲"飤"。⑫

我們認同孟蓬生對字形的解釋,此字從"頁","飤"聲。"羞"字金文已有,形體與此不同,且無稱"羞簋"的例子。此字上部的"頁"其實也是人首,和"飤"的"人"意義是一樣的,則其主體仍然是"飤",我們認爲可假爲"飤"。

---

① 周法高:《金文詁林》,香港:香港中文大學出版社,1975 年,第 651 頁。

② 《譜系疏證》釋"食"(黃德寬:《古文字譜系疏證》,北京:商務印書館,2007 年,第 146 頁),查飛能釋"飽"(查飛能:《商周青銅器自名疏證》,2019 年西南大學博士學位論文,第 334 頁)。按"飽"從"食""勹"聲,未有這種從"又"的形體,當是會人取食于簋,義與"飤"同。

③ 參周法高、張日升、林潔明:《金文詁林》,香港:香港中文大學出版社,1975 年,第 3379 頁。

④ 孟蓬生:《解"頤"》,《古文字研究》第 27 輯,北京:中華書局,2008 年,第 265-269 頁。

⑤ 李學勤:《論燹公盨及其重要意義》,《中國歷史文物》2002 年第 6 期,第 6 頁。

⑥ 朱鳳瀚:《燹公盨銘文初釋》,《中國歷史文物》2002 年第 6 期,第 32 頁。

⑦ 裘錫圭:《燹公盨銘文考釋》,《中國歷史文物》2002 年第 6 期,第 19-20、24 頁。

⑧ 李零:《論燹公盨發現的意義》,《中國歷史文物》2002 年第 6 期,第 38 頁。

⑨ 馮時:《燹公盨銘文考釋》,《考古》2003 年第 5 期,第 68 頁。

⑩ 周鳳五:《燹公盨銘文初探》,《華學》第 6 輯,北京:紫禁城出版社,2003 年,第 9 頁。

⑪ 陳英杰:《燹公盨銘文再考》,《語言科學》2008 年第 1 期,第 67 頁。

⑫ 陳英杰:《西周金文作器用途銘辭研究》,北京:綫裝書局,2008 年,第 160 頁注 4。

2.3.3　鎬

唯六月壬申，王孫叔諲擇曰吉金，作鐕鎬獻。▣

——王孫叔諲甗（《銘圖》03362，春秋時期，見圖 16）

圖 16　王孫叔諲甗

王孫叔諲甗自名修飾語作"▣"，周忠兵認爲此字"勹"下的構形與史墻盤的"▣"字的"▣"同。"▣"字裘錫圭釋爲象米在有蓋器皿中，從"帚"聲，讀爲"糕"。[①]則此字也當讀爲"糕"。[②]查飛能從音聲上解讀，認爲與"餾"可相通，讀爲"餾甗"，意爲蒸食之甗。[③]

我們認爲，史墻盤的"▣"是因爲有"帚"表音才可以讀爲"糕"。但是此"鎬"字從"金""勹"，剩下盛米的食器，如果是表音，那麼該如何作讀，則是值得商量的。不過讀爲"糕"恐怕并不合適。

《古璽彙編》有一方齊印（見圖 17）：

圖 17　王句"▣"（《璽彙》0644）

我們認爲"句"下一字可能與"鎬"有關。"▣"從"米""亼""人"，重"口"。重"口"可以看成器、蓋的省形。黃德寬認爲"▣"字是"飤"的繁文[④]，是合理的意見。"▣"應該可以看成人取食食器中的米，與"飤"同。

---

① 裘錫圭：《史墻盤銘解釋》，《文物》1978 年第 3 期，第 31 頁。
② 周忠兵：《釋春秋金文中的"糕"》，《戰國文字研究的回顧與展望》，上海：中西書局，2017 年，第 55-56 頁。
③ 查飛能：《商周青銅器自名疏證》，2019 年西南大學博士學位論文，第 323 頁。
④ 黃德寬主編：《古文字譜系疏證》，北京：商務印書館，2007 年，第 149 頁。

將"䀇"的"人"與"口"替換成"勹"（類似于上文所提到的"䀇"，屬于同意替換），再贅加"金"表意，就是"鎬"的形體。因此，我們認爲"鎬"意與"飤"同，讀音也許可以讀爲從"飤"聲。

2.3.4　歆

魯大嗣徒元作歆盂，其萬年虁壽，永寶用。

——魯大司徒元盂（《銘圖》06221，春秋中期，見圖 18）

圖 18　魯大司徒元盂

食器中只有 1 件盂器修飾語爲"歆"。細審此字形左從"酉"，右似從"犬"，如上博簡《紂衣》"歆"，嚴格隸定當作"猷"，可能是"欠"訛作。"猷"又見于上博簡《用曰》"歆"，是"歆"省舌形的寫法。

《説文解字‧歆部》："歠也。從欠酓聲。"甲骨文作"歆"（《合集》10405反），會人以舌飲酒。《周禮‧天官‧膳夫》"膳夫掌王之食飲膳羞"，鄭玄注："飲，酒漿也。"張日升認爲"歆""飤"義相同。[1]查飛能從此説。[2]但是青銅酒器有以"飲"修飾者，而只有食器功能的銅器無一以"飲"修飾，則"歆""飤"表達的含義是不同的。僕兒鐘（《銘圖》15528）銘曰："歆飤訶遯。""歆""飤"的關繫與"歌""舞"類似，是相區別又互相組合的飲食活動。此盂以"歆"修飾，示此盂可用以盛酒漿。

2.3.5　䤑、飲

（1）曾孟嬭諫作䤑盆。

——曾孟嬭諫盆（《銘圖》06264，西周早期，見圖 19）

圖 19　曾孟嬭諫盆

---

[1] 周法高、張日升、林潔明：《金文詁林》，香港：香港中文大學出版社，1975 年，第 3379 頁。
[2] 查飛能：《商周青銅器自名疏證》，2019 年西南大學博士學位論文，第 332-333 頁。

（2）叔駒父作鐋姬**飲**毀。

——叔駒父簋（《銘圖》04668，西周晚期）

曾孟嬭諫盆（《銘圖》06264）修飾語作"鬱"。曾昭岷、李瑾隸定爲"饗"，無釋。[1]林巳奈夫從此隸定。[2]《銘文選》認爲字從"飤""鼙"聲，"吕"是基本聲符，讀爲"饙"，意即熟食或熟肉。[3]黃錫全從此説。[4]《通解》懷疑"鬱"或是地名專字。[5]張亞初將此字隸定爲"鄪"，無釋。[6]查飛能從此隸定，并認爲可讀作"簋"，即具食之義。[7]

按張亞初隸定之"鄪"是此字左部的構形，嚴格隸定的話應該是"鄪"。何尊（《銘圖》11819）有"唯王初遷宅于成周"一語，"遷"字作""，"邑"上從兩"口"。觀""字左部的"邑"上無"口"，當是挪到了"鼙"的內部。而"鼙"的"巳"其實是"鄪"字的"邑"挪到了"舁"的下部，又省去"口"的形體。[8]舊説""從"吕"，其實應該是"邑"的部件。那麼釋作從"吕"聲讀爲"饙"，自然也就不成立了。

此字應當分析爲，從"飤""鄪"聲的字。查飛能釋"簋"，聲韻十分貼合，可從。"簋"，即今天之"饌"。[9]"簋"盆，即具食之盆。

另外還有一件簋器修飾語爲""，吳鎮烽隸定爲"饗"[10]，《新金文編》隸定爲"飲"[11]，查飛能釋爲"饗"。[12]我們認爲從字形來看，此字從"食"，從"欠"，"欠"的"人"與"口"分離而作。此"飲"字并非彼"歙"字——類似""所從的"飲"，《通解》認爲是"飤"的異體[13]，是也。"歙"從"酉"，是酒器；"飲"從"食"，當與食器有關，其意義類似于"飤"。"飲簋"即"飤簋"。

---

① 曾昭岷、李瑾：《曾國和曾國銅器綜考》，《江漢考古》1980 年第 1 期，第 72 頁。

② 林巳奈夫著，廣瀨薫雄譯，郭永秉潤文：《殷周青銅器綜覽：殷周時代青銅器的研究（第一卷）》，上海：上海古籍出版社，2017 年，第 56 頁。

③ 上海博物館商周青銅器銘文選編寫組：《商周青銅器銘文選》，北京：文物出版社，1990 年，第 454 頁。

④ 黃錫全：《湖北出土商周文字輯證（增補本）》，武漢：武漢大學出版社，2019 年，第 52 頁。

⑤ 張世超、孫凌安、金國泰、馬如森：《金文形義通解》，京都：中文出版社，1996 年，第 1638 頁。

⑥ 張亞初：《殷周金文集成引得》，北京：中華書局，2001 年，第 516 頁。

⑦ 查飛能：《商周青銅器自名疏證》，2019 年西南大學博士學位論文，第 329 頁。

⑧ 張亞初：《商周古文字源流疏證》，北京：中華書局，2014 年，第 1383-1384 頁。

⑨《禮記·明堂位》："薦用玉豆雕簋。"鄭注："簋，簋屬。"《漢書·元后傳》："獨置孝元廟故殿以爲文母簋食堂。"讀與"饌"同。"簋"之構形存疑，若是從"算"聲，則"巳"字表意不明。或許"簋"其實是"鼙"之訛，又類化作從"算"聲。

⑩ 吳鎮烽：《近年新出現的銅器銘文》，《文博》2008 年第 2 期，第 7 頁。

⑪ 董蓮池：《新金文編》，北京：作家出版社，2011 年，第 1246 頁。

⑫ 查飛能：《商周青銅器自名疏證》，2019 年西南大學博士學位論文，第 334 頁。

⑬ 張世超、孫凌安、金國泰、馬如森：《金文形義通解》，京都：中文出版社，1996 年，第 1638 頁。

2.3.6 酏（配）

甲塱乍（作）且（祖）辛寶酏彝。

——甲塱鼎（《銘三》0197）

《銘三》新收一件西周早期的鼎，自名作"寶酏彝"，將修飾語"酏"，讀爲"裸"。我們認爲此字應當隸定爲"酏"，即"配"。細審該字形，其下有一横筆示地面，嚴格分析當是從"酉""卩"的會意字。

列舉西周金文的"裸"字形如下：

（1）德鼎（《銘圖》02266）：誕斌褑（裸）自蕁。

（2）史獸鼎（《銘圖》02423）：尹賞史獸獻（裸），錫豕鼎一、盉（觴）一。

（3）毛公鼎（《銘圖》02518）：酈（裸）圭鬲（瓚）寶。

（4）鮮簋（《銘圖》05188）：王賞酈（裸）玉三品。①

（5）萬杯（《銘圖》10865）：其則此斿獻（裸）。

（6）守宫盤（《銘圖》14529）：周師光守宫，使酈（裸）。

金文"裸"字意義明確，一般作動詞"裸祭"。"裸"字可以從"示""又""廾""卩"，可以多從或者省簡，但是主體部分是"酉"，舊釋作"瓚"。史獸鼎前有""字，後有""字。""排除下部羡符，也是一種酒器，舊認爲是酒器"爵"的專字。近來有學者將兩字分別改釋爲"爵"與"觴"。②不論具體如何釋讀，可以發現兩字并非單純的酒罐，器有偏向一側的流，而開口部位均有表液體流出的短畫。這是與"酉"最大的不同。

再來看西周金文中的"配"字：

（7）毛公鼎（《銘圖》02518）：不鞏先王酏（配）命。

（8）獃簋（《銘圖》05372）：用酏（配）皇天。

（9）變公盨（《銘圖》05677）：廼自作酏（配）卿（饗）民。

（10）萬杯（《銘圖》10865）：配用□酉。

（11）黿尊（《銘圖》11804）：用夙夕酏（配）宗。

字從"卩""酉"，"酉"字形與"酉"截然不同，尤其毛公鼎與萬杯同時出現了"裸"與"配"字，可作爲二字不同之確證。

---

① 臧克和曾把此字釋作"奠"，祭名，"卩"用以"突出傳達祭奠者的秒肅"，非。參臧克和：《讀〈殷周金文集成〉雜志》，《古文字研究》第24輯，北京：中華書局，2002年，第294頁。

② 李春桃：《從斗形爵的稱謂談到三足爵的命名》，《歷史語言研究所集刊》第89本第一分，2018年，第47-118頁。

"配"字《説文解字·酉部》釋"酒色也"。高田忠周謂字從"卩","色"有"卩",字從"酉""色"。[1]馬叙倫認爲"酒色"之"配"當從"酉",右"己"是"飛"之異文,"飛"聲。[2]均不確。高鴻縉認爲甲骨文的"奭"字作匹配之"配"的本字,而酒色之"配"是假借字。[3]"配"字本當會意,會人在酒尊旁,"酒色"之義非本義。

李孝定認爲"配"字是"祭時配享之義";[4]邱德修認爲是會人致送器皿之義;[5]戴家祥認爲是婚配之義,"古者娶婦必先以酒醴饗焉"。[6]

按李孝定之説更合文義。金文"配"有"匹配"義,如毛公鼎"不鞏先王配命",但更多的是"配祀""配享",如馭簋"用配皇天"、燹公盨"廼自作配饗民"。"配"字從結構上來看類似"飤""歆",本當會人飲食,引申而作"配享"祭祀義。

《左傳·隱公八年》:"先配而後祖。"孔疏引賈逵曰:"配,成夫婦也。"《公羊傳·宣公三年》:"王者必以其祖配。"何休注:"配,配食也。"《禮記·大傳》:"不王不禘。王者禘其祖之所自出,以其祖配之。""配"與"禘"并言,是説明"配"也是一種祭祀。

綜上,此處之"配鼎",當即"配享祖先之鼎"的意思。[7]

2.3.7　飤、飤(載)

(1) 坪夜君成之**載**鼎。

　　　　　　——坪夜君成鼎(《銘圖》01762,戰國中期)

(2) 嬴霝惪作**飤**段。

　　　　　　　——嬴霝德簋蓋(《銘圖》04374,西周中期前段)

(3) 嬭寏戠用作旬辛**飤**段。

　　　　　　　　——嬭寏戠簋(《銘圖》04626,西周早期)

(4) 旅伯作**飤**彝。

　　　　　　　——旅伯鼎*(《銘續》0148,西周中期)

---

[1] 高田忠周:《古籀篇》1925年日本説文樓影印本初版,《金文文獻集成》第33册,北京:綫裝書局,2005年,第458頁。

[2] 馬叙倫:《説文解字六書疏證》卷之廿八,上海:上海書店出版社,1985年,第103頁。

[3] 高鴻縉:《毛公鼎集釋》,《師大學報》第1期,臺北:臺灣師範大學,1956年,第75頁。

[4] 周法高:《金文詁林附録》,香港:香港中文大學出版社,1977年,第176頁。

[5] 邱德修:《金文配字源流考》,《故宫學術季刊》1986年第4卷第3期,第81-83頁。

[6] 戴家祥主編:《金文大字典》,上海:學林出版社,1995年,第4796頁。

[7] 此"配"作修飾語爲孤例。是不是"鄉(饗)"的省寫,也是值得考慮的。

（5）王孙賨之**軤**鼎。

———王孙賨鼎（《銘續》0141，戰國早期）

共有 3 件器以"飤"爲修飾語。坪夜君成鼎字形爲""，吳榮光認爲是"記載"義[1]，柯昌濟解爲"可載行"之義。[2]均不確，當以"載"假爲"飤"。吳大澂認爲坪夜君成鼎"載"與師虎簋（《銘圖》05371）""都讀爲《説文解字》訓"設飪"的"飤"，是十分正確的。[3]石鼓文《鑾車》有"眚車鹽"，讀爲"載"。[4]

嬴霝德簋銘文中的"飤"，易"才"爲"甾"，于省吾認爲"甾聲與從才聲一也"，也是"飤"字。[5]不過馬薇廎解爲會意字，認爲會"甾中有食，捧而享之，即祭之意也"。[6]單育辰也有相似的解釋。[7]不過"飤"下之"食"本就是食器簋所象，上部再贅加"甾"似無必要，當與"才"的功能一樣，都是聲符。"才""甾"音近可通，如上博簡有《材衣》篇，經典作"緇衣"。

嬭寀敔簋的""，楊樹達[8]、《通解》[9]等均解爲"飤"省"卪"作，陳劍認爲與甲骨文中從"史"聲的""有關，而與甲骨文中的""字無涉[10]，但也贊同將此字讀爲"飤"。

那麼這三件器物的修飾語便都可以讀爲"飤"。甲骨文有""（《合集》15819）字，會人持食器形。正如于省吾言，"祭者必設食"[11]，所以卜辭中用爲祭祀義。金文中也有從"才"的"飤"，如沈子它簋（《銘圖》05384）"用饗己公"，趙平安認爲也作祭祀解。[12]

我們認爲"飤"與單純的祭祀修飾語，如"祀""盟"是有一定區別的，雖然

---

① 吳榮光：《筠清館金文》清宜都楊守敬重刻本，《金文文獻集成》第 12 册，北京：綫裝書局，2005 年，第 93 頁。

② 柯昌濟：《韡華閣集古録跋尾》1935 年餘園叢刻鉛字本，《金文文獻集成》第 25 册，北京：綫裝書局，2005 年，第 112 頁。

③ 吳大澂：《説文古籀補》，《説文古籀補三種（附索引）》，北京：中華書局，2011 年，第 66 頁。

④ 何琳儀：《戰國古文字典》，北京：中華書局，1998 年，第 101 頁。

⑤ 于省吾：《釋甾》，《雙劍誃殷契駢枝·雙劍誃殷契駢枝續編·雙劍誃殷契駢枝三編》，北京：中華書局，2009 年，第 100 頁。

⑥ 馬薇廎：《彝銘中所加于器名上的形容字》，《中國文字·第 1-52 册合集》第 43 册，臺北：藝文印書館，1972 年，第 4681 頁。

⑦ 單育辰：《釋甲骨文"甾"字》，《清華簡〈繫年〉與古史新探學術研討會會議論文集》，北京：清華大學出土文獻研究與保護中心，2015 年，第 212 頁。

⑧ 楊樹達：《積微居金文説（增訂本）》，北京：科學出版社，1959 年，第 156 頁。

⑨ 張世超、孫凌安、金國泰、馬如森：《金文形義通解》，京都：中文出版社，1996 年，第 609 頁。

⑩ 陳劍：《釋"甾"》，《出土文獻與古文字研究》第 3 輯，上海：復旦大學出版社，2010 年，第 7-9 頁。

⑪ 于省吾：《釋甾》，《雙劍誃殷契駢枝·雙劍誃殷契駢枝續編·雙劍誃殷契駢枝三編》，北京：中華書局，2009 年，第 100 頁。

⑫ 趙平安：《金文考釋四篇》，《語言研究》1994 年第 1 期，第 180 頁。又見氏著《金文釋讀與文明探索》，上海：上海古籍出版社，2011 年，第 88 頁。

也有祭祀的成分，但是更強調準備、盛裝食物。《譜系》將"龏"均讀爲"載"，意爲盛放①，是有一定道理的。《銘三》新收一件嬴霝德壺（《銘三》1040），自名"龏壺"。酒器亦用此修飾語，則不是單純的設食。宋大史孔壺（《銘三》1065）銘曰："用龏旨酉，用卲諸父，用祈眉壽。""龏"當取裝載義。那麼綜合來看，"龏"表明這件器物用來盛裝飲食，用以宴饗或者祭祀。

　　另外《銘續》收旅伯鼎、王孫賈鼎自名爲"鄎"或者"輖"，即"則"。或許亦可讀爲"載"，通"龏"。相較坪夜君成鼎修飾語"載"，王孫賈鼎亦從"車"，替換聲符爲"則"。"則""載"古音在之、職二部，聲母相同，韻部相近可通。《詩經·小雅·小宛》："載飛載鳴。"注："載之言則也。"屬羌鐘（《銘圖》15425）曰："用明則之于銘。""則"讀爲"載"；秦曉華認爲旬簋（《銘圖》05378）"鄎乃祖奠周邦"與虎簋蓋（《銘圖》05400）"龏乃祖考史先王"是異文關繫。②這些例子都説明"則""載"可通，這兩件鼎也是"龏鼎"。

2.3.8　嫷（熟）

　　伯𠬤作嫷毁。

——伯𠬤簋（《銘圖》04227，西周中期）

　　此字又見于配兒鈎鑃（《銘圖》15984）"余嫷狀于戎攻獻武"，沙孟海③、曹錦炎④、何琳儀⑤均釋"熟"。周海華、魏宜輝認爲當讀爲"篤"，即《説文解字》"管"字，訓"厚"。⑥

　　按《説文解字·丮部》："食餁也。從丮睪聲。《易》曰：'孰餁。'"甲骨文有""（《合集》17936）字，不從"羊"。此""字從"亯""丮"，從"女"實際上可能與"止"旁同意⑦，此字實際的主體是"亯""丮"，在此簋銘中可徑讀爲"熟"。修飾語"熟"即表此簋是盛熟物的。

2.3.9　圂（飧）

　　杞伯每乚作鼄媒圂毁。

——杞伯每乚簋（《銘圖》04860，春秋早期，見圖20）

---

① 黄德寬：《古文字譜系疏證》，北京：商務印書館，2007年，第241-242頁。

② 秦曉華：《西周金文"則緐"試析》，《古文字論壇》第2輯，上海：中西書局，2016年，第190頁。

③ 沙孟海：《配兒鈎鑃考釋》，《考古》1983年第4期，第340頁。

④ 曹錦炎：《吳越青銅器銘文述編》，《古文字研究》第17輯，北京：中華書局，1989年，第86頁。

⑤ 何琳儀：《戰國古文字典》，北京：中華書局，1998年，第206頁。

⑥ 周海華、魏宜輝：《讀銅器銘文札記（四則）》，《東南文化》2000年第5期，第84頁。

⑦ 東周"稷"字下部"夊"多從"女"。

圖 20　杞伯每匕簋

　　此字字形或可以聯繫近出杞伯每匕簋自名修飾語"圂"，張懋鎔等作未識字處理，但認爲是這種豆形簋的專稱。[1]田率認爲可讀爲"圓"。[2]付强認爲此"圂"可能與衛姒簋（《銘圖》06122）、姜林母簋（《銘圖》04376）的自名有關，并讀爲"彗"，是這種小簋的專稱。[3]查飛能認爲此字是"豢"，意爲盛犬豕牲肉。[4]但是簋其實是用來盛黍稷的，應該不能用來盛肉。讀爲"圓"其實也有問題。《銘圖》另著有 6 件杞伯每匕簋，器形爲一般的圓簋，修飾語爲"寶"，爲何那幾件圓簋不稱"圓"？

　　不過後來田率又將"圂"改釋爲"飧"[5]，我們認爲是可從的。"圂"古音在匣母文部，"飧"古音在心母文部，可以相通。《説文解字·食部》："飧，餔也。從夕食。"段注："小雅傳曰。孰食曰饔。魏風傳曰。孰食曰飧。然則饔飧皆謂孰食。"是"飧簋"即"饔簋"，即盛熟食之簋。

2.3.10　善

表 6　善

序號	編號	器名	器形	時代	銘文	字形
1	01656	取它人鼎		春秋時期	取它人之善鼎。	

---

　　① 張懋鎔、閏婷婷、王宏：《新出杞伯簋淺談》，《文博》2011 年第 1 期，第 12 頁。

　　② 田率：《中國國家博物館新入藏兩周青銅器咀華》，《首屆中國古代文明研究前沿論壇論文集》，深圳：深圳大學人文學院，2016 年，第 162 頁。

　　③ 付强：《談談青銅豆形簋的幾種別稱》，簡帛網，2017 年 1 月 29 日。（http://www.bsm.org.cn/?guwenzi/7462.html）

　　④ 查飛能：《商周青銅器自名疏證》，2019 年西南大學博士學位論文，第 321 頁。

　　⑤ 田率：《中國國家博物館新入藏兩周青銅器咀華》，《中國古代文明研究前沿論壇論文集》，深圳：深圳大學人文學院，2018 年，第 137 頁。

序號	編號	器名	器形	時代	銘文	字形
2	02129、02156	魯大左司徒元鼎	—	春秋中期	［魯］大左司徒元作薦鼎。	
3	02194	郜伯鼎		春秋早期	郜伯肇作孟妊薦鼎。	
4	02195	郜伯祀鼎		春秋早期	郜伯祀作薦鼎。	
5	02311	哀鼎		春秋早期	㠱晏生之孫=哀爲改薦會鼎。	
6	02363	齊侯鼎		春秋晚期	齊侯作朕寡闗孟姜善鼎。	
7	04675—04676	瞿姒簋		西周晚期	瞿始作薦隤段。	
8	05912	畢仲弁瑚		春秋早期	畢仲弁作爲其北薦盙。	
9	06066	歸父敦		春秋晚期	魯子仲之子遲父，爲其薦辜。	
10	06069—06070	荆公孫敦		春秋晚期	鄝公孫靈其薦盉。	

217

序號	編號	器名	器形	時代	銘文	字形
11	06072	益余敦		春秋時期	邵翏公之孫盥余及陳弔嬀爲其尊毫。	
12	06076	齊侯敦		春秋晚期	齊侯作朕寰圓孟姜尊毫。	
13	06154—06156	厚氏元鋪		春秋中期	魯大司土厚氏元,作譱匜。	
*	19243	羣氏膚鑰		西周晚期	羣氏膚作譱鑰。	

共有 18 件食器以"善"或"膳"爲修飾語,出現于西周晚期至春秋時期的齊魯地區。

楊樹達考取它人鼎"善",認爲假爲"膳"。[1]徐中舒[2]、張亞初[3]等學者均同訓。甚是。

馬寶春、袁廣闊認爲哀鼎自名"譱會鼎",金文中很少見到兩個詞一起修飾器名的例子,故將"善"上讀作人名。[4]不確。"善""會"是修飾語連用,金文習見,并不是個例。

《説文解字·肉部》:"膳,具食也。"《廣雅·釋器》:"膳,肉也。"《周禮·天官·膳夫》:"膳夫掌王之食飲膳羞。"鄭玄注:"膳,牲肉也。"彭裕商認爲"膳"多指肉食。[5]從没有飯食器以"善"修飾的,又"善"可從"肉"作"䐎"。綜合故訓來看,是有道理的。善器意即此器用以盛膳食之用。

2.3.11 𠨘、齍

共有 37 件鼎、35 件鬲、3 件簋、1 件俎自名包含"齍"及其相關異體。爲

---

[1] 楊樹達:《積微居金文餘説·卷一·取它人鼎跋》,《積微居金文説(增訂本)》,北京:科學出版社,1959年,第 210 頁。

[2] 徐中舒主編:《甲骨文字典》,成都:四川辭書出版社,2006 年,第 226 頁。

[3] 張亞初:《殷周青銅鼎器名、用途研究》,《古文字研究》第 18 輯,北京:中華書局,1992 年,第 282 頁。

[4] 馬寶春、袁廣闊:《改善鼎銘文考釋》,《文物》2012 年第 10 期,第 68-69 頁。

[5] 彭裕商:《東周青銅盆、盞、敦研究》,《考古學報》2008 年第 2 期,第 178 頁。

直觀顯示這些器物使用的時期分布，以下表的形式展示（見表 7）。其中恒侯伯
趲鬲（《銘圖》19940）自名"𥃉"，禤健聰隸定作"鬶"，釋爲"齊"。[1]吳鎮烽
定爲僞器，故不録。

表 7　𫝶、齋

編號	器名	圖像	時代	辭例	字形	編號	器名	圖像	時代	辭例	字形
01223	子𣪊君鼎		商代晚期	盍							
02296	戍凾鼎	—	商代晚期	齍							
01460	叔鼎	—	西周早期	宗盍		02711	又季鬲		西周早期	寶齋	
01783	狋鼎		西周早期	盍鼎		02738	微伯鬲		西周早期	齋鼎	
01223	伯六辝鼎		西周早期	寶隮盍							
01789	季盩鼎		西周早期	隮盍							
30162	叔䒩鼎		西周早期	淒							
30117	作父辛鼎		西周早期前段	齊							
01308	甲鼎	—	西周早期	寶齋							

---

① 禤健聰：《銅器銘文識小録》，《中國文字研究》第 21 輯，上海：上海書店出版社，2015 年，第 22 頁。

续表

編號	器名	圖像	時代	辭例	字形	編號	器名	圖像	時代	辭例	字形
02352	厚趠鼎		西周早期	寶障齋							
01013	仲鼎	—	西周早期	齋							
01306	寡長鼎	—	西周早期	齋							
01601	應叔鼎	—	西周早期	寶障齋							
30096	伯鼎		西周早期	齋							
01393	王伯鼎		西周早期	寶齋							
30146	伯釪鼎		西周早期	寶齋							
01706	竈鼎		西周早期	酥齋							
02337	歸妘進鼎（3件）		西周早期	寶齋		02715	凌姬鬲		西周早期後段	寶齋	
02204	矩鼎		西周早期後段	夑		02732	苟鬲		西周早期後段	障齋	
30259	矩鼎		西周早期後段	寶齋		03035	公姞鬲		西周中期前段	齋鼎	
02400	吕鼎		西周中期前段	寶齋		02702	微伯鬲（5件）		西周中期前段	齋鬲	

续表

編號	器名	圖像	時代	辭例	字形	編號	器名	圖像	時代	辭例	字形
01079	尚鼎	—	西周中期前段	䵼		03039	尹姞鬲（2件）		西周中期前段	寶䵼	
01080	旨鼎		西周中期前段	䵼							
01422	厘鼎	—	西周中期前段	寶䵼鼎		02913	伯汃父鬲	—	西周中期	䵼鬲	
20091	□改鼎		西周中期	䵼鼎		02693	宋姜鬲		西周中期	䵼	
20087	燕伯鼎		西周中期	齊鼎		02745	仲𨱇父鬲		西周中期	齍鬲	
01455	仲自父鼎	—	西周中期	䵼		20238	荀侯鬲		西周中期後段	䵼鬲	
01548	羌鼎	—	西周中期	䵼		20241	相姬鬲甲		西周中期後段	齊鬲	
02141	師昌鼎	—	西周中期	寶䵼鼎		20242	相姬鬲乙		西周中期後段	齊鬲	
02331	作文祖考鼎		西周中期	䵼鼎		02772	弭叔鬲（4件）		西周中期後段	齊鬲	
02441	䵼鼎		西周中期	寶隮䵼鼎							
20174	伯武父鼎	—	西周中期後段	寶䵼鼎							

編號	器名	圖像	時代	辭例	字形	編號	器名	圖像	時代	辭例	字形
						30304	晉姬鬲	—	西周晚期	齊鬲	
01971	榮有司再鼎		西周晚期	齋鼎		30305	王鬲		西周晚期	齊鬲	
20138	鬳鼎	—	西周晚期	麥鼎		02725	帛女鬲		西周晚期	齊鬲	
02055	方𢱢各鼎		西周晚期	齊從鼎		02744	伯邦父鬲		西周晚期	齋鬲	
						02761	姬芳母鬲		西周晚期	齋鬲	
						02776	燮王鬲（2件）		西周晚期	齊	
						02804	伯姜鬲	—	西周晚期	齊鬲	
						02870	王鬲	—	西周晚期	齊鬲	
						02873	榮有司再鬲		西周晚期	齋鬲	
						02878	呂雒蹈鬲		西周晚期	齋鬲	
						02893	戲伯鬲（2件）		西周晚期	鐈齋	
30477	無㠱簋（3件）		春秋中期	歊匜		30627	無㠱俎		春秋中期	歊俎	

可以看出，鼎在西周早期、中期使用"齍"爲自名比較多見，晚期漸少，而鬲則逐漸替代鼎使用這一器名，直至西周晚期。東周時鼎、鬲均未出現以"齍"爲自名的器物，而《銘三》新出無殹簋和無殹俎的自名也出現了這一字形。其異體有從"鼎""皿""欠""又"者，也有以"妻"假借之例。①

而用作器物自名的"齍"，自古學者多讀爲《説文解字》之"齍"。②《説文解字·皿部》："齍，黍稷在器以祀者。""齍"的語義中心指向"皿"中的黍稷。《周禮·小宗伯》："辨六齍之名物與其用，使六宮之人共奉之。"鄭玄注曰："'齍'讀爲'粢'。六粢，謂六穀：黍、稷、稻、粱、麥、苽。"郭沫若以此"齍"爲器物名，因"六齍之名物"與"六彝之名物""六尊之名物"相對爲文。③細審《周禮》上下文，"辨六彝之名物"用以"果將"，即裸祭。"辨六尊之名物"用以"祭祀""賓客"，而"辨六齍之名物"則用以"使六宮之人共奉"，與前文"六牲""使共奉之"合，則此處的"齍"與"牲"同爲祭祀之物，當是穀物而非盛穀之器。

則典籍中的"齍"訓穀物，不訓器名，與故訓不符。故宋以來的學者紛紛尋求他解。

王黼等④、薛尚功⑤徑讀器名"爺"爲"齊"，認爲是"祭祀之齊而所用之器"。⑥董逌釋"齍"爲"持而獻"之器。⑦不解何意。

劉體智《善齋吉金録》將方鼎別名爲"齍"，獨立于鼎自爲一類，曰："圓鼎以盛牲肉，方齍以盛黍稷，判然二物。"郭沫若⑧、張亞初⑨、《通解》⑩均從其説。但是自名含"齍"之鼎不乏圓鼎，且三足之鬲亦有此類自名，將"齍"限定

---

① 楊懷源：《西周金文詞彙研究》，成都：巴蜀書社，2007 年，第 52 頁。

② 諸説甚繁，甚至有前後不一之處，此不再贅述。

③ 郭沫若：《兩周金文辭大系圖録攷釋》1957 年科學出版社影印本，《金文文獻集成》第 21 册，北京：綫裝書局，2005 年，第 412-413 頁。

④ 王黼等：《博古圖》清乾隆十八年天都黄晟亦政堂修補明萬曆二十八年吳萬化寶古堂刻本，《金文文獻集成》第 2 册，北京：綫裝書局，2005 年，第 112 頁。

⑤ 薛尚功：《歷代鐘鼎彝器款識法帖》1935 年于省吾影印明崇禎六年朱謀垔刻本，《金文文獻集成》第 9 册，北京：綫裝書局，2005 年，第 91 頁。

⑥ 按此説之"齊"應讀爲"齍"。

⑦ 董逌：《廣川書跋（節録）》1915 年南林張氏適園叢書本，《金文文獻集成》第 16 册，北京：綫裝書局，2005 年，第 188-189 頁。

⑧ 郭沫若：《兩周金文辭大系圖録攷釋》1957 年科學出版社影印本，《金文文獻集成》第 21 册，北京：綫裝書局，2005 年，第 412-413 頁。

⑨ 張亞初：《殷周青銅鼎器名、用途研究》，《古文字研究》第 18 輯，北京：中華書局，1992 年，第 284-285 頁。

⑩ 張世超、孫凌安、金國泰、馬如森：《金文形義通解》，京都：中文出版社，1996 年，第 1207-1208 頁。

于方鼎顯然是不合適的。陳英杰認爲，"名盚者都是方鼎，名齍者則不限于方鼎"。①其實也不盡然，子鼻君鼎名"妻"，便是圓鼎；"盚""婆"用爲修飾語時也不乏圓鼎之例，如□攺鼎（《銘續》20091）。

劉心源②、馬叙倫③、柯昌濟④、陳夢家⑤、王獻唐⑥認爲"齍"假借爲"鼐"。"鼐"故訓"斂口圓鼎"或"小鼎"，詳鼎器名"鼐"考釋。但這終究是形制上的區别，與"齍"并無意義關聯，且金文中各有本字，直接解爲"鼐"也不足取。

陳直釋"齍"爲"齏"，與"𩰬"同義，是盛碎肉醬之鼎⑦，非。"𩰬"見修飾語考釋部分，意義與"齍"迥異。朱鳳瀚認爲"齍"讀爲《説文解字》之"齌"，"以之名器言其烹食之速，功能之强"。⑧按此"齌"字説解較爲怪異，訓"炊餔疾"可能并非本義，放在自名這裹也顯得格格不入。

還有一些學者認爲器名"齍"是用以盛黍稷之器。阮元釋鬲的自名"齍"爲"齏"，訓盛黍稷之器。⑨馬衡則依鼎的此類自名認爲鼎兼有肉胾、粢盛之功用。⑩唐蘭也提出了類似的觀點，認爲鼎鬲可用來烹煮黍稷。⑪而林巳奈夫則認爲"齍"像"𩰬"一樣，最初是"形容器物的用途、特徵的限定詞"，即本用作修飾語，表器物是用來烹煮黍稷穀物的。⑫

又徐同柏以《易·序卦傳》"鼎所以和齊生物"之語，將"𩰬"上"齊"讀

① 陳英杰：《西周金文作器用途銘辭研究》，北京：綫裝書局，2008 年，第 140 頁注 1。

② 劉心源：《奇觚室吉金文述》清光緒二十八年自寫刻本，《金文文獻集成》第 13 册，北京：綫裝書局，2005 年，第 149、158 頁。

③ 馬叙倫：《讀金器刻詞》1926 年中華書局影印本，《金文文獻集成》第 30 册，北京：綫裝書局，2005 年，第 393 頁。

④ 柯昌濟：《韡華閣集古録跋尾》1935 年餘園叢刻鉛字本，《金文文獻集成》第 25 册，北京：綫裝書局，2005 年，第 110 頁。

⑤ 陳夢家：《西周銅器斷代（五）》，《考古學報》1956 年第 3 期，第 120 頁。收于氏著《西周銅器斷代》，北京：中華書局，2004 年，第 136 頁。

⑥ 王獻唐：《岐山出土康季鼐銘讀記》，《考古》1964 年第 9 期，第 473 頁。

⑦ 陳直：《讀金日札·讀子日札》，北京：中華書局，2008 年，第 26-27 頁。

⑧ 朱鳳瀚：《中國青銅器綜論》，上海：上海古籍出版社，2009 年，第 88 頁。又見于《古代中國青銅器》，天津：南開大學出版社，1995 年。

⑨ 阮元：《積古齋鐘鼎彝器款識》嘉慶九年自刻本，《金文文獻集成》第 10 册，北京：綫裝書局，2005 年，第 170 頁。

⑩ 馬衡：《凡將齋金石叢稿（節録）》1977 年中華書局排印本，《金文文獻集成》第 37 册，北京：綫裝書局，2005 年，第 427 頁。

⑪ 唐蘭：《論周昭王時代的青銅器銘刻》，《古文字研究》第 2 輯，北京：中華書局，1981 年，第 28 頁。

⑫ 林巳奈夫著，廣瀬薰雄譯，郭永秉潤文：《殷周青銅器綜覽：殷周時代青銅器的研究（第一卷）》，上海：上海古籍出版社，2017 年，第 45 頁及注 66。

爲 "和齊之齊"。① 許瀚②、朱善旂③、黄錫全和于炳文④均從此説。

按 "齍" 字下從 "鼎"，上從 "齊"。可以解爲從 "鼎"，"齊" 聲的字，這從 "齍" 或從 "妻" 可知。但是 "齍" 有早期形體作 "𩰲"（戍𢆶鼎，《銘圖》02296），從 "𤔲"，這與 "𩱏""𩱓" 諸字相類，根據我們对 "𩰬" 組字的分析，凡此類商晚期和西周早期的 "𩱏""𩱓"，皆是會意字，"量""束" 在表音的同時兼表鼎實。那麼同樣，"齊" 也表鼎中所盛之實，解爲 "齊和" 應該是後起的引申義⑤，非本義。則若要解 "齍" 字之意，須先解 "齊" 字之本義。

《説文解字・齊部》："齊，禾麥吐穗上平也。象形。凡亝之屬皆從亝。" 徐鍇曰："生而齊者莫若禾麥。二，地也。兩傍在低處也。" 認爲禾麥生而平齊，下從 "二" 乃象平地。劉心源⑥、高鴻縉⑦徑以此釋之。然而正如馬叙倫指出的，所謂禾麥吐穗其實是不平的，齊平義自非本義。⑧因而有諸多學者提出了各自對 "齊" 字本義之分析。《甲骨文字詁林》對此字疑而闕釋。⑨高田忠周指出，禾穗下垂而不可謂上平，"𠂢" 當爲麥穗。⑩丁山認爲，"齊" 字是 "妻" 的簡寫，即 "麥"，象妻頭上的簪笄，以示其地位尊貴。劉敦願從之説，并闡釋説女子的簪笄是中間高兩邊低的。⑪馬叙倫認爲 "齊" 即 "𠃌"，象草木菡萏之形。⑫于省吾認爲，甲骨文中的 "𣎯" 即《説文解字》的 "齍"，是 "稷" 的初文，禾上的穀粒即 "齊" 形，空心或實心意義無別。⑬康殷認爲 "齊" 本象切得齊整的肉塊形，"齊" 的切割義後造 "劑" 以表示。⑭王樹明認爲，"齊" 象三個鏃頭之

---

① 徐同柏：《從古堂款識學》光緒三十二年蒙學報館影石校本，《金文文獻集成》第 10 册，北京：綫裝書局，2005 年，第 429 頁。

② 吴式芬：《攈古録金文》光緒二十一年吴氏家刻本，《金文文獻集成》第 11 册，北京：綫裝書局，2005 年，第 172-173 頁。又第 146 頁讀 "齍" 爲 "鼎" 之異文。

③ 朱善旂：《敬吾心室彝器款識》清光緒三十四年朱之榛石印本，《金文文獻集成》第 13 册，北京：綫裝書局，2005 年，第 16 頁。

④ 黄錫全、于炳文：《山西晉侯墓地所出楚公逆鐘銘文初釋》，《考古》1995 年第 2 期，第 174 頁。

⑤ "調和" 其實也是烹食的步驟，可代指烹煮食物。《吕氏春秋・孟春紀・去私》："庖人調和而弗敢食，故可以爲庖。""鼎所目和齊生物"，可徑解爲鼎用來烹煮生的東西。作 "齊和""調劑" 解，其實是由鼎的烹煮作用引申而來的。

⑥ 劉心源：《奇觚室吉金文述》清光緒二十八年自寫刻本，《金文文獻集成》第 13 册，北京：綫裝書局，2005 年，第 225 頁。

⑦ 高鴻縉：《中國字例》，臺北：三民書局，1960 年，第 223 頁。

⑧ 馬叙倫：《説文解字六書疏證》卷之十三，上海：上海書店出版社，1985 年，第 72 頁。

⑨ 于省吾主編：《甲骨文字詁林》，北京：中華書局，1996 年，第 2125 頁。

⑩ 高田忠周：《古籀篇》1925 年日本説文樓影印本初版，《金文文獻集成》第 34 册，北京：綫裝書局，2005 年，第 74 頁。

⑪ 此爲劉敦願轉述丁山的觀點。見劉敦願：《釋齊》，《文史哲》1984 年第 5 期，第 29 頁。

⑫ 馬叙倫：《説文解字六書疏證》卷之十三，上海：上海書店出版社，1985 年，第 72 頁。

⑬ 于省吾：《商代的穀類作物》，《東北人民大學人文科學學報》1957 年第 1 期，第 92-93 頁。

⑭ 康殷：《文字源流淺説》，北京：榮寶齋出版社，1979 年，第 495-496 頁。

形。①陳昌遠認爲，"齊"象山東特有的柞樹葉之形，中間高兩邊低，是"齊"地得名的來源。②戴家祥則將"齊"解釋爲動詞，下方的横綫爲指事符號，表"致不齊者爲齊"之意。③劉海宇、韓偉東認爲"齊"象泉眼之形，"泉眼之形均爲中間高周圍低的傘形，所以寫作矢鏃形"。④

按釋"草木菡萏""樹葉""泉眼"等説法過于抽象，而缺乏相應的字形證據。方肉塊之説則忽略了"齊"可以延長作"龠"形的例子。丁山、劉敦願之説則是將"齊"字之後的假借字當作了本字。西周早中期有以"妻"字假借爲器物自名的，但是甲骨文、金文較早的"齊"的形體則多作"众""龠"形，無女旁。"妻"字甲骨文字形作"𢽂"（《合集》00331）、"𢽾"（《合集》05450），葉玉森認爲象以手歸女髮之形⑤，或説是擄掠婦女以爲配偶。⑥西周的"𪗉"形應該是繁作"齊"表音，是聲化的結果，"齊"與"妻"在意義上無涉。戴家祥以動詞解此字，表抽象概念的字一般是以象形字假借而作，這樣解雖可調和"齊"實不齊的矛盾，但不符合漢字造字的一般規律。

我們認爲，于省吾的觀點是較爲合理的，也與甲骨文、金文字形及《説文解字》的釋義相符合。"𪗉"與甲骨文字形"𤫩"結構甚合，"众""𣻋"正是穀粒之形。《説文解字・禾部》："𪗍，稷也。從禾𠂔聲。粢，𪗍或從次"；"稷，𪗍也。五穀之長。從禾畟聲。𥞈，古文稷省"。"𪗍""齊"當是本字，後"齊"假借表"整齊"字，"稷"是替換表音符號的後起形聲字。⑦《詩經・小雅・甫田》：

---

① 王樹明：《齊地得名推闡》，《東夷古國史研究》第 1 輯，西安：三秦出版社，1988 年，第 136 頁。

② 陳昌遠：《從"齊"得名看古代齊地紡織業》，《中國歷史地理論叢》1995 年第 1 期，第 134-135 頁。

③ 戴家祥：《金文大字典》，上海：學林出版社，1995 年，第 5637 頁。

④ 劉海宇、韓偉東：《再釋"齊"》，《管子學刊》2009 年第 4 期，第 50 頁。

⑤ 葉玉森：《説契》，《學衡》1924 年第 31 期，第 114 頁。又郭沫若、董作賓、李孝定均從歸髮説（詳《甲骨文字集釋》，第 3599-3602 頁）。

⑥ 徐中舒解爲"擄掠婦女以爲配偶"（《甲骨文字典》，第 1303 頁），戴家祥（《金文大字典》，第 1452 頁）、徐在國（《字源》，第 1089 頁）亦持相似觀點。甲骨文"女"作"𢞖"，與"彝"字甲骨文"𢾅"中所縛形略同。所以"女"雙手的形狀可能是被捆縛所致。竊疑"女"是"奴"的初文，古時戰爭之後女者多充爲奴，借爲"女"字，後另作"𡚽"爲"奴"字。"妻"則是在"𡚽"字上加長髮以專指女性奴隸。

⑦ 《説文解字・夂部》："畟，治稼畟畟進也。"段玉裁解此字從"田""人""夂"，"夂"言其足之進，象農人耕田。若是會意字，象人農耕，"田"却居于人首，于理難通；"畟"，古文字形中未見"夂"形，却多有從"女"作"𤱿"（中山王嚳鼎，《銘圖》02517），女子耕種亦不合情理。《詩經・周頌・良耜》："畟畟良耜，俶載南畝。"毛傳："畟畟，猶測測也。"孔穎達疏："以畟畟文連良耜，則是刃利之狀，故猶測測以爲利之意也。"馬瑞辰《毛詩傳箋通釋》引胡承珙云："畟畟、測測，皆狀農人深耕之貌。""畟畟"訓"測測"本毛傳，釋爲"利""深"係後人闡發。"利"不合文義亦無文獻證據，不必多言。關于"深"義，《説文解字・水部》："測，深所至也。"水之深淺曰"測"，當是引申義。《呂氏春秋・論人》："闊大淵深，不可測也。"高誘注："測，盡極也。"又是進一步的引申了，庚兒鼎的"既蘇無測"亦是此義。"測測"一語未見其他表"深"的例證，韋應物《再游西山》："測測石泉冷，曖曖烟谷虛。""測測"是擬聲詞，表水流之聲。因而"畟畟"訓"深"雖于文義可通，但較爲迂曲，又無辭例，于字義更不可解。《詩經・小雅・楚茨》："既齊既稷，既匡既敕。""匡""敕"訓正、固，"齊""稷"意義也相近，大概都是整齊、整肅之義。竊謂"畟畟"當是指耕種時禾麥整齊劃一之貌，同"齊齊"或"𪗍𪗍"，係假借擬聲，而非段氏所謂會意。南朝梁蕭統《殿賦》："欄檻參差，棟宇齊畟。""齊畟"與"參差"意義相左，表整齊。干寶《搜神記》："風静水清，猶見城郭樓櫓畟然。""畟然"訓清晰貌，亦是建築整齊排布的樣子。

“以我齊明，以社以方。”《傳》：“器實曰齊，謂黍稷也。”

　　根據上述的分析可以判斷，“𪗉”的本義會器物中烹煮黍稷，用作器名可能表示煮穀物之器。而鼎、鬲一般認爲是肉食器，由此自名可見其亦可用來烹煮飯食。

　　《銘三》新收的無㲋簋、俎自名修飾語作“歓”[①]，從“齊”“欠”（見圖21、圖22）。張光裕讀爲“𪗉”，并解釋此字字形曰：“考諸俎乃進食之用，贊者於鼎前跪坐匕肉於俎，并跪坐進薦，今‘歓’字從‘欠’，‘欠’字於此似爲張口就食之形。”[②]此字形體可以參考“既”，“齊”爲“𪗉”，作用類似于“皀”，示簋中穀食；“欠”類似于“既”所從的“旡”一類的人形，會人進食之形。用在器物自名上，當假借爲“𪗉”。簋是飯食器，從“𪗉”則可；而俎則是盛載鼎肉的，從器形上看并不存在稱“𪗉”的可能性，因而胡寧另解爲嘗祭之“嚌”[③]，《銘圖》從之；而李琦則認爲是“齊備”義。[④]相較于之前多見于西周的鼎、鬲，是首次見到“𪗉”用在其他食器上，也是首次出現在春秋時期的器物上。我們認爲，這補齊了“𪗉”字之後的發展綫索。

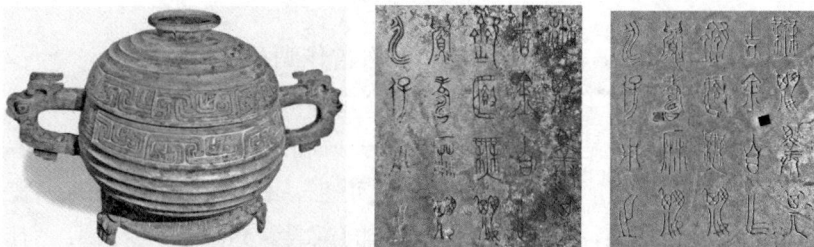

圖21　無㲋簋甲及蓋銘、器銘

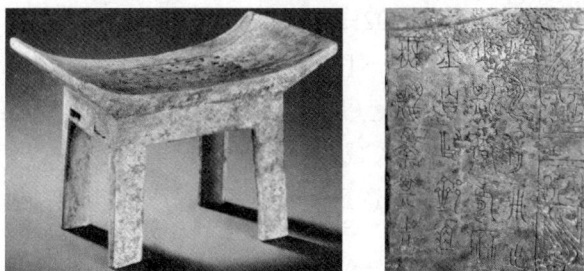

圖22　無㲋俎及器銘

---

　　① 此字又見于清華簡八《邦家之政》，字作“𪗉”，用作“齊”。

　　② 張光裕：《跋新見無㲋俎銘》，復旦大學出土文獻與古文字研究中心網，2018 年 5 月 17 日。（http://www.fdgwz.org.cn/Web/Show/4249）又《跋新見無㲋俎銘》，《青銅器與金文》第 3 輯，上海：上海古籍出版社，2019 年，第 17-23 頁。

　　③ 胡寧：《從新見無期俎看俎的形制與功能》，《出土文獻》第 15 輯，上海：中西書局，2019 年，第 65 頁。

　　④ 李琦：《東周青銅食器稱謂與功用整理研究》，2019 年吉林大學碩士學位論文，第 256-257 頁。

我們認爲"齋"字的含義在春秋時已漸漸偏離食器的具體功能。伯克父瑚的作器用途，銘辭有曰"用齋用齍，用盛黍稷稻粱"，張光裕解"齋"爲動詞，類似于應公鼎的"齋盲"；[①]謝明文也認爲此字是祭祀動詞，意爲"盛黍稷以祭祀"。[②]吳鎮烽也認爲"齋"是表盛黍稷以祭祀之器，也可泛表祭祀之器。[③]是以"齋"本會鼎、鬲中烹盛黍稷，也表示盛黍稷以祭祀的器物，後漸漸泛化爲一般的祭器修飾語，而與功能不再相關了。[④]

2.3.12　龢、鰍

竉作考窨公鰍齋。

————竉鼎（《銘圖》01706，西周早期，見圖 23）

圖 23　竉鼎

竉鼎自名爲"鰍齋"，陳英杰認爲"鰍"當作調和解。[⑤]

"和"即"鰍"字。[⑥]本指音聲和順。沇兒鐘等鐘銘有"自作鰍鐘"，即用此本義。《國語·鄭語》："是以和五味以調口……和六律以聰耳。"《呂氏春秋·孝行》："正六律，鰍五聲，雜八音，養耳之道也。熟五穀，鰍煎調，養口之道也。"是以飲食類比音樂，引申出調和五味的意義。《禮記·少儀》："凡羞有湆者，不以齊。"鄭玄注："齊，和也。"

春秋早期的庚兒鼎（《銘圖》02325）銘曰"用鰍用鬻"。"鰍""鬻"對文，則意義相近，可解爲烹調食物。另一件春秋器曾太子般殷鼎（《銘圖》02381）銘曰"既鰍無測"，意爲"調和祭祀父母的酒食無有休止"。[⑦]《史記·扁鵲倉公列傳》："乃使子豹爲五分之熨，以八減之齊和煮之。"

"和"即鼎之功用，"鰍齋"意爲調和、烹調五味之齋鼎。

---

① 張光裕：《新見〈曾伯克父甘婁簠〉簡釋》，《青銅器與金文》第 1 輯，上海：上海古籍出版社，2017年，第 15 頁。

② 謝明文：《曾伯克父甘婁簠銘文小考》，《出土文獻》第 11 輯，上海：中西書局，2017 年，第 41 頁。

③ 吳鎮烽：《試論古代青銅器中的隨葬品》，《青銅器與金文》第 5 輯，上海：上海古籍出版社，2020 年，第 31-32 頁。

④ 解爲"齎"亦是作祭祀動詞，其實一也。

⑤ 陳英杰：《西周金文作器用途銘辭研究》，北京：綫裝書局，2008 年，第 139 頁注 7。

⑥ 郭沫若：《釋和言》，《郭沫若全集·考古編·第一卷》，北京：科學出版社，2002 年，第 93-96 頁。

⑦ 孫敬明、何琳儀、黃錫全：《山東臨朐新出銅器銘文考釋及有關問題》，《文物》1983 年第 12 期，第 14 頁。

2.3.13　厨

表 8　厨

序號	編號	器名	器形	時代	銘文	字形
1	01657	曾孫定鼎		春秋晚期	曾孫定之胭鼎。	
2	01660	闇尹朕鼎		春秋晚期	闇尹朕之胲鼎。	
3	01750	曾大師奠鼎		春秋晚期	曾大師奠之胭鼎。	
4	01847	吳王孫無土鼎		春秋晚期	吳王孫無土之胭鼎。	
5	20110	龍子囚鼎		春秋晚期	龍子囚之豆鼎。	
6	20117	曾盅公臣鼎		春秋晚期	曾盅公臣之顧貞。	
7	30189	羅子鼎		春秋晚期	羅子□□之胭鼎。	
8	30203	楚叔之孫辰鼎		春秋早期	楚叔之孫辰之豆鼎。	

续表

序號	編號	器名	器形	時代	銘文	字形
*	01767	鑄客鼎		戰國晚期	盥客𠂤集脰，集脰。	

鑄客鼎銘曰“盥客𠂤集脰”，“集脰”楚系金文中習見。朱德熙曾認爲是人名；[1]劉節認爲“脰”與膳饌有關，“集脰”是膳具；[2]李學勤認爲“集脰”是有司名。[3]周法高將“脰”讀爲“厨”[4]，繼而朱德熙、裘錫圭采信此釋，認爲“集厨”是楚王的厨官名。[5]

而楚鼎又有以“脰”作爲修飾語。張亞初聯繫鼎中曾盛放猪頭的情况，將“脰”讀爲“頭”，但是同時也提及不排除讀爲“厨”的可能。[6]郝本性則將“脰”讀爲“羞”。[7]《廣雅・釋言》：“脰，饌也。”“脰鼎”應即用以烹饌食。我們認爲，“集厨”是楚厨官之名，“厨鼎”即供此厨官使用的烹食之鼎，意義順適，不必另破讀爲“羞”。

“脰”或以“豆”爲之，或從“頭”作“䫜”。《説文解字・肉部》：“脰，項也。從肉豆聲。”《广部》：“廚，庖屋也。從广尌聲。”則“脰”後來用于表示“䫜”的義項，烹飪之義則用“厨”字表示了。

2.3.14 㝩

𢐗伯作井姬㝩鼎。

——𢐗伯鼎（《銘圖》01736，西周中期前段，見圖24）

圖24 𢐗伯鼎

① 朱德熙：《壽縣出土楚器銘文研究》，《朱德熙古文字論集》，北京：中華書局，1995年，第8-9頁。原載《北京大學學報》1956年第4期。

② 劉節：《壽縣所出楚器考釋》，《古史考存》，北京：人民出版社，1958年，第115頁。

③ 李學勤：《戰國題銘概述（下）》，《文物》1959年第9期，第60頁。

④ 周法高：《金文零釋》，臺北：“中央”研究院歷史語言研究所，1951年，第147頁。

⑤ 朱德熙、裘錫圭：《戰國文字研究（六種）》，《考古學報》1972年第2期，第82頁。

⑥ 張亞初：《殷周青銅鼎器名、用途研究》，《古文字研究》第18輯，北京：中華書局，1992年，第279頁。

⑦ 郝本性：《壽縣楚器集脰諸銘考釋》，《古文字研究》第10輯，北京：中華書局，1983年，第211-212頁。

1974 年陝西寶鷄市渭濱區茹家莊西周 2 號墓出土一件獨柱帶盤鼎，自名修飾語作"**突**"，整理者隸定爲"突"，從"穴""火"。[①]容庚隸定爲"**穼**"。[②]周永珍認爲是"温"的會意字。[③]周法高認爲是《説文解字》的"突"字[④]，趙平安從此説。[⑤]張亞初認爲是"竈"之會意初文[⑥]，《通解》[⑦]《新金文編》[⑧]均從此釋。王仁湘認爲"突鼎"是帶炭盆鼎的專稱。[⑨]劉彬徽隸定爲"灾"，無釋。[⑩]

按《説文解字·穴部》："突，深也。一曰竈突。"竈突就是烟囱。其實這裏的"一曰"已經表示此字與竈有關。《説文解字·穴部》："窯，瓦竈也。""窯"所從的"羔"其實就是火與炊器底部隸變後的形體，類似"鬲"組字所從之"**鬶**"。而"穴"其實就是鬲的底部與火之間的空隙，此時是鬲，到了後世則是竈。那麼"突"很好理解，就是會意字，會以火炊爨烹食，意義與早期金文從"爨"的自名相類。其意義反倒没有什麼疑問，但是其音讀、與後世什麼字對應還需要商榷。戰國文字"火"或可書作"**夫**"，"突"字字形確可與後世之"突"衔接。[⑪]讀爲"罙"可備一説，不過據此解其意爲"微火"，則可能不是作器者的本意。我們認爲暫時依原字形隸定作"突"是更穩妥的選擇。

2.3.15　醯蒜（莇）

旮共天尚，作醯蒜器。 □□

——宋右師延敦（《銘圖》06074，春秋時期，見圖25）

圖 25　宋右師延敦

---

① 寶鷄茹家莊西周墓發掘隊：《陝西省寶鷄市茹家莊西周墓發掘簡報》，《文物》1976 年第 4 期，第 42 頁。

② 容庚：《金文編》第 4 版，北京：中華書局，1985 年，第 542 頁。

③ 周永珍：《西周時代的温器》，《考古與文物》1981 年第 4 期，第 28-33 頁。

④ 周法高主編：《金文詁林補》，臺北："中央"研究院歷史語言研究所，1982 年，第 4886 頁。

⑤ 趙平安：《釋"罙"》，《考古》1992 年第 10 期，第 936、953 頁。又見氏著《〈説文〉小篆研究》，南寧：廣西教育出版社，1999 年，第 153-155 頁；又收于氏著《金文釋讀與文明探索》，上海：上海古籍出版社，2011 年，第 84-86 頁。

⑥ 張亞初：《古文字分類考釋論稿》，《古文字研究》第 17 輯，北京：中華書局，1989 年，第 240 頁。又《殷周青銅鼎器名、用途研究》，《古文字研究》第 18 輯，北京：中華書局，1992 年，第 288 頁。

⑦ 張世超、孫凌安、金國泰、馬如森：《金文形義通解》，京都：中文出版社，1996 年，第 1919 頁。

⑧ 董蓮池：《新金文編》，北京：作家出版社，2011 年，第 1037 頁。

⑨ 王仁湘：《濡熬爨羹話突鼎》，《飲食考古初集》，北京：中國商業出版社，1994 年，第 117-122 頁。

⑩ 劉彬徽：《楚系青銅器研究》，武漢：湖北教育出版社，1995 年，第 170 頁。

⑪ 趙平安：《釋"罙"》，《考古》1992 年第 10 期，第 953 頁。

宋右師延敦自名修飾語爲"⿰⿱𠂤⿱⿰"。徐俊英據李學勤的意見將其釋爲"齍粢"，即粢盛飯食之意。其後尹俊敏等[①]、沈寶春[②]、郭理遠[③]均從此説。

該器器、蓋銘文拓本自名部分均不清晰，字形很難判斷是否準確。讀爲"齍粢"意義也順適，暫從此説。

2.4 盥洗類

《論衡·譏日》："且沐者，去首垢也；洗，去足垢；盥，去手垢；浴，去身垢。皆去一形之垢，其實等也。"食器類中鼎、盂可以用來盛水，因而也有常用于水器的修飾語的例子。

2.4.1 湯

表 9　湯

序號	編號	器名	器形	時代	銘文	字形
1	01667	彭子射鼎		春秋晚期	彭子射之鸄鼎。	
2	01843	楚叔之孫佣鼎		春秋晚期前段	楚叔之孫佣之㳷鼎。	
3	02158	彭公之孫無所鼎	—	春秋晚期	彭公之孫無所自作湯鼎。	
4	02402	徐厘尹㬜鼎		戰國早期	郘䝬尹㬜自作湯鼎……丩津沐浴。	

共有 4 件東周楚式鼎自名修飾語爲"湯"。

---

① 尹俊敏、劉富亭：《南陽市博物館藏兩周銘文銅器介紹》，《中原文物》1992 年第 2 期，第 89 頁。

② 沈寶春：《宋右師敦"佳嬴嬴品品易天惻"解》，《古文字研究》第 25 輯，北京：中華書局，2004 年，第 129 頁。

③ 郭理遠：《宋右師敦銘文補説》，《出土文獻》2020 年第 3 期，第 66 頁。

徐厘尹晉鼎的""，曹錦炎認爲與"湯鐘"義同，讀爲"盪"，即良銅。[①]董楚平[②]、唐鈺明[③]從之。楚叔之孫俑鼎自名爲"盪"，李零認爲是"湯"的假字，并認爲"湯鼎"是煮開水的鼎。[④]其後大多數學者如胡雅麗[⑤]、張亞初[⑥]、陳劍[⑦]、董全生和李長周[⑧]、廣瀨薰雄[⑨]等均將湯鼎理解成煮開水的鼎。

劉彬徽曾提出不同看法，認爲"湯"可訓"燴"（讀爲燙），湯鼎可能還有煮肉湯的功用，而并非僅僅是煮熱水。[⑩]王人聰[⑪]、查飛能[⑫]從此説。雖然"湯"于經典中可訓"湯漿"，不一定專指熱水。不過正如陳昭容言，楚簡中常有"湯鼎"和水器并列的例子，如長臺關、望山、包山遣策中均有記載，其實不必另解爲煮肉的鼎。[⑬]而且這類鼎的形制據朱德熙等學者分析，"鼎口小，不易散熱，搬動時所盛液體不易晃出"[⑭]，其實更適合煮開水，煮肉是很難用的。

《説文解字·水部》："湯，熱水也。從水昜聲。"湯可用作沐浴之水。《儀禮·既夕禮》："燕養饋羞湯沐之饌。"鄭玄注："湯沐，所以洗去汙垢。"是"湯"作修飾語就是表明此鼎是用來燒、盛熱水用的。

2.4.2　浴（浴）

（1）楚叔之孫俑，擇其吉金，自作浴巽，眉壽無期，永保用之。

　　　　　　——楚叔之孫俑鼎（《銘圖》02221，春秋晚期前段）

---

① 曹錦炎：《紹興坡塘出土徐器銘文及其相關問題》，《文物》1984 年第 1 期，第 27 頁。

② 董楚平：《徐器湯鼎銘文考釋中的一些問題》，《杭州大學學報》1987 年第 1 期，第 123 頁。

③ 唐鈺明：《戰國文字資料釋讀三題》，《容庚先生百年誕辰紀念文集》，廣州：廣東人民出版社，1998 年，第 488 頁。

④ 李零：《楚國銅器類説》，《江漢考古》1987 年第 4 期，第 75 頁。又見氏著《論楚國銅器的類型》，《入山與出塞》，北京：文物出版社，2004 年，第 315 頁。

⑤ 胡雅麗：《包山二號楚墓遣策初步研究》，《包山楚墓》，北京：文物出版社，1991 年，第 510 頁。

⑥ 張亞初：《殷周青銅鼎器名、用途研究》，《古文字研究》第 18 輯，北京：中華書局，1992 年，第 288 頁。

⑦ 陳劍：《青銅器自名代稱、連稱研究》，《中國文字研究》第 1 輯，南寧：廣西教育出版社，1999 年，第 346 頁。

⑧ 董全生、李長周：《南陽市物資城一號墓及其相關問題》，《中原文物》2004 年第 2 期，第 47 頁。

⑨ 廣瀨薰雄：《釋卜鼎——〈釋卜缶〉補説》，《古文字研究》第 29 輯，北京：中華書局，2012 年，第 442 頁。

⑩ 劉彬徽：《楚系青銅器研究》，武漢：湖北教育出版社，1995 年，第 131 頁。

⑪ 王人聰：《徐器銘文雜釋》，《南方文物》1996 年第 1 期，第 111 頁。

⑫ 查飛能：《商周青銅器自名疏證》，2019 年西南大學博士學位論文，第 349-350 頁。

⑬ 陳昭容：《從古文字材料談古代的盥洗用具及其相關問題——自淅川下寺春秋楚墓的青銅水器自名説起》，《"中央"研究院歷史語言研究所集刊》第 71 本第四分，臺北："中央"研究院歷史語言研究所，2000 年，第 862-863 頁。

⑭ 湖北省文物考古研究所：《望山楚簡》，北京：中華書局，1995 年，第 129 頁。

食器中僅有楚叔之孫倗鼎自名修飾語爲"浴"，從"人""谷""水"。此字作修飾語又見于缶器，如同墓出土的鄔子倗缶：

（2）楚叔之孫鄔子倗之**浴**缶。　　

——鄔子倗缶（《銘圖》14079—14080，春秋晚期前段）

楚叔之孫倗鼎與鄔子倗缶都并非一件，其他的鼎與缶在造型上不同，相應的自名修飾語也不同，説明其器用不同（見圖 26、圖 27、圖 28、圖 29、圖 30）。

圖 26　01844 飤盨

圖 27　01843 湯鼎

圖 28　02221 浴巽

圖 29　14068 隣缶

圖 30　14079 浴缶

該修飾語最早見《文物》上的發掘簡報，簡報釋之爲"浴"，之後正式出版的發掘報告釋爲"浴"。《説文解字・水部》："浴，洒身也。從水谷聲。"《廣韻・燭韻》："浴，洗浴。"《左傳・文公十八年》："二人浴於池。"是"浴"同"浴"，表洗浴，文從義順。劉彬徽[①]、王人聰[②]、陳昭容[③]、廣瀬薫雄[④]、查飛能[⑤]、李零[⑥]均同，并無歧説。

《出土戰國文獻字詞集釋》總結道："楚文字以'浴'爲山谷之谷的專字，'浴'

①　劉彬徽：《楚系青銅器研究》，武漢：湖北教育出版社，1995 年，第 131-132 頁。

②　王人聰：《徐器銘文雜釋》，《南方文物》1996 年第 1 期，第 111 頁。

③　陳昭容：《從古文字材料談古代的盥洗用具及其相關問題——自淅川下寺春秋楚墓的青銅水器自名説起》，《"中央"研究院歷史語言研究所集刊》第 71 本第四分，臺北："中央"研究院歷史語言研究所，2000 年，第 863 頁。

④　廣瀬薫雄：《釋卜鼎——〈釋卜缶〉補説》，《古文字研究》第 29 輯，北京：中華書局，2012 年，第 441 頁。

⑤　查飛能：《商周青銅器自名疏證》，2019 年西南大學博士學位論文，第 347 頁。

⑥　李零：《商周銅禮器分類的再認識》，《中國國家博物館館刊》2020 年第 11 期，第 33 頁。

爲沐浴之浴的專字。"[1]

2.4.3　辻（沐）

郘夫人嬭擇亓古金，作盥辻鼎，㠯和御湯。

——郘夫人嬭鼎（《銘圖》02425，戰國早期，見圖31）

圖 31　郘夫人嬭鼎

食器器類中有 1 件鼎器自名爲"辻"。該字又見于邾子彰缶（《銘圖》14066），字作""，隸定爲"赿"。陳千萬認爲"赿"假爲"福"，也可能假爲"寶"。[2]施謝捷認爲"赿缶"意即"趨缶""行缶"，是征行之義。[3]楊華認爲"赿"是隨葬器的修飾語。[4]嚴志斌從此説。[5]

楚簡中亦有此字。如望山簡 2.54 有"一缶，一湯鼎"，舊多釋爲"迅缶"。[6]自郭店簡《緇衣》公布，李零發現其中"卜筮"之"卜"字作""，與之前訓"迅"的""所從同，從而將其改釋爲"辻缶"，讀爲"瓶"，指體型矮胖的那類缶。[7]陳昭容也有相似的意見，不過她認爲"辻"或可讀爲"浴"。[8]袁國華從陳釋。[9]廣瀨薰雄認爲"辻"依據音聲應當讀爲"沐"。[10]石小力則認爲"辻"當用爲本義，義與"行"相類。[11]

按曾公子棄疾缶（《銘續》0903）自名"行缶"，而同墓出土曾公子棄疾斗自

---

[1] 曾憲通、陳偉武主編：《出土戰國文獻字詞集釋》卷 11，北京：中華書局，2018 年，第 5771 頁。

[2] 陳千萬：《〈中子賓缶〉初探》，《江漢考古》1985 年第 3 期，第 57 頁。

[3] 施謝捷：《楚器"邾子鬳缶"跋》，《江漢考古》1989 年第 4 期，第 87 頁。

[4] 楊華：《"大行"與"行器"——關于上古喪葬禮制的一個新考察》，《湖南大學學報（社會科學版）》2018 年第 2 期，第 96 頁。

[5] 嚴志斌：《遣器與遣策緣起》，《故宮博物院院刊》2021 年第 10 期，第 104-105 頁。

[6] 湖北省文物考古研究所：《望山楚簡》，北京：中華書局，1995 年，第 129 頁。

[7] 李零：《讀〈楚系簡帛文字編〉》，《出土文獻研究》第 5 輯，北京：科學出版社，第 141 頁。

[8] 陳昭容：《從古文字材料談古代的盥洗用具及其相關問題——自淅川下寺春秋楚墓的青銅水器自名説起》，《"中央"研究院歷史語言研究所集刊》第 71 本第四分，臺北："中央"研究院歷史語言研究所，2000 年，第 898-901 頁。

[9] 袁國華：《望山楚簡》考釋三則，《古文字研究》第 24 輯，北京：中華書局，2002 年，第 372 頁。

[10] 廣瀨薰雄：《釋"卜缶"》，《古文字研究》第 28 輯，北京：中華書局，2010 年，第 507 頁。又《釋卜鼎——〈釋卜缶〉補説》，《古文字研究》第 29 輯，北京：中華書局，2012 年，第 441-442 頁。

[11] 石小力：《東周金文與楚簡合證》，上海：上海古籍出版社，2017 年，第 116 頁。

名"辻斗",則"辻""行"不應當作一義解。而以"辻"作修飾語的多是缶器,還有一件明顯是用來舀水的斗。此鼎形制是楚式的小口鼎,這種鼎或自稱"湯鼎",是用來煮熱水的。此鼎自名後一句曰"呂和御湯",那麼很明顯此鼎當與盛水、煮水有關。而且目前已有楚叔之孫倗鼎自名修飾語"浴"的用例,再讀"辻"爲"浴"也是不太可能的。如依廣瀬薫雄讀爲"沐",則音聲、意義與銘文、器形均十分貼合。此鼎銘曰"呂和御湯","和"類比食器鼎調和義,烹煮引申出加熱義,"辻鼎"就是指這件鼎是用來加熱沐浴用水的鼎。

2.4.4 盥

（1）圃公□□,自乍（作）盥鼎。

——圃公鼎（《銘圖》02121,春秋早期,見圖32）

（2）楚王領朕□盇嬭幾盥鼎。

——楚王領簋1（《銘三》0476,春秋中期,見圖33）

（3）楚王領朕盇嬭幾盥匜。

——楚王領簋2（《銘三》0476,春秋中期,見圖34）

圖32　圃公鼎　　　　　圖33　楚王領簋1　　　　圖34　楚王領簋2

食器中有2件青銅鼎、1件簋自名修飾語爲"盥"。《說文解字·皿部》:"盥,澡手也。從臼水臨皿。《春秋傳》曰:奉匜沃盥。""盥"本義便會洗手,金文中也多用爲本義。

以"盥"爲修飾語的器物多爲壺、缶、盤、匜這類可盛水的器物,而食器自名爲"盥"則很令人費解。查飛能認爲"盥鼎"意即燒盥洗用水的鼎。[①]這用在深腹的圃公鼎上尚可理解,但是新出的楚王領鼎則是一件平底升鼎,這種鼎用來盛水恐怕是很不好用的。

《銘三》新收楚王領器三件,除了鼎、簋還有一件盤（《銘三》1215）,除專名外銘文基本相同。盤銘曰:"楚王領朕郬盇嬭幾盥盤。"我們認爲,可能是此組器套用了相同的修飾語,并不是説鼎、簋都是用來盛水的。圃公鼎或許也是相同的情況,這有待更多同組器來證實。

---

① 查飛能:《商周青銅器自名疏證》,2019年西南大學博士學位論文,第339頁。

2.4.5 濅

（1）王作莽京▊帚**浸**盂。

——王盂（《銘圖》02121，西周早期，見圖 35）

（2）鄆所獻爲**下癪**盂。

——聽盂*（《銘圖》06215，春秋晚期，見圖 36）

圖 35　王盂　　　　　　　　　　　　　圖 36　聽盂

1994 年 12 月陝西扶風縣法門鎮出土一件僅存底部的器物，自名爲“▊盂”。李學勤認爲“▊”當讀爲“掃”，意爲此鼎供灑掃之用。[1]王輝認爲“ɬ”是“自”的訛誤，“▊”當讀爲“歸”，即“饋”，意爲進食或祭祀。[2]李仲操從此說。[3]羅西章亦讀爲“歸”，但是認爲是“女嫁”之義。[4]陳昭容認爲此器是水器，不過仍將“▊”讀爲“歸”。[5]

周寶宏認爲西周金文應當不存在“ɬ”訛變成“自”的例子，“▊”字所從“∟”象廷中的通道，“彡”象人影，與“帚”構成會意字，會打掃、洗灑之義。[6]這樣的字形分析是十分正確的，不過周先生將“濅盂”解釋爲“洗浴之盂”，則又失之。裘錫圭在此基礎上，結合甲骨文中的“▊”，認爲“濅”字的點應當是掃灑的水形，“濅”盂應當是盛掃灑中庭所需之水的盂。[7]我們贊同裘先生的説法。

丁孟[8]、蘇影[9]或將此字徑釋爲“浸”。《説文解字》“浸”訓水名，楚簡中

① 李學勤：《王盂與鎬京》，《傳統文化研究》，蘇州：古吳軒出版社，1997 年，第 2 頁。

② 王輝：《周初王盂考跋》，《第三屆國際中國古文字學研討會論文集》，香港：香港中文大學，1997 年，第 347-349 頁。又見氏著《一粟集——王輝學術文存》，臺北：藝文印書館，2002 年，第 54 頁。

③ 李仲操：《王作歸盂銘文簡釋——再談莽京爲西周宮室之名》，《考古與文物》1998 年第 1 期，第 83 頁。

④ 羅西章：《西周王盂考——兼論莽京地望》，《考古與文物》1998 年第 1 期，第 81 頁。

⑤ 陳昭容：《從古文字材料談古代的盥洗用具及其相關問題——自淅川下寺春秋楚墓的青銅水器自名説起》，《“中央”研究院歷史語言研究所集刊》第 71 本第四分，臺北：“中央”研究院歷史語言研究所，2000 年，第 866-868 頁。

⑥ 周寶宏：《讀古文字雜記》，《吉林大學古籍整理研究所建所十五周年紀念文集》，長春：吉林大學出版社，1998 年，第 162-164 頁。

⑦ 裘錫圭：《釋“濅”》，《古文字研究》第 28 輯，北京：中華書局，2010 年，第 27-28 頁。

⑧ 丁孟：《再論王盂與莽京》，《周秦文明論叢》第 2 輯，西安：三秦出版社，2009 年，第 16 頁。

⑨ 蘇影：《山東沂水春秋古墓新出銅盂銘“濫”字釋讀》，《殷都學刊》2013 年第 2 期，第 87 頁。

"浸""寢"可通，不過并沒有用作與"掃灑中庭"相關的意義。[1]我們認爲
"湆"與後世的"浸""寢"意義仍有區別，還不能看成一個字。隸定爲"湆"，從
"浸"聲是可以的。

還有一件鑑形器自名爲"下癉盂"，過去定名爲"鑑"，《銘圖》依自名定爲
"盂"。《説文解字·穴部》："癉，病臥也。"謝明文認爲是"寢"的異體，可從。[2]
"下寢"一般連讀，類似王盂的"中寢"。或歸類爲修飾語[3]，我們認爲這類處所
名詞只是臨時修飾器名，類似于人名，不能看成自名修飾語。

2.4.6　濫

邱伯歐之孫繁君季總自作**濫**盂。

繁君季聰鑑——（《銘續》0535，春秋中期，見圖37）

圖 37　繁君季聰鑑

一件原稱爲"盂"的鑑形器自名爲"盟盂"。

李學勤將修飾語"盟"隸定爲"濫"，括注爲"鑑"。[4]林沄從之，認爲"濫"
通"鑒"。[5]蘇影則從"濫"的字義分析，"濫盂"可理解爲"用來照影的水盆"。[6]

我們贊同蘇影的解釋。鑑器出現于春秋晚期，或自名爲"監"（《銘圖》
15053）、"鑑"（《銘圖》15062）。而郑陵君鑑（《銘圖》15065，戰國晚期）自名
爲"濫"，這可能就是學者讀"濫"爲"鑑"的依據。此器爲春秋中期時器，而
以"盂"自稱，類似盨器剛出現時稱"盨簋"，不過又不太一樣——"監"字最
早見于甲骨文，會人以盆中水照面[7]，是有明顯的會意理據存在的。此器當是盂
向鑑轉化的過渡器，解爲器名連用的"鑑盂"，可能并非作器者的本義——鑑器

---

①　白於藍：《簡帛古書通假字大系》，福州：福建人民出版社，2017年，第1371頁。

②　謝明文：《説"癉"與"蔑"》，《出土文獻》第8輯，上海：中西書局，2016年，第23頁。又見氏著
《商周文字論集》，上海：上海古籍出版社，2017年，第55-73頁。

③　查飛能：《商周青銅器自名疏證》，2019年西南大學博士學位論文，第354頁。

④　李學勤：《由沂水新出盂銘釋金文"總"字》，《出土文獻》第3輯，上海：中西書局，2012年，第119頁。

⑤　林沄：《華孟子鼎等兩器部分銘文重釋》，《吉林大學古籍研究所建所三十周年紀念論文集》，上海：上海
古籍出版社，2014年，第17頁。

⑥　蘇影：《山東沂水春秋古墓新出銅盂銘"濫"字釋讀》，《殷都學刊》2013年第2期，第87頁。

⑦　李學勤主編：《字源》，天津：天津古籍出版社，2012年，第728頁。

此時尚未形成統一名稱，便先以盂自稱（如聽盂是鑑形器却自稱"盂"，《銘圖》06215，春秋晚期），以"濫"修飾表其用以照面。待鑑器漸多成常器，便另造"鑑"作爲器名。

2.5　出行隨葬類

2.5.1　旅

（1）仲州作**旅**鼎。

       ——仲州鼎（《銘圖》01456，西周中期）

（2）鄭爂友父作季薑**旅**鬲。

       ——鄭鑄友父鬲（《銘圖》02925，西周晚期）

（3）芮[伯]作倗姬**旅**甗。

       ——芮伯甗（《銘續》0276，西周中期前段）

（4）保伩母錫貝于庚姜，用作**旟**彝。

       ——保伩母簋（《銘圖》04658，西周早期）

（5）上都公擇吉金，乍（作）**旅**盨。

       ——上都公盨（《銘續》0473，春秋早期）

（6）虢季作**旅**匜，永寶用。

       ——虢季瑚（《銘圖》05790，春秋早期）

（7）凡父作**旅**豆。

       ——凡父鋪（《銘三》0596，春秋早期）

"旅"是僅次于"寶""尊"的第三大修飾語，在甗、盨、瑚三類器物中使用占比較高，其中盨器自名中 60%以上均以"旅"爲修飾語。主要使用于西周和春秋早期（見圖 38）。

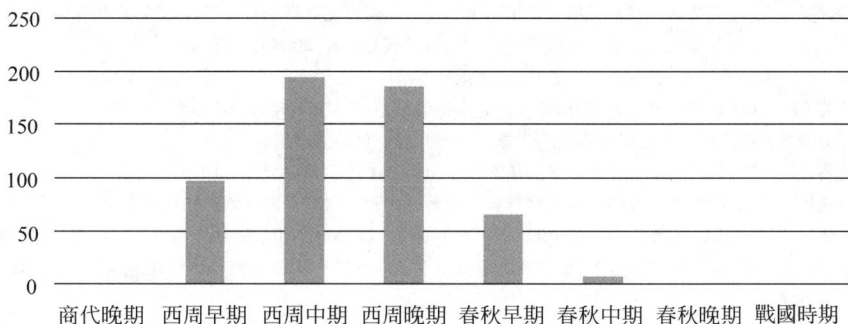

圖 38　"旅"的分布

"旅"作修飾語的含義，學界至今未達成統一。舊多釋"旅食"[①]"旅陳"[②]"宗旅"[③]；或釋"魯"，意爲嘉美；[④]不過現在主流的觀點是釋爲"行旅"[⑤]或者"祭祀"[⑥]。

我們認爲"旅"的意義就如表進獻、祭祀意義的修飾語一樣，并不是一成不變的，在長期使用中，意義也會發生改變。正如林潔明所言：

"旅"之本義當爲軍旅，許氏不誤。軍必有旂，故字從"㫃"；軍必集衆人而成，故字從"從"、從衆人也。……其後有車戰，故字又從"車"；又軍旅之事必以行，故字又從"辵"。"旅"之爲軍旅也，故有"陳"義。行軍之際必有盟誓祭祀，故引申之而有"祭"義。旅彝其初當爲軍旅祭祀盟誓之器，其後則引申爲陳祭宗廟之器也。[⑦]

"旅"早期從"車"，結合銘文來看，可能跟戰爭有關，如敖侯鼎（《銘圖》01951）："敖侯獲巢，孚乎金胄，用作肇鼎。"[⑧]"旅"最早還應該與"尊"有一定的區別[⑨]——參考章首的使用頻率圖來看，"尊"與"旅"的使用頻率呈負相關，"旅"占自名比例最高的"甗""盨""瑚"，使用"尊"的比例則相對較低，"鼎""鬲""簋"則反之。"尊器"是宗廟之器，不能隨意搬動。而"旅器"則當如黃盛璋所言，是可移動之器[⑩]，繼而又泛化爲一般的祭器。杜廼松[⑪]、張亞初[⑫]亦有類似的觀點。這樣解釋更符合語言的發展規律。[⑬]

關于"旅"之異體，陳英杰整理出了"旅"的 500 多個字形，分爲 16 類[⑭]，甚是完整，詳見陳文。

---

① 呂大臨：《考古圖》清乾隆四十六年四庫全書文淵閣書錄錢曾影鈔宋刻本，《金文文獻集成》第 1 册，北京：綫裝書局，2005 年，第 30 頁。

② 董逌：《廣川書跋（節錄）》1915 年南林張氏適園叢書本，《金文文獻集成》第 16 册，北京：綫裝書局，2005 年，第 192 頁。

③ 如唐蘭：《陝西省岐山縣董家村新出西周重要銅器銘辭的譯文和注釋》，《文物》1976 年第 5 期，第 59 頁。

④ 何樹環：《說銅器稱銘中的"旅"》，《青銅器與西周史論集》，臺北：文津出版社，2013 年，第 225-250 頁。

⑤ 如容庚：《殷周禮樂器考略》，《燕京學報》第 1 輯，北京：北京京華印書局，1927 年，第 94 頁。

⑥ 如陳英杰：《西周金文作器用途銘辭研究》，北京：綫裝書局，2008 年，第 257 頁。

⑦ 周法高、張日升、林潔明：《金文詁林》，香港：香港中文大學出版社，1975 年，第 4265 頁。

⑧ 陳英杰：《西周金文作器用途銘辭研究》，北京：綫裝書局，2008 年，第 255-257 頁。

⑨ 部分器名修飾語旅、尊連用，應當是"旅""尊"義泛化後的結果。

⑩ 黃盛璋：《釋旅彝》，《中華文史論叢》第 2 輯，上海：上海古籍出版社，1979 年，第 120 頁。

⑪ 杜廼松：《金文中的鼎名簡釋——兼釋尊彝、宗彝、寶彝》，《考古與文物》1988 年第 4 期，第 43 頁。

⑫ 張亞初：《殷周青銅鼎名、用途研究》，《古文字研究》第 18 輯，北京：中華書局，1992 年，第 276 頁。

⑬ 這和我們的觀點一致。參拙文：《兩周青銅盨自名、定名整理與研究》，2019 年北京語言大學碩士學位論文，第 26-28 頁。

⑭ 陳英杰：《商周金文異體字研究：以"旅"字爲例》，《中國文字》新 45 期，臺北：藝文印書館，2019 年，第 11-102 頁。

2.5.2　行、延

（1）連迁之**行**升。

——連迁鼎（《銘圖》01467，春秋中期）

（2）衛夫人作其**行**鬲。

——衛夫人鬲（《銘圖》02925，西周晚期）

（3）加嬬之**行**𣪘。

——加嬬簋（《銘續》0375，春秋中期）

（4）□□爲甫人**行**盨。

——爲甫人盨（《銘續》05590，春秋早期）

（5）曾子遻之**行**匠。

——曾子遻瑚（《銘圖》05778，春秋晚期）

（6）黃子作黃甫人**行**器。

——黃子豆（《銘圖》06148，春秋中期）

（7）異伯子宼父作**延**顑……以延以行。

——異伯子宼父盨（《銘圖》05631—05634，春秋早期）

青銅食器自名中"行"作修飾語共出現 76 例，主要使用于春秋時期，多與共名"器"或專名組合。黃盛璋言修飾語"旅"越往後越偏重于征行義，而後被"行"替代。[①]而圖 39 所示"行"和"旅"時代上呈交替分布可以證明這一點。還有一件盨以"延"作爲修飾語。

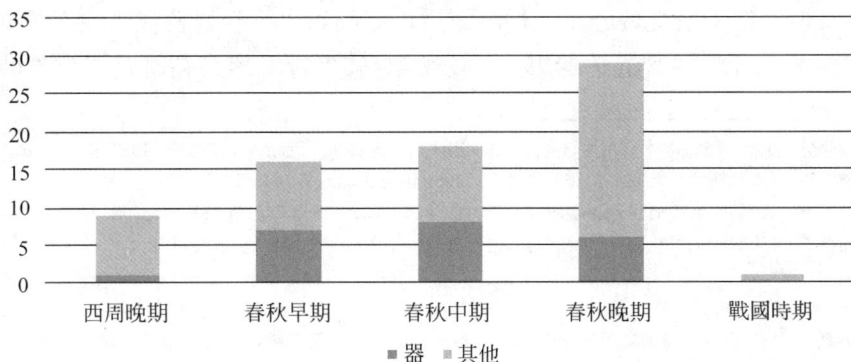

圖 39　行的使用情況

"行""征"意義相近。金文習見"以征以行""用征用行"，過去如馬薇廎[②]、

---

① 黃盛璋：《釋旅彝》，《中華文史論叢》第 2 輯，上海：上海古籍出版社，1979 年，第 118 頁。

② 馬薇廎：《彝銘中所加于器名上的形容字》，《中國文字》第 43 冊，臺北：臺灣大學文學研究室，1973 年，第 2 頁。

張亞初①等學者均認爲"行"與出行義有關。陳雙新認爲"征""行"各有側重，"征"重征伐，"行"重巡行。②

但是後來學者又對行器的功能有了新的看法。陳英杰舊以"行"解釋爲出行③，後發現《曾國青銅器》所録行器大多製作粗糙，應當是隨葬器而非實用器。④楊華認爲行器用途不僅限于征行，也可以用于隨葬。⑤吴鎮烽認爲凡稱"行"器均是指隨葬之器，與"征行"無關。⑥嚴志斌也説"行器"可以認爲是隨葬品。⑦

誠然，根據吴鎮烽的考釋，從故訓、銘文與製作精細程度來看，"行"與行器是與隨葬相關的，即指"大行"之器。《儀禮·既夕禮》："行器，茵、苞、器序從。"彭林注："行器，指明器，明器不載於車，由人持之，故稱爲行器。"⑧以行器中比較典型的黄子組器爲例，有鼎、鬲、豆、壺、盤、盃等，却均自名"行器"，是一套器物而不用分别種類，可知的確非實用器，而銘文稱"則永祜福，霝終霝後"，更是表明此組器是用以給死者陪葬的。衛夫人鬲稱"行鬲"，後曰"用從遥征"，衛夫人自不可能出行征戰，此處"遥征"只能是隨夫同葬的一種委婉修辭説法。曾亘嫚鼎（《銘圖》02005）銘曰："曾亘嫚非彔，爲爾行器，爾永祜福。""非彔"即"不禄"，去世的諱稱。大多數行器銘末都稱"永祜福"，而不言"子子孫孫永寶用"，可以理解爲願死後受天之福的吉語，而非讓子孫後代沿用。曾經張亞初懷疑"從器"爲隨葬器，但是有一部分從器是生人爲自己作的器物，故放棄了這一想法。⑨吴鎮烽認爲，這可能確是死者生前自鑄，也可能是親屬代鑄。⑩這種解釋也化解了生人自作器而自名"行器"的矛盾之處。

但是稱"行器"均是明器則不免過于絶對。"行"之本義便是道路，與出行相關，又與"旅"呈交替分布。楊華認爲，修飾語"行"器替代"旅"是受到與喪葬相關的"行"的含義的影響。⑪我們認爲，"行"器最初替代"旅"時，與

---

① 張亞初：《殷周青銅鼎器名、用途研究》，《古文字研究》第 18 輯，北京：中華書局，1992 年，第 276-281 頁。

② 陳雙新：《青銅樂器自名研究》，《華夏考古》2001 年第 3 期，第 101-102 頁。

③ 陳英杰：《西周金文作器用途銘辭研究》，北京：綫裝書局，2008 年，第 212、255 頁。

④ 陳英杰：《讀曾國銅器札記》，《曾國考古發現與研究學術研討會論文集》，2014 年。

⑤ 楊華：《"大行"與"行器"——關于上古喪葬禮制的一個新考察》，《湖南大學學報（社會科學版）》2018 年第 2 期，第 96 頁。

⑥ 吴鎮烽：《試論古代青銅器中的隨葬品》，《青銅器與金文》第 5 輯，上海：上海古籍出版社，2020 年，第 22 頁。

⑦ 嚴志斌：《遣器與遣策緣起》，《故宫博物院院刊》2021 年第 10 期，第 108 頁。

⑧ 彭林注：《儀禮》，長沙：岳麓書社，2001 年，第 364 頁。

⑨ 張亞初：《殷周青銅鼎器名、用途研究》，《古文字研究》第 18 輯，北京：中華書局，1992 年，第 276 頁。

⑩ 吴鎮烽：《試論古代青銅器中的隨葬品》，《青銅器與金文》第 5 輯，上海：上海古籍出版社，2020 年，第 25 頁。

⑪ 楊華：《"大行"與"行器"——關于上古喪葬禮制的一個新考察》，《湖南大學學報（社會科學版）》2018 年第 2 期，第 94 頁。

“旅”意義相若，是用爲出行義的，如巤季鼎（《銘圖》02142）銘曰“子₌孫其眉壽萬年永用享”，則説明此器是實用器；又爲甫人盨自名“行盨”，銘曰“用征用行”。這種“征”“行”對文的情況還是理解爲出行比較合適；又同作器者的爲甫人鼎自名爲“饙鼎”，證此組器均是實用器。後來的意義漸漸發生改變而專指明器。鄒芙都曾總結行器兼有出巡狩和隨葬之用[①]，對修飾語“行”義的概括是比較完整的。

2.5.3　彶

晋侯對作寶隣**彶**須。　

——晋侯對盨（《銘圖》05647—05650，西周晚期）

四件晋侯對盨自名修飾語有“彶”。馬承源認爲“彶”讀爲連詞“及”，是爲了行款均匀而贅加的。[②]陳佩芬從此釋，并讀爲“尊及盨”。[③]但實際上并没有出過晋侯對作的酒器尊，況且還有一件晋侯對盨（《銘圖》05630）自名“寶隣羺”，知行款其實是隨銘文而改，不會單純爲行款而凑字數。

周亞認爲“彶盨”與“行盨”同義，即出行所用之盨。[④]陳英杰亦以《説文解字》“彶”訓“急行”，認爲“彶”“行”義同。[⑤]查飛能從之。[⑥]

金文“彶”或訓動詞“及”，或訓連詞“及”。[⑦]按當取動詞義。此字從“彳”，可視同修飾語“行”的出行義。

2.5.4　从、從

表 10　从、從

序號	編號	器名	器形	時代	銘文	字形
1	01041	作从彝鼎	—	商代晚期	作从彝。	
2	01276—01278	作釓从彝鼎	—	西周早期	作釓从彝。	

① 鄒芙都：《銅器用途銘辭考辨二題》，《求索》2012 年第 7 期，第 110-111 頁。
② 馬承源：《晋侯甁盨》，《第二届國際中國古文字學研討會論文集》，香港：問學社有限公司，1993 年，第227 頁。
③ 陳佩芬：《夏商周青銅器研究（西周篇）》，上海：上海古籍出版社，2004 年，第 502 頁。
④ 周亞：《館藏晋侯青銅器概論》，《上海博物館集刊》第 7 輯，上海：上海書畫出版社，1996 年，第 34 頁。
⑤ 陳英杰：《西周金文作器用途銘辭研究》，北京：綫裝書局，2008 年，第 171 頁。
⑥ 查飛能：《商周青銅器自名疏證》，2019 年西南大學博士學位論文，第 373 頁。
⑦ 羅新慧、晁福林：《首陽吉金疏證》，上海：上海古籍出版社，2016 年，第 133 頁。

续表

序號	編號	器名	器形	時代	銘文	字形
3	01425—01426	單𤉭鼎		西周早期	單𤉭作從彝。	
4	01618	北單鼎		西周早期	北單作從旅彝。	
5	03236	光甗	—	西周中期	𤉭作从彝。	
6	04239—04240	作任氏簋		西周早期	作妊氏從段。	
7	04349—04350	馬天豕簋		西周早期	作從段，馬天豕。	
*	02055	方妅各鼎		西周晚期	方妅各自乍作變從鼎。	
*	03354	䚬五氏孫矩甗		春秋早期	䚬五氏孫矩作其宊㜏。	
*	01260	叔鼎		—	叔作宊鼎。	
*	01235	申鼎		西周早期	申作宊鼎。	
*	01012	伯鼎	—	西周早期	伯作宊。	

　　共有 16 件食器以"从"或"從"爲修飾語，時代多較早。"从"會兩人相從，有跟隨、隨從之意，"从""從"是古今字的關繋。

　　關于從器的含義，過去學者多解爲"陪器"，如吕大臨①、王黼②等。薛尚功提到"從"是就其次序而言之。③《西清續鑒甲編》亦從此説。④

　　陳初生認爲"從"是從屬之器的意思。⑤張亞初曾懷疑"從"是指從葬之器，後認爲可能是隨從意。⑥《通解》從此釋。⑦戴家祥則徑解從器爲祭器。⑧陳英杰認爲"從"是指多件器物組成的套組。⑨雒有倉曾總結前人之説，也認爲從器是指同組銅器的從屬器。同時還提出，"從"也有從葬的意義。⑩吳鎮烽則認爲"從"就是指隨葬之器。《詩經·秦風·黄鳥》："誰從穆公？子車奄息。""從"即此意。⑪按北單鼎自名曰"從旅彝"，傅閜尊（《銘圖》11613）自名"從宗彝"，與"宗""旅"連言，不大可能完全用爲隨葬器。吳鎮烽説，"'宗彝''旅彝''用器'稱謂活人的器物可以用，死人的器物也可以用"，則是有些擴大了這些修飾語的含義，照這麽推演，凡是銅器皆可隨葬，自名便都有隨葬的意義了。若説修飾語"行"後來使用的時候便賦有隨葬的意義，則"從"在西周早期階段與"旅"并言，是斷不可解爲從葬的。并且早期金文較短，没有對"從器"作用的補充説明，解釋爲隨葬器的證據也是不足的。我們認爲從器應當還是解爲與本義相關的多件相從器物比較合適。

　　方姒各鼎修飾語作"▨"，張光裕釋"丽"，讀爲"儷"。⑫范常喜認爲此字是從重"从"的形體"众"，意爲陪從。⑬褚健聰認爲此字是"鬲"字"▨"的訛

---

　　① 吕大臨：《考古圖》清乾隆四十六年四庫全書文淵閣書録錢曾影鈔宋刻本，《金文文獻集成》第 1 册，北京：綫裝書局，2005 年，第 63 頁。

　　② 王黼等：《博古圖》清乾隆十八年天都黄晟亦政堂修補明萬曆二十八年吳萬化寶古堂刻本，《金文文獻集成》第 1 册，北京：綫裝書局，2005 年，第 327 頁。

　　③ 薛尚功：《歷代鐘鼎彝器款識法帖》1935 年于省吾影印明崇禎六年朱謀㙔刻本，《金文文獻集成》第 9 册，北京：綫裝書局，2005 年，第 68 頁。

　　④ 王杰等：《西清續鑒甲編》清宣統三年涵芬樓石印寧壽宫寫本，《金文文獻集成》第 5 册，北京：綫裝書局，2005 年，第 161 頁。

　　⑤ 陳初生：《金文常用字典》，西安：陝西人民出版社，1987 年，第 791 頁。

　　⑥ 張亞初：《殷周青銅鼎器名、用途研究》，《古文字研究》第 18 輯，北京：中華書局，1992 年，第 276 頁。

　　⑦ 張世超、孫凌安、金國泰、馬如森：《金文形義通解》，京都：中文出版社，1996 年，第 2040 頁。

　　⑧ 戴家祥：《金文大字典》，上海：學林出版社，1995 年，第 387 頁。

　　⑨ 陳英杰：《西周金文作器用途銘辭研究》，北京：綫裝書局，2008 年，第 255 頁。

　　⑩ 雒有倉：《説"從彝"及其相關問題》，《古文字研究》第 31 輯，北京：中華書局，2016 年，第 241-242 頁。

　　⑪ 吳鎮烽：《試論古代青銅器中的隨葬品》，《青銅器與金文》第 5 輯，上海：上海古籍出版社，2020 年，第 22 頁。

　　⑫ 張光裕：《香江新見彝銘兩則》，《揖芬集——張政烺先生九十華誕紀念文集》，北京：社會科學出版社，2002 年，第 283-288 頁。

　　⑬ 范常喜：《方姒各鼎銘"從"字小考》，復旦大學出土文獻與古文字研究中心網，2008 年 11 月 17 日。（http://www.fdgwz.org.cn/Web/Show/552）

形。[1]按“鬳”字上部未有“”這種出頭的形體，釋“鬳”恐怕不能令人信服。“夶”見于上博簡四《曹沫之陳》“”，讀爲“從”。鄔可晶將此字解讀爲二“从”相重，是“從”之繁體。[2]其説可從。

另外《銘圖》01012、01235、01260、03354 的修飾語“”“”，隸定爲“庅”“宊”，讀爲“旅”。雒有倉[3]、王蘭[4]、陳英杰[5]亦將這些字歸爲“旅”的異體。查飛能認爲是“从”的異體。[6]我們傾向于認爲這是“从”，“旅”字一般均需從“㫃”才能表達其“軍旅”的意義，否則僅有雙人是無法和“从”相區別的。但是也不排除“广”“宀”是“㫃”訛變而作，没有見到决定性的證據前，姑且列之于此。

2.5.5 葬

（1）曾公子弃疾之**葬**甗。

——曾公子去疾甗（《銘續》0280，春秋晚期）

（2）曾公子弃疾之**葬**匿。

——曾公子去疾瑚（《銘續》0486，春秋晚期）

此二器修飾語，整理者原釋“登”，括注爲“升”。[7]徐在國從此釋。[8]

鞠焕文認爲此字中的“豆”是“葬”之“歺”的變形，“”是“葬”的異體。[9]禤健聰也認爲此字由“竹”“廾”“死”及二横筆構成，讀“葬”無疑。[10]石小力[11]、黄錦前[12]、吴鎮烽[13]均從此釋。

① 禤健聰：《方鼎各鼎銘考釋》，《古文字論壇》第 2 輯，上海：中西書局，2016 年，第 156-161 頁。

② 鄔可晶：《金文“僔器”考》，《“古文字與出土文獻”青年學者西湖論壇論文集》，杭州：中國美術學院，2021 年，第 20 頁。

③ 雒有倉：《説“從彝”及其相關問題》，《古文字研究》第 31 輯，北京：中華書局，2016 年，第 242 頁。

④ 王蘭：《金文札記四則》，《古文字研究》第 28 輯，北京：中華書局，2010 年，第 259-260 頁。

⑤ 陳先生將這種形體總結爲“旅”的第 15 類形體。見陳英杰：《商周金文異體字研究：以“旅”字爲例》，《中國文字》新 45 期，臺北：藝文印書館，2019 年，第 25 頁。

⑥ 查飛能：《商周青銅器自名疏證》，2019 年西南大學博士學位論文，第 26 頁。

⑦ 湖北省文物考古研究所、隨州市博物館：《湖北隨州義地崗曾公子去疾墓發掘簡報》，《江漢考古》2012 年第 3 期，第 9 頁。

⑧ 徐在國：《曾公子棄疾銘文補釋》，《中國文字學報》第 5 輯，北京：商務印書館，2014 年，第 80 頁。

⑨ 鞠焕文：《古文字“葬”字簡釋》，《中國文字研究》第 23 輯，上海：上海書店出版社，2016 年，第 46-49 頁。

⑩ 禤健聰：《曾公子棄疾銅器銘文辨讀二則》，《中原文物》2016 年第 4 期，第 83-84 頁。

⑪ 石小力：《〈商周青銅器銘文暨圖像集成續編〉釋文校訂》，《2016 商周青銅器與先秦史研究論文集》，第 96 頁。後收于《商周青銅器與先秦史研究論叢》，北京：科學出版社，2017 年，第 145 頁。

⑫ 黄錦前：《讀近刊曾器散記》，《秦始皇帝陵博物院》，西安：秦始皇帝陵博物院，2018 年，第 68 頁。

⑬ 吴鎮烽：《試論古代青銅器中的隨葬品》，《青銅器與金文》第 5 輯，上海：上海古籍出版社，2020 年，第 34 頁。

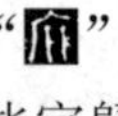

此字釋"葬"甚確。《説文解字·茻部》："葬，藏也。從死在茻中；一其中，所以薦之。《易》曰：'古之葬者，厚衣之以薪。'"此處作修飾語便是用爲本義，即隨葬之器。

2.6　縢娶類

（1）虢季子白作匤孟姬𤳊鼎。

　　　　　　　　　——虢季子白鼎（《銘三》0245，西周晚期）

（2）伯家父作孟姜噉鬲。

　　　　　　　　　——伯家父鬲（《銘圖》02900，西周晚期）

（3）噩侯作王姞𣋗𣪘。

　　　　　　　　　——鄂侯簋（《銘圖》04828，西周晚期）

（4）季𦉥父作嬭儹匝。

　　　　　　　　　——季𦉥父瑚（《銘圖》05888，西周晚期）

（5）𣪘可忌乍𦥑元仲姑𤲬器寶鎛。

　　　　　　　——𣪘可忌敦[1]（《銘三》0595，春秋晚期）

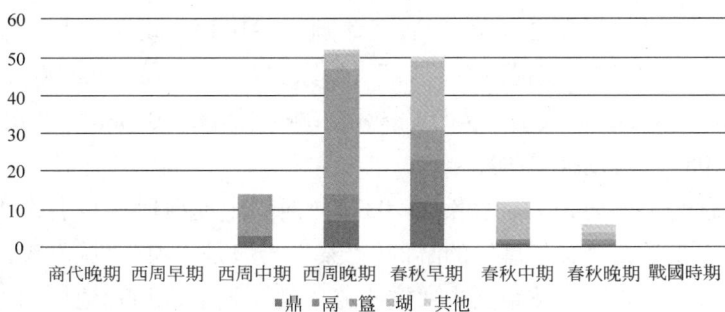

圖 40　修飾語"縢"

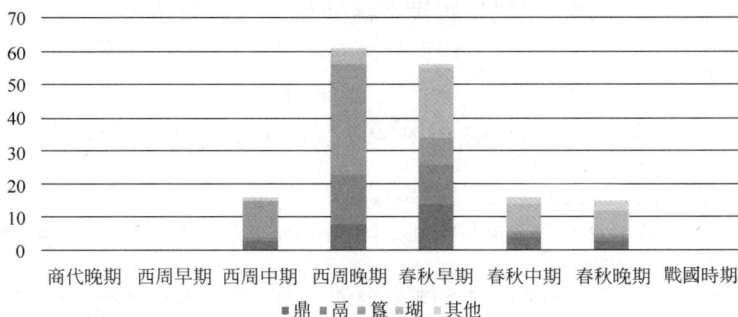

圖 41　作器用途銘辭"縢"

---

[1] 可能爲豆器失校，暫據自名稱敦。

食器中有一部分銅器是用作陪嫁的，稱"媵器"。《説文解字》不載"媵"字，而《貝部》有"賸"，訓曰："物相增加也。從貝朕聲。一曰送也，副也。"《考古圖》著一件鐘銘，曰："賸邛中（仲）嬭（芊）南龢鐘。"吕大臨讀"賸"爲"媵"，言之爲送女之器。[①]其後學者多從之。

"賸"從"灷"，後世又隸定作"灷"會二手奉玉，爲"送"之本字。[②]增"貝""舟"表意爲形聲字。《急就篇》："妻婦聘嫁齎媵僮。"顏師古注："媵，送女也。"後世"媵"從"女"，爲送女出嫁的專字。《詩經·大雅·韓奕》："韓侯取妻……韓侯迎止，於蹶之里。百兩彭彭，八鸞鏘鏘，不顯其光。諸娣從之，祁祁如雲。""諸娣從之，祁祁如雲"記錄了送女出嫁的盛況。

食器中自名以"媵"修飾的一共 134 件，占食器自名總數比例不算高（約2.9%）。王子超言媵器"鼎、鬲、簋、簠、盤、匜等居多，而盤、匜、簠等又最爲常見"[③]，陳英杰言"媵器之作始見于西周中期，西周中晚期多見，鼎盛于春秋，戰國時代逐漸斂迹"[④]，這與我們統計的數據是相符的。

媵器修飾語大部分都書作"賸"，還有很多種別的形體。或借"朕"字作"朕"（祧儵父鼎，《銘圖》01831），或作"▦"（虢季子白鼎，《銘三》0245），或借"滕侯"之"滕"爲之（蔡侯鼎，《銘圖》02144），或從"土"作"▦"（夒侯瑚，《銘圖》05976），或從羨符"口"（伯家父鬲，《銘圖》02900）、"日"（鄂侯簋，《銘圖》04828），或增"人"（季▦父瑚，《銘圖》05888）、"女"（樊可忌敦，《銘三》0595）表意，等等。

值得注意的是，芮伯簋（《銘續》0372，西周中期前段）自名作"寶朕簋"。袁金平認爲，按金文"寶某簋"的辭例，"某"一般是"尊""旅"等，因而這裏的"朕"當讀爲"尊"。[⑤]按金文中"寶＋修飾語＋器名"這種連用的形式是十分多見的，如"寶簠""寶䵼""寶餗""寶食""寶方"等不勝枚舉，且"尊"金文習見，不必以"朕"假作，"朕"也沒有破讀爲"尊"的必要。

2.7　動物類

《儀禮·有司徹》："乃舉，司馬舉羊鼎，司士舉豕鼎、舉魚鼎，以入。"羊、

<hr>

① 吕大臨：《考古圖》清乾隆四十六年四庫全書文淵閣書録錢曾影鈔宋刻本，《金文文獻集成》第 1 册，北京：綫裝書局，2005 年，第 129 頁。

② 張世超、孫凌安、金國泰、馬如森：《金文形義通解》，京都：中文出版社，1996 年，第 555 頁。

③ 王子超：《媵器試論》，《容庚先生百年誕辰紀念文集》，廣州：廣東人民出版社，1998 年，第 271-272 頁。

④ 陳英杰：《西周金文作器用途銘辭研究》，北京：綫裝書局，2008 年，第 535 頁。

⑤ 袁金平：《新出芮伯簋銘文釋讀補正——兼論橫水 M2158 所出器銘中的人物關繫》，《中國文字研究》第23 輯，上海：上海書店出版社，2016 年，第 39 頁。

豕、魚等動物在出土的鼎器中多有殘骸，在食器銘文上也相應有所體現。張亞初説："在兩周鼎銘中，有牛鼎、豕鼎、羊鼎、鳥鼎等稱呼，牛鼎即煮牛之鼎，豕鼎、羊鼎、鳥鼎也都是指煮盛豕、羊、鳥所用之器。"

值得一提的是，食器中凡無其他銘文，僅單一個動物名，如"牛""羊"《銘圖》稱"牛鼎""羊鼎"這類的（多爲商器），單憑這一字無法判斷是不是修飾語、人名或族徽，我們將這類器排除，只保留能確定是修飾語的器物。

2.7.1　牛、豕、羊、兔

（1）昏用兹金作朕文考穽伯鼏**牛**鼎。

——昏鼎（《銘圖》02515，西周中期後段）

（2）伯庫作**羊**鼎。

——伯庫父鼎（《銘圖》02109，西周晚期）

（3）函皇父作琱娟般盉隣器，鼎段[一]鼎，自**豕**鼎降十又[一]……

——函皇父鼎（《銘圖》02380，西周晚期）

（4）函皇父作琱娟隣**兔**鼎。

——函皇父鼎（《銘圖》02111，西周晚期）

修飾語爲牛、羊、豕等牲名的食器一共 4 件。其中昏鼎自名爲"鼏牛鼎"，修飾語有"牛"。《史記·孟子荀卿列傳》："騶衍其言雖不軌，儻亦有牛鼎之意乎？"《索隱》："呂氏春秋云'函牛之鼎不可以烹雞'，是牛鼎言衍之術迂大，儻若大用之，是有牛鼎之意。"牛鼎如字面意義解，即"函牛之鼎"。

昏鼎自名修飾語又有"鼏"，依陳劍的説法，當切分爲"鼏/牛鼎"，即"祭祀用的牛鼎"。[①]陳英杰與查飛能均把此自名切分爲"鼏牛/鼎"，但是查飛能解釋爲"肆解牛牲的鼎"，我們認爲甲骨文、金文中"鼏"大多用作祭祀義而非本義"肆解牲體"[②]，此處應當解釋爲"用牛牲以祭的鼎"。另外，阮元《積古齋鐘鼎彝器款識》引錢坫語云此鼎的款足"作牛首形"，有可能是器用除了影響器名，也同時對器形（款足）產生了影響，張亞初稱這是"內容與形式的統一"[③]。

函皇父組器（包含鼎、簋、盤、匜）提到了多件器物稱名，其中《銘圖》02380 的函皇父鼎亦如是，銘文曰：

---

① 陳劍：《甲骨金文舊釋"鼏"之字及相關諸字新釋》，《出土文獻與古文字研究》第 2 輯，上海：復旦大學出版社，2008 年，第 31 頁。

② 陳劍：《甲骨金文舊釋"鼏"之字及相關諸字新釋》，《出土文獻與古文字研究》第 2 輯，上海：復旦大學出版社，2008 年，第 47 頁。

③ 張亞初：《殷周青銅鼎器名、用途研究》，《古文字研究》第 18 輯，北京：中華書局，1992 年，第 277 頁。

函（函）皇父乍（作）琱（周）嫚（妘）般（盤）盉隣（尊）器，鼎毆（簋）[一]鼎（具），自豕鼎降十又[一]、毆（簋）八、兩䍪（罍）、兩鑱（壺）。琱（周）嫚（妘）㠯（其）萬年子=（子子）孫=（孫孫）永寶用。

銘文提到了"豕鼎降十又[一]"，表明該組器應有十一件從大到小的鼎，有一件是盛豕肉的。同窖出土的還有伯鮮組器，銘文中所提到的器物，實際出土并不完整。我們暫且稱其爲"豕鼎"。《銘圖》02380 這件鼎通高 58 厘米，重 31.5 千克，而另一件函皇父鼎（《銘圖》02111）自名爲"隣兔鼎"，通高 29.2 厘米，僅重 6.3 千克，應當就是十一件鼎中的兩件，《銘圖》02111 依自名可以確認是盛兔肉的。有關兔肉的記載，見《儀禮·既夕禮》："魚，腊，鮮獸，皆如初。"鄭玄注："士腊用兔。"

2.7.2　隹、鳥、雖、雁

（1）鄭遣伯㑲父作**隹**鼎。

——鄭遣伯㑲父鼎（《銘續》0151，西周晚期，通高 28.1 厘米，口徑 29.1 厘米，兩耳相距 30 厘米，腹深 15.2 厘米。）

（2）楳伯觪作**鳥**寶鼎。

——楳伯觪鼎（《銘圖》01963，西周中期，通高 24.6 厘米，腹深 11.1 厘米，口徑 19.6 厘米，重 3.12 千克。）

（3）陣父之走馬吳買作**雖**鼎用。

——吳買鼎（《銘圖》01949，春秋早期）

（4）伯遲父乍（作）**雖**鼎。

——伯遲父鼎（《銘圖》01628，西周晚期，通高 13 厘米，口徑 18 厘米。）

（5）美作寶**雁**鼎。

——美鼎（《銘三》0252，西周晚期）

楳伯觪鼎自名爲"鳥寶鼎"，鄭遣伯㑲父鼎自名"隹鼎"，隹、鳥同，應當都是用于烹煮鳥類的鼎。[1]正如張亞初所言，這幾件器物容量都十分小，不超過 30 厘米高、3 千克重，大小僅適合盛裝鳥類。[2]

---

[1] "寶"作修飾語一般優先級較高，處于其他修飾語之前，甚少有特例。參考一般辭例"某作某寶鼎"，這裏的"鳥"也可能是人名。

[2] 張亞初：《殷周青銅鼎器名、用途研究》，《古文字研究》第 18 輯，北京：中華書局，1992 年，第 278 頁。

　　吳買鼎、伯遲父鼎自名曰"雗"，從臺、隹。楊樹達認爲這是"臺"的假借字，字從亯，即"烹"，因而"臺"爲孰義，"雗鼎"即"孰物之鼎"。[①]《通解》[②]《譜系》[③]從此説。何琳儀《戰國古文字典》也提到"臺"的造字本義爲烹熟羊以祭[④]，《説文解字·亯部》"臺"訓"孰也"與此是相一致的。張亞初《商周古文字源流疏證》中提到"雗"即隸變前的"鶉"，是一種鳥類，"雗鼎"應當徑解釋爲盛裝鶉鶉的鼎。[⑤]查飛能則取兩家之説而解釋成烹"鶉牲"的鼎。[⑥]

　　伯遲父鼎體型十分小，確實只能用來盛裝禽鳥大小的食物。但是單造一種專門用來盛放鶉鶉這一類鳥的鼎未免不太合理，畢竟有"隹鼎""鳥鼎"，也有"牛鼎""羊鼎"這樣分得不那麽細緻的鼎，解釋爲"鶉鼎"未免過於異類了。這裏"臺"字應當不單單是表音，而且包含用動物祭祀的意義，否則徑用"隹"便可。"雗"若是指盛鳥之鼎，應是通指一般的鳥類。

　　或許這裏的"雗"還可以解釋成"臺祀"之"臺"。《安徽大學藏戰國竹簡》中簡 92 對應《詩經·鄘風·鶉之奔奔》，出現"鶉"字作"🔲"[⑦]，正與此字同。此字除用作"鶉鶉"字，還用作祭祀動詞。如獄鼎（《銘圖》02329）銘曰"其日朝夕用雗祀于乎百神"，字形作"🔲"（"雗"）。而獄簋、獄盨（《銘圖》05315—05318，《銘續》0457—0459，《銘三》0520—0521，《銘圖》05676）銘曰"其日夙夕用乎褱香臺祀于乎百神"，字形省"隹"作"🔲"。衛簋（《銘圖》05368—05369，《銘續》0462，《銘三》0524）"臺祀"同，癲鐘（《銘圖》15593）、癲簋（《銘圖》05189—05196）亦有類似語"盨祀"，字作"🔲"，從"升""皿"，"臺"聲。《銘圖》釋"敦""享"不一。而周法高讀爲"敦"，是"厚"的意思。[⑧]吳振武也解釋爲"敦祀"，意即厚祀。[⑨]田煒贊同吳的觀點，并認爲"鶉"作"敦"是假借的用法，本字應作"臺"。[⑩]但是此字對應傳世文獻中的"享祀"。《左傳·僖公五年》："公曰，吾享祀豐絜，神必據我。"《左傳·文公二年》："春秋匪解，享祀不忒。"釋爲"享祀"，文意更順。

---

　　① 楊樹達：《積微居金文餘説·卷一·吳買鼎跋》，《積微居金文説（增訂本）》，北京：科學出版社，1959年，第 209 頁。

　　② 張世超、孫凌安、金國泰、馬如森：《金文形義通解》，京都：中文出版社，1996 年，第 884 頁。

　　③ 黃德寬：《古文字譜系疏證》，北京：商務印書館，2007 年，第 3737 頁。

　　④ 何琳儀：《戰國古文字典》，北京：中華書局，1998 年，第 1334 頁。

　　⑤ 張亞初：《商周古文字源流疏證》，北京：中華書局，2014 年，第 2080-2081 頁。

　　⑥ 查飛能：《商周青銅器自名疏證》，2019 年西南大學博士學位論文，第 319 頁。

　　⑦ 黃德寬、徐在國：《安徽大學藏戰國竹簡》，上海：中西書局，2019 年，第 51 頁。

　　⑧ 周法高主編：《金文詁林補》，臺北："中央"研究院歷史語言研究所，1982 年，第 1662 頁。

　　⑨ 吳振武：《試釋西周獄簋銘文中的"馨"字》，《文物》2006 年第 11 期，第 61 頁。

　　⑩ 田煒：《西周金文字詞關繫研究》，上海：上海古籍出版社，2016 年，第 235 頁。

《銘三》又新收一件美鼎（《銘三》0252），自名爲"寶雁鼎"，"雁"字作"![字]"。在修飾語"寶"後，是沒有加人名之類的限定語的辭例的，因而這裏的"雁"只能是修飾語，與"寶"連用。金文"雁"多作國名，如"應叔""應公""應侯"等。燮戒鼎（《銘圖》02279）、師詢鼎（《銘圖》02495）、毛公鼎（《銘圖》02518）、七年師兌簋蓋（《銘圖》05302）、㝬盤（《銘圖》14528）、召簋（《銘續》0446）賞賜物中都有"金雁""鉤雁""雁旛"，又清華簡《封許之命》亦有"鉤雁"，傳世文獻又作"鉤膺"。《詩經·小雅·采芑》："簟茀魚服，鉤膺鞗革。"《大雅·韓奕》："玄袞赤舄，鉤膺鏤鍚。"《大雅·崧高》："四牡蹻蹻，鉤膺濯濯。"毛《傳》、鄭《箋》皆釋"鉤膺"爲"樊傳"，吳振武[1]從之。石小力從馬瑞辰説，認爲鉤、膺是指兩種物品，膺是指繁縷。[2]但用作鼎的修飾語，"膺"當不能解作車馬上的纓飾。

《説文解字·隹部》："雁，鳥也。從隹，瘖省聲。或從人，人亦聲。"鳥爲後贅加義符。孫常叙認爲"雁"本從"隹""厂"（即膺）聲，是"鷹"之本字。[3]黃德寬則認爲"雁"是"膺"之本字，本義爲鳥之脯，所加"丶"爲指事符號，西周金文又贅加"人"作聲符。[4]

則此字本義應當與鳥、鳥肉有關。在此美鼎上應該是用作本義，也是指盛鳥之鼎。又仲滋鼎（《銘圖》02010，見圖42）銘文曰："仲滋正衎，嚣良鈇黃，雁旨羞，不雁……""雁"或釋"鑊"[5]，非，此"![字]"從"厂""隹"甚明。"雁旨羞"，即鳥肉做的醢醬，此鼎是帶流鼎也證實了這一點，其義類似于後文的"鮨"。

圖42　仲滋鼎

---

① 吳振武：《燮戒鼎補釋》，《史學集刊》1998年第1期，第4頁。

② 石小力：《清華簡（伍）〈封許之命〉"鉤、膺"補説》，武漢大學簡帛研究中心網，2015年4月12日。（http://www.bsm.org.cn/?chujian/6371.html）

③ 孫常叙：《㠱雀一字形變説》，《古文字研究》第19輯，北京：中華書局，1992年，第390頁。

④ 黃德寬：《古文字譜系疏證》，北京：商務印書館，2007年，第328頁。

⑤ 杜迺松：《青銅器定名的幾個理論問題》，《古文字與青銅文明論集》，北京：故宮出版社，2015年，第422頁。原載《中國文物報》1996年8月14日。

2.7.3　鮨（魚）

（1）姬𪓑母作**鮨**鼎，用旨障乎公乎姊。

——姬𪓑母鼎（《銘續》0153，西周早期，通高 16 厘米，兩耳相距 13.5 厘米，見圖 43）

（2）□公子每作其**鮨**鼎。

——公子每鼎（《銘續》0206，春秋早期，見圖 44）

圖 43　姬𪓑母鼎

圖 44　公子每鼎

這兩件鼎的時代一個是西周早期，一個是春秋早期，形制也差別很大，一個是底下帶盤的淺腹溫鼎，一個是深腹圓鼎。但是修飾語則是相同的。

袁國華釋讀姬𪓑母鼎時，將“鮨”的右部結構與右行的首字“姬”聯繫起來，因而讀爲“魯鼎”，是解釋“魯鼎”爲“美好的鼎”或通“旅鼎”。[1]陳英杰則認爲此處是“魯”字，當讀爲“魚”，即文獻所稱的盛魚肉之鼎。[2]查飛能則遵從《銘圖》的隸定將此修飾語隸定爲“鮨”，并根據《説文解字》段注，認爲是“盛裝細切肉之鼎”。[3]

按釋“鮨”爲是。姬𪓑母鼎下文有“用旨障乎公乎姊”，表明這件鼎的作用爲用“旨”來宴饗其兄長，“旨”字作“”，與修飾語“”字的一部分同，所以“”字的“曰”雖與“魚”位置相近，但不能分析成從“魯”“匕”，而當分析成從“魚”“旨”，“旨”兼聲。

《説文解字·魚部》：“鮨，魚䐹醬也。”《肉部》：“䐹，豕肉醬也。”《儀禮·公食大夫禮》：“牛胾，醢，牛鮨。”《禮記·内則》：“牛胾，醢，牛膾。”鄭玄注：“肉則謂鮨爲膾。”段玉裁謂：“鮨者、膾之㝡細者也。”馬叙倫則認爲“鮨”就是肉醬，“魚”字係後人所加。[4]

---

[1] 袁國華：《姬𪓑母溫鼎初探》，《古文字學論稿》，合肥：安徽大學出版社，2008 年，第 247-248 頁。

[2] 陳英杰：《西周金文作器用途銘辭研究》，北京：綫裝書局，2008 年，第 893 頁。

[3] 查飛能：《商周青銅器自名疏證》，2019 年西南大學博士學位論文，第 318 頁。

[4] 馬叙倫：《説文解字六書疏證》卷之十二，上海：上海書店出版社，1985 年，第 51 頁。

我們認爲無論是上文兩鼎的修飾語"鮨",還是《説文解字》中的"鮨",均當依原訓作"魚胳醬"。《爾雅·釋器》:"肉謂之羹,魚謂之鮨。"

金文中習見"旨飤"一語。如伯旞魚父瑚(《銘圖》05824):"伯旞魚父作旅簠,用僃旨飤。"又如仲大師鼎(《銘圖》02196):"仲太師作孟姬饎鼎,用宴飤……""旨"即甘美之食。[1]加"魚"旁則是表此與魚肉有關。

其實增"魚"旁就是特指魚肉醬,否則姬鼄母鼎便無須刻意前稱"鮨",而後稱"旨"。前"鮨"表明此鼎是用來盛、煮魚肉醬的,其鼎的形制也與此相稱,後"旨"則是泛稱美食。"旨"字會以匕送食物入口、食物美味之意。在此作名詞,"用此旨美的食物尊享其公姊"。

又寓鼎(《銘圖》02394)"使虜大人易乎册寓□鼏",郭永秉曾釋"鼏"前的字爲"魚"旁[2],王賜寓魚做的肉羹,觀其字形作"![字形]",可能也是此類"鮨"。

2.8 其他類

2.8.1 念

對揚王休,用作宫仲念器。![字形]

——燮簋(《銘圖》04985)

燮簋自名爲"![字形]",從"心""今"。趙平安認爲當通"飪",古有"念""飪"通之例。[3]蔣玉斌[4]、查飛能[5]從之。《通解》[6]、陳英杰[7]均讀如字,認爲"念器"即追念先人之器。

我們認爲當作"念"解。子後生盃(《銘續》0980)自名"念彝",盃爲水器,破讀爲"飪"是不合適的,徑讀爲"念"更好。另萬杯"用作念于多友",示此器爲紀念多友而作。

---

① 何景成:《釋室簋銘文的"脂食"》,《古文字研究》第 33 輯,北京:中華書局,2020 年,第 229-230 頁。

② 郭永秉:《釋上博藏西周寓鼎銘文中的"羹"字——兼爲春秋金文、戰國楚簡中的"羹"字袪疑》,《出土文獻與傳世典籍的詮釋——紀念譚樸森先生逝世兩周年國際學術研討會論文集》,上海:上海古籍出版社,2010 年,第 81-97 頁。又見氏著《古文字與古文獻論集》,上海:上海古籍出版社,2011 年,第 1-22 頁。

③ 趙平安:《釋"罙"》,《考古》1992 年第 10 期,第 953 頁。又見氏著《〈説文〉小篆研究》,南寧:廣西教育出版社,1999 年,第 153-155 頁;《金文釋讀與文明探索》,上海:上海古籍出版社,2011 年,第 84-86 頁。

④ 蔣玉斌:《甲骨文字釋讀札記兩篇》,《中國文字研究》第 16 輯,南寧:廣西教育出版社,2012 年,第 65 頁。

⑤ 查飛能:《商周青銅器自名疏證》,2019 年西南大學博士學位論文,第 322-323 頁。

⑥ 張世超、孫凌安、金國泰、馬如森:《金文形義通解》,京都:中文出版社,1996 年,第 2527 頁。

⑦ 陳英杰:《西周金文作器用途銘辭研究》,北京:綫裝書局,2008 年,第 207 頁。

2.8.2　弄

（1）王作姒弄。

　　　　　　——王鼎蓋（《銘圖》01105，商代晚期，見圖 45）

（2）君子之弄鼎。

　　　　　　——君子之弄鼎（《銘圖》01474，戰國早期）

（3）鳥蔑弄彝。

　　　　　　——鳥蔑簋（《銘圖》04006，商代晚期，見圖 46）

（4）君子之弄鬲。

　　　　　　——君子之弄鬲*[1]（《銘圖》19938）

圖 45　王鼎蓋　　　　　　　　　　圖 46　鳥蔑簋

有 2 件鼎、1 件簋以“弄”作自名修飾語（王鼎應爲省略器名[2]）。

商承祚考釋天尹鐘（《銘圖》15121）“元弄”時，曾認爲“弄”不當用爲“戲弄”字，而當是“奉”之本字。[3]唐蘭考智君子鑒（《銘圖》15052—15053）“弄鑑”，認爲“弄”是指器物供以玩賞。[4]張亞初[5]、黄銘崇[6]、陳英杰[7]、李零[8]均從此說。王人聰認爲商承祚釋“奉”爲非，但“弄”絶非把玩之意，而當與“寶”意義相近。[9]鄒芙都也持類似的意見。[10]

---

① 吴鎮烽疑僞，姑列之。

② 陳英杰：《西周金文作器用途銘辭研究》，北京：綫裝書局，2008 年，第 30 頁。

③ 商承祚：《十二家吉金圖録》1935 年哈佛燕京學社影印本，《金文文獻集成》第 20 册，北京：綫裝書局，2005 年，第 346 頁。

④ 唐蘭：《智君子鑒考》，《唐蘭全集》第 2 册，上海：上海古籍出版社，2015 年，第 587 頁。原載《輔仁學誌》第 7 卷第 1、2 合刊，1938 年，第 101-113 頁。

⑤ 張亞初：《殷周青銅鼎器名、用途研究》，《古文字研究》第 18 輯，北京：中華書局，1992 年，第 289 頁。

⑥ 黄銘崇：《殷代與東周之“弄器”及其意義》，《古今論衡》2001 年第 6 期。

⑦ 陳英杰：《西周金文作器用途銘辭研究》，北京：綫裝書局，2008 年，第 30 頁。

⑧ 李零：《説匜——中國早期的婦女用品：首飾盒、化妝盒和香盒》，《故宫博物院院刊》2009 年第 3 期，第 75 頁。

⑨ 王人聰：《釋元用與元弄》，《考古與文物》1996 年第 3 期，第 85-86 頁。

⑩ 鄒芙都：《銅器用途銘辭考辨二題》，《求索》2012 年第 7 期，第 110 頁。

按"弄"應該不能單純地解釋爲"玩弄"。除了鼎簋,銅器中還有"鑑""鐘""壺""尊"以"弄"修飾,器類不一,時代不一,體形也不一——李零也坦言弄器并不一定都小[①]——時代跨度也很長,這也與大多數修飾語一般都是在某一時間段内盛行不同。那麼"弄"當并非修飾一種具體的器物特性,而是表達一種籠統意義的祜辭,這正與"寶""尊"的使用情況相類似。正如鄒芙都所提到的,鳥螽簋出土時簋内有一塊動物肩胛骨[②],證明"弄器"絕對不是把玩之器,而是實用器。

"弄"從字形上來看,會以手廾玉,從"廾"的字多有供奉義,如"尊""奉""奉","玉"又是"石之美者",有珍貴義。《説文解字·玉部》的字大多都有珍貴、美好的含義。以手廾玉自然也有珍貴的意義,"弄"義也當與寶相近。長陵盉(《銘圖》14788)銘曰:"受左使弄銅。""弄"會以手廾玉,用義同"奉"。我們認爲當如王人聰、鄒芙都所言,"弄"的意義與功能,當與"寶"相似。"弄器"大體可以看成"寶器"。

2.8.3　御

表 11　御

序號	編號	器名	器形	時代	銘文	字形
1	01466	連迁鼎		春秋中期	連迁之御。	
2	01488	王后鼎		戰國中期	王后之御器。	
3	05780	盛君縈瑚		戰國中期	盛君縈之御匜。	

---

① 李零:《説匳——中國早期的婦女用品:首飾盒、化妝盒和香盒》,《故宮博物院院刊》2009 年第 3 期,第 75 頁。

② 中國社會科學院考古研究所安陽工作隊:《1987 年夏安陽郭家莊東南殷墓的發掘》,《考古》1988 年第 10 期,第 877 頁。

序號	編號	器名	器形	時代	銘文	字形
4	06057	滕侯昃敦		春秋晚期	滕侯吳之御鐈。	
5	06113—06114	邵方豆		春秋中期	邵之篠盤。	
6	19300	邵器蓋		春秋中期	邵之御盤。	

　　食器中有 2 鼎、1 瑚、1 敦、2 件方豆①以"御"爲自名修飾語。

　　張亞初認爲"御"就是"用"義。②黃錦前認爲"御"即"進獻"之義。③查飛能認爲"御"在不同的器銘中應當有不同的意義，在食器中義爲進食。④

　　甲骨文有"{字}"(《合集》19858)字，或從"示"作"{字}"(《合集》27559)，讀爲"禦"，表祭祀。《説文解字·示部》："禦，祀也。"當是本義。周原甲骨有"王其昭祭成唐，{字}禦及二母"(《周原》H11:1)。早期金文中也有祭祀之義，如我鼎(《銘圖》02399，西周早期後段)"我作神祟祖乙、妣乙、祖己、妣癸"，夾簋(《銘圖》05271，西周中期前段)"王在周康宫饗醴，夾御"。不過從修飾語"御"的使用時代較晚，多爲春秋中晚期至戰國時期來看，"御"字應當采同時期的意義來訓。簷太史申鼎(《銘圖》02350，春秋晚期)"以御賓客"，《詩經·小雅·六月》："飲御諸友。"鄭注："御，猶進也。"是"御"有進食義。鄦夫人嬭鼎(《銘圖》02425，戰國早期)"㠯和御湯"，"御"又有"用"義。

① 《銘圖》06113、06114 兩件器物其實當合爲一件，《銘圖》19300 其實就是另一件邵方豆。
② 張亞初：《殷周青銅鼎器名、用途研究》，《古文字研究》第 18 輯，北京：中華書局，1992 年，第 293 頁。
③ 黃錦前：《楚系銅器銘文研究》，2009 年安徽大學博士學位論文，第 221 頁。
④ 查飛能：《商周青銅器自名疏證》，2019 年西南大學博士學位論文，第 308、418 頁。

綜合來看，"御"作修飾語應當訓"用""進食"，最早的祭祀含義已經被淡化了。

2.8.4 用

表 12 用

序號	編號	器名	時代	銘文	字形
1	00697	作用鼎	西周中期	作用。	
2	01264	叔我鼎	西周早期	叔我作用。	
3	01310	員鼎	西周早期	員作用鼎。	
4	01536	彊鼎	西周中期前段	彊白作丼姬用鼎。	
5	01555—01556、01562—01563、20107、30173	秦公鼎	春秋早期	秦公作鑄用鼎。	
6	01557—01560	秦公鼎 A	春秋早期	秦公作寶用鼎。	
7	01616	穌還鼎	西周中期	穌還作寶用鼎。	
8	01734	彊伯鼎	西周中期前段	彊伯作丼姬用鼎。	
9	01882	江小仲母生鼎	春秋早期	江小仲母生自作鬲。	
10	02406	帥鼎	西周中期前段	魯公孫用鼎。	
11	20092	鄧子孫白鼎	春秋早期	鄧子孫白用。	
12	03278	彊伯甗	西周中期前段	彊伯自爲用甗。	
13	03293	彊伯甗	西周中期前段	彊伯作丼姬用甗。	
14	20270	曾侯甗	西周早期	曾侯用彝。	
15	04258—04259	伯簋	西周早期	伯作寶用隣殷。	

序號	編號	器名	時代	銘文	字形
16	04323	季姒簋	西周中期前段	季嫛作用段。	
17	04327	年姒簋	西周早期	年姒作用段。	
18	04387—04390、30427	秦公簋	春秋早期	秦公作鑄用段。	
19	30457	競簋	西周中期	競作用段。	
20	05506	鄧伯鱤蓋	西周晚期	鄧伯作好彊用。	
21	06112	蘇貉豆	春秋早期	蘇貉作小用。	
*	04449—04451	弭伯簋	西周中期前段	弭伯作旅用鼎段。	
*	04589—04590	康伯簋蓋	西周中期前段	康伯作羴用飤㲃。	
*	03279	虢伯甗	西周中期	虢伯作旅獻。用。	
*	30621	嬰同盆	春秋晚期	僮郊公之妻晏同鑄用鍺。	

共有 34 件食器以“用”爲自名。嬰同盆的修飾語字形不清晰，暫且存疑。

《説文解字·用部》：“用，可施行也。”即表示這件器物是某人所用。[1]字形、意義無疑，但是關于“用”字在不同的辭例中是否應當歸爲修飾語，我們認爲仍有討論的餘地。

典型完整辭例爲“作器者＋作器動詞＋器主＋用＋器名”，如弭伯鼎（《銘圖》01536）“弭白作丼姬用鼎段”，“用”可上讀作“人名＋用”，一起作爲器名的限定詞，是給丼姬所用之器；也可下讀作“用鼎、段”，“用”便是修飾語，即可以實用的鼎、簋。參考兩件員鼎，其中一件（《銘圖》01310）銘曰：“員作用鼎。”“用”處于作器動詞“作”之後，器名之前，是符合修飾語的特徵的。另一件員鼎（《銘圖》01309）銘文爲：“員作寶彝。”兩器之“寶”與“用”處在相同的銘文位置上，“寶”既爲修飾語，“用”也應當是修飾語。

---

① 孫稚雛：《郊㽙果戈銘釋》，《古文字研究》第 7 輯，北京：中華書局，1982 年，第 105 頁。

但是參考彊伯簋（《銘圖》04449）"彊伯作旅用鼎設"，又《銘圖》04451 "彊伯作自爲鼎簋"，《禮記·郊特牲》"以爲稷牛"，孔穎達疏："爲，猶用也。" "自爲"即"自用"，我們所説的修飾語的"連用"是多個修飾語組成的并列結構，"自"不能單獨作修飾語，加之"自爲"是偏正結構，顯然不能被稱爲修飾語或修飾語連用；雖然"旅""用"都是修飾語，但"旅用"仍然是偏正結構，側重點是"旅"而非"用"。

還有一類特殊的辭例，如作用鼎（《銘圖》00697）銘僅二字"作用"，叔我鼎（《銘圖》01264）"叔我作用"，可以理解成僅有修飾語"用"，而省略器名。但是仲姜壺（《銘圖》12248）銘"仲姜作爲桓公尊壺，用"，叔鼎"遣叔作旅鼎，用"，曾伯從寵鼎（《銘圖》02060）"曾白（伯）從寵自作寶鼎，用"這類辭例則爲我們提供了另一種可能，如叔我鼎銘文是否可以理解爲"叔我作（鼎），用"，"用"即類似于屖尊（《銘圖》11700）"屖作父癸寶尊彝，用肇"，又異卣蓋（《銘圖》13274）"異作厥考伯效父寶宗彝，用旅"，"用"可能與"用旅"之類相似起注釋器用的作用，只是省略了具體器用動詞，大概是器主自有其用，不必規定、説明罷了。

2.8.5　賨（容）

台作厥原配季姜之祥器，鑄茲賨笑。　

——陳逆瑚（《銘圖》05977—05978，《銘三》0591—0592，戰國早期，見圖 47）

圖 47　陳逆瑚

陳逆瑚自名修飾語作""。過去學者多徑讀爲"寶"，如方濬益《綴遺》。[1] 何琳儀考釋晋侯飲簋時，提到陳逆瑚的自名修飾語，當讀爲"賠"，與"函"義略同。黃德寬從此釋。[2] 查飛能亦從之，意爲盛裝之器。[3]

按何説是也。此字從字形上來看確實是從"容""貝"。"容"從"穴""〇"

① 方濬益：《綴遺齋彝器考釋》1935 年商務印書館石印本，《金文文獻集成》第 14 册，北京：綫裝書局，2005 年，第 146 頁。
② 黃德寬主編：《古文字譜系疏證》，北京：商務印書館，2007 年，第 1130 頁。
③ 查飛能：《商周青銅器自名疏證》，2019 年西南大學博士學位論文，第 267 頁。

（圓）"聲，本義當指"穴"下的空間，即容納。或即後世之"甂"。《説文解字·瓦部》："甂，器也。從容瓦聲。"《廣韻》："甂，罌也。""容器"或即指此。

陳逆瑚以"賒"修飾，是指此瑚可用以容盛。

3　特徵性修飾語

3.1　形制類

3.1.1　方、旁、䚵

（1）史迷作寶方鼎。 ![印] ![印] ![印]

——史迷鼎（《銘圖》01641—01642，《銘三》0163，西周早期後段，見圖48、圖49、圖50）

（2）伯旛作乓宗寶尊彝䚵。 ![印]

——伯旛鼎（《銘圖》01901，西周早期）

（3）格公曰：盥鏤①鈁鼎式。 ![印]

——格公鼎（《銘三》30216，西周早期後段，見圖51）

（4）易之元金，用盥旁鬳。 ![印]

——縮甗（《銘三》30364，春秋中期，見圖52）

圖48　史迷鼎（01641）　　　圖49　史迷鼎（01642）　　　圖50　史迷鼎（0163）

圖51　格公鼎（30216）　　　圖52　縮甗（30364）

---

① "鏤"作"![印]"。

共有 3 件鼎、1 件甗自名以“方”或“旁”作爲修飾語。格公鼎“方”字從“金”，示其質地。絹甗以“旁”爲修飾語，葛亮讀“旁”爲“方”。[①]我們贊同此釋讀。

雖然《説文解字》釋鼎爲“三足兩耳”，但是“三足”是圓鼎的形制，出土鼎器不乏方形四足者，三件史逨鼎（《銘圖》01641、01642，《銘三》0163）便自名爲“寶方鼎”。《左傳·昭公七年》載“賜子産莒之二方鼎”。《墨子·耕柱篇》提到“鼎成三足而方”，“三足”是“四足”之訛。[②]《博古圖·鼎鼒總説》論及鼎之“形制不一”，“三足”“四足”各有其象。[③]

這裏的“方”或“旁”用以表此器器形爲方。可以確認的是，圓形鼎、甗仍是當時兩類器物的主要形式，因爲無有自名爲“圓鼎”“圓甗”者。

伯旟鼎自名“寶尊彝鰟”，後有一“鰟”字，聯繫此鼎器形爲方，張亞初認爲該字是“方鼎的專用名”[④]，陳英杰認爲應讀爲“方鼎”或方鼎義的專用字[⑤]，張芳從此説。[⑥]而《銘圖》此句斷爲“寶尊彝，鰟”，“鰟”字之位置爲銘文最後。雖然修飾語已有“旁”作“方”的例子，但是還需確定此“鰟”是否與“彝”連讀。

作爲銅器共名的“彝”之後，偶有再綴加器名“鼎”之例。如史斿父鼎（《銘圖》01855）銘曰：“史斿父作寶隮彝鼎。七五八。”寚男鬻鼎（《銘圖》01898）銘曰：“寚男鬻作父丁寶隮彝鼎，子廟。”

這類鼎都在西周早期，銘文在“鼎”後都有額外的附加信息，史斿父鼎是占卜卦數，寚男鬻鼎是族徽“子廟”。還有一件寚男鼎（《銘圖》01897）銘文爲：“寚男作父丁寶隮彝，子廟。”不含鼎。[⑦]可知，“鼎”在這裏充當的都是器名，不應與“寶尊彝”分開。

而有一件乃子克鼎（《銘圖》02322）銘曰：“……用乍（作）父辛寶隮（尊）彝，辛白（伯）甘（其）竝（普）受氒（厥）永畐（福），鼎。”此器前有自名“寶尊彝”，最後的“鼎”字與此自名不在一行，鑄于銘文末尾，而獨立于銘文句意外。因而從“鼎”處斷句是正確的。“鼎”在這裏或許充當的是族徽。

---

① 葛亮：《九如園藏方甗銘文考釋》，復旦大學出土文獻與古文字研究中心網，2020 年 1 月 11 日。（http://www.fdgwz.org.cn/Web/Show/4531）

② 見孫詒讓：《墨子閒詁》，北京：中華書局，2018 年，第 425 頁。此爲引王闓運之説。

③ 王黼等：《博古圖》清乾隆十八年天都黄晟亦政堂修補明萬曆二十八年吴萬化寶古堂刻本，《金文文獻集成》第 1 册，北京：綫裝書局，2005 年，第 285 頁。

④ 張亞初：《殷周青銅鼎器名、用途研究》，《古文字研究》第 18 輯，北京：中華書局，1992 年，第 283 頁。

⑤ 陳英杰：《西周金文作器用途銘辭研究》，北京：綫裝書局，2008 年，第 152 頁注 7。

⑥ 張芳：《西周食器稱謂及用途研究》，2018 年吉林大學碩士學位論文，第 149 頁。

⑦ 兩件鼎器形不同，寚男鬻鼎是分襠鼎，寚男鼎是方鼎，自名不同不知是否爲刻意區分。

又是駥簋（《銘圖》04872）："鵞作朕橐考乙公隣皀，子＝孫＝永寶用，鼎。"卓林父簋蓋（《銘圖》04974）："卓林父作寶皀……其子＝孫＝永寶用，鼎。"攺盨（《銘圖》05605）："攺作朕文考乙公旅盨，子＝孫＝永寶用，鼎。"這三件器物末尾的"鼎"寫法類似，象形程度較高，而本身又都有其相應專名出現在銘文中，且明顯不是鼎器。結合雒有倉總結的族徽文字的判斷標準來看①，"鼎"在這裏不應當作自名解，可能是族徽。王人甹輔甗雖然字形不太一樣，但是結合甗的自名作"彝""甗"，十分整齊，且不同于鼎、鬲之間存在易混的關繫，鼎、甗器形是完全不同的，此器又是連體甗，綜合判斷，不太可能如陳劍般分析②，鼎、甗是互稱的。

我們認爲，伯旘鼎的"鶊"也不排除是族徽的可能，但是尚未找到更多的字例證明。暫且從上讀作"寶尊彝鶊"，"鶊"是方鼎的專用字（見圖53、圖54、圖55、圖56、圖57、圖58、圖59、圖60）。

圖53　伯旘鼎

圖54　史疛父鼎

圖55　寡男鼎

圖56　乃子克鼎

圖57　是駥簋

圖58　卓林父簋蓋

圖59　攺盨

圖60　王人甹輔甗

---

① 雒有倉：《商周青銅器族徽文字綜合研究》，合肥：黃山書社，2017年，第18-20頁。

② 陳劍：《青銅器自名代稱、連稱研究》，《中國文字研究》第1輯，南寧：廣西教育出版社，1999年，第347頁。

3.1.2 大、小、少

表 13　大、小、少

序號	編號	器名	器形	時代	銘文	尺度/重量
1	01622	嬴霝德鼎		西周中期前段	嬴霝德作小鼎。	0.36 千克
2	01782	伯雍倗鼎		西周早期	伯雍倗宿小妻鼎。	0.56 千克
3	02498—02499	禹鼎		西周晚期	用作大寶[鼎]。	37.25 千克
4	04493	牧𪚥簋	—	西周早期	牧𪚥作父丁少食簋。🀲	
5	05105	復公仲簋蓋		春秋晚期	用作我子孟嬀寡小障餴簋。	—
6	06112	蘇貉豆		春秋早期	蘇貉作小用。	14.8 厘米×22.7 厘米
7	20220	此余王鼎		春秋晚期	此余王□君作鑄其小鼎。	17.6 厘米×20.8 厘米
8	20445、30509	曾伯克父簋		春秋早期前段	曾伯克父甘婁自作大寶簋。	5.74 千克
9	30177	競之𣍁鼎		戰國中期	競之𣍁之少鼎。	3.89 千克

　　有 9 件食器以"大"或"小（少）"爲修飾語，這可能與其器形大小有關。大與小是相對而言的。凡言"小"器，大多數的尺寸都很小，少則不足 1 千克。"大"器如禹鼎重量達 37.25 千克，相對于"小"器，體型上的區別甚明。

3.1.3　复

晋侯對作爨隣复鼎。

——晋侯對鼎（《銘圖》02332，西周晚期，见圖 61）

圖 61　晋侯對鼎

一件晋侯對鼎自名爲"隣复鼎"，另一件自名爲"隣鼎"（《銘圖》02232）。

周亞認爲"复鼎"是此種深腹無耳鼎的專稱。[1]李朝遠也有類似的意見，并認爲"复"可讀爲"鬴"。[2]陳英杰亦讀爲"鍑"，以形容此鼎形制深腹圓底似釜。[3]查飛能認爲此字當從"复"，疊加聲符"勹"，讀爲"鉋"。

我們認爲釋"鬴""釜""鍑"均可，含義相同。《釋名·釋器》稱"鬴鬵"爲"鬴鼎"，《説文解字·鬲部》："鬵，大釜。""鬴鼎"即指此鼎器形似釜般圓底深腹。

3.1.4　皇

穆公對王休，用乍作寶皇𣪘。

——穆公簋蓋（《銘圖》05206，西周中期前段）

穆公簋蓋自名爲"寶皇𣪘"，"皇"作爲修飾語出現，李學勤認爲此簋以鳥羽爲飾，故稱"皇"。包山楚簡中亦見"四皇豆"之語，李家浩認爲因此豆以鳳羽花紋爲飾。[4]胡雅麗認爲"皇"作"隍"，虛而無實，指無蓋的豆。[5]劉信芳從此説。[6]郭若愚解"皇"爲"大"[7]，黃鳳春從此説。[8]查飛能認爲"皇"訓"美"。[9]

---

① 周亞：《館藏晋侯青銅器概論》，《上海博物館集刊》第 7 輯，上海：上海書畫出版社，1996 年，第 34 頁。

② 李朝遠：《晋侯青銅鼎探識》，《青銅器學步集》，北京：文物出版社，2007 年，第 143-144 頁。原載《晋侯墓地出土青銅器國際學術研討會論文集》，上海：上海書畫出版社，2002 年。

③ 陳英杰：《西周金文作器用途銘辭研究》，北京：綫裝書局，2008 年，第 146 頁注 5。

④ 李家浩：《包山 266 號簡所記木器研究》，《著名中年語言學家自選集·李家浩卷》，合肥：安徽教育出版社，2002 年，第 250 頁。

⑤ 胡雅麗：《包山二號楚墓遣策初步研究》，《包山楚墓》，北京：文物出版社，1991 年，第 514 頁。

⑥ 劉信芳：《包山楚簡解詁》，臺北：藝文印書館，2003 年，第 292 頁。

⑦ 郭若愚：《戰國楚簡文字編》，上海：上海書畫出版社，1994 年，第 96 頁。

⑧ 黃鳳春：《信陽楚簡中的"磚石之砡"》，《楚文化研究論集》第 6 集，武漢：湖北教育出版社，2005 年，第 59 頁。

⑨ 查飛能：《商周青銅器自名疏證》，2019 年西南大學博士學位論文，第 265 頁。

我們贊同查飛能的釋讀。《詩經·周頌·烈文》"繼序其皇之",毛傳:"皇,美也。"《禮記·少儀》:"祭祀之美,齊齊皇皇。"皇即大而美之意,稱銅器爲"皇",是形容其外表之美。

3.1.5 黹

乃孫乍祖己宗寶**黹**釁。

——乃孫鼎(《銘圖》01924,商代晚期,見圖62)

圖62 乃孫鼎

一件商晚期的乃孫鼎自名爲"寶黹釁",以"寶+黹"修飾。

于省吾認爲"黹"應讀爲"旨",《說文解字》"黹"訓"刺文",即紋飾,引申而爲脂美之義。[1] 湯餘惠認爲"黹"有美義,"寶黹"意爲"寶美"。[2] 張亞初也讀爲"旨",意爲肉食美味。[3] 黃德寬贊同此觀點。[4] 陳英杰認爲"黹"指鼎體上紋飾華麗。[5]

按"黹""旨"故聲韻俱同,"黹"讀爲"旨"是可以的。"旨"本會以匕取食入口,由食物之旨美,引申出"美"義。《儀禮·士冠禮》:"旨酒令芳。"鄭玄注:"旨,美也。"國差罎(《銘圖》19256):"用實旨酉。"不過我們認爲,金文"旨"作爲動詞或修飾語多出現在東周,此器是商器,似乎不用另讀爲"旨",讀爲"黹",取其本義紋飾之"美"義便可。

3.1.6 舃

曾子斝擇其吉金,用盤(鑄)舃彝。

——曾子斝鼎(《銘圖》02388,春秋早期,見圖63)

---

① 于省吾:《商周金文錄遺》,北京:中華書局,2009年,序第4頁。
② 湯餘惠:《略論戰國文字形體研究中的幾個問題》,《古文字研究》第15輯,北京:中華書局,第58頁。
③ 張亞初:《殷周青銅鼎器名、用途研究》,《古文字研究》第18輯,北京:中華書局,1992年,第280頁。
④ 黃德寬主編:《古文字譜系疏證》,北京:商務印書館,2007年,第2956頁。
⑤ 陳英杰:《西周金文作器用途銘辭研究》,北京:綫裝書局,2008年,第28頁。

圖 63　曾子斟鼎

上海博物館藏曾子斟鼎處于自名修飾語位置的字作""，讀爲"舃"。

《曾國青銅器》認爲曾子斟鼎之"彝"不是鼎的專名。[1]謝明文認爲此字應當與上文"鑄"字連讀，讀爲"作"。[2]按金文"乍（作）"字習見，如此常用的字以"舃"假之，可能性很小。查飛能讀爲"飵"，意爲烹飪膳食。[3]信陽簡 207 簡有"舃"字，《説文解字・烏部》："舃，誰也。象形。"朱德熙、裘錫圭讀爲"錯"，即"錯金"。[4]李家浩從此釋讀。[5]此鼎之"舃"或也可讀爲"錯"，即紋樣交錯華美之義。

3.2　質地、色澤類

3.2.1　黄、金、銅

（1）若母鷗作文母宗隣 彝。　

　　　　　　　　　　　——若母鷗鼎（《銘圖》01858，西周早期）

（2）余鄭邦之産，少去母父，作鑄飤器黄鑊。

　　　　　　　　　　　——哀成叔鼎（《銘圖》02435，春秋晚期）

（3）叔劃父作鄭季寶鐘六，金隣糦三。

　　　　　　　　　　——叔劃父盨（《銘圖》05657—05660，西周晚期）

（4）楚王酓脡作鑄金臣。

　　　　　　　　　　　——楚王酓脡瑚（《銘圖》05842，戰國晚期）

（5）富子之上官獲之畵鎧銅鋏十，以爲大迀之從鋏，莫其居。

　　　　　　　　　　　——楚王酓脡瑚（《銘圖》05842，戰國晚期）

食器中有 1 件鼎、1 件盨、1 件瑚以"金"爲修飾語，1 件鼎以"黄"修飾，1 件豆以"銅"修飾。

---

①　湖北省文物考古研究所：《曾國青銅器》，北京：文物出版社，2007 年，第 428 頁。

②　謝明文：《金文叢考（四）》，《古文字研究》第 32 輯，北京：中華書局，2018 年，第 239 頁。

③　查飛能：《商周青銅器自名疏證》，2019 年西南大學博士學位論文，第 330 頁。

④　朱德熙、裘錫圭：《信陽楚簡考釋（五篇）》，《考古學報》1973 年第 1 期；收于《朱德熙古文字論集》，北京：中華書局，1995 年，第 69 頁。

⑤　李家浩：《信陽楚簡中的"柿枳"》，《簡帛研究》第 2 輯，北京：法律出版社，1996 年，第 8 頁。

若母鷗鼎字形作"∴"，過去或釋"鋁"[1]"夂"[2]，但是如今學者大多贊同其象銅餅，即"金"字所從，亦讀爲"金"。

哀成叔鼎修飾語"黃"，趙振華[3]、張政烺[4]認爲是形容銅之顔色，張亞初從之，認爲"黃""金"都是形容銅色。[5]謝明文認爲"黃"就是指銅。[6]

秦政伯喪戈（《銘圖》17356）"元戈喬黃"，董珊言："銅器往往標舉顔色以彰顯原料的質地佳善。"[7]甚是。銅器自名以"金""黃"修飾，是言其銅質地上好。如仲滋鼎（《銘圖》02010）"嚚良鈇黃"、弭仲瑚（《銘圖》02010）"其玄其黃"均是此類。

上官豆則直言其器材質爲銅，與"金""黃"表色澤意義略有區别。《説文解字·金部》："銅，赤金也。"多見于戰國文字，用爲本義。如長陵盉（《銘圖》14788）："受左使弄（奉）銅，銅婁銅鈇，疋晏黃黃，有蓋釁絜。"楚王酓忎鼎（《銘圖》02359）："楚王酓忎，戰獲兵銅。""壽鐈銅鉄"從語法上分析，不處于自名的位置，本質上是他稱，用于强調此豆材質非陶豆、木豆，而是銅製。上官豆前言獲"銅豆"，後言用爲"從鉄"，前是他稱，後是自名。

3.2.2　鑾（鑾）

（1）尹小叔作鑾鼎。

————尹小叔鼎（《銘圖》01655，春秋早期，見圖64）

（2）許大或伯國父，作叔嫣鑾貞。

————伯國父鼎（《銘續》0194，春秋早期，見圖65）

圖64　尹小叔鼎　　　　　圖65　伯國父鼎

① 阮元：《積古齋鐘鼎彝器款識》嘉慶九年自刻本，《金文文獻集成》第10册，北京：綫裝書局，2005年，第98頁。

② 郭沫若：《兩周金文辭大系圖録攷釋》，上海：上海書店出版社，1957年，考釋第95-96頁。

③ 趙振華：《哀成叔鼎的銘文和年代》，《文物》1981年第7期，第68頁。

④ 張政烺：《哀成叔鼎釋文》，《古文字研究》第5輯，北京：中華書局，1981年，第30頁。

⑤ 張亞初：《殷周青銅鼎器名、用途研究》，《古文字研究》第18輯，北京：中華書局，1992年，第286頁。

⑥ 謝明文：《釋金文中的"鎔"字》，復旦大學出土文獻與古文字研究中心網，2013年5月13日。（http://www.fdgwz.org.cn/Web/Show/2045）

⑦ 董珊：《珍秦齋藏秦伯喪戈、矛考釋》，《故宫博物院院刊》2006年第6期，第109頁。

　　兩件器物均是春秋早期時器，從器形來看亦頗相近。兩者修飾語 "鑾" 與 "緣" 同。杜迺松[①]認爲 "鑾" 字是 "臠" 的初字，"臠鼎" 就是煮肉或者盛肉的鼎，朱鳳瀚[②]、黃德寬[③]均從此觀點。

　　按兩周金文不見 "臠" 字。石鼓文有 "臠之熒熒"，字作 "⿰肉⿱⿰丝丝丝"，從 "肉"；同時還有 "鑾車" 一語，字作 "⿰金⿱⿰丝丝丝"。又《莊子·至樂》："鳥乃眩視憂悲，不敢食一臠，不敢飲一杯，三日而死。"《淮南子·説林訓》："嘗一臠肉，而知一鑊之味。" 可知 "臠" 字另有本字本義，明確與肉有關，亦無與 "鑾" 通假之例。因而將 "鑾" 解釋成 "臠" 的初字或假字，只是意義上的通洽，而缺乏切實依據。

　　西周金文賞賜物中多見 "緣旂"，傳世文獻作 "鑾旗"。《後漢書·公孫述傳》："出入法駕，鑾旗旄騎。"《説文解字·金部》："人君乘車，四馬鑣，八鑾鈴。象鸞鳥聲，和則敬也。從金從鸞省。"[④]《説文解字》無 "肇" 字。金文中 "鑾" 字僅在此尹小叔鼎中出現，長陵盉（《銘圖》14788）"有蓋鐘梁"，"鐘" 通 "連" "鏈"，指盉之鏈帶。又戰國璽印中多出現從 "車" 的 "肇" 字。裘錫圭曾考釋認爲 "緣" 當是 "聯" 之初文，并説 "'鑾'是附着於車馬的金屬物品，所以其字既可從'金'，也可從'車'"。[⑤] "肇" 從 "車" 則提示此物與車馬相關，"鑾" 則提示此物質地爲金屬。那麼尹小叔鼎的修飾語 "鑾" 則意在指出鼎的質地，徑讀爲 "鑾鼎" 實較 "臠鼎" 來得合適。同樣，"緣貞" 亦當讀爲 "鑾鼎"。

　　師𩵋鼎（《銘圖》02495）有 "緣旂" "金膺"，又毛公鼎（《銘圖》02518）有 "金鈎" "金膺"，知 "緣" 可通 "鑾"，表示器質爲金。

　　《説文解字·金部》："鏈，銅屬。從金連聲。" 徐灝《説文段注箋》："《史記·貨殖傳》又曰：'江南出金錫連。' 徐廣曰：'連，鉛之未煉者。'《漢書·食貨志》：'毇以連錫。' 李奇曰：'鉛錫樸名曰連。'《廣雅》曰：'鉛礦謂之鏈。'"[⑥] "鑾" 即後世之 "鏈"，此處應該是指鼎的質地爲銅，也可能如後世所謂銅鉛合金。

---

　　① 杜迺松：《金文中的鼎名簡釋——兼釋尊彝、宗彝、寶彝》，《考古與文物》1988 年第 4 期，第 47 頁。

　　② 朱鳳瀚：《中國青銅器綜論》，上海：上海古籍出版社，2009 年，第 88 頁。又見于《古代中國青銅器》，天津：南開大學出版社，1995 年，第 68 頁。

　　③ 黃德寬主編：《古文字譜系疏證》，北京：商務印書館，2007 年，第 2736 頁。

　　④ 金文中有 "鸞" 字，不適用作人名 "鸞姬"。

　　⑤ 裘錫圭：《戰國璽印文字考釋三篇》，《古文字研究》第 10 輯，北京：中華書局，1983 年，第 86 頁。

　　⑥ 徐灝：《説文解字段注箋》第 3 册，《續修四庫全書·二二五·經部·小學類》，上海：上海古籍出版社，2002 年，第 44 頁。

3.3 組合類

3.3.1 會、鎗

（1）宋牆公之孫趫亥自作會鼎。

——趫亥鼎（《銘圖》02179，春秋中期，見圖 66）

（2）曩女生之孫＝袞爲改善會鼎。

——改善會鼎（《銘圖》02311，春秋早期，見圖 67）

圖 66　趫亥鼎

圖 67　改善會鼎

食器類有 2 件春秋鼎有"會"。學者對"會"的解釋大概有 3 種。

第一，釋"膾"。

吳大澂《説文古籀補》將趫亥鼎之"會"列于"膾"字下。[①]高田忠周申之説，認爲"會"是"會"之省，其中的"川"象細切肉。[②]商承祚認爲金文"會"是"膾"之專字。[③]《銘文選》也讀爲"膾"。[④]張亞初也認同此觀點，認爲與"儐鼎"義近。[⑤]

第二，釋器蓋。

林巳奈夫讀趫亥鼎之"會"爲有蓋之鼎。[⑥]馬寶春等[⑦]、袁廣闊等[⑧]、查飛能[⑨]、鄔可晶[⑩]等學者支持此説。

---

① 吳大澂等：《説文古籀補三種》，北京：中華書局，2011 年，第 24 頁。

② 高田忠周：《古籀篇》卷四十一，1925 年日本説文樓影印本初版，《金文文獻集成》第 32 冊，北京：綫裝書局，2005 年，第 346 頁。

③ 商承祚：《説文中之古文考》，上海：上海古籍出版社，1983 年，第 50 頁。

④ 上海博物館商周青銅器銘文選編寫組：《商周青銅器銘文選》，北京：文物出版社，1990 年，第 505 頁。

⑤ 張亞初：《殷周青銅鼎器名、用途研究》，《古文字研究》第 18 輯，北京：中華書局，1992 年，第 282 頁。

⑥ 林巳奈夫著，廣瀨薰雄譯，郭永秉潤文：《殷周青銅器綜覽：殷周時代青銅器的研究（第一卷）》，上海：上海古籍出版社，2017 年，第 42 頁。

⑦ 馬寶春、袁廣闊：《改善鼎銘文考釋》，《文物》2012 年第 10 期，第 69 頁。

⑧ 袁廣闊、馬寶春、梁宏剛：《"改善鼎"的年代、國別、地理及相關問題》，《首都師範大學學報（社會科學版）》2013 年第 4 期，第 38 頁。

⑨ 查飛能：《商周青銅器自名疏證》，2019 年西南大學博士學位論文，第 269-270 頁。

⑩ 鄔可晶：《金文"儐器"考》，《"古文字與出土文獻"青年學者西湖論壇論文集》，上海：上海古籍出版社，2022 年，第 15 頁。

第三，釋"饋"。

李家浩認爲"會""貴"古音同，可讀爲"饋"，義爲饋食。[①]

值得一提的是，袁廣闊證"會"爲器蓋時，也提到了銅器銘文中的"鐈"字，如：

（3）作茲寶𣪘，用追孝於我皇舅。鐈。

　　　　　　　　　　——陳駁簋蓋（《銘圖》05187，戰國早期，見圖68）

（4）西替作其妹鄯䤨鉦鐈。

　　　　　　　　　　——西替敦（《銘圖》06257，春秋晚期，見圖69）

（5）鄄氏𦤨作蓄鈴。

　　　　　　　　　　——鄄氏𦤨鐈（《銘圖》19243，春秋晚期，見圖70）

| 圖 68　陳駁簋蓋 | 圖 69　西替敦 | 圖 70　鄄氏𦤨鐈 |

袁氏認爲"鐈"泛指有蓋的容器，是修飾語"會"的名詞形體。而在此之前，羅振玉曾釋鄄氏𦤨鐈"　"字作"會"，認爲"△"象器蓋，"田"象器身，從"金"表意。[②]朱芳圃贊同羅説，并認爲"會"下的"𣪹"象甔筩之形。[③]張日升認爲朱氏之説不可信，并讀陳駁簋蓋末一字爲表器蓋之"會"，認爲鄄氏𦤨鐈的"鐈"當是由器蓋演化出的獨立器名。[④]張光裕也認爲"鐈"應當是單獨的器名，并聯繫楚簡中的"𣪘"，認爲應該是脱胎自盉形器的新器形。[⑤]任家賢認爲"善鐈"應當是一種淺腹食器，而以"會"修飾的哀鼎也是淺腹鼎可證。[⑥]

我們認爲，"會"本義即會器與蓋相會合，此作修飾語應當就是形容此器可以器蓋相合，是修飾有蓋器物的。《儀禮·公食大夫禮》："宰夫東面坐，啓簋會，各却于其西。"《士喪禮》："敦啓會，面足。""啓會"《士虞禮》："祝酌醴，命佐食啓會。"這裏的"會"都訓器蓋。楚簡也有器蓋作"會"的例子。信陽簡2.25有

---

① 李家浩：《信陽楚簡"澮"字及從"羮"之字》，《著名中年語言學家自選集·李家浩卷》，合肥：安徽教育出版社，2002年，第203頁。

② 羅振玉：《貞松堂集古遺文》1930年石印本，《金文文獻集成》第24册，北京：綫裝書局，2005年，第221頁。

③ 朱芳圃：《殷周文字釋叢》，北京：中華書局，1962年，第104頁。

④ 周法高主編：《金文詁林》，香港：香港中文大學出版社，第3412-3413頁。

⑤ 張光裕：《從𦤨字的釋讀談到盨、盆、盂諸器的定名問題》，《考古與文物》1982年第3期，第81頁。

⑥ 任家賢：《讀金文札記三則》，《古文字論壇》第2輯，上海：中西書局，2016年，第201頁。

""字，顧鐵符認爲即金文中的"會""鐀"，并也認爲是獨立的器。[1]劉雨認爲"會"就是指器蓋，"凡兩物相合即可名會"。[2]包山簡亦有""字，胡雅麗也認爲是器蓋之義[3]，這也與墓中出土的有蓋豆相合。

而器銘中的"鐀"，曾有學者認爲是單獨的器名。不過近來李琦指出，《銘圖》所謂西替盆其實從器形上來說是敦，而以"鉦"自稱，"鐀"指代器蓋。[4]其說十分可信。不過，"鉦鐀"可能并不連讀，而應當讀作"䠓鉦，鐀"，以注明此物爲器蓋，陳賆簋蓋銘文末尾加注"鐀"也是這種意義。這種于器物末尾加注表示器蓋的還見于秦公簋（《銘圖》05370，春秋中期），器刻銘曰："西元器。一斗七升小拳，㲁。"蓋刻銘曰："西，一斗七升大半升，蓋。"

而䡍氏齋鐀銘文也可讀爲"善，鐀"，省略器名。從器形上看此"鐀"可能是西替敦一類器物的器蓋的捉手，其本身并不完整，有待更多類似器形來證明。

3.3.2　比

伯鴋父作比鼎。

——伯鴋父鼎（《銘圖》01997，西周晚期）

伯鴋父鼎自名修飾語爲"比"。張亞初認爲"比"是指相近、齊同之鼎，"比鼎"即列鼎。[5]戴家祥認爲"比"有可能是"從"的反書，也可能作人名。[6]張芳認爲"比"有輔佐之義，"比鼎"是指"陪助之鼎"。[7]查飛能認爲該字字形當是""，從四"人"相對置，讀爲"華"。[8]不確，此字字形雖不清晰，但是從兩人而不是四人還是很明顯的。王苛認爲昶䚣仲鬲（《銘續》0255）修飾語也是"比"。[9]按此鬲銘曰："昶仲比尊鬲。""仲"後一般均需接人名，若"比"下讀，則"仲"字無所依，故"仲比"當連讀爲人名。

我們認爲戴家祥的意見也是很有道理的，"比"可能本身就是"從"的倒書，也有讀爲人名的可能。

① 顧鐵符：《有關信陽楚墓銅器的幾個問題》，《文物參考資料》1958 年第 1 期，第 6 頁。
② 劉雨：《信陽楚簡釋文與考釋》，《信陽楚墓》，北京：文物出版社，1986 年，第 136 頁。
③ 胡雅麗：《包山二號楚墓遣策初步研究》，《包山楚墓》，北京：文物出版社，1991 年，第 514 頁。
④ 李琦：《西替敦研究》，《出土文獻》2021 年第 2 期，第 30 頁。
⑤ 張亞初：《殷周青銅鼎器名、用途研究》，《古文字研究》第 18 輯，北京：中華書局，1992 年，第 288 頁。
⑥ 戴家祥主編：《金文大字典》，上海：學林出版社，1995 年，第 389 頁。
⑦ 張芳：《西周食器稱謂及用途研究》，2018 年吉林大學碩士學位論文，第 160-161 頁。
⑧ 查飛能：《商周青銅器自名疏證》，2019 年西南大學博士學位論文，第 277 頁。
⑨ 王苛：《周代青銅容器自名限定語研究》，2020 年鄭州大學碩士學位論文，第 47 頁。

4　存　疑　字

4.1　好

（1）叔史小子𡥼作寒姒**好**隣鼎。

————小子𡥼鼎（《銘圖》02188，西周晚期）

（2）唯五月初吉丁亥，郐太子伯辰□作爲其**好**妻□。

————伯辰鼎（《銘圖》02216，春秋早期）

（3）唯正月初吉庚寅，公豎父作瘷媴**好**寶𣪘。

————公豎父𣪘（《銘圖》05014，西周早期）

（4）𦠄揚侯休，用作櫺仲**好**寶。

————𦠄𣪘（《銘圖》05179，西周中期前段）

（5）仲自父作**好**旅𣪘，其用萬年。

————仲自父𣪘（《銘圖》04630，西周中期）

（6）丼南伯作鄭季姚**好**隣𣪘。

————邢南伯𣪘（《銘圖》05103，西周中期）

（7）𡥼仲姜作**好**盨，永寶用。

————𡥼仲姜盆（《銘續》0537，西周晚期）

　　李學勤認爲𦠄𣪘的"好"訓美、善。[1]何樹環也認爲這類銘文中的"好"用爲修飾語，意爲"嘉好"。[2]我們認爲是人名的可能性更大一些。"寶"作爲一般性修飾語，其在自名中的語法位置是十分靠前的，在連用的修飾語中一般都是處于首位，特例數量極少，如華孟子鼎（《銘續》0207）"𡥼孟子作仲段氏婦仲子𦧇寶鼎"，同𣪘（《銘圖》05322）"用作朕文攷𠀠仲隣寶𣪘"，不過這些特例是由于"尊""縢"等修飾語極其常見，所以用在此處讀爲修飾語比人名意義更好些。"好"在一部分例子中處于"寶"之前，十分可疑。另外縢器句式一般爲"甲作乙縢器"，都要指明受器者。番匊生鼎（《銘三》0279）"番匊生鑄縢鼎，用縢氒元子孟改乖"，則是在後一句中指明受縢器之人。𡥼仲姜盆銘文僅有作器者，如果"好"是修飾語，則没有受器者，那麼此縢器是給誰送嫁的便不明，這種情況是不太可能的。另外"好"可以判定爲修飾語的例子本身不多，也缺乏判斷爲修

---

[1]　李學勤：《𦠄𣪘銘文考釋》，《中國古代文明研究》，上海：華東師範大學出版社，2005年，第89頁。

[2]　何樹環：《說銅器稱名中的"旅"》，《青銅器與西周史論集》，臺北：文津出版社，2013年，第234-235頁。

飾語的樣本量。金文中存在"好"爲人名的例子①，我們認爲是正確的。在上舉諸器中，"好"不大可能作爲修飾語使用，而應當是人名。

4.2 勹

　　叀乍尉白嬾氏"勹"鼎，永寶用，羊册。

——叀鼎（《銘圖》01988，見圖71）

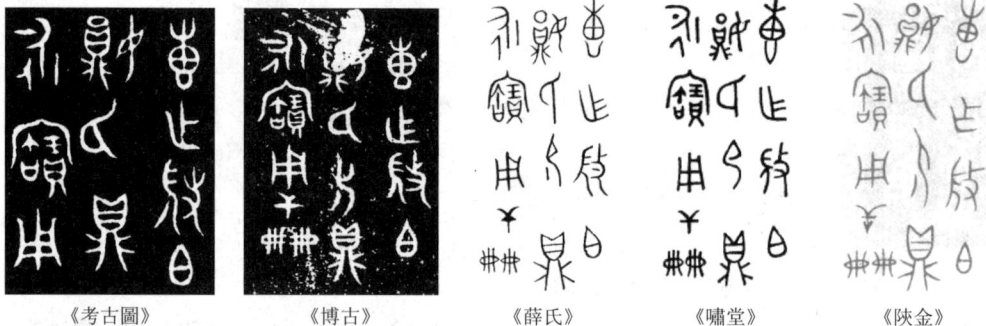

| 《考古圖》 | 《博古》 | 《薛氏》 | 《嘯堂》 | 《陝金》 |

圖71　叀鼎

　　目前主流著錄將"嬾氏"後一字隸定爲"勹"，通"庖"。《説文解字・广部》："庖，厨也。"意爲庖厨之鼎。然此器疑點頗多。

　　自名修飾語爲"勹"的鼎乃至食器僅此一例，此器今下落不明，器形與銘文圖像爲宋代摹本。參照類似功能的"厨鼎"，多見于春秋時期楚系金文，此叀鼎銘文提到"微伯"，結合銘文末尾的"羊册"，依據《金文人名彙編》，當即"微伯癲"②，爲西周中期後段時器，此爲時代不合；厨鼎一般是有蓋附耳，足型細長，而《考古圖》《博古》所畫器形圖像或無耳或立耳且無蓋（也有可能是失蓋），足型較短，此爲器形不合（見圖72、見圖73、見圖74）。

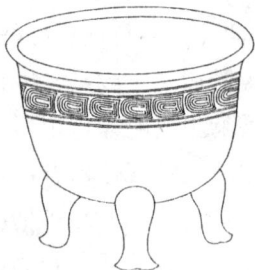

| 圖72　叀鼎（《考古圖》） | 圖73　叀鼎（《博古》） | 圖74　曾孫定鼎（《銘圖》01657） |

---

① 吳鎮烽：《金文人名彙編（修訂本）》，北京：中華書局，2006年，第329頁。

② 吳鎮烽：《金文人名彙編（修訂本）》，北京：中華書局，2006年，第344頁。

　　銘文摹本有五種不同版本。《考古圖》“鼎”前不見修飾語①，《博古》修飾語字形作“”②，《薛氏》字形作“”③，《嘯堂》字形作“”④，《陝金》作“”⑤，《集成》⑥《陝集成》⑦《銘圖》均采用《嘯堂》的摹本。《考古圖》整體銘文行款布局與後來的摹本不同，除了少了修飾語，銘文末尾也不見“羊册”，器形也與《博古》器形不同，闕雙立耳。雖然宋人摹畫器形可能有失，但不至于將有無耳之特徵畫錯。除了後人補鑄雙耳、銘文的可能，《考古圖》之器與其他諸器也可能不是同一件。因而刨除這一件，看其他四種摹本。《嘯堂》之“”字與“勹”字略合（“”，《陶彙》4.69⑧），但是其他三種摹本均與“勹”異，應該是《嘯堂》所摹訛脱。此爲字形不合。因而將此字訓“勹”通“庖”，是不妥的。此字或爲人名，存疑。

4.3　鎀

　　作皇妣孝大妃祭器鎀鐈。
　　——十四年陳侯午敦（《銘圖》06077—06078，戰國中期，見圖75、圖76）

圖75　06077　　　　　　　　　　　　　　圖76　06078

　　兩件戰國時期的敦自名爲“祭器鐈”，學者對“”字多有考釋。最早《攈古》采許瀚之隸定將“”字隸定爲“鑄”⑨，《小校》亦隸定爲“鑄”。⑩

　　① 吕大臨：《考古圖》清乾隆四十六年四庫全書文淵閣書録錢曾影鈔宋刻本，《金文文獻集成》第1册，北京：綫裝書局，2005年，第12頁。
　　② 王黼等：《博古圖》清乾隆十八年天都黄晟亦政堂修補明萬曆二十八年吳萬化寶古堂刻本，《金文文獻集成》第1册，北京：綫裝書局，2005年，第336頁。
　　③ 薛尚功：《歷代鐘鼎彝器款識法帖》1935年于省吾影印明崇禎六年朱謀垔刻本，《金文文獻集成》第9册，北京：綫裝書局，2005年，第53頁。
　　④ 王俅：《嘯堂集古録》1922年涵芬樓本，《金文文獻集成》第9册，北京：綫裝書局，2005年，第131頁。
　　⑤ 吳鎮烽：《陝西金文彙編》三秦出版社1989年8月第一版，《金文文獻集成》第27册，北京：綫裝書局，2005年，第292頁。
　　⑥ 中國社會科學院考古研究所：《殷周金文集成（修訂增補本）》第2册，北京：中華書局，2007年，第1252頁。
　　⑦ 張天恩主編：《陝西金文集成》，西安：三秦出版社，2016年，第208頁。
　　⑧ 高明：《古陶文彙編》，北京：中華書局，1990年，第373頁。
　　⑨ 吳式芬：《攈古録金文》光緒二十一年吳氏家刻本，《金文文獻集成》第11册，北京：綫裝書局，2005年，第310頁。
　　⑩ 劉體智：《小校經閣金石文字（引得本）》，臺北：大通書局，1979年，第1460頁。

徐中舒《陳侯四器考釋》將之隸定爲“鋘”，并言：“鋘有坳坎窊下之意。凡團物，自其内空言之，則正作坳坎窊下之形，故此名鋘鐸，仍形容鐸形之團。”[①]郭沫若從此説，并認爲“鋘”和“鐸”都是器名，故該自名當讀爲“鋘、鐸”，是兩個器物。[②]趙平安認爲該字右邊所從應當是“單”的省寫，故該修飾語是“鐔”，讀爲“膳”。[③]黄德寬仍從徐中舒的隸定，并讀此字爲“腴”。[④]王祁聯繫霸伯方簠自名“衛”，認爲“𤰒”和甲骨文中的“𤰒”形似，讀“𤰒”爲“釱”。

按此字仍當釋“鋘”。“單”戰國文字一般作“𤰒”（《銘圖》17074），偶作“𤰒”（《璽彙》3633），但也與“𤰒”形不類。以甲骨文字形去比對戰國文字，也是不足據的，釋“釱”缺乏直接的字形證據。仍當按徐中舒釋“鋘”。

不過徐中舒言“鋘”有坳坎窊下之義，取“腴”的義項來解此修飾語，則略顯牽强。“鋘”之義尚不能解。

4.4　圅

唯九月初吉庚午，晋侯斷作圅殷。𤰒

——晋侯斷簋（《銘圖》05051，西周中期後段，見圖77）

圖77　晋侯斷簋

1992年出于山西曲沃縣曲村鎮北趙村晋侯墓地一件作器者爲“晋侯𤰒”的簋，自名修飾語爲“𤰒”。

張頷將“𤰒”字上讀，假爲“鑄”，解爲作器動詞“作鑄”。[⑤]不過正如周亞所言，“鑄”字過于常見，一般不會以“𤰒”假之。[⑥]何琳儀將此字讀爲“圅”，

① 徐中舒：《陳侯四器考釋》，《“中央”研究院歷史語言研究所集刊》第3本第四分，北京：商務印書館，1933年，第486頁。

② 郭沫若：《兩周金文辭大系圖録攷釋》1957年科學出版社影印本，《金文文獻集成》第21册，北京：綫裝書局，2005年，第508-509頁。

③ 趙平安：《金文考釋四篇》，《語言研究》1994年第1期，第181頁。

④ 黄德寬主編：《古文字譜系疏證》，北京：商務印書館，2007年，第1024頁。

⑤ 張頷：《晋侯斷簋銘文初識》，《文物》1994年第1期，第33頁。

⑥ 周亞：《館藏晋侯青銅器概論》，《上海博物館集刊》第7輯，上海：上海書畫出版社，1996年，第41頁。

"函"一般從"矢"，此從"金"表意，隸定爲"錼"。[1]黄德寬從之。[2]陳英杰認爲字可隸定爲"鈘"，讀爲"匠"。[3]任雪莉隸定爲"⿰豖金"，認爲字從"豖"從"金"，可能是方座簋的特殊稱謂。[4]

按上述諸説中，何琳儀的隸定可從，不過徑讀爲"錼"或許不確。按"盈"字從"因""皿"，"因"即"函"之省形。[5]或许""字可解爲從"金""盈"省，讀爲"熘"，這其中的字形演變有待論證。

4.5　饙、饙

（1）姜林母作饙𣪕。

——姜林母簋（《銘圖》04376，西周晚期，見圖 78）

（2）伯盨父作饙𣪕。

——伯盨父簋（《銘圖》04358，西周晚期，見圖 79）

（3）伯多父作成姬多母饙須。

——伯多父盨（《銘圖》05591，西周晚期）

圖 78　姜林母簋

圖 79　伯盨父簋

西周晚期有 2 件簋、1 件盨以"饙"爲修飾語。

楊樹達以聲類求之，認爲當讀爲"鐠"，訓爲小鼎。認爲凡器小者皆可稱"鐠"。[6]其後陳夢家[7]、王輝[8]、張懋鎔[9]均從此釋。陳英杰認爲"鐠簋"可能是一

① 何琳儀：《晋侯器斷考》，《晋侯墓地出土青銅器國際學術研討會論文集》，上海：上海書畫出版社，2002 年，第 293-294 頁。

② 黄德寬主編：《古文字譜系疏證》，北京：商務印書館，2007 年，第 3913 頁。

③ 陳英杰：《西周金文作器用途銘辭研究》，北京：綫裝書局，2008 年，第 162 頁注 5。

④ 任雪莉：《中國古代青銅器整理與研究・青銅簋卷》，北京：科學出版社，2016 年，第 31 頁。

⑤ 李學勤主編：《字源》，天津：天津古籍出版社，2012 年，第 625 頁。

⑥ 楊樹達：《積微居金文説（增訂本）》科學出版社 1959 年 9 月版，《金文文獻集成》第 25 册，北京：綫裝書局，2005 年，第 230 頁。

⑦ 陳夢家：《西周銅器斷代》，北京：中華書局，2004 年，第 174 頁。

⑧ 王輝：《讀扶風縣五郡村窖藏銅器銘文小記》，《考古與文物》2007 年第 4 期，第 14 頁。

⑨ 張懋鎔：《關于青銅器定名的幾點思考——從伯湄父簋的定名談起》，《文博》2008 年第 5 期，第 24 頁。

種高圈足簋的專稱。[1]查飛能則認爲"寚"就是"小"義，無須另作他解。[2]按另外還有一件盨以此修飾，作爲一類器形的專用修飾語也是説不通的。從"彗"的字多訓"小"，讀爲"小簋""小盨"似乎可行。

不過故訓中某器名訓"大""小""方""圓"多是憑時人目驗而得出的判斷[3]，如"肅"訓"圓弇上"，但是自名爲"肅"的鼎却各種形態都有。這和器物直接以"大""小""方"作修飾語是不同的，憑故訓"小鼎"來訓"鐕"，總覺于義尚不能安。此字從"雨"，不知與衛姒簋之"帀"字是否有關[4]，畢竟這幾件簋都是豆形簋。訓"小"可備一説，不過還是存疑爲好。

4.6　饑帀

衛始作饑帀餿。饑饑帀

——衛姒簋（《銘圖》06121—06122，西周晚期，見圖80）

圖 80　衛姒簋

西周晚期一件豆形簋[5]自名位置銘文曰"饑帀餿"。

"饑"字歷來隸定很多，作"饑"[6]"饑""饑""饑"[7]"饑"等，不一舉。陳夢家考此字爲從"食""慺"聲，讀爲"餯"。[8]李孝定認爲字從"慶"聲，讀爲"饑"。[9]黃德寬從之，并認爲是人名。[10]陳漢平認爲字從"鷹"，可讀爲"薦"。[11]

---

①　陳英杰：《西周金文作器用途銘辭研究》，北京：綫裝書局，2008 年，第 162 頁注 7。

②　查飛能：《商周青銅器自名疏證》，2019 西南大學博士學位論文，第 280 頁。

③　王獻唐：《岐山出土康季肅銘讀記》，《考古》1964 年第 9 期，第 473-474 頁。

④　付强認爲"帀"即"寚"省。但是憑目前的器物數量下結論還太早。見付强：《談談青銅豆形簋的幾種別稱》，簡帛網，2017 年 1 月 29 日。（http://www.bsm.org.cn/?guwenzi/7462.html）

⑤　《銘圖》歸類爲"豆"，此依張懋鎔説，定爲簋器。見張懋鎔：《關于青銅器定名的幾點思考——從伯湄父簋的定名談起》，《文博》2008 年第 5 期，第 19-24 頁。

⑥　容庚：《金文編》第 4 版，北京：中華書局，1985 年，第 1247 頁。

⑦　故宮博物院古器物部金石組：《故宮青銅器》，北京：紫禁城出版社，1999 年，第 210 頁。

⑧　陳夢家：《西周銅器斷代》，北京：中華書局，2004 年，第 254 頁。

⑨　周法高主編：《金文詁林附錄》，香港：香港中文大學出版社，1977 年，第 2213 頁。

⑩　黃德寬主編：《古文字譜系疏證》，北京：商務印書館，2007 年，第 1794 頁。

⑪　陳漢平：《金文編訂補》，北京：中國社會科學出版社，1993 年，第 206 頁。

周寶宏認爲前人隸定皆不確，右邊所從當是甲骨文中的“”字，于省吾訓“山羊細角者”，故字當隸定爲“饄”。[①]查飛能從此釋，認爲字可讀爲“薦”，或讀爲訓“飽”之“餶”。[②]王英霄亦贊同周寶宏隸定作“饄”的意見，讀爲“薦”。[③]

按此字右上所從之形的角與“廌”有別，當是另一種有角的動物。周寶宏釋“萈”可從，《説文解字》訓“山羊細角者，從兔足”者，故字當隸定爲“饄”，意義上讀爲“薦”應該比較穩妥。

“㒳”字陳夢家讀爲“洏”或“濡”[④]，然金文“而”作“”（屖敖簋蓋，《銘圖》05235），亦與此“㒳”不類。李孝定釋爲“益”的倒文，并言“蠶”字從此。[⑤]《故銅》《〈集成〉釋文》隸定爲“需”“靊”[⑥]，當是認爲從“雨”。付强認爲字形與姜林母簋的“寷”有關，是形容簋小之義。[⑦]王英霄認爲字當讀爲“深”，“深”有温義，即表盛放熟食。[⑧]

按“㒳”字上部如果按李孝定所言，當是倒“皿”的形體，但是“皿”未見將器身與底部連接處的兩筆連寫的例子。而解爲“雨”頭，則也未見“水”獨立于上部的“宀（雲形）”的例子。這兩種解釋在字形上均缺少直接證據，都不能令人完全信服。“㒳”字我們暫付闕如。

4.7　爑宜

灊公宜脂余，（擇）其吅金，用鑄其“**爑宜**”鼎。

——灊公宜脂鼎（《銘續》0191，春秋晚期）

《銘續》0191 灊公宜脂鼎，2009 年出土于山東省棗莊市嶧城區徐樓村東周墓，當時大概處于薛、滕、魯三國之間。此器現藏棗莊市博物館，自名“鼎”。

此器銘文字形獨特。修飾語發掘簡報隸定爲“爑宜”，“爑”通“爨”，但無釋。[⑨]謝明文認同整理者的隸定，并提出若此修飾語是動賓結構，則讀爲“爨

① 周寶宏：《金文考釋六則》，《古文字研究》第 31 輯，北京：中華書局，2016 年，第 120-121 頁。

② 查飛能：《商周青銅器自名疏證》，2019 年西南大學博士學位論文，第 338-339 頁。

③ 王英霄：《衛姒簋的自名修飾語研究》，《第九届全國中文學科博士生學術論壇論文集》，廣州：中山大學中國語言文學系，2021 年，第 672-674 頁。

④ 陳夢家：《西周銅器斷代》，北京：中華書局，2004 年，第 254 頁。

⑤ 周法高主編：《金文詁林附録》，香港：香港中文大學出版社，1977 年，第 2213 頁。

⑥ 故宫博物院古器物部金石組：《故宫青銅器》，北京：紫禁城出版社，1999 年，第 210 頁。又中國社會科學院考古研究所：《〈殷周金文集成〉釋文》第 3 卷，香港：香港中文大學，2001 年，第 597 頁。

⑦ 付强：《談談青銅豆形簋的幾種别稱》，簡帛網，2017 年 1 月 29 日。（http://www.bsm.org.cn/?guwenzi/7462.html）

⑧ 王英霄：《衛姒簋的自名修飾語研究》，《第九届全國中文學科博士生學術論壇論文集》，廣州：中山大學中國語言文學系，2021 年，第 672-674 頁。

⑨ 棗莊市博物館等：《山東棗莊徐樓東周墓發掘簡報》，《文物》2014 年第 1 期，第 21 頁。

宜"，意爲"煮肉的鼎"；若是并列結構，則可讀爲"煎和"。[①]王寧則提出字從"勹"，似當釋爲"炮"。[②]傅修才認爲"𤇀𩵋"是鼎的修飾語，但是對此字釋讀爲"燥宜"表示懷疑。[③]蔡一峰認爲讀爲"煎宜"音聲更帖，意爲煎熬肉肴。[④]查飛能認爲讀"爨"可從，作并列結構釋"煎和"不甚和諧。[⑤]

按，此器"𩵋"字兩見，前用作濫公人名，此處是否也可能用作人名，需要先確認。此器銘結尾的句式爲"鑄其＋□□鼎"，我們搜集了金文中有"鑄其"句式的器物，列表如下（見表14）：

表14 "鑄其"句式器物

序號	編號	器名	時代	銘文
1	01742	喬夫人鼎	春秋早期	喬夫人鑄其餗鼎。
2	02993	司工單鬲	春秋早期	慶大司工司工單（自作）鑄其鬲。
3	03350	王人𦰩輔甗	西周中期	王人𦰩輔歸蓮，鑄其寶。
4	05849	橐山奢虡瑚	春秋早期	橐山奢虡鑄其寶害。
5	05850—05851	橐山旅虎瑚	春秋早期	橐山旅虎鑄其寶害。
6	05962	許子疢瑚蓋	春秋晚期	許子疢擇其吉金，用鑄其𦣞。
7	06266	子𧮫盆	春秋中期	佳子𧮫鑄其行𦉢。
8	14466	魯正叔之宊盤	春秋時期	魯正叔之宊作鑄其御般。
9	14488	䣄子𢾩盤	春秋晚期	䣄子𥳋擇其吉金鑄其盥盤。
10	14493	楚嬴盤	春秋早期	楚嬴鑄其寶盤。
11	14496	曾季关臣盤	戰國早期	曾季关臣鑄其盥盤。
12	14506	湯叔盤	西周晚期	棠湯叔伯氏萑鑄其隣。
13	14979	楚嬴匜	春秋早期	楚嬴鑄其盅。
14	15503—15510	仲子平鐘	春秋晚期	簫叔之仲子平，自作鑄其游鍊。
15	20189	徐子汭鼎	春秋早期	邘□吕良金鑄其鼎。
16	20202	遺仲白虜鼎	春秋早期	遺仲白虜自作鑄其緐貞。

---

① 謝明文：《新出宜脂鼎銘文小考》，《中國文字》新 40 期，臺北：藝文印書館，2014 年，第 206-207 頁。又見氏著《商周文字論集》，上海：上海古籍出版社，2017 年，第 234-239 頁。

② 見謝雨田：《新出宜脂鼎銘文小考》文後評論，復旦大學出土文獻與古文字研究中心網，2014 年 2 月 27 日。（http://www.fdgwz.org.cn/Web/Show/2233）

③ 傅修才：《東周山東諸侯國金文整理與研究》，2017 年復旦大學博士學位論文，第 337-338 頁。

④ 蔡一峰：《金文雜識（四則）》，《古文字論壇》第 3 輯，上海：中西書局，2018 年，第 277 頁。

⑤ 查飛能：《商周青銅器自名疏證》，2019 年西南大學博士學位論文，第 318 頁。

序號	編號	器名	時代	銘文
17	20204	滕□伯敦鼎	春秋早期	滕□伯敦自作鑄其繁貞。
18	20220	此余王鼎	春秋晚期	此余王□君作鑄其小鼎。
19	20525	昭之王孫即盞	春秋晚期	昭之王孫即自作鑄其飤戔。
20	30557	巫瑚	春秋晚期	巫爲其舅叔考臣鑄其行器。
21	30578	宋子瑚	春秋中期	宋子世□用其吉金，鑄其飤匜。

可見此句式多見于春秋時期，且凡"鑄其"語後一定是此器的自名，未有"人名＋器名"的格式。因而可以確定，此器銘文末尾的"▨▨鼎"一定是器物自名。下面再看"▨▨"二字。

"泉"字或從"泉"的金文字形，列舉如下：

㷦：▨；

泉：▨史顥鼎（《銘圖》02401）、▨敔簋（《銘圖》05380）、▨商鞅方升（《銘圖》18819）、▨子刖鼎戟（《銘圖》16768）；

洀：▨散氏盤（《銘圖》14542）；

灥：▨史牆盤（《銘圖》14541）；

原：▨雍伯原鼎（《銘圖》02145）、▨大克鼎（《銘圖》02513）、▨散氏盤（《銘圖》14542）。

簡帛文字"泉"的寫法則更加多樣，如"▨"（《包山》2.143），"洀"字作"▨"（《璽彙》0363）、"▨"（《郭店》成之14）等。

通過字形比對，我們認爲此字釋"㷦"是正確的。[1]讀爲"爨"可備一說。

"宜"字金文字形作：

▨戌函鼎（《銘圖》02296，商代晚期）；

▨霸伯盤（《銘續》0949，西周中期前段）；

▨史宜父鼎（《銘圖》02081，西周晚期）；

▨仲大師鼎（《銘圖》02196，春秋早期）；

▨宜桐盂（《銘圖》06227，春秋中期）、▨秦公簋（《銘圖》05370，春秋中期）；

▨子孔宜簠蓋（《銘三》0505，春秋晚期）；

---

① 此説字形也并不是完全吻合，可能是我們找到的字形還不足，姑且從此釋。此"泉"與銘文開頭"月"寫法近似，不知是不是磨泐所致。

〔圖〕中山王䂮鼎（《銘圖》02517，戰國中期）、〔圖〕㚅螽壺（《銘圖》12454，戰國中期，中山王墓）；

〔圖〕宜戈（《銘圖》16609，戰國時期）；

〔圖〕宜陽鼎（《銘圖》02422，戰國晚期）、〔圖〕宜陽右倉簋（《銘圖》04133，戰國晚期）；

〔圖〕宜信孺子鼎（《銘續》0120，戰國晚期）。

金文中“宜”字早期多作案俎形“△”或“凵”，上有“肉”兩塊，中間都有分隔；之後案俎形或訛變爲“宀”，“肉”也簡寫爲一塊。

反觀此器字形“〔圖〕”“〔圖〕”，上作橐袋“○”形，中間雖有兩塊肉却沒有分隔，下又有“肉”，和“宜”的字形是有區別的。[①]而西周中期的霸伯盤“宜”是個特例，從類似“卣”的形狀到近“○”形。[②]只是兩相比對，此器字形“○”中兩塊肉并無分隔，下又繁增“肉”，與霸伯盤字形有別。釋“宜”字形上不甚合。[③]

該修飾語讀爲“爨宜”，則字形是孤例，也缺乏文獻證據，再破讀爲“煎和”過于迂曲。暫不可解。

4.8　盍

考延君季作其**盍**鼎。〔圖〕

——考延君季鼎（《銘圖》02037，春秋早期）

考延君季鼎自名修飾語作“〔圖〕”。

查飛能認爲此字是“盍”，即表器蓋義。[④]《説文解字·血部》：“盍，覆也。從血大。”又作“盍”，從“去”，即會“△”上覆器蓋之形。[⑤]“盍”字戰國文字習見，如楚王酓忎鼎（《銘圖》02359）器自名“𩰫鼎”，蓋自名“𩰫鼎之盍〔圖〕”，又如侯馬盟書“盍”字作“〔圖〕”。如果此字確是“盍”，那麼解爲“盍鼎”即意此鼎

---

① 楚簡有將“宜”内一“肉”置于俎外的寫法作“〔圖〕”（郭店《六德》2）、“〔圖〕”（清華簡三《良臣》3）。不過這類字俎形不封口，是將俎形延伸的寫法，俎也不封口。“〔圖〕”形“○”封口，内已有兩“肉”形，下則多一“肉”旁。所以它們并非一字。

② 謝明文釋“宜”。參謝明文：《霸伯盤銘文補釋》，《中國文字》新 41 期，臺北：藝文印書館，2015 年，第 159-174 頁。又見氏著《商周文字論集》，上海：上海古籍出版社，2017 年，第 283-297 頁。

③ 或許“〔圖〕”字可隸定作“胃”，“胃”多從“囷”形，即象胃中穀之類的食物，“〔圖〕”是以兩肉塊形代胃中的食物。在此器上可讀爲“煨”。“胃”“煨”古音聲母相同，物、微旁轉可通。《廣雅·釋言》：“煨，火也。”《廣雅·釋詁》：“煨，熅也。”又《玉篇·火部》：“焐，火兒。”大抵是以火加熱之義，與“爨”類似。不過金文中未有“胃”中作“〔圖〕”形的例子，也缺乏直接字形證據。

④ 查飛能：《商周青銅器自名疏證》，2019 年西南大學博士學位論文，第 271-272 頁。

⑤ 張世超、孫凌安、金國泰、馬如森：《金文形義通解》，京都：中文出版社，1996 年，第 1243 頁。

爲器蓋相配之義。但是這類 "盉" 字最早都是戰國文字形體，出自春秋時器的 "盉" 還是此器僅見，自名 "盉鼎" 的辭例也僅見于此，故存疑。

4.9 "鼎"

唯正月初，瘶作其鬻 "鼎" 鼎。

——瘶鼎（《銘圖》02133，春秋時期）

瘶鼎自名 "鬻鼎鼎"。張亞初釋爲 "貞鼎"。[①]陳劍從之，并認爲 "鼎貞" 作爲自名，奇特且難以解釋。鑒于羅福頤曾經釋前一字爲 "鼎"，也懷疑是否 "鼎" 字上另有形體殘泐。[②]查飛能認爲此當釋爲 "鼎鼎"，或是衍字，或是讀爲 "登鼎"。[③]

我們認爲 "鼎" 未見與 "鬻" 搭配的例子，釋 "鼎" 的可能性不大，不過不排除 "鼎" 上有字形磨泐。多出的 "鼎" 也有可能是衍字，也可能如李零所言，是爲了與修飾語 "鬻" 構成類似的結構，爲了行款的美觀而贅加了一個 "鼎"。[④]不過這些都是推測，難以定論。

小　　結

在本章中，我們將食器修飾語分爲一般性修飾語、功能性修飾語和特徵性修飾語進行考釋。

"寶""尊" 作爲使用數量最多、範圍最廣、組合最多的一般性修飾語，本義多與珍貴、祭祀義有關，但是用爲修飾語則泛化爲通用的祛辭。

功能性修飾語下按照修飾語限定的具體功能類型而細分爲 8 類。其中祭祀類 "宗""祭、祀""盟、盟""鼎""登、嘗""衦""造""籩""達"，本義可能是特指某種祭祀，但是用爲修飾語則泛表祭祀之器；進獻類 "薦""饋""饎""羞""鬻"，有進獻之義；膳飲類 "食、飤""鷇""鎬""歆""醶""即""飪""嬰""圂""善""佀""穌""厨""灾""醔菜"，表明了食器的基礎功能；盥洗類 "湯""浴""辻""盥""盪""濫"，表明了該器有煮水、盛水之用；出行隨葬類 "旅""行、迋""彶""從"，本與出行、征行有關，引申而有 "大行" 的隨葬之

---

① 張亞初：《殷周青銅鼎器名、用途研究》，《古文字研究》第 18 輯，北京：中華書局，1992 年，第 274 頁。

② 陳劍：《青銅器自名代稱、連稱研究》，《中國文字研究》第 1 輯，南寧：廣西教育出版社，1999 年，第 339 頁，第 366 頁注釋 12。

③ 查飛能：《商周青銅器自名疏證》，2019 年西南大學博士學位論文，第 293 頁。

④ 李零：《丽器考》，《青銅器與金文》第 4 輯，上海：上海古籍出版社，2020 年，第 50-51 頁。

義，曾公子㠱疾組器以"葬"修飾，則徑表此器是給亡者用的明器；滕婆類以"滕"修飾即表明此器是用于滕婆的陪嫁之器；動物類"牛""豕""羊""兔""隹""鳥""雞""雁""鮨"，則限定了這類器物是專門烹、盛相應動物做的食物之用；其他類"念""弄""御""用""貹"雖也標明了器用，但是較爲籠統，起不到限定器用的作用。

特徵性修飾語依據其限定的器物特徵種類可分爲三類。形制類"方""旁""大""小""匌""皇""薾""舄"，形容其外形或者誇贊其紋飾華麗；質地、色澤類"黃""金""銅""鑑"，則表其質，兼有贊美其銅色優良的含義；組合類"會""鑄""比"，表明此器可器蓋相合，或是成組的器物。

還有一些修飾語（或器名）尚未有很好的解釋，我們于本章最後單列一節略作梳理，并存疑。

第四章　商周青銅食器定名整理與研究

　　銅器的定名的基本結構，需要包含"前綴詞＋器類名＋後綴詞"。器類名是器物的專門稱謂，用于區別不同器類的器物。

　　器類名的確定十分不易。容庚説："殷、周兩代歷時一千五百多年，禮器的種類複雜，名目繁多，就列舉名目也不易，考證其演變之迹更感困難，因器物的形制隨時代而演變，名稱也因用途、時間和地域而不同。……最可靠的是從器物本身的銘文來考定。"[①]在前兩章中，我們已經整理并考證了銅器的自名，也可以發現，自金石學發微至今，銅器器類名的確定仍存在一定的問題。

　　早在漢時便已有《説文解字》《釋名》《爾雅》等涉及銅器稱名解釋的著作，但其一，未著器形，憑空言之"大""小""方""圓"，可能僅是涉及一人、一時、一地、一物之目驗，過于主觀，往往對器物形態、功能的描述不能與實際器形相符。其二，并未對繁雜的稱名加以歸并，凡器之方言稱謂，均列之于名目，需要解釋時，則以一物釋另一物，循環相證。如《鼎部》："鼐，鼎之絕大者。"又引《魯詩》云："鼐，小鼎。"《鬲部》："鬵，三足釜也。""釜，鍑屬。""鍑，釜大口者。"以後世之器解釋先代之器名，"鬵"其實爲何器也未講清楚。

1　青銅食器定名著録的整理

　　歷史上器類名確定的兩個重要時間點，一個在宋代，一個在晚清至民國。了解這段時間至今的銅器著録情況，對我們食器定名的研究不可或缺。我們收集到了約200種銅器主要著録，時代自宋至今。下文擇其中重要者簡述其收録食器的情況。

1.1　宋代著録情況

1.1.1　圖録類

　　宋人吕大臨所作《考古圖》[②]（1092年）作爲目前最早的傳世銅器著録，共

---

　　① 容庚、張維持：《殷周青銅器通論》，北京：文物出版社，1984年，第21頁。
　　② 吕大臨：《考古圖》清乾隆四十六年四庫全書文淵閣書録錢曾影鈔宋刻本，《金文文獻集成》第1册，北京：綫裝書局，2005年。

收銅器 243 件，標注器名、藏者、器物圖、拓本、釋文、器物形制説明與少量考釋。收録的青銅食器主要在前三卷，并列名目曰"鼎""鬲""甗""鬶""敦""簋""𣉼""匜""匾""鋪"。《左傳·桓公二年》："夏四月，取郜大鼎于宋。"《穀梁傳》："孔子曰：'名從主人，物從中國。'故曰郜大鼎也。"吕大臨給器物定名多遵循"名從主人"的原則，依其自載器名定名、分類，加之銘文有不少是摹本轉拓，因而有不少錯誤。如卷一收鼎 18 件，其中有一件"孔文父飲鼎"，器形實爲壺一類，吕氏云："疑古人制器規模亦有出入不一者。"[①] 又卷二載鬲 11 件，中有一"四足鬲"，依器形則誤，當是盉。[②] 卷二末著一器名曰"鬶"，引《説文》云："鼎大上小下若甑曰鬶。"[③] 按器形當是鼎，上蓋不合，并非一件器物。卷三收"簋""盨""簠""豆""鋪"共 25 件，凡今之簋，均稱"敦"；凡今之盨，均稱"簋"，此稱法一直延用到近代（見圖 1）。

圖 1 《考古圖》例

趙九成著《續考古圖》[④]，其定名參照《考古圖》，如一件鼎器依銘文定作"父癸彝"[⑤]。共 101 件器，編次非按器類，比較雜亂，混以玉石器等雜類，所收食器散見於五卷之中。器物圖像也摹繪不佳，其年代、真偽莫辨。卷一録一件"旅簠"，銘文誤釋爲"簋"，然器形似釜，銘文字形似"盠"之誤摹（見圖 2）。[⑥]《銘圖》僅收録其中 17 件食器。

---

① 吕大臨：《考古圖》清乾隆四十六年四庫全書文淵閣書録錢曾影鈔宋刻本，《金文文獻集成》第 1 册，北京：綫裝書局，2005 年，第 15 頁。

② 吕大臨：《考古圖》清乾隆四十六年四庫全書文淵閣書録錢曾影鈔宋刻本，《金文文獻集成》第 1 册，北京：綫裝書局，2005 年，第 29 頁。

③ 吕大臨：《考古圖》清乾隆四十六年四庫全書文淵閣書録錢曾影鈔宋刻本，《金文文獻集成》第 1 册，北京：綫裝書局，2005 年，第 36 頁。

④ 趙九成：《續考古圖》清乾隆四十六年四庫全書文淵閣書録錢曾影鈔宋刻本，《金文文獻集成》第 1 册，北京：綫裝書局，2005 年。

⑤ 趙九成：《續考古圖》清乾隆四十六年四庫全書文淵閣書録錢曾影鈔宋刻本，《金文文獻集成》第 1 册，北京：綫裝書局，2005 年，第 208 頁。

⑥ 趙九成：《續考古圖》清乾隆四十六年四庫全書文淵閣書録錢曾影鈔宋刻本，《金文文獻集成》第 1 册，北京：綫裝書局，2005 年，第 203 頁。

圖 2　《續考古圖》例

　　王黼著《宣和博古圖》^①（1123 年）與《考古圖》相比更加完備。全書共三十卷，錄 839 件器物，依照器類，輔以時代排列次序，每類器物條目前有總説考其器名，有器形描述與考釋的器物數量也大幅增加。其中鼎載于一至五卷，"敦（簋）""簠""簋（盨）""豆""鋪""甗""鬲""鍑（釜）"分列十六卷至十九卷，并將《考古圖》所謂"區"釋爲"簠"。^②因其按朝代排列同類器，定名前會贅加朝代，如"周""漢""唐"，同組器輔以"一""二""三""四"的序號，編排更加清晰（見圖 3）。《銘圖》收錄其中 135 件食器。

圖 3　《宣和博古圖》例

1.1.2　款識類

　　薛尚功著《歷代鐘鼎彝器款識法帖》^③（1144 年）一書，二十卷，收錄 511 件器物銘文摹本并釋文，附文考釋繁多，無器物畫像，是謂"款識"。除青銅器外還兼收玉石器，以編次時代爲綫索，以器類爲條貫，時代的優先級高于器類，跨度由夏（實誤）至秦漢。定名上傾向于結合銘文與器形特徵，如一器銘曰："作

---

① 王黼：《宣和博古圖》清乾隆十八年天都黄晟亦政堂刻本，《金文文獻集成》第 1—2 册，北京：綫裝書局，2005 年。

② 王黼：《宣和博古圖》清乾隆十八年天都黄晟亦政堂刻本，《金文文獻集成》第 1 册，北京：綫裝書局，2005 年，第 89 頁。

③ 薛尚功：《歷代鐘鼎彝器款識法帖》1935 年于省吾影印明崇禎六年朱謀垔刻本，《金文文獻集成》第 9 册，北京：綫裝書局，2005 年。

寶彝。"薛氏云:"是器不書名而曰作寶爨。然耳作虎首,得非所謂虎爨者耶。"[①]《銘圖》《銘續》收其中食器 187 件。

王俅《嘯堂集古録》[②]收銅禮器、量器、璽印等 345 件器物,書中所録銅器銘文皆王氏所藏,分上下兩卷,無器物圖畫與考釋,僅收銘文摹本并定名、釋文。依器類排列,輔以時代,類似于《博古圖》,定名方式也與《博古圖》大體類似,在定名前贅加朝代或國别,後半部分少量器未加。《銘圖》收録其中 117 件食器。

張掄著《紹興内府古器評》[③]兩卷,共收銅器 195 件。本身編排無明顯次序,僅有器物名、銘文字數與考釋。《紹興内府古器評》所收食器器類包括"鼎""鬲""甗""敦(簋)""簠",總計 87 件器物,散收于上下卷。定名方面,朝代、銘文字形所象事物,器物紋飾、形制等因素,相互組合,但没有固定規則。

董逌《廣川書跋》[④]十卷,不僅著録、考辨商周金文,還有漢魏六朝及唐宋時期的碑刻、帖文。其中商周金文主要在前四卷,每器只有器物定名和對器物的考釋。董書所論多爲器銘,各器于器物定名後加"銘"字,如"仲作辛鼎銘"。因無器物圖形,僅僅根據書中定名和考釋無法完全確認爲何器。如"癸舉器",文中考釋也没有説明具體爲何器。

1.2 清代著録情況

1.2.1 圖録類

金石之學經過宋朝的萌芽、元明兩代的低谷,在清朝以"西清四鑑"爲發端,又重新興盛起來。

《西清古鑑》[⑤](1751 年)由梁詩正等奉敕編纂,全書共四十卷,收録銅器67 種,凡 1529 器。所著器物自商至唐,以商周銅器居多。其中商周食器主要集中在卷一至卷六、卷二十七至卷三十三,包括"鼎""敦(簋)""簠""簋(盨)""豆""鋪""甗""鬲""鍑(釜)""斗""勺""盂""盆"等器類。

---

① 薛尚功:《歷代鐘鼎彝器款識法帖》1935 年于省吾影印明崇禎六年朱謀垔刻本,《金文文獻集成》第 9 册,北京:綫裝書局,2005 年,第 21 頁。

② 王俅:《嘯堂集古録》1922 年涵芬樓本,《金文文獻集成》第 9 册,北京:綫裝書局,2005 年。

③ 張掄:《紹興内府古器評》明崇禎年間毛晉汲古閣刻本,《金文文獻集成》第 16 册,北京:綫裝書局,2005 年。

④ 董逌:《廣川書跋(節録)》1915 年南林張氏適園叢書本,《金文文獻集成》第 16 册,北京:綫裝書局,2005 年。

⑤ 乾隆敕編:《西清古鑑》清乾隆二十年内府刻本,《金文文獻集成》第 3 册,北京:綫裝書局,2005 年。

《寧壽鑑古》[①]（1779 年），編纂者不詳，總十六卷，收器 701 件，其中著録食器有"鼎""敦（簋）""簠""簠（盨）""豆""鋪""甗""鬲""鍑（釜）""盂"等種類。

《西清續鑑甲編》[②]（1793 年），由王杰等奉敕編纂，收録銅器共計 64 種，凡 944 件，其中收食器"鼎""敦（簋）""簠""簠（盨）""豆""鋪""甗""鬲""鍑（釜）""盂"等 14 種。

《西清續鑑乙編》[③]（1793 年），仍爲王杰等人編纂，全書共二十卷，收録銅器共 51 種，計 900 件。其中食器類分爲"鼎""敦（簋）""簠""簠（盨）""豆""鋪""甗""鬲""鍑（釜）""盂"（見圖 4）。

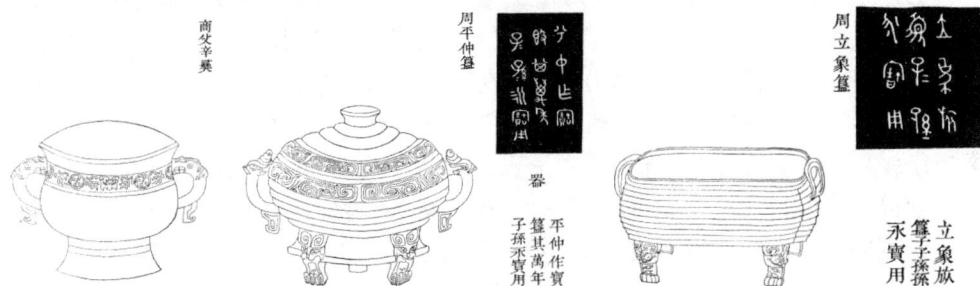

圖 4　《西清續鑑乙編》例

曹載奎《懷米山房吉金圖》[④]（1839 年）甲乙兩卷，著録了從商至漢的 60 件銅器，體例爲器物名稱後描述器物尺寸、形制、紋飾、銘文位置（若有），附器物圖像、銘文摹本與釋文。書中仍沿用"名從主人"原則，同爲簋器，分別名其爲"𣪘"和"敦"[⑤]；乙編一件盨器仍稱爲"簋"，下一件簠器因銘文誤釋反而釋成了"簋"。[⑥]導致該書定名與器物本身不符，顯得較爲混亂（見圖 5）。食器共收録"鼎" 13 件，"簋" 12 件，"鬲""盨"各 1 件，《銘圖》收録其中 25 件器物。

① 乾隆敕編：《寧壽鑑古》1913 年涵芬樓依寧壽宮寫本石印本，《金文文獻集成》第 7 册，北京：綫裝書局，2005 年。

② 王杰等：《西清續鑑甲編》清宣統三年涵芬樓石印寧甯壽宮寫本，《金文文獻集成》第 5 册，北京：綫裝書局，2005 年。

③ 王杰等：《西清續鑑乙編》1931 年北平古物陳列所依寶蘊樓鈔本石印本，《金文文獻集成》第 6 册，北京：綫裝書局，2005 年。

④ 曹載奎：《懷米山房吉金圖》日本明治十五年（1883 年）文石堂翻刻木本，《金文文獻集成》第 7 册，北京：綫裝書局，2005 年。

⑤ 曹載奎：《懷米山房吉金圖》日本明治十五年（1883 年）文石堂翻刻木本，《金文文獻集成》第 7 册，北京：綫裝書局，2005 年，第 426-427 頁。

⑥ 曹載奎：《懷米山房吉金圖》日本明治十五年（1883 年）文石堂翻刻木本，《金文文獻集成》第 7 册，北京：綫裝書局，2005 年，第 443-444 頁。

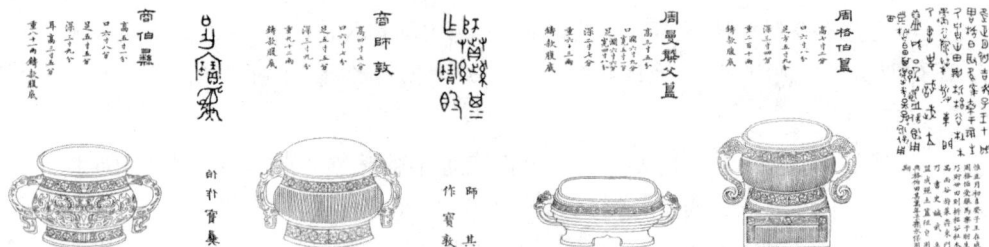

圖 5 《懷米山房吉金圖》例

劉喜海《長安獲古編》①（1850 年）僅錄器物圖畫與銘文摹本，收食器 53 件，包括"鼎""毁（簋等）""鬲""甗""簠""盨（盨）""豆""敦（簋）"。

吳雲《兩罍軒彝器圖釋》②（1872 年）十二卷，以時代、器類為編排順序，收錄商周至漢唐 110 件器物，體例為器物定名、器物圖像、形制説明與考釋，第四、五卷因考釋較多都只錄一件器物。書中收錄食器有"鼎""毁（簋）""敦（簋）""簠""盨（盨）""鬲"等，《銘圖》收錄其中 19 件。

方濬益《綴遺齋彝器考釋》③三十卷，共收商周器 1382 件。出版于 1935 年，但實際的創作時間當在方氏 1899 年去世以前。本書按器類編排，所錄食器分布于卷三至卷六及卷八、卷九、卷二十五、卷二十七、卷二十八，稱"鼎""敦（簋）""簠""盨（盨）""甗""籩（鋪）""豆""登""盆""鬲""盂""釜"等，《銘圖》實收 312 件。不過方氏仍稱盨為"簠"，稱簋為"敦"，還將一件尊、兩件卣器著于"敦"下（見圖 6）。④

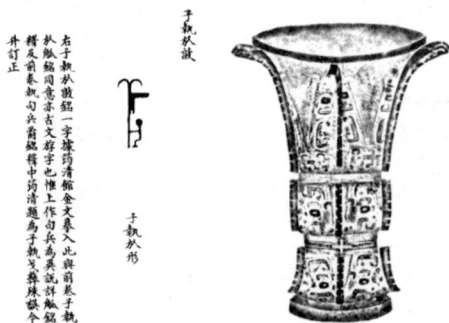

圖 6 《綴遺齋彝器考釋》例

---

① 劉喜海：《長安獲古編》光緒三十一年劉鶚補刻標題本，《金文文獻集成》第 7 册，北京：綫裝書局，2005 年。

② 吳雲：《兩罍軒彝器圖釋》清同治十一年自刻木本，《金文文獻集成》第 8 册，北京：綫裝書局，2005 年。

③ 方濬益：《綴遺齋彝器考釋》1935 年商務印書館石印本，《金文文獻集成》第 14 册，北京：綫裝書局，2005 年。

④ 方濬益：《綴遺齋彝器考釋》1935 年商務印書館石印本，《金文文獻集成》第 14 册，北京：綫裝書局，2005 年，第 114 頁 "册父乙敦"（册父乙卣）、第 116 頁 "析子孫父乙敦"（小子𧽃卣）、第 108 頁 "子執玄敦"（旅尊）。

1.2.2　款識類

錢坫《十六長樂堂古器款識考》[①]（1796 年），全書共四卷，收録商周及秦漢器物 49 件，銅器少而精。其體例仿照"西清四鑑"，每器著録定名、器物圖像、銘文、銘文釋文，并用文字描述器物形狀、大小、花紋等，略作考釋。49 件器物中食器共 12 件，分爲"鼎""𣪘（簋）""簠（簠、盨）""甗"。該書凡稱"𣪘"均今之"簋"，如卷一一件定名爲"商父辛𣪘"的器物，實爲簋。[②]不過錢氏也在卷二所録"周平仲簋"下之考釋中，首次將前人所謂之"敦"字正確釋爲"簋"。[③]不過，對于舊人所謂"簋"之盨器，亦仍稱爲"簋"，如卷二之"周立象簋"，實爲盨器。[④]《銘圖》收該書共計 11 件器物。[⑤]

阮元《積古齋鐘鼎彝器款識》[⑥]（1804 年）十卷，收録商至魏晋銅器 550 件，依時代、器類排序，卷一至卷七爲商周器，共 446 件，其中食器包括"鼎""彝""敦""甗""鬲""簠""簋"。體例爲器物定名、銘文摹本與釋文，後附説明與考釋，摹本極精。《銘圖》收録其中食器 166 件。

劉喜海《清愛堂家藏鐘鼎彝器款識法帖》[⑦]（1838 年）著録了 35 件銅器，以類似碑刻拓片的形式刻印。體例上，器物定名後附拓片與器物説明，考釋甚少（見圖 7）。著録食器分"鼎""𣪘（簋、鼎）""敦（簋）""鬲""盨（盨）""豆"，共 19 件，《銘圖》實收 18 件[⑧]。其中"立戈𣪘"實爲鼎，"父己𣪘"實爲簋，該書均依自名作"𣪘"。"姜涅盨"[⑨]"鼻舅父盨"[⑩]《銘圖》定爲"遲盨""曼舅父盨"。

① 錢坫：《十六長樂堂古器款識考》1933 年開明書局翻刻嘉慶元年自刻本，《金文文獻集成》第 2 册，北京：綫裝書局，2005 年。

② 錢坫：《十六長樂堂古器款識考》1933 年開明書局翻刻嘉慶元年自刻本，《金文文獻集成》第 2 册，北京：綫裝書局，2005 年，第 418 頁。

③ 錢坫：《十六長樂堂古器款識考》1933 年開明書局翻刻嘉慶元年自刻本，《金文文獻集成》第 2 册，北京：綫裝書局，2005 年，第 430 頁。

④ 錢坫：《十六長樂堂古器款識考》1933 年開明書局翻刻嘉慶元年自刻本，《金文文獻集成》第 2 册，北京：綫裝書局，2005 年，第 433 頁。

⑤ 這 11 件器物定名爲：玫册父乙鼎、大祝禽鼎、𩰚鼎、𩰚甗、父辛簋、壺簋、兮仲簋、禽簋、佣生簋、立盨、遲盨。

⑥ 阮元：《積古齋鐘鼎彝器款識》，嘉慶九年（1804 年）自刻本，《金文文獻集成》第 10 册，北京：綫裝書局，2005 年。

⑦ 劉喜海：《清愛堂家藏鐘鼎彝器款識法帖》清光緒三年尹彭壽補刻本，《金文文獻集成》第 12 册，北京：綫裝書局，2005 年。

⑧ 其中包括：鼎 6、𣪘4（鼎、簋）、敦（簋）3、鬲 2、盨2、豆 1。

⑨ 劉喜海：《清愛堂家藏鐘鼎彝器款識法帖》清光緒三年尹彭壽補刻本，《金文文獻集成》第 12 册，北京：綫裝書局，2005 年，第 4 頁。

⑩ 劉喜海：《清愛堂家藏鐘鼎彝器款識法帖》清光緒三年尹彭壽補刻本，《金文文獻集成》第 12 册，北京：綫裝書局，2005 年，第 8 頁。

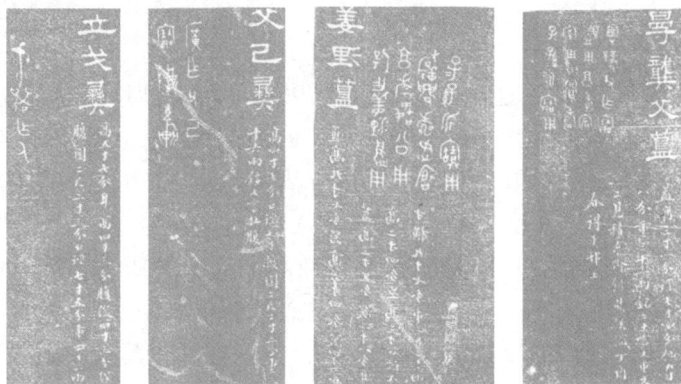

圖 7 《清愛堂家藏鐘鼎彝器款識法帖》例

吳榮光《筠清館金文》[1]（1842 年）五卷，按時代、器類順序，收商周至秦漢 267 件器物，每條標器物定名、銘文摹本，後附釋文與收藏信息等，部分器物有器物説明、考釋（見圖 8）。食器分列“鼎”“敦（簋）”“𣪘（盨）”“簠”“𩰫”“彝（鼎、簋）”“鬲”“豆”諸目下，《銘圖》實收 91 件。卷五“彝”下除有鼎、簋器外，還雜有酒器、水器。如“周絇甫彝”實爲尊[2]，“周彝”實爲盤。[3]

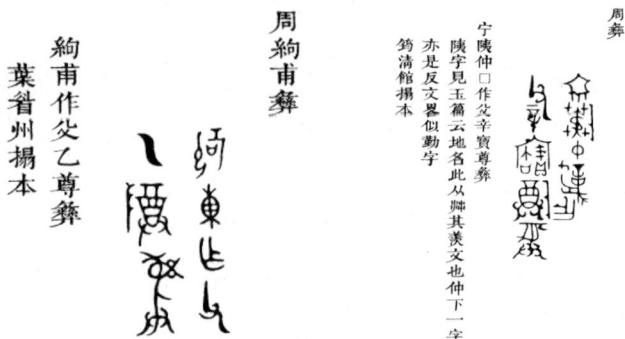

圖 8 《筠清館金文》例

盛昱所著《鬱華閣金文》[4]（約 1852 年）四十八冊，按器類收録商周至秦漢器物千餘件，僅有器物銘文拓本與收藏章印，少數草書標器物名與藏家信息，食器的實際收録數目難厘。《銘圖》收録該書食器 393 件。

---

① 吳榮光：《筠清館金文》清宜都楊守敬重刻本，《金文文獻集成》第 12 冊，北京：綫裝書局，2005 年。

② 吳榮光：《筠清館金文》清宜都楊守敬重刻本，《金文文獻集成》第 12 冊，北京：綫裝書局，2005 年，第 118 頁。

③ 吳榮光：《筠清館金文》清宜都楊守敬重刻本，《金文文獻集成》第 12 冊，北京：綫裝書局，2005 年，第 119 頁。

④ 盛昱：《鬱華閣金文》北京大學圖書館藏原拓本，《金文文獻集成》第 15 冊，北京：綫裝書局，2005 年。

《從古堂款識學》①（1854 年）十六卷，徐同柏釋文，男士燕摹録，實收銅器 351 件，《銘圖》收其中 106 件食器。編次上按照收藏者分卷，卷内大抵按照"鐘""鼎""尊""卣""爵""觚""觶""彝""敦""盤""匜""甗"及兵器、雜器的順序，每器列有器物定名、銘文字數、摹本、釋文、考釋。卷十六後有重器毛公鼎、大盂鼎的考釋，其中毛公鼎的考釋以此書爲最早。②

張廷濟《清儀閣所藏古器物文》③（1864 年）十卷，卷一爲商周銅器，食器共 15 件④，《銘圖》收録其中 13 件。

潘祖蔭著《攀古樓彝器款識》⑤（1872 年），分上下兩册，收録商周銅器 50 件，以器類爲次序，不分時代，目録著有器物名稱，正文有器物圖像與銘文摹本，不録器名，部分器物下有器名與考釋。著録的食器有"鼎""彝（簋）""敦（簋）""簠""鬲""甗""鼒"等，共計 21 件⑥，《銘圖》全部收入。

丁麟年《柲林館吉金圖識》⑦（1881 年）收銅食器 10 件，其中 2 件簋器稱"敦"，《銘圖》悉數收之。

吳大澂《恒軒所見所藏吉金録》⑧（1885 年）兩卷，收銅器 136 件，體例上以器類爲次，每條首列器物名稱，其後附圖畫、銘文摹本，繪製頗精，少數器物有考釋。著録商周食器有"鼎""敦（簋）""彝（簋）""簠""鬲""甗"共 51 件，《銘圖》收録 48 件。

吳式芬《攗古録金文》⑨（1895 年）按照銘文字數多寡，輔以器類編排次序，收器 1334 件。定名後有銘文摹本、釋文，考釋多引許翰之説。因食器遍于諸處，不便統計數目，《銘圖》實收其中食器 563 件。

吳大澂《愙齋集古録》⑩（1902 年）26 册，按照器類編次收銅器 1144 件，其

---

① 徐同柏：《從古堂款識學》光緒三十二年蒙學報館影石校本，《金文文獻集成》第 10 册，北京：綫裝書局，2005 年。

② 趙誠：《二十世紀金文研究述要》，太原：書海出版社，2003 年，第 33 頁。

③ 張廷濟：《清儀閣所藏古器物文》1925 年涵芬樓石印本，《金文文獻集成》第 7 册，北京：綫裝書局，2005 年。

④ 其中包括：鼎 3、彝 2、敦 7、簠 1、鬲 2。

⑤ 潘祖蔭：《攀古樓彝器款識》清同治十一年滂喜齋木刻本，《金文文獻集成》第 7 册，北京：綫裝書局，2005 年。

⑥ 其中包括：甗 2、簋 8、鼎 7、盉 1、簠 1、鬲 1。

⑦ 丁麟年：《柲林館吉金圖識》1941 年北平東雅堂翻印清宣統二年石印本，《金文文獻集成》第 8 册，北京：綫裝書局，2005 年。

⑧ 吳大澂：《恒軒所見所藏吉金録》清光緒十一年自刻本，《金文文獻集成》第 8 册，北京：綫裝書局，2005 年。

⑨ 吳式芬：《攗古録金文》光緒二十一年吳氏家刻本，《金文文獻集成》第 11 册，北京：綫裝書局，2005 年。

⑩ 吳大澂：《愙齋集古録》1930 年涵芬樓影印本，《金文文獻集成》第 12 册，北京：綫裝書局，2005 年。按吳氏去世于 1902 年。

中商周器 1048 件。每條目下有器物定名、銘文拓本、藏印，部分有釋文與考釋。食器主要著録于三至十二、十五與十七册，分 "鼎" "敦（簋）" "簠" "盨（盠）" "甒" "鬲" "豆" "盞"，《銘圖》實收 403 件。另有《愙齋集古録釋文賸稿》[①]，乃吴氏生前未能定稿之手書草稿，均爲器物的考釋内容，可補充《愙齋集古録》考釋不足之缺。

劉心源《奇觚室吉金文述》[②]1902 年初版，按照器類與銘文字數多寡排序，分二十卷，共收 2183 件器物。食器集中在前八卷，卷十六至卷十八亦有食器的補遺，稱 "鼎" "敦（簋）" "尊（鼎）" "彝（鼎、簋）" "簠" "盨（盠）" "匡（簋）" "盂" "鬲" "虘" "豆" "盞" 等，《銘圖》實收食器 230 件。其中 "匡" 實是簋的異名，本書徑分一類，如卷十七 "叔家父匡"；[③]有一件 "交尊"，實爲鼎；[④]一件 "穌彝"，實爲爵；[⑤]卷六 "齊侯盂"，因其自名爲 "盥盨"，器形實爲匜；[⑥]卷十八一器稱 "子鬲"，銘曰："作寶彝，子其永寶。"[⑦]選取 "子" 爲名，《銘圖》定爲 "作寶彝鬲"（見圖 9）。

圖 9 《奇觚室吉金文述》例

朱善旂輯《敬吾心室彝器款識》[⑧]（1908 年）兩册，收器 300 餘件，食器有

---

① 吴大澂：《愙齋集古録釋文賸稿》1930 年涵芬樓影印本，《金文文獻集成》第 12 册，北京：綫裝書局，2005 年。

② 劉心源：《奇觚室吉金文述》清光緒二十八年自寫刻本，《金文文獻集成》第 13 册，北京：綫裝書局，2005 年。

③ 劉心源：《奇觚室吉金文述》清光緒二十八年自寫刻本，《金文文獻集成》第 13 册，北京：綫裝書局，2005 年，第 440 頁。

④ 劉心源：《奇觚室吉金文述》清光緒二十八年自寫刻本，《金文文獻集成》第 13 册，北京：綫裝書局，2005 年，第 219 頁。

⑤ 劉心源：《奇觚室吉金文述》清光緒二十八年自寫刻本，《金文文獻集成》第 13 册，北京：綫裝書局，2005 年，第 222 頁。

⑥ 劉心源：《奇觚室吉金文述》清光緒二十八年自寫刻本，《金文文獻集成》第 13 册，北京：綫裝書局，2005 年，第 251 頁。

⑦ 劉心源：《奇觚室吉金文述》清光緒二十八年自寫刻本，《金文文獻集成》第 13 册，北京：綫裝書局，2005 年，第 451 頁。

⑧ 朱善旂輯：《敬吾心室彝器款識》清光緒三十四年朱之榛石印本，《金文文獻集成》第 13 册，北京：綫裝書局，2005 年。

"鼎""敦（簋）""簋（盨）""簠""甗""鬳（鼎）""鬲"，共 177 件[①]，其中有同一器而器、蓋分列二目者。《銘圖》收其中 107 件。

端方《陶齋吉金錄》[②]（1908 年）、《陶齋吉金續錄》[③]與《陶齋吉金續錄補遺》（1909 年），除銅禮器、兵器外，另有雜器、碑、像等，共收錄 447 件器物。《陶齋吉金錄》八卷，卷一、卷二、卷五收銅食器，包括"鼎""鬳（簋）""敦""簠""簠""簋（盨）""鬲""甗"，共計 71 件[④]，《銘圖》剔除其中重出與秦漢器，共收 66 件。體例上器物定名後有器物圖像、銘文拓本，并描寫器物形制尺寸，無釋文與考釋。但是所用銘文拓本相較之前的摹本更加客觀準確。卷一著一"鬲形鼎"，外形非分襠鼎，因銘文字形似鬲而定名（《銘圖》釋此字爲"丙"，見圖 10）。[⑤]《陶齋吉金續錄》共兩卷，收錄自商至宋古器物 80 件，食器分類與《陶齋吉金錄》相同，共 30 件[⑥]，《銘圖》收 29 件。

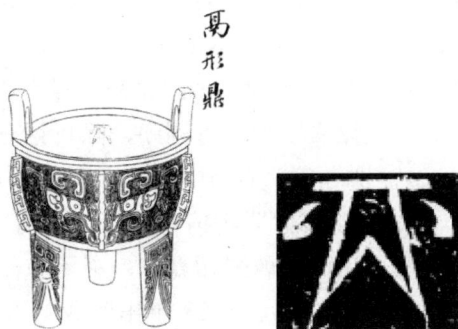

圖 10　鬲形鼎

1.3　民國至今著錄情況

1.3.1　圖錄款識類

鄒安的《周金文存》[⑦]，初版于 1916 年，收錄青銅器 1545 件，其中有銘食器 708 件。對銅器的定名著于目錄，後附銘文字數與藏家，正文僅附銘文拓片。

---

① 其中包括：鼎 60、敦 44、簋 7、簠 7、甗 5、鬳 41、鬲 13。

② 端方：《陶齋吉金錄》清光緒三十四年石印本，《金文文獻集成》第 8 冊，北京：綫裝書局，2005 年。

③ 端方：《陶齋吉金續錄》清宣統元年石印本，《金文文獻集成》第 8 冊，北京：綫裝書局，2005 年。

④ 其中包括：鼎 31、鬳 7、敦 16、簠 5、簋 2、鬲 8、甗 2。

⑤ 端方：《陶齋吉金錄》清光緒三十四年石印本，《金文文獻集成》第 8 冊，北京：綫裝書局，2005 年，第 237 頁。

⑥ 其中包括：鼎 12、彝 3、敦 4、簠 2、簋 2、鬲 3、甗 4。

⑦ 鄒安：《周金文存（附補遺）》1916 年廣倉學窘石印本，《金文文獻集成》第 23 冊，北京：綫裝書局，2005 年。

羅振玉輯《夢郼草堂吉金圖》[①]，初版于 1918 年，收器 55 件，《銘圖》收其中有銘食器 36 件，書中器物的定名同樣書于目錄，以器類爲序，并標明著錄出處與舊藏。正文除銘文拓片（紋飾）外，還首次附上器物的影像圖片，雖照片清晰度不高，却更準確客觀地記錄了器物形制。次年又出版《夢郼草堂吉金圖續編》[②]，收先秦至宋器 65 件，其中先秦食器 13 件。羅氏後于 1930—1934 年，增補《攗古錄金文》與《愙齋集古錄》，編有《貞松堂集古遺文》[③]《貞松堂集古遺文補遺》[④]《貞松堂集古遺文續編》[⑤]三書。《貞松堂集古遺文》十六卷共收器 1525 件，其中食器包括"鼎""鬲""甗""簋""𣪘（簠、敦）""簠""盨（盙）""盆""盂""匕"。將敦與簋合爲"𣪘"，又因爲只錄銘文摹本而不見器形，所收"甗"類包括了食器與酒器（尊、方彝）。《貞松堂集古遺文補遺》三卷收三代、秦漢器 337 件，其中商周食器 76 件；《貞松堂集古遺文續編》三卷收器 345 件，商周食器 120 件。三書體例相似，錄銘文定名、摹本、釋文與考釋説明，不錄器物圖像。1936 年，羅氏又將其所藏金文拓本編成《三代吉金文存》[⑥]二十卷，共收器 4835 件，卷二至卷十爲食器，包括"鼎""鬲、甗""𣪘""𣪘（簠、敦）""簠""盨（盙）""盂"等，按銘文字數多寡列序，除目錄有器物定名外，只錄銘文拓片。其"蒐羅之富、鑒别之嚴、印刷之精"[⑦]，在當時具有很高的學術地位。但除定名與銘文外，書中無其他器物信息記錄，亦有一些器物歸類的問題，如將方彝與簋混同，庶盂歸爲鬲，拍敦歸類爲尊，王子申盞歸爲盂，等等。

容庚對青銅器的整理和著錄甚多。1928 年出版收錄容氏整理清宫舊藏銅器的《寶藴樓彝器圖錄》[⑧]，按器類收錄銅器 92 件，其中食器 50 件。除了器物照片與拓片，還有器物形制描寫，部分器物後有考釋。另有著于 1936 年的《武英殿彝器圖錄》[⑨]，收清熱河行宫精選銅食、酒、樂、雜器 100 件。其中食器過半，還收錄了兩件青銅盨器，在目錄中將舊稱"簠"的食器確定正名爲"盨"。

① 羅振玉輯：《夢郼草堂吉金圖》，《羅雪堂先生全集》三編，臺北：大通書局，1976 年。

② 羅振玉輯：《夢郼草堂吉金圖續編》，《羅雪堂先生全集》三編，臺北：大通書局，1976 年。

③ 羅振玉：《貞松堂集古遺文》1930 年石印本，《金文文獻集成》第 24 册，北京：綫裝書局，2005 年。

④ 羅振玉：《貞松堂集古遺文補遺》1931 年寶熙書尚出版石印本，《金文文獻集成》第 24 册，北京：綫裝書局，2005 年。

⑤ 羅振玉：《貞松堂集古遺文續編》1934 年蟫隱盧石印本，《金文文獻集成》第 24 册，北京：綫裝書局，2005 年。

⑥ 羅振玉：《三代吉金文存》，北京：中華書局，1983 年。

⑦ 孫稚雛：《三代吉金文存辨正》，《三代吉金文存》，北京：中華書局，1983 年，附錄第 1 頁。

⑧ 容庚：《寶藴樓彝器圖錄》1929 年北京京華印書局影印本，《金文文獻集成》第 19 册，北京：綫裝書局，2005 年。

⑨ 容庚：《武英殿彝器圖錄》1934 年燕京大學哈佛燕京學社影印本，《金文文獻集成》第 20 册，北京：綫裝書局，2005 年。

容氏于 1933 年和 1938 年分別出版了《頌齋吉金圖錄》[①]與《頌齋吉金續錄》[②]，分別收銅食器 13 件、45 件，其中《頌齋吉金續錄》中甗器均以“瓺”稱之。1935 年，容庚出版《海外吉金圖錄》[③]，從七部日本圖錄中采流散日本的銅器 158 件。容庚于《例言》曰：“《泉屋清賞》及《白鶴帖》依花紋製作之特徵命名。然饕餮之鼎，同名者多；蟠夔蟠龍，間異其説，不如以製器之人命名之無差式，故悉仍舊稱。”不過書中對于無銘器，仍以紋飾名之；有銘則盡量以銘文、作器者名之。1936 年，容庚補充劉體智《善齋吉金錄》未收之器，編成《善齋彝器圖錄》[④]，收器 175 件。前半部分爲器物照片與銘文拓本，後半根據圖像序號記錄器物信息，如器名、尺寸、銘文釋文、著錄，部分器物後有考釋。

郭沫若于 1931 年寫成《兩周金文辭大系》，并于 1935 年增訂作《兩周金文辭大系圖錄攷釋》[⑤]，共收銅器 511 件，其中食器 306 件。編排上一改之前著錄以器類爲序的方式，西周諸器以王世紀年排列次序，東周以列國國別分類，銘文考釋同時也對兩周歷史進行考證。

吳闓生集釋《吉金文錄》[⑥]，1933 年初版刊行，收銅器 414 件。全書只錄定名與銘文釋文，釋文間有吳氏對銘文的考釋。同年有劉承幹輯錄《希古樓金石萃編》[⑦]十卷，收集三代彝器及後世雜器，其中食器有“鼎”“鬲”“瓺”“敼（簋）”“彝”“簠”“簋（盨）”共 123 件，將掃父昶朝鑪誤釋爲“鑪”，歸爲食器。“彝”中又收鼎、卣等器。

劉體智《小校經閣金石文字》[⑧]（1935 年）十八卷，收三代銅器、秦漢至晉唐諸器 6456 件，不過僞器較多，《銘圖》實收其中商周食器 1318 件。體例爲先列器物定名，後附銘文拓本、釋文，少數器附有前人考釋。

于省吾《雙劍誃吉金圖錄》[⑨]兩卷，1934 年出版，收錄 115 件器物，上卷收

---

① 容庚：《頌齋吉金圖錄》1933 年考古學社專集第八種影印本，《金文文獻集成》第 19 冊，北京：綫裝書局，2005 年。

② 容庚：《頌齋吉金續錄》1938 年考古學社專集第十四種影印本，《金文文獻集成》第 19 冊，北京：綫裝書局，2005 年。

③ 容庚：《海外吉金圖錄》1935 年考古學社專集影印本，《金文文獻集成》第 20 冊，北京：綫裝書局，2005 年。

④ 容庚：《善齋彝器圖錄》1936 年燕京大學哈佛燕京學社影印本，《金文文獻集成》第 20 冊，北京：綫裝書局，2005 年。

⑤ 郭沫若：《兩周金文辭大系圖錄考釋》1957 年科學出版社影印本，《金文文獻集成》第 21 冊，北京：綫裝書局，2005 年。

⑥ 吳闓生：《吉金文錄》，香港：萬有圖書公司，1968 年。

⑦ 劉承幹：《希古樓金石萃編》，北京：文物出版社，1982 年。

⑧ 劉體智：《小校經閣金石文字（引得本）》，臺北：大通書局，1979 年。

⑨ 于省吾：《雙劍誃吉金圖錄》1934 年影印本，《金文文獻集成》第 20 冊，北京：綫裝書局，2005 年。

商周食器"鼎""甗""簋""毁（簠）""勺"，計 16 件。體例類似《善齋彝器圖錄》，圖像與拓片在前，器物定名與考釋等集中著于卷後。1940 年于省吾補前書之漏闕又作《雙劍誃古器物圖錄》[①]，除銅器外又有玉石、甲骨等，銅食器共 13 件，定名前會加"商""周""列國"等時代、國別信息。1957 年，于先生又輯錄《商周金文錄遺》[②]，專收《三代吉金文存》未收之器，共計 616 件，與其他著錄重複者，則會目錄中注明。與《三代》體例類似，僅有器物定名（目錄）與拓本（正文）。1980 年，周法高又增補《三代吉金文存》與《商周金文錄遺》作《三代吉金文存補》[③]，收器千件，《銘圖》收食器 311 件。

1935 年，有商承祚《十二家吉金圖錄》[④]收器 169 件，以所收器物的藏家姓氏筆畫多寡爲次序，除器物照片外還拓有銘文并附花紋，無銘者僅有花紋，器後有考釋。

陳夢家編《海外中國銅器圖錄》[⑤]兩集，共收錄 1934 年袁同禮出訪歐美所見銅器 310 件，首次將器物按功用分爲烹飪器（"鼎""鬲""甗"）、盛食器（"毁""盨""簋""彝""盂""豆""敦"）、溫酒器、盛酒器、調挹器、承器、盥器等，其中食器 66 件，《銘圖》實收 3 件。體例上前半部分爲圖序與器名，僅以編號與器形爲名而不以銘文定之，再簡要描述形制，後半部分爲器物照片，書末附有銘文。其中下編爲手稿，多附陳氏的考釋。同樣收錄海外銅器的還有 1962 年出版的《美帝國主義劫掠的我國殷周銅器集錄》[⑥]，收錄流散美國的銅器共 845 件，以器類爲順序，收銅食器"鼎""鬲""甗""簋""盨""簠""豆""敦""盂""鋪""勺" 301 件，《銘圖》實收其中 171 件。前半部分爲器物説明，包含著錄、形制、年代、藏者、材質等信息，後半爲器物銘文與照片，不錄考釋。器物定名以全銘或作器者命名，無銘者則僅錄編號。另外，還有巴納、張光裕編《中日歐美澳紐所見所拓所摹金文彙編》[⑦]收器 1813 件，錄有銘文拓片、中英文器物定名與著錄情況。大體以器類、銘文多寡爲次序，若有多器器形、銘文相同或相近，則歸并爲一件器，《銘圖》實收其中食器 506 件。

① 于省吾：《雙劍誃古器物圖錄》，北京：中華書局，2009 年。

② 于省吾：《商周金文錄遺》，北京：中華書局，2009 年。

③ 周法高：《三代吉金文存補》1980 年臺聯國風出版社影印本，《金文文獻集成》第 26 冊，北京：綫裝書局，2005 年。

④ 商承祚：《十二家吉金圖錄》1935 年哈佛燕京學社影印本，《金文文獻集成》第 20 冊，北京：綫裝書局，2005 年。

⑤ 陳夢家：《海外中國銅器圖錄》，北京：中華書局，2017 年。

⑥ 中國社會科學院考古研究所：《美帝國主義劫掠的我國殷周銅器集錄》，北京：科學出版社，1963 年。

⑦ 巴納、張光裕：《中日歐美澳紐所見所拓所摹金文彙編》1978 年藝文印書館排印本，《金文文獻集成》第 26 冊，北京：綫裝書局，2005 年。

王獻唐所輯《國史金石志稿》[①]收錄清末至 20 世紀 40 年代未著録的出土金石材料，于 2004 年整理出版，共計 4854 件。該書分食器爲食器（"簋""盨""簠""𢇃""豆""盌""會"）與烹飪器（"鼎""鬲""甗""鍑""釜""錡""銚""銷""錪鏤""鐎斗"），共計 1235 件，部分是秦漢後的器物。著有器名、器形圖、銘文拓本、釋文、著録與校記。

嚴一萍所編《金文總集》[②]，出版于 1983 年，收録銅器 8021 件（不含 2 件陶範）。以器類爲序，收銘文拓片并進行定名，注明著録信息。

唐蘭遺作《西周青銅器銘文分代史徵》[③]于 1986 年出版，收録有銘銅器 176 件，仿《大系》體例按王世系排列，録器物拓片、釋文、譯文與詳細考釋，穆王後諸器考釋較少。1986—1990 年，《商周青銅器銘文選》[④]以是否具有史料研究價值爲選器標準選取商周有銘銅器 925 件，次序上西周按王世，東周按國別排列，前兩卷爲拓片，後兩卷爲考釋。1993—1998 年，《中國青銅器全集》[⑤]十六卷出版，所收銅器同樣按時代、地域劃分，以考古發掘品爲主，間有重要傳世品。無銘器以紋飾定名，有銘器以銘文或作器者命名。

1994 年，《殷周金文集成》[⑥]十八册出版，共收商周銅器 11983 件，以器物銘文爲主體，包括定名、銘文拓片、釋文。對器物的定名首次作了規範，有銘銅器，以作器者定名，習慣的舊稱則注于目録。該書收器數目巨大，編纂有序，并使用了相對嚴謹的銅器命名規範，其體例多爲之後著録所采。2006 年又出版了《殷周金文集成（修訂增補本）》[⑦]八册，器物數量擴充至 12113 件，爲戰國的不清晰拓本增加了摹本。

2002 年，劉雨、盧岩《近出殷周金文集録》[⑧]四册出版，收集《殷周金文集成》之後截至 1999 年的銅器圖録與考古報告諸器，共計 1354 件。該書將食器劃分爲"鬲""甗""鼎""簋""盨""簠""敦""豆"，凡 444 器。劉雨、汪濤鑒于《殷周金文集成》對海外銅器收録的滯後，于 2007 年出版了《流散歐美殷周有銘青銅器集録》[⑨]，收録富士比、佳士得拍賣行所録銅器 350 件，其中食器 115 件。2010 年，劉雨、嚴志斌又出版了《近出殷周金文集録二編》[⑩]四册，

① 王獻唐：《國史金石志稿》，青島：青島出版社，2004 年。

② 嚴一萍：《金文總集》，臺北：藝文印書館，1983 年。

③ 唐蘭：《西周青銅器銘文分代史徵》，北京：中華書局，1986 年。

④ 上海博物館商周青銅器銘文選編寫組：《商周青銅器銘文選》，北京：文物出版社，1986—1990 年。

⑤ 中國青銅器全集編委會：《中國青銅器全集》，北京：文物出版社，1993—1998 年。

⑥ 中國社會科學院考古研究所：《殷周金文集成》，北京：中華書局，1994 年。

⑦ 中國社會科學院考古研究所：《殷周金文集成（修訂增補本）》，北京：中華書局，2007 年。

⑧ 劉雨、盧岩：《近出殷周金文集録》，北京：中華書局，2002 年。

⑨ 劉雨、汪濤：《流散歐美殷周有銘青銅器集録》，上海：上海辭書出版社，2007 年。

⑩ 劉雨、嚴志斌：《近出殷周金文集録二編》第一册，北京：中華書局，2010 年。

食器的劃分統置爲兩類——蒸煮食器類（"鬲""甗""鼎"）與盛置食器類（"簋""盨""簠""敦""豆""鎣""匕"），共計 432 件。

2004 年，陳佩芬出版《夏商周青銅器研究》[①]三編，收録銅器 600 餘件（組），大多數是傳世品。著録器物圖片、時代、器名、形制、銘文、紋飾、考釋。

2006 年鍾柏生等編撰《新收殷周青銅器銘文暨器影彙編》[②]三編，同樣增補《殷周金文集成》的缺漏與新出銅器，編排次序依據考古學的原則，優先依出土地排序，下編則以現藏地排序，收器 2005 件，其中食器 632 件。

吳鎮烽于 2012—2020 年出版《商周青銅器銘文暨圖像集成》[③]《商周青銅器銘文暨圖像集成續編》[④]及《商周青銅器銘文暨圖像集成三編》[⑤]，分別共計收録商周有銘銅器 16704 件、1511 件、1772 件，著有器物圖像、銘文拓片、釋文、時代、出土時地、收藏者、尺度重量、形制、著録信息。在兼收傳世器、出土器、拍賣私藏器的基礎上，不斷更新材料，辨明僞器，爲本書的自名、定名研究提供了材料來源。

2018 年出版《中國出土青銅器全集》[⑥]20 册，收近 30 年（截至 2018 年）新出主要銅器，加上以往所出重要銅器共計 5032 件，按照銅器出土地分類編次，其中有銘青銅食器 464 件。著録器形圖像、銘文拓片、時代、尺度重量、出土及收藏信息、形制，有銘文者則書以寬式釋文。

1.3.2　發掘報告類

《新鄭彝器》[⑦]（1937 年）是較早的考古發掘報告，收録食器稱"烹飪器及食器"，收鼎 16 件，鬲 11 件，甗 1 件，段 10 件，盨 3 件，均無銘文。本書已經正確地定名了盨與簠器。其中一件簠，提及"舊名爲錥，今改作段"，定名依其紋飾而作。[⑧]《濬縣彝器》[⑨]（1937 年）收食器 10 件，其中有銘文的 3 件，一件"白作彝甗"，《銘圖》定爲"伯甗"。

---

① 陳佩芬：《夏商周青銅器研究》，上海：上海古籍出版社，2004 年。

② 鍾柏生、陳昭容、黄銘崇等：《新收殷周青銅器銘文暨器影彙編》，臺北：藝文印書館，2006 年。

③ 吳鎮烽：《商周青銅器銘文暨圖像集成》，上海：上海古籍出版社，2012 年。

④ 吳鎮烽：《商周青銅器銘文暨圖像集成續編》，上海：上海古籍出版社，2016 年。

⑤ 吳鎮烽：《商周青銅器銘文暨圖像集成三編》，上海：上海古籍出版社，2020 年。

⑥ 靳非、梅鵬雲、陳永志主編：《中國出土青銅器全集》，北京：科學出版社，2018 年。

⑦ 孫海波：《新鄭彝器》1937 年考古學社專刊第十九種影印本，《金文文獻集成》第 21 册，北京：綫裝書局，2005 年。

⑧ 孫海波：《新鄭彝器》1937 年考古學社專刊第十九種影印本，《金文文獻集成》第 21 册，北京：綫裝書局，2005 年，第 573 頁。

⑨ 孫海波：《濬縣彝器》1937 年初版影印本，《金文文獻集成》第 21 册，北京：綫裝書局，2005 年。

《輝縣發掘報告》[①]（1956 年）所收食器均未著銘文。收錄 5 件鼎，其中一件稱作"鬲鼎"，即後來所謂"分襠鼎"；鬲 1 件，"甑鬴" 1 件，"鬴"即鬲演變爲釜形之器，《銘圖》定爲甗器，如《銘三》之"襄安甗""公乘斯甗"等；"簋" 2 件，據器形與描述看，應當是"敦"（見圖 11）。

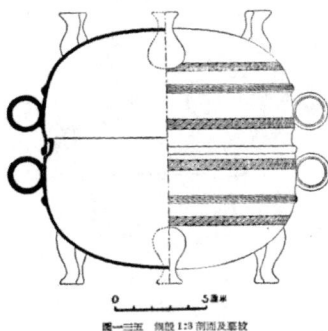

圖 11 《輝縣發掘報告》例

《壽縣蔡侯墓出土遺物》[②]（1956 年）著録食器 62 件。有 17 件蔡侯申鼎依據自名稱其爲"鯆""鯆""鼎"，實際公布其中了 3 件的銘文拓本；鬲 8 件，無銘文；一件無銘"炊器"（見圖 12），未定名；15 件匕，2 件勺，無銘文；8 件簋，4 件瑚，均見于《銘圖》，作"蔡侯毀簋""蔡侯毀簠"；敦、豆、"簿（鋪）"各 2件，未著銘文。

1. "炊器" 6 （約1/6）

圖 12 《壽縣蔡侯墓出土遺物》例

《長沙發掘報告》[③]（1957 年）收錄 4 件鼎，1 件敦，均無銘文。

《洛陽中州路（西工段）》[④]（1959 年）收錄了無銘鼎 17 件，甗 1 件，簋 7 件，瑚 2 件，豆 8 件。

[①] 中國社會科學院考古研究所：《輝縣發掘報告》，北京：科學出版社，1956 年，第 23-131 頁。

[②] 安徽省文物管理委員會、安徽省博物館：《壽縣蔡侯墓出土遺物》，北京：科學出版社，1956 年，第 6-8 頁。

[③] 中國社會科學院考古研究所：《長沙發掘報告》，北京：科學出版社，1957 年，第 28-39 頁。

[④] 中國社會科學院考古研究所：《洛陽中州路（西工段）》，北京：科學出版社，1959 年，第 57-92 頁。

《上村嶺虢國墓地》^①（1959 年）收録 66 件鼎，22 件鬲，4 件甗，33 件簋，6 件豆，2 件瑚，未著銘文。其中有一"帶流小鼎"，即匜鼎；有一件無分襠并無空足的甗器，與分襠鼎同爲鼎、鬲相互影響的産物；有一件"獸形豆"，應是非實用的祭器或明器（見圖 13）。

图一一　銅獸形豆 1704:19（1/6）

圖 13　獸形豆

《灃西發掘報告》^②（1959 年）收録鼎 2 件，簋 2 件，方甗 1 件，均是無銘文的明器。

《濬縣辛村》^③（1964 年）公布了該地出土的部分銅食器，僅稱其器類名而未定名。其中鼎 5 件，1 件有銘，定爲"𣄴父辛鼎"；無銘簋 4 件，有銘甗 2 件，爲《銘圖》的"冉甗"和"伯甗"，有銘鬲 1 件，《銘圖》稱"衛夫人鬲"。

《曲阜魯國故城》^④（1982 年）所收銅器均只定名爲"銅鼎""銅簋"等。收録了 14 件銅鼎，其中 2 件有銘文，《銘圖》僅録 1 件，定爲"魯仲齊鼎"；收有銘甗 1 件，《銘圖》收并定爲"魯仲齊甗"；盨 6 件，其中 3 件有銘文，《銘圖》定爲"魯司徒仲齊盨"（兩件）與"魯伯悆盨"；簋 5 件，均無銘文；1 件有銘銅瑚，《銘圖》定作"妹仲簠"。

《江陵雨臺山楚墓》^⑤（1984 年）收録出土無銘銅鼎 18 件。

《信陽楚墓》^⑥（1984 年）僅收無銘銅鼎 5 件，銅勺 6 件，其餘食器以漆木、陶器居多。但是同墓出土遣策對隨葬器物名稱多有著録，有重要參考價值。

《槀城臺西商代遺址》^⑦（1985 年）收録無銘銅鼎 5 件，鬲 2 件。

《寶鷄強國墓地》^⑧（1988 年）收鼎 47 件，14 件有銘；鬲 13 件，6 件有銘；

① 中國社會科學院考古研究所：《上村嶺虢國墓地》，北京：科學出版社，1959 年，第 13-17 頁。

② 中國社會科學院考古研究所：《灃西發掘報告》，北京：文物出版社，1959 年，第 134 頁。

③ 郭寶鈞：《濬縣辛村》，北京：科學出版社，1964 年，第 34-37 頁。

④ 山東省文物考古研究所、山東省博物館等：《曲阜魯國故城》，濟南：齊魯書社，1982 年，第 107-150 頁。

⑤ 中國社會科學院考古研究所：《江陵雨臺山楚墓》，北京：文物出版社，1984 年，第 71 頁。

⑥ 中國社會科學院考古研究所：《信陽楚墓》，北京：文物出版社，1984 年，第 47 頁。

⑦ 河北省文物研究所：《槀城臺西商代遺址》，北京：文物出版社，1985 年，第 117 頁。

⑧ 盧連成、胡智生：《寶鷄強國墓地》，北京：文物出版社，1988 年，第 17-372 頁。

甗 5 件，2 件有銘；簋 37 件，14 件有銘；無銘豆 5 件。定名采用"器主（優先受器者）＋形制＋器名"的形式，如弭伯爲妻子井姬所作諸鼎，分別定爲"井姬方鼎""井姬附耳鼎""井姬圓鼎""井姬獨柱帶盤灾鼎"。所謂"獨柱帶盤灾鼎"，《銘圖》01734 依銘文定作"弭伯鼎"，自名爲"灾鼎"，器形爲一獨柱鼎支撐于三足盤上，報告分析稱是一種温器（見圖 14）。

圖 14　弭伯鼎（灾鼎）

《曾侯乙墓》[①]（1989 年）收録銅食器 73 件，大多都有"曾侯乙作時用終"的銘文，而無自載器名。其中兩件大鼎，報告依據鼎内的牲體、使用痕迹與傳世文獻記載定爲"鑊"；同出的帶環形提手的鼎鈎，依據《説文解字》稱爲"鉻"；9 件束腰大平底鼎依器形與淅川下寺和壽縣出土的類似鼎的自名，將其定名爲"鼎"；11 件鬲，有 9 件爲一組，《銘圖》并收作一條；2 件淺盤豆，没有定作"籩""鋪"，而是依傳統稱法作"豆"；有 10 件無銘鼎形器，報告依傳世文獻所述——無耳鼎謂"錯"，將這類鼎形器稱之爲"錯"；14 件"匕"，形制各異，有類似鍋鏟形者（見圖 15）。

圖 15　鼎形器與所附之匕[②]

《包山楚墓》[③]（1991 年）載青銅食器共 20 件鼎，瑚、敦各 2 件，甗 1 件，均

---

① 中國社會科學院考古研究所：《曾侯乙墓》，北京：文物出版社，1989 年，第 191-217 頁。
② 照片參見《曾侯乙墓》圖版五六（LVI）。
③ 湖北省荆沙鐵路考古隊：《包山楚墓》，北京：文物出版社，1991 年，第 96-318 頁。

無銘文。其同墓出土遺策中對該器物名稱均有記載，雖非器物自載器名，但對有自名器物的自名研究有非常重要的參考價值。

《淅川下寺春秋楚墓》^①（1991 年）收錄 102 件銅鼎，無銘文的依據有自名的器物補錄并將其定名爲"黐鼎""鼒鼎""澵鼎""斮鼎"，并于其上贅加器主名（若有），其中一件器物自名爲"浴巽"，定作"倗浴巽鼎"，《銘圖》02221 作"楚叔之孫倗鼎"，差異較大；鬲 5 件，4 件有銘文，其中 2 件因作器者名被刮去而因其自名定爲"薦鬲"，《銘圖》從此名；瑚 17 件，均依照"作器者＋修飾語＋器名"的形式定名，如"何次飤簠"與"何次餴簠"（《銘圖》因銘文"飤"誤釋作"餴"，均作何次簠）；簋 3 件，2 件有銘的稱"鄯子倗簋"，《銘圖》收 1 件；另有無銘的豆 1 件，匕 9 件。

《當陽趙家湖楚墓》^②（1992 年）收錄無銘鼎 10 件，簋 8 件，敦 3 件。

《陝縣東周秦漢墓》^③（1994 年）公布東周無銘銅鼎 39 件，鬲 5 件，甗 3 件，豆 33 件，簋 2 件，瑚 4 件，敦 3 件，勺 5 件，匕 4 件。其中一件叉形器依傳世文獻稱爲"畢"。

《上馬墓地》^④（1994 年）收 44 件銅鼎，4 件甗，2 件鬲，4 件瑚，8 件敦，13 件豆，均無銘文。

《琉璃河西周燕國墓地：1973—1977》^⑤（1995 年）收錄 17 件銅鼎，9 件有銘文，定名對于疑難字均不隸定，僅描畫字形，如"𩁹父丙鼎"；11 件簋，7 件有銘，其中 1 件定爲"伯丁庚簋"，《銘圖》定爲"伯夒簋"；鬲 9 件，2 件有銘，爲伯矩鬲、麥鬲；有銘甗 2 件，定爲"戈父甲甗""圉甗"。

《響墓——戰國中山國國王之墓》^⑥（1996 年）收錄的銅食器中包含 16 件鼎，其中一件爲"中山王響鼎"，其餘無銘文；4 件鬲，物勒工名而無自名；1 件無銘甗，4 件豆，兩兩爲對，每對之一刻有工名；4 件瑚，其中一對刻有工名。

《安陽殷墟郭家莊商代墓葬：1982—1992 年考古發掘報告》^⑦（1998 年）公布

---

① 河南省文物研究所等：《淅川下寺春秋楚墓》，北京：文物出版社，1991 年，第 6-302 頁。

② 湖北省宜昌地區博物館、北京大學考古系：《當陽趙家湖楚墓》，北京：文物出版社，1992 年，第 114-124 頁。

③ 中國社會科學院考古研究所：《陝縣東周秦漢墓》，北京：科學出版社，1994 年，第 42-59 頁。

④ 山西省考古研究所：《上馬墓地》，北京：文物出版社，1994 年，第 29-58 頁。

⑤ 北京市文物研究所：《琉璃河西周燕國墓地：1973—1977》，北京：文物出版社，1995 年，第 102-165 頁。

⑥ 河北省文物研究所：《響墓——戰國中山國國王之墓》，北京：文物出版社，1996 年，第 110-118 頁。

⑦ 中國社會科學院考古研究所：《安陽殷墟郭家莊商代墓葬：1982—1992 年考古發掘報告》，北京：中國大百科全書出版社，1998 年，第 35-84 頁。

6 件銅鼎，其中 3 件有銘文，報告未予定名；1 件無銘甗，4 件簋中 1 件爲 "亞窦址鼎"。[①]另外，其中一件簋中出現了動物的肩胛骨及肋骨，是證簋不僅僅是盛黍稷稻粱，亦可用以盛肉食。

《洛陽北窑西周墓》[②]（1999 年）收 14 件鼎，3 件有銘文，定爲 "𤰈鼎" "史疐鼎" "旨鼎"；無銘鬲 2 件，簋 12 件（包含 3 件無銘簋蓋），6 件有銘，其中一件銘文曰 "作寶彝"，報告定爲 "方座簋"，另有 "口肇簋" 1 件，《銘圖》漏收。

《張家坡西周墓地》[③]（1999 年）收錄食器均未定名，僅稱銅鼎、鬲等。其中鼎 31 件，9 件公布了銘文，《銘圖》收之；無銘鬲 2 件，有銘甗 2 件，《銘圖》定作 "孟員甗" "就覞甗"；簋 15 件，其中寶尊彝簋《銘圖》重收，另有 4 件有銘文簋，《銘圖》定爲 "憲仲簋" "咸簋" "孟狂父簋" "伯簋"；2 件無銘匕。

《三門峽虢國墓》（1999 年）一卷[④]收食器 155 件，其中鼎 58 件，7 件同出組器有銘，定爲 "虢季列鼎"；鬲 33 件，其中有 8 件 "虢季鬲"，2 件 "國子碩父鬲"，1 件 "虢宮父鬲"，其餘無銘文；甗 6 件，只 1 件有銘文，定爲 "小子吉父方甗"；簋 36 件，有 6 件爲 "虢季簋"，其餘無銘文；有銘虢季盨組器，計 4 件；"匜" 器 9 件，3 件有銘，其中 "虢季匜" 2 件（《銘圖》僅收 1 件），"虢碩父匜" 1 件；"甫"（鋪）器 6 件，2 件有銘，定爲 "虢季甫"。

《鹿邑太清宮長子口墓》[⑤]（2000 年）收錄該墓出土銅鼎 22 件，鬲 2 件，簋 3 件，甗 2 件。除 1 件鼎與 2 件鬲無銘文外，其餘均有銘文。因器形、銘文相同的組器（一般爲五件）報告只發布其中兩件，《銘圖》收其中 10 件。其定名方式與《寶雞強國墓地》類似，結合器主與形制爲器物定名，以在同書中區分不同的器物，如 "長子口連體甗" 與 "子口方座分體甗"。

《鄭州商城：1953—1985 年考古發掘報告》[⑥]（2001 年）收錄 14 件鼎，7 件鬲，均無銘文。

《荆州天星觀二號楚墓》[⑦]（2003 年）收無銘銅鼎 15 件，鬲、簋、豆各 5 件，敦 2 件。

---

① 《銘圖》對 "亞址" 使用未能統一，有稱 "亞址鼎"，有稱 "亞窦止鼎"，當并作 "址"。

② 洛陽市文物工作隊：《洛陽北窑西周墓》，北京：文物出版社，1999 年，第 73-280 頁。

③ 中國社會科學院考古研究所：《張家坡西周墓地》，北京：中國大百科全書出版社，1999 年，第 132-166 頁。

④ 河南省文物考古研究所、三門峽市文物工作隊：《三門峽虢國墓》第一卷，北京：文物出版社，1999 年，第 30-475 頁。

⑤ 河南省文物考古研究所、周口市文化局：《鹿邑太清宮長子口墓》，鄭州：中州古籍出版社，2000 年，第 57-79 頁。

⑥ 河南省文物考古研究所：《鄭州商城：1953—1985 年考古發掘報告》，北京：文物出版社，2001 年，第 796-803 頁。

⑦ 湖北省荆州博物館：《荆州天星觀二號楚墓》，北京：文物出版社，2003 年，第 33-58 頁。

《臨猗程村墓地》^①（2003 年）收無銘銅鼎 39 件，簋 6 件，敦 12 件，豆 7 件，甗 6 件。

《固始侯古堆一號墓》^②（2004 年）收鼎 9 件，均無銘文；"宋公欒簠" 2 件，《銘圖》并于一項；有銘銅方豆 1 件，未予定名。

《戰國中山國靈壽城：1975—1993 年考古發掘報告》^③（2005 年）收鼎 18 件，鬲 4 件，甗 3 件，豆 6 件，瑚 2 件，敦 2 件，無銘文。鼎類依傳世文獻所述對其分類，如列鼎、陪鼎。

《滕州前掌大墓地》^④（2005 年）公布出土銅食器 34 件，其中有銘文的爲 10 件 "史鼎"，4 件 "史甗"，"戈鼎""史簋""殳鬲""史鬲" 各一。

《棗陽郭家廟曾國墓地》^⑤（2005 年）收錄 13 件鼎，3 件有銘，2 件 "曾亘嫚非彔鼎"，1 件 "衛伯須銅鼎"；無銘鬲 1 件，簋 6 件；3 件瑚，1 件有銘，爲 "曾孟嬴剈簠"。

《吳城：1973—2002 年考古發掘報告》^⑥（2005 年）收錄 1 件無銘銅鼎。

《襄陽王坡東周秦漢墓》^⑦（2005 年）收錄鼎 16 件，簋 6 件，其中 3 件鼎有銘文，未作定名，《銘圖》收之，定作 "扄鼎""盛氏官鼎""鄧公孫無殹鼎"。

《新鄭鄭國祭祀遺址》^⑧（2006 年）收 45 件銅鼎，45 件鬲，32 件簋，4 件豆，無銘文。器物組合遵照九鼎、九鬲、八簋、一豆，反映了當時鄭國祭祀的制度。

《梁帶村芮國墓地：2007 年度發掘報告》^⑨（2007 年）收鼎 10 件，其中 2 件有銘，爲畢伯鼎、虢季鼎；簋 9 件，2 件有銘，"隥簋" 1 件，"癸簋蓋" 1 件（《銘圖》未收）；無銘鬲 4 件，甗 1 件。

《安陽殷墟花園莊東地商代墓葬》^⑩（2007 年）公布 17 件鼎，其中有 4 件亞長鼎，其中 M54.181《銘圖》未收，另有銘文作 "亞囗" 的 M54.172、M54.167 亦未見于《銘圖》；1 件亞長甗，無銘簋、盂、勺各 2 件。

① 中國社會科學院考古研究所等：《臨猗程村墓地》，北京：中國大百科全書出版社，2003 年，第 63-93 頁。

② 河南省文物考古研究所：《固始侯古堆一號墓》，鄭州：大象出版社，2004 年，第 31-42 頁。

③ 河北省文物研究所：《戰國中山國靈壽城：1975—1993 年考古發掘報告》，北京：文物出版社，2005 年，第 259-282 頁。

④ 中國社會科學院考古研究所：《滕州前掌大墓地》，北京：文物出版社，2005 年，第 207-229 頁。

⑤ 襄樊市考古隊、湖北省文物考古研究所、湖北孝襄高速公路考古隊：《棗陽郭家廟曾國墓地》，北京：科學出版社，2005 年，第 62-242 頁。

⑥ 江西省文物考古研究所等：《吳城：1973—2002 年考古發掘報告》，北京：科學出版社，2005 年，第 362 頁。

⑦ 湖北省文物考古研究所、襄樊市考古隊、襄陽區文物管理處：《襄陽王坡東周秦漢墓》，北京：科學出版社，2005 年，第 30-158 頁。

⑧ 河南省文物考古研究所：《新鄭鄭國祭祀遺址》，鄭州：大象出版社，2006 年，第 117-203 頁。

⑨ 陝西省考古研究院等：《梁帶村芮國墓地：2007 年度發掘報告》，北京：文物出版社，2007 年，第 17-185 頁。

⑩ 中國社會科學院考古研究所：《安陽殷墟花園莊東地商代墓葬》，北京：科學出版社，2007 年，第 48-240 頁。

　　《益陽楚墓》^①（2008 年）收錄 15 件銅鼎，2 件敦與 1 件瑚，均是明器，無自載銘文。

　　《沅水下游楚墓》^②（2010 年）收錄 4 件銅鼎，其中 3 件可見銘文，但無自名，《銘圖》依銘文收作"正陽鼎"與"中陽王鼎"（發掘報告載 2 件，《銘圖》僅收 1 件）。

　　《鳳陽大東關與卜莊》^③（2010 年）收無銘鼎 3 件，敦、甗、豆各 1 件。

　　《平頂山應國墓地 I》^④（2012 年）所收食器分爲發掘報告部分與早先出土的部分。發掘報告收錄 16 件銅鼎，7 件有銘文，分別定爲"无鼎""應事鼎""伯鼎""應叔方鼎""叟鼎""應侯鼎"等；簋 11 件，3 件有銘，依作器者定名爲"柞伯簋""應事簋""伯㝬簋"；"應侯再盨" 1 件，"應監甗""應侯甗"各 1 件。同時本書還收傳世與其他著錄的銅器，在器物定名方面頗有創見。如"應公鼎"3 件，爲區別稱名，綜合使用銘文字數、紋飾、序號作區分，定爲"十六字應公鼎甲""雙弦紋應公鼎"等。"應侯作某簋"因爲受器者不同，定名中贅加受器者名如"應侯作生杙姜簋""應侯作姬原母簋"。《銘圖》誤將兩件分別失蓋、器的簋組合爲"應侯視工簋"，報告也分而定爲"應侯作姬原母簋乙（失蓋）"與"應侯視工簋蓋丙"。

　　《臨淄齊故城》^⑤（2013 年）收錄了 4 件簋與 1 件盂，無銘文。

　　《安陽大司空：2004 年發掘報告》^⑥（2014 年）公布同鼎 14 件，其中馬𢼊鼎 7 件，《銘圖》重出 1 件；M58.4、M215.12 兩件有銘鼎《銘圖》未收；2 件馬𢼊簋只著錄了 1 件拓本，3 件簋中有 2 件從器形來看疑是盂（見圖 16）。

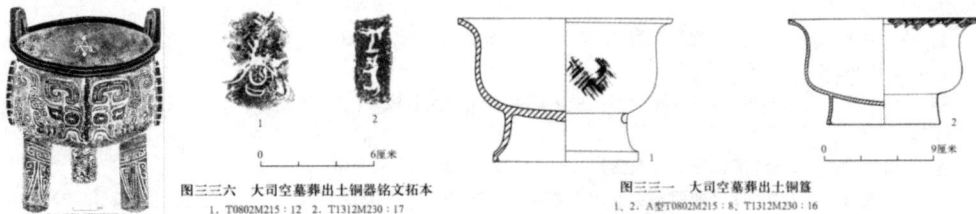

図三三六　大司空墓葬出土銅器銘文拓本
1. T0802M215：12　2. T1312M230：17

図三三一　大司空墓葬出土銅簋
1、2. A型T0802M215：8、T1312M230：16

圖 16　《安陽大司空：2004 年發掘報告》例

---

① 益陽市文物管理處、益陽市博物館：《益陽楚墓》，北京：文物出版社，2008 年，第 126-136 頁。

② 湖南省常德市文物局：《沅水下游楚墓》，北京：文物出版社，2010 年，第 601-602 頁。

③ 安徽省文物考古研究所、鳳陽縣文物管理所：《鳳陽大東關與卜莊》，北京：科學出版社，2010 年，第 16-53 頁。

④ 河南省文物考古研究所、平頂山市文物管理局：《平頂山應國墓地 I》，鄭州：大象出版社，2012 年，第 149-732 頁。

⑤ 山東省文物考古研究所：《臨淄齊故城》，北京：文物出版社，2013 年，第 527 頁。

⑥ 中國社會科學院考古研究所：《安陽大司空：2004 年發掘報告》，北京：文物出版社，2014 年，第 356-410 頁。

《西戎遺珍：馬家原戰國墓地出土文物》①（2014年）收錄 11 件無銘銅食器，其中鼎、鬲各2件，甗4件，敦、盆、釜各1件。

《鳳翔孫家南頭：周秦墓葬與西漢倉儲建築遺址發掘報告》②（2015年）收無銘銅鼎11件，簋、甗各2件。

《安陽殷墟：戚家莊東商代墓地發掘報告》③（2015年）中的銅食器均未予定名。收錄8件鼎，其中5件有銘，《銘圖》收并定作"田廾鼎"、"爰鼎"（3件）、"疋未鼎"；4件簋，其中2件有銘，《銘圖》收并定作"宁葡簋""爰簋"；另有2件無銘甗器。

除發掘報告以外，還有各地博物館、文物局、考古研究所等對當地出土或收藏的銅器的整理，不再贅言。列簡目如下：

1964年，上海博物館《上海博物館藏青銅器》；④

1979年，陝西省考古研究所等《陝西出土商周青銅器》；⑤

1981年，河南出土商周青銅器編輯組《河南出土商周青銅器》；⑥

1985年，北京圖書館金石組《北京圖書館藏青銅器銘文拓本選編》；⑦

1987年，安徽省博物館《安徽省博物館藏青銅器》；⑧

1989年，吳鎮烽《陝西金文彙編》；⑨

1995年，國家文物局主編《中國文物精華大辭典·青銅卷》；⑩

1998年，臺北故宮博物院編輯委員會《故宮商代青銅禮器圖錄》；⑪

1999年，保利藝術博物館《保利藏金》；⑫

---

① 甘肅省文物考古研究所：《西戎遺珍：馬家原戰國墓地出土文物》，北京：文物出版社，2014年，第114-138頁。

② 陝西省考古研究院等：《鳳翔孫家南頭：周秦墓葬與西漢倉儲建築遺址發掘報告》，北京：科學出版社，2015年，第339-340頁。

③ 安陽市文物考古研究所：《安陽殷墟：戚家莊東商代墓地發掘報告》，鄭州：中州古籍出版社，2015年，第123-217頁。

④ 上海博物館：《上海博物館藏青銅器》，北京：文物出版社，1964年。

⑤ 陝西省考古研究所等：《陝西出土商周青銅器》1979年文物出版社鉛印本，《金文文獻集成》第22冊，北京：綫裝書局，2005年。

⑥ 河南出土商周青銅器編輯組：《河南出土商周青銅器》，北京：文物出版社，1981年。

⑦ 北京圖書館金石組：《北京圖書館藏青銅器銘文拓本選編》1985年文物出版社影印本，《金文文獻集成》第26冊，北京：綫裝書局，2005年。

⑧ 安徽省博物館：《安徽省博物館藏青銅器》，上海：上海人民美術出版社，1987年。

⑨ 吳鎮烽：《陝西金文彙編》三秦出版社1989年8月第一版，《金文文獻集成》第27冊，北京：綫裝書局，2005年。

⑩ 國家文物局主編：《中國文物精華大辭典·青銅卷》，上海：上海辭書出版社，香港：商務印書館（香港），1995年。

⑪ 臺北故宮博物院編輯委員會：《故宮商代青銅禮器圖錄》，臺北：臺北故宮博物院，1998年。

⑫ 保利藝術博物館：《保利藏金》，廣州：嶺南美術出版社，1999年。

1999 年，故宮博物院《故宮銅器》；[①]

1999 年，吳鎮烽主編《中華國寶——陝西珍貴文物集成·青銅器卷》；[②]

2001 年，保利藝術博物館《保利藏金（續）》；[③]

2001 年，臺北故宮博物院《故宮西周金文錄》；[④]

2002 年，北京市文物局《北京文物精粹大系·青銅器卷》；[⑤]

2005 年，曹瑋主編《周原出土青銅器》；[⑥]

2007 年，山東省博物館《山東金文集成》；[⑦]

2008 年，旅順博物館《旅順博物館館藏文物選粹·青銅器卷》；[⑧]

2008 年，首陽齋、上海博物館、香港中文大學文物館《首陽吉金：胡盈瑩、范季融藏中國古代青銅器》；[⑨]

2008 年，中國社會科學院考古研究所、安陽市文物考古研究所《殷墟新出土青銅器》；[⑩]

2009 年，陝西省考古研究院《陝北出土青銅器》；[⑪]

2014 年，中國美術全集編委會《中國美術全集·工藝美術編·青銅器》；[⑫]

2016 年，張天恩主編《陝西金文集成》。[⑬]

2　青銅食器著錄定名特點總結

2.1　器類名

宋人首次系統對食器進行分類，如《考古圖》分食器爲“鼎”“鬲”“甗”

---

① 故宮博物院：《故宮銅器》，北京：紫禁城出版社，1999 年。

② 吳鎮烽主編：《中華國寶——陝西珍貴文物集成·青銅器卷》，西安：陝西教育出版社，1999 年。

③ 保利藝術博物館：《保利藏金（續）》，廣州：嶺南美術出版社，2001 年。

④ 臺北故宮博物院：《故宮西周金文錄》，臺北：故宮博物院，2001 年。

⑤ 北京市文物局：《北京文物精粹大系·青銅器卷》，北京：北京出版社，2002 年。

⑥ 曹瑋主編：《周原出土青銅器》，成都：巴蜀書社，2005 年。

⑦ 山東省博物館：《山東金文集成》，濟南：齊魯書社，2007 年。

⑧ 旅順博物館：《旅順博物館館藏文物選粹·青銅器卷》，北京：文物出版社，2008 年。

⑨ 首陽齋、上海博物館、香港中文大學文物館：《首陽吉金：胡盈瑩、范季融藏中國古代青銅器》，上海：上海古籍出版社，2008 年。

⑩ 中國社會科學院考古研究所、安陽市文物考古研究所：《殷墟新出土青銅器》，昆明：雲南人民出版社，2008 年。

⑪ 陝西省考古研究院：《陝北出土青銅器》，成都：巴蜀書社，2009 年。

⑫ 中國美術全集編委會：《中國美術全集·工藝美術編·青銅器》，北京：文物出版社，2014 年。

⑬ 張天恩主編：《陝西金文集成》，西安：三秦出版社，2016 年。

"鬶""敦""簠""**岳**""**匜**""區""鋪"。雖然以現在的眼光看有不少錯誤，但是其開創之功不可磨滅。之後清代直至民國初年，銅器著錄都大體沿用《考古圖》《博古圖》中的器類名，而未產生大的變革。

至容庚《商周彝器通考》對原有器類名進行考定，正式糾正了一直以來稱"須"爲"簠"，稱"簠"爲"敦"的錯誤，將食器劃分爲"鼎""鬲""甗""簋""簠""盨""敦""豆""盧""鏽""俎""匕"，將"盂""盆""甑""盌"歸類爲水器，奠定現代銅器分類學之基本框架。[①]之後的著錄或在此基礎上加以修訂，如調整器用歸類（如將"盆""盂"歸爲食器，"爐"歸爲用器），歸并使用時空範圍較小的器類名（如將"甑"歸入盆類），至今銅器的器類名之定名已經無太大的變動，趨于穩定。

不過隨着新器物、新材料的出現，學界對器類名的修正從未停止。如改"觚"爲"同"[②]，改"鉶"爲"厄"。[③]食器中最重要的器類名修訂，當屬舊稱"簠"的長方斗形器的器類名。這點在自名考釋部分已經有所體現，詳見上文。雖經先輩學者的不斷研究，知其自名對應經典之"瑚"，但稱"簠"之誤由來已久，積重難返，仍有很多學者、著錄依舊定此類器爲"簠"。

器類名的定名，以銅器自名研究爲基礎，至今仍是銅器銘文研究的重要内容，推動着銅器器類定名不斷與時俱進。

2.2　限定詞

我們以自名考釋部分確定的器類名爲分類，以《銘圖》《銘續》《銘三》所著錄的 4400 餘件有自名青銅食器爲材料範圍，記録并整理其在 202 本銅器著録中的定名，製成《商周青銅食器定名表》，目前已收集約 9200 條定名數據。

而對于限定詞規律的總結，用全表的方式不便比較著錄的定名方法。以單一器類爲例，200 多本著作中，往往僅有 10 餘本甚至幾本著録其定名，因而適合將著錄的定名提取出來整理成小表，方便對比總結。

限定詞的定名雖之前未有正式的研究與規範，但是自銅器學發微至今，銅器著録已經大致摸索出一套銅器的定名方法，以區別于同器類的銅器。

---

①　容庚：《商周彝器通考》，臺北：大通書局，1973 年，第 283-373 頁。

②　吳鎮烽：《内史亳丰同的初步研究》，《考古與文物》2010 年第 2 期，第 30-33 頁。

③　李學勤：《釋東周器名卮及有關文字》，《第四屆國際中國古文字學研討會論文集》，香港：香港中文大學，2003 年，第 39-42 頁。

2.2.1　限定詞定名舉例

我們以鼎器爲例，列舉幾件著錄次數較多、具有代表性的食器（多是傳世器），分列其在著錄中的定名，并簡要分析（見表 1 到表 9）。

（1）厚趠鼎

表 1　厚趠鼎（02352）

《續考》	《薛氏》1144	《從古》1854	《攈古》1895	《綴遺》1899	《鬱華閣》1899	《奇觚》1902
父辛鼎	趠鼎（一名趠齍）	周厚趠鼎	趠鼎	趠鼎	趠鼎	趠鼎
《愙齋》1902	《周金》1916	《簠齋》1918	《大系》1932	《小校》1935	《三代》1936	《總集》1983
趠鼎	趠鼎	趠鼎	厚趠齍	厚趠乍文考父辛鼎	趠父辛鼎	厚趠方鼎
《集成》1984	《銘文選》1986	《辭典》1995	《銅全》1996	《夏商周》2004	《陳論集》2016	
厚趠方鼎	厚趠方鼎	厚趠方鼎	厚趠方鼎	厚趠方鼎	厚趠方鼎	

厚趠鼎（《銘圖》02352）是“方鼎”與“鼎”定名之別的典型。此器器形爲方，自名爲“齍”，故《薛氏》于定名後小楷書其別名曰“趠齍”，乃是依其自名稱之。此器作器者爲“厚趠”，宋清著錄均截取“趠”，姓氏“厚”往往略去。郭沫若《大系》采劉體智《善齋吉金錄》作“齍”，同時也補齊了“厚”字。而《三代》選取了非生人的受器者“文考父辛”。現代的著錄有相當一部分稱其爲方鼎，《銘圖》則略去。

（2）師眉鼎

表 2　師眉鼎（02315）

《恒軒》1885	《鬱華閣》1899	《奇觚》1902	《愙齋》1902	《陶齋（續）》1908	《周金》1916
微子鼎	周愙鼎	師眥鼎	愙鼎	愙鼎	愙鼎
《小校》1935	《三代》1936	《斷代》1955	《總集》1983	《集成》1984	《北圖拓》1985
愙鼎一	愙鼎	愙鼎	師𪾢王鼎	𪾢鼎	兄人師眉鼎
《銘文選》1986	《陝金》1989	《銅全》1996	《斷代》2004	《國史金》2004	《陝集成》2016
師眉鼎	眉能王鼎	師眉鼎	愙鼎	周愙鼎	師眉鼎（眉能王鼎、愙鼎、微子鼎）

師眉鼎（《銘圖》02315）的限定詞涉及人名釋讀問題，《恒軒》將銘文首二字"兄釆"讀爲了"微子"，或誤以"客"爲人名，或讀"眉"爲"首"，或嚴式隸定爲"窗"，或如字書"▓"于定名中。這就取決于對非自名銘文部分的釋讀和理解，諸家解讀各異，定名也各異。吳鎮烽《陝集成》和《銘圖》會標明其其他定名，爲不同著錄之間查檢提供了方便，但也造成了定名過長的問題。

（3）十五年趞曹鼎

表3　十五年趞曹鼎（02434）

《周金》1916	《貞松》1930	《大系》1932	《希古》1933	《小校》1935	《三代》1936
趞曹鼎二	趞鬶鼎二	趞曹鼎二	趞鬶鼎二	趞曹鼎二	趞曹鼎又二
《斷代》1955	《彙編》1978	《總集》1983	《集成》1984	《銘文選》1986	《辭典》1995
趞曹鼎二	趞曹鼎（一）	十五年趞曹鼎	十五年趞曹鼎	十五年趞曹鼎	十五年趞曹鼎
《銅全》1996	《斷代》2004	《國史金》2004	《夏商周》2004		
十五年趞曹鼎	趞曹鼎二	周趞曹鼎二	十五年趞曹鼎		

趞曹鼎（《銘圖》02434）的限定詞反映了同人作器，但鑄造年份不同的器物的定名（另一件是"唯王七年"），以及不同著作對限定詞的選取。

早期的著錄對此鼎均以序號標之，《總集》《集成》等著作以年份區別之。現在《銘圖》的定名方法承襲《集成》，將這種同名同作器者但不同批次製造的器物，在定名前加鑄造的年份以示區別。如陳侯午敦有"十四年"和"十年"兩個年份鑄造的，故定名作"十四年陳侯午敦""十年陳侯午敦"（《銘圖》06077—06079）。

（4）大盂鼎

表4　大盂鼎（02514）

《從古》1854	《恒軒》1885	《攗古》1895	《綴遺》1899	《奇觚》1902	《愙齋》1902	《周金》1916
周盂鼎	盂鼎	盂鼎	盂鼎	盂鼎	盂鼎	盂鼎
《大系》1932	《小校》1935	《三代》1936	《斷代》1955	《彙編》1978	《總集》1983	《集成》1984
大盂鼎	盂乍且南公鼎	盂鼎一	大盂鼎	大盂鼎	盂鼎	大盂鼎

续表

《中歷博》 1984	《美全》 1985	《銘文選》 1986	《陝金》 1989	《辭典》 1995	《銅全》 1996	《斷代》 2004
盂鼎	盂鼎	大盂鼎	大盂鼎	盂鼎	大盂鼎	大盂鼎

《百年》 2014	《甲金粹》 2015	《陝集成》 2016	《出土全集》 2018			
大盂 銅鼎	大盂鼎	大盂鼎	圓鼎			

　　大盂鼎（《銘圖》02514）是一個比較有趣的例子。從銘文可知此鼎之作器者爲“盂”，是爲其祖“南公”所作的祭祀之鼎，受器對象非生人，如果是選取一個人名，銅器著録一般都不會選取“南公”，而選取“盂”。此器早年著録皆定名爲“盂鼎”，自郭沫若《大系》定爲“大盂鼎”，其後多數著録均從此定名。該鼎郭氏定名綴加“大”，是相對于小盂鼎（《銘圖》02516）而言，可能是銘文末尾的年份“廿又三”要早于小盂鼎“廿又五”的緣故。而唐蘭將大、小盂鼎定爲“二十三祀盂鼎”“二十五祀盂鼎”[1]，其實才是符合一般的定名規律的。後世仍稱“大盂鼎”“小盂鼎”，許是受郭氏影響，約定俗成的緣故。此器爲青銅重器，要想改其定名十分不易，也沒有必要。此爲特例。

　　《出土全集》這種考古類的銅器著録則多標以銅器的質地，發掘報告也一樣，同時還更注重銅器在出土墓中的編號，淡化前綴限定詞的作用。

　　（5）鄂侯馭方鼎

表5　鄂侯馭方鼎（02464）

《鬱華閣》 1899	《奇觚》 1902	《愙齋》 1902	《周金》 1916	《簠齋》 1918	《大系》 1932	《小校》 1935
鄂侯鼎	噩矦鼎	馭方鼎	噩侯鼎	王南征鼎	鄂侯鼎	噩侯駿 方鼎

《三代》 1936	《斷代》 1955	《總集》 1983	《集成》 1984	《銘文選》 1986	《辭典》 1995	《斷代》 2004
噩庆鼎	鄂侯馭 方鼎	噩侯鼎	噩侯鼎	鄂侯馭 方鼎	鄂侯馭 方鼎	鄂侯馭 方鼎

　　鄂侯馭方鼎（《銘圖》02464）的定名限定詞涉及人名的隸定和截取問題。此器作器者名爲“馭方”，爵名“噩侯”，“噩”即“鄂”。《左傳·隱公六年》：“逆晉侯于隨，納諸鄂，晉人謂之鄂侯。”若是嚴式隸定用本字，則應當作“噩侯”。

---

[1] 唐蘭：《西周青銅器銘文分代史徵》，北京：中華書局，1986年，第169、179頁。

"駁"字從"殳",《説文解字·革部》謂"古文鞭也",會以手持鞭。《小校》隸定爲"駊",其實也不準確,金文中已有"駊"字,見于大鼎(《銘圖》02465)""。隸定爲"禦"也不好,"禦"是祭祀、抵禦字,與"駁"本義相乖。

　　另有鄂侯鼎,作器者不書其名,僅有爵名"鄂侯",與此鼎銘文不同。因此定名爲"鄂侯鼎"也是不合適的。《簠齋》定爲"王南征鼎",取自此鼎銘文開頭的"王南征"。這有些類似經典篇名的命名方法,即取首兩、三字爲篇名。這種截取方法不合理,不能反映此鼎的實際信息,且很多"唯王某年"開頭的銘文,無法區分。

　　(6)盉婦鼎

表6　盉婦鼎(01856)

《鬱華閣》1899	《奇觚》1902	《愙齋》1902	《小校》1935	《三代》1936	《美集》1963
⬚婦鼎	婦鼎	帝己祖丁父癸鼎	帝己且丁父癸鼎	且丁父癸鼎	盉婦鼎

《彙編》1978	《三代補》1980	《總集》1983	《集成》1984	《北圖拓》1985	《陝金》1989
盉婦方鼎	盉婦鼎	⬚婦方鼎	盉婦方鼎	盉妇方鼎	盉婦鼎

　　盉婦鼎(《銘圖》01856)的限定詞定名也同樣涉及隸定的問題。其人名作"",從"人"持旂,從"皿",字書無載。如字書最爲客觀,但同時也增加了不必要的字符。如《銘圖》般隸定爲"盉",但"旂"從雙"人",没有完全還原字形。這種情況下如何取捨值得探討。

　　(7)叔單鼎

表7　叔單鼎(02251)

《西乙》1793	《積古》1804	《攗古》1895	《寶蘊》1929	《大系》1932	《藝展》1936	《三代》1936
周單鼎	叔單鼎	叔單鼎	周叔單鼎	單鼎	叔單鼎	未單鼎

《彙編》1978	《總集》1983	《集成》1984	《銘文選》1986	《銅全》1996	《故周金》2001	
叔單鼎	黃孫子⬚君弔單鼎	叔單鼎	儵君叔單鼎	鄦君叔單鼎	叔單鼎	

　　叔單鼎(《銘圖》02251)的限定詞同樣也涉及人名的截取問題。此鼎上記録了完整的人名,爲"黃孫子綏君弔單",但著録該器的書,短則截取"單",或作

"叔單"，長則完整列之，或對"叔"的寬嚴隸定不一，或對"綏"字的隸定産生分歧。《銘圖》定作"叔單鼎"，然另有一件作器者僅有"弔單"的簋器定名爲"叔單簋"（《銘圖》04445），參上文提到的"鄂侯鼎"的情況，這裏也應該統一將完整的限定詞，定作"黄孫子綏君弔單"。

（8）征人鼎

表8　征人鼎（天君鼎02264）

《積古》 1804	《從古》 1854	《攈古》 1895	《綴遺》 1899	《鬱華閣》 1899	《奇觚》 1902	《愙齋》 1902
父丁彝	商企鼎	天君鼎	天君鼎	天君鼎	征人鼎	丙午鼎

《簠齋》 1918	《小校》 1935	《三代》 1936	《彙編》 1978	《總集》 1983	《集成》 1984	
天君鼎	𤔽乍父丁鼎	天君鼎	天君鼎	天黿/征人乍父丁鼎	征人鼎	

征人鼎（《銘圖》02264）涉及賞賜人和受賞人、作器者和受器者人名的選取問題。一些選取了賞賜人"天君"，即天子作爲前綴詞。但是無論賞賜何物，一般記録賞賜物的都會記載賞賜給誰，此人又用作某器，其實還是應該統一選取作器者。而《積古》使用了受器者（非生人）作前綴詞；《愙齋》選取了銘文開頭的兩個字作爲前綴詞；《小校》誤讀"𤔽"二字爲一字，并讀爲人名；《從古》比較特異，隸定"𤔽"爲"促"，讀爲"企"，認爲是人名，并定爲商代器，定名爲"商企鼎"。從此件器混亂的限定詞上，可以看出前代對這種限定詞的選取其實是較爲隨意并無一定規律的。

（9）宋君夫人鼎蓋

表9　宋君夫人鼎蓋（01846）

《考古圖》 1092	《續考》	《金索》	《嘯堂》 1176	《復齋》
宋君夫人 鼎蓋	宋君夫人 餗鈃鼎	宋夫人 鼎蓋	宋君夫人 鼎	周宋夫人 鼎蓋

《綜覽》 1984	《徽銅》 1987	《曾侯乙》 1989	《曾銅》 2007	《出土全集》 2018
宋君夫人 鼎蓋	宋君夫人 鼎蓋	宋君夫人 鼎	宋君夫人 鼎	宋君夫人 鼎蓋

宋君夫人鼎蓋（《銘圖》01846）最早載于《考古圖》，僅餘器蓋。此件鼎的限定詞定名反映了對僅剩器蓋的器物，後綴是否需要標明的問題。《續考》的定名本身是比較混亂的[①]，將"作器者＋作器動詞＋修飾語＋器名"全都如字書之，但是又如卷三的"柯簋"（《銘圖》05227），銘文完整，有"作器者＋作器動詞＋自名"，却定名爲"寶敦"，并没有統一的規範。

2.2.2　限定詞要素總結

從上述例子，可以管窺限定詞定名的複雜性。對于限定詞所包含的要素，我們綜合收集到的數據，可以按照内容將其總結爲九種。

（1）族徽

少數著録如《總集》會在定名裏放入族徽信息。

（2）朝代

早期宋代金石著作均會在限定詞中加入朝代信息，早期清代的著作或沿用之，如西清四鑒、《十六》等。近代以來的《國史金》《旅順銅》也使用了這一"復古"的限定詞。

（3）年份

對于同作器者，銘文中有明確年代的，一些著作會加入年份信息以區别之。容庚的《通考》（1941 年）較早使用這一限定詞，其後有影響力的銅器著録如《總集》《集成》《近出》《銘圖》均沿襲這一定名法。

（4）身份

部分器物的人名之前包含此人的身份信息，如國族、姓氏、職官等，銅器著録或收之，或不收之，《銘圖》整體上傾向于收録，但是仍有許多不統一的地方。

（5）人名

人名信息涉及人名隸定與釋讀問題。如果其人在經典中可以找到，一些著録會依經典的寫法，一些則如字記録。

另外一些器物中涉及多個人名，如賞賜者和受賞者、作器者和受器者，有時還存在更多的人名和人物關繫。銅器著録或收作器者，或收受器者，或收賞賜者，或將作器句完整收録進定名。但是許多著録對這種情況下人名的選取并没有

[①] 陳英杰：《談青銅器"私名"的定名問題》，《青銅器與金文》第 5 輯，上海：上海古籍出版社，2020 年，第 111 頁。

一個明確如一的規範。

（6）作器動詞

部分著録會完整收録作器句，自然也會包括作器動詞。

（7）修飾語

用作前綴詞的修飾語不僅包含銘文中的器名修飾語，還包含位于作器動詞和自名之間的其他類型的限定語，如地名、祭祀名、宗名等信息。同時還包括定名者附加的對器物外形、功能的描述，如方鼎、方甗、方豆、温鼎、湯鼎等。

（8）器物編號

器物編號目前主要有三種：第一種是用"又"某來指代雙件器物，多見于早期金文著録，但是對于複數件器物則不能分别；第二種用天干來編號，《銘文選》《銘圖》是其代表；第三種便是以漢文數字或阿拉伯數字來編號，使用這種方法的著録最多。

（9）保存狀況

部分器物器形殘損比較嚴重，如堇臨鼎（《銘圖》01790），最早著録于《西清》，至《簠齋》則器形已殘（未見器形圖），故于定名之後綴加"殘器"。而只有器蓋而器身已失的器物，一些著録會標明"蓋"或"器蓋"。但是僅餘器身而器蓋不存的，則一般不標明。

2.2.3 要素選取原則討論

我們選擇了 15 本收録食器較多、具有代表性的銅器著録，總結其定名要素和方法，列于下表（见表 10）。

表 10 定名要素与方法

著録	朝代	年份	身份	人名	作器動詞	修飾語	蓋	序號	嚴式隸定	特殊
《博古》	○	×	×	受	×	×	○	一	×	
《積古》	×	○	×	作	×	方	×	一	×	
《攈古》	×	×	△	作	×	方	○	又	△	
《奇觚》	×	×	○	△	△	×	×	一	○	
《周金》	×	×	○	作	○	方	×	一	○	
《貞松》	×	×	○	作受	○	○	×	甲	○	
《大系》	×	×	×	作	×	齋		一	×	

续表

著録	朝代	年份	身份	人名	作器動詞	修飾語	蓋	序號	嚴式隸定	特殊
《小校》	×	×	○	作受	○	△	×	一	○	
《斷代》	×	×	×	作	×	方	×	(一)	×	
《彙編》	×	×	×	作	×	方	×	(一)	△	
《總集》	×	○	○	作受	○	○	×	一	○	族徽
《集成》	×	○	○	作受	○	方	○	×	△	
《銘文選》	×	×	○	作	×	方	○	一	×	
《國史金》	○	×	○	作受	○	方	×	一	○	
《銘圖》	×	○	○	作	×	方	×	△	△	

注：

1. "○"代表肯定，"×"代表否定，"△"代表不一致。

2. "人名"一列，"作"代表選取作器者，"受"代表選取受器者，"作受"代表均收取，"△"代表不一致。

3. "修飾語"一列，"方"代表會標明器形，"○"代表會完整標明器形、功能，"×"代表不標明。

　　從上表我們可以看出，各本銅器著録似乎都有自己的限定詞要素選取原則，但是著録間未延續形成統一標準，同本著録有時也存在前後原則不統一的情況。因此限定詞要素選取的原則，仍需要加以討論。

　　對于限定詞要素的定名原則，我們曾經在《兩周青銅盨自名、定名整理與研究》中討論過[①]，陳英杰在《談青銅器"私名"的定名問題》中，更進一步將限定詞人名的選擇總結爲兩原則、三特徵。兩原則爲：（1）銘文内容有歷時特徵，人名選取當因時制宜；（2）基本優先級爲作器者—受器者—作器句。三特徵爲：簡潔性、區別度、系統性。[②]該文將限定詞人名要素的定名原則闡述得十分清楚，本書謹在此基礎上，討論限定詞要素選取的原則。

---

① 夏宸溥：《兩周青銅盨自名、定名整理與研究》，2019年北京語言大學碩士學位論文，第43頁。
② 陳英杰：《談青銅器"私名"的定名問題》，《青銅器與金文》第5輯，上海：上海古籍出版社，2020年，第111-114頁。

（1）族徽、朝代、作器動詞、修飾語要素

這四種要素在遵循簡潔性、經濟性的原則下，屬于冗餘信息。陳英杰認爲"腠"這類修飾語是否標明，也還有討論的餘地。另外，定名者對器物加上的表示形制、功能的修飾語，其實也沒有必要。

不過，沒有人名的情況下，僅有"作器動詞＋器類名"，則可以以"作器動詞"爲要素。

（2）人名相關要素

人名之前的身份要素，一般情況下是必要的。因爲有許多同作器者的器物，但是有的不書國族或職位，有的則加上，這樣身份要素本身就具備了區別同作器者器物的功能。

人名的選取上，單一人名則徑以該人名爲限定詞。有多個人名時，應遵循統一的選取優先級。一般情況下，以作器者名爲第一選擇。若作器者不明確，則選取器主名。有生人、非生人（先祖、喪偶等），優先選擇生人，而商器可以適當考慮處于受祭者地位的非生人。

（3）同作器者、同組器的區分

主要以後綴詞作爲區分同作器者、同組器的要素，使用天干或者數字一般無須刻意規定。不過，《銘圖》使用的天干名在同類器數量較少的情況下則可，一旦超過十件，便無法表示了。故在樂器類中（如《叔夷鐘》15552），部分樂器的後綴詞使用了數字序號，這造成了規則不統一的現象，似可改進。

而置于前綴詞首的年份，有時可以起到區分同作器者不同製作年代器物的作用，可以作爲後綴詞的補充。年份信息取自作器時間明確的器物銘文，需要具備年份不一樣的條件，否則便沒有必要選取該要素。

（4）隸定

定名的隸定用字，基本原則是經濟性。在保證準確的前提下，最好不新造字，而用已有字形，使用寬式隸定。如在傳世文獻中已有記載的人、國族等，可以以傳世文獻中的用字作爲定名。而不能保證釋讀準確、存疑的字，確實不能迴避而另尋別的要素。但我們認爲可能也不能直接摹寫原形，這對于定名的規範化沒有幫助，反而會愈發繁複無序。以《總集》爲例，凡人名等用字與現今字形結構不合者，凡器物不使用常見專名而使用方言器類名者，也如字書寫，不加以歸并。導致整本書的定名紛繁複雜，一眼望去都是圖形，大多數都不能電子化，使得它們在現今時代的實用性很低，也是不可取的。

　　《銘圖》的方法是，將其中的可識部件儘可能拆分，并依據原字結構拼寫成楷字，也可以説是嚴式隸定。實在找不到對應部件，可以適當摹寫原形。這樣可以將異形字形數量降到最低。

　　（5）保存狀況要素

　　對于僅存器蓋或殘損嚴重的器物，在後綴詞中加入“蓋”“殘器”等信息是可以的。還有一種特殊的情況，即器物本來有器身，但器物圖像、拓片未公布，著録僅收録器蓋。這種情況下是否應標明器蓋，似乎還需討論。

結　語

　　本書對《銘圖》《銘續》《銘三》與部分發掘報告所見商周青銅食器自名内容按照"器名"與"修飾語"分成兩類，進行了系統整理與疏證。

　　"彝""器"作爲銅器的共名，所有的食器均可以之自稱。"彝"的使用主要在西周，至春秋早期數量銳減，也造成了較晚出現的食器，如盨器，在誕生初期不像"鼎""簋"一般自稱"彝"，而以別的器物專名"簋"代稱之。"器"雖然也是器物共名，但在泛用性和使用時間範圍上都比"彝"差了許多，可能與"彝"并不是一個層級的共名。

　　鼎作爲最重要的食器與青銅禮器之一，主要用來烹飪肉食，也可烹飪黍稷或用作水器，數量最多，自名也最爲複雜。我們按照字形與意義，整理出了15種器名："鼎""鑊""鼒""鼑""鼒""鐈""礶鼒""鼏""甾""鬻""𤎼""先""異""鍬""霝"。其中"鼎"及其異體，是這類器物使用最多的自名，可以作爲該器物專名；鼎自稱"鼏"，但這類鼎實際形制無定式，可能與稱"鼎"無別；"甾"當讀如字，也可能是修飾語"觀"的省寫，省略器名；"異"即文獻記載的"翼"，是方鼎的種專名；"鼒""鼑""鼒""鐈""礶鼒""𤎼"是具有方言性質的鼎的別名，表示鼎特定的形制、功能；"鬻"組字其實會鼎、鬲中烹煮某類食物，用爲器名表示該鼎、鬲的功能；"鍬""霝"的釋讀目前仍存在疑問。

　　鬲是一種款足與器身相連的食器，主要用來烹煮流質的羹類食物。鬲的器名可分成五類。"鬲"字即這類器物的象形，是鬲的專名；"鬵"字實際上是"鬲"的異構；"象"其實是"彝"的省形寫法，讀與"彝"同；"銼"與"鑼"的釋讀尚不能定。

　　甗是在鬲的基礎上加上有箅孔以蒸物的甑的器物，甑主要用來蒸飯食。"甗"字的異體繁多，主要是從"虍"聲，下或從所謂"鼎""鬲"，其實是"鬲"的象形。戰國晚期有甗器自名"复錯"，讀爲"鍑甗"是比較合理的。

　　簋是盛穀物的圓形食器，自名多爲"𣪘"，是簋器的早期象形加上以手執食具的形體。或自名作"妻"，是"畫""規"的初文，可讀爲"簋"，也可能是修飾語省略器名。自名爲"銜"的器物可能并不是簋器，而是一種方形的溫器。自名"宄"我們認爲還存在疑問。

盨器也是盛黍稷稻粱的食器，器形橢方。自名從"須"，早期著録誤識爲"簋"；自名"䔲"可能是"盨"的異寫；"料"是"簋"的假借字；自名"𣪠"則表明盨器與後世之"栖"有器形演變的血緣關繫；"䔍"當讀爲"落"，本是一種竹器，代稱盨器。

瑚器是一種長方斗形器，器蓋同形，是盛黍稷稻粱之器。舊稱"簠"，但這類器物的自名多從"古"聲，不從"甫"。隨着出土材料的增多，其爲經典所謂的"瑚"也漸漸爲多數學者所接受。瑚器自名從"匚"或"竹"，"古"或者"害"聲"臣"。還有一類自名從"坒"或"黄"得聲，即"匡"，或作"匩"。

敦器是一種球形環足或橢球形平底的食器，自名從"金""𣪠"。其器形可能來源于盆，又與圓形豆存在器形上的關繫。盞器又稱"盞式敦"，是楚地的一種特殊器形，可能是球形敦的前身，自名爲"盞"。盞、盆或以"盤"爲自名器名，簋器也以之爲修飾語。過去多釋爲"盂"，其實應該是"寧"，是這種盞器的方言稱謂。用爲修飾語時表祭祀。稱"皿"可能是這類瓮形器的通用稱謂。又自名爲"鑒"的器物從器形上來看，應該是越式鼎，可能是信陽楚簡中的"𣪠"。

豆是一種有柄而圈足、上呈托盤狀的食器，用以盛羹，也可盛穀物。其自名"豆"本是這類器物的象形；自名"登"從"癹"聲，《説文解字》訓"豆屬"；器名"鉦"或許可讀爲"甋"，不過也可以讀如字，作爲這類圓腹圓底豆的專名；器名"鈇盍"的釋讀上存在争議，可能是器名連用；器名"錡""錕"在讀音上可以相通，作爲這類銅方豆的專名；新見銅豆自名爲"𩰿百"，我們懷疑當讀爲"䐁豆"，即盛醬之豆。還有一種圈足淺盤的器物，與豆相似，自名爲"鋪"，或釋"籩"，或認爲即經典所謂之"簠"。

盂器是一種深腹、器口外侈的器物，可以盛食，也可以盛水，自名爲"盂"。

盆類器物同樣也可盛食、盛水，器形無足深腹，有雙環耳。自名或從"皿""分"聲；或自名爲"蠱""盈""盆""盎""鍺"，《説文解字》與《方言》中均能找到對應音聲的字，均是這種盆形器的方言稱謂。

匕是用以匕肉、舀飯的食具，自名爲"匕"。俎則是置肉的几案，多爲木作，近新見一件銅俎，自名爲"俎"。

在修飾語考釋部分，我們將食器修飾語分爲一般性修飾語、功能性修飾語和特徵性修飾語。一般性修飾語即"寶""尊"，多已泛化爲無特定含義的吉語。

功能性修飾語分爲祭祀類、進獻類、膳飲類、盥洗類、出行隨葬類、媵婆類、動物類和其他類。膳飲類修飾語有"食""饙""鋗""歆""饎""即""餴""䵷""𩰿""善""𦏧""穌""厨""突""醴秝"，標示了食器的飲食功能；進獻類修飾語有"薦""饋""餴""羞""響"，本義是進獻，引申而泛表祭祀；祭祀類有"宗""祭、祀""盟、盟""鬻""登、嘗""紅""造""籩""達"等。祭祀必設食,祭祀、進獻、飲食類的修飾語其實意義是可相貫通的。盥洗類修飾語有"湯""浴""辻""盟""盥""濫",也提示了一部分食器類下的器物其實是水器之用。出行隨葬類有"旅""行、延""彶""從""葬",傳統認爲多表出行,近有學者認爲與喪葬也有關繫。媵器即指器物用于媵娶陪嫁之用。動物類修飾語如"牛""豕""羊""兔""隹""鳥""離""鷹",可能指這些食器用以烹煮相應動物的肉。以"鮨"爲修飾語則是指此器用以盛魚肉醬之用。其他類修飾語意義上可能并没有限定器物的用途,但又没有"寶""尊"一般的泛用性,如"念""弄""御""用""貧"。

特徵性修飾語主要用來形容器物外觀、形制,分爲形制類,質地、色澤類,組合類。形制類包括"方""旁""大""小""复""皇""蕭""舄",多形容其外形與紋飾;質地、色澤類包括"黄""金""銅""鑾",用以表明此器用銅之優良;組合類包括"會""鑰""比",多表示器物器蓋相合、成雙成對之義。還有一些意義暫不可解的修飾語(或器名),尚待進一步的研究,不一一枚舉。

有關青銅器定名研究,我們先整理了宋清以來的銅器著録情況。之後我們將定名分爲器類名的定名和限定詞的定名兩個方面。器類名的確定最主要的依據是器物自名,伴隨着金文自名的釋讀,不斷地修正、進步。而限定詞部分,我們先選取了一些具有代表性的器物,列出其在著録中的定名,分析各著録限定詞要素選定的特點。同時,根據收集到的定名限定詞反映的信息,將限定詞的要素分爲九類:(1)族徽;(2)朝代;(3)年份;(4)身份;(5)人名;(6)作器動詞;(7)修飾語;(8)器物編號;(9)保存狀況。同時我們分别對這九種要素的取捨原則進行了討論。

本書對自名、定名進行整理與研究,旨在推進相關領域發展,受限于學識,難免有所疏漏。如有不當之處,也望諸位先輩、學友不吝賜教。

參 考 文 獻

1 圖書及析出文章

安徽省博物館:《安徽省博物館藏青銅器》,上海:上海人民美術出版社,1987 年。

安徽省文物管理委員會、安徽省博物館:《壽縣蔡侯墓出土遺物》,北京:科學出版社,1956 年。

安徽省文物考古研究所、鳳陽縣文物管理所:《鳳陽大東關與卜莊》,北京:科學出版社,2010 年。

安陽市文物考古研究所:《安陽殷墟:戚家莊東商代墓地發掘報告》,鄭州:中州古籍出版社,2015 年。

巴納、張光裕:《中日歐美澳紐所見所拓所摹金文彙編》1978 年藝文印書館排印本,《金文文獻集成》第 26 冊,北京:綫裝書局,2005 年。

白於藍:《簡帛古書通假字大系》,福州:福建人民出版社,2017 年。

寶鷄市周原博物館:《周原——莊白西周青銅器窖藏考古發掘報告》,北京:科學出版社,2016 年。

保利藝術博物館:《保利藏金》,廣州:嶺南美術出版社,1999 年。

保利藝術博物館:《保利藏金(續)》,廣州:嶺南美術出版社,2001 年。

北京市文物局:《北京文物精粹大系·青銅器卷》,北京:北京出版社,2002 年。

北京市文物研究所:《琉璃河西周燕國墓地:1973－1977》,北京:文物出版社,1995 年。

北京圖書館金石組:《北京圖書館藏青銅器銘文拓本選編》1985 年文物出版社影印本,《金文文獻集成》第 26 冊,北京:綫裝書局,2005 年。

蔡運章:《釋聑——兼談考母諸器銘中的"聑医"》,《甲骨金文與古史研究》,鄭州:中州古籍出版社,1993 年。

曹錦炎:《工尹坡鑑銘文小考》,《古文字學論稿》,合肥:安徽大學出版社,2008 年。

曹瑋主編:《周原出土青銅器》,成都:巴蜀書社,2005 年。

曹載奎:《懷米山房吉金圖》日本明治十五年文石堂翻刻木本,《金文文獻集成》第 7 冊,北京:綫裝書局,2005 年。

陳秉新:《害即胡簋之胡本字説》,《安徽大學漢語言文字研究叢書·陳秉新卷》,合肥:安徽大學出版社,2013 年。

陳初生:《金文常用字典》,西安:陝西人民出版社,1987 年。

陳芳妹:《盆、敦與簋——論春秋早、中期間青銅粢盛器的轉變》,《金文文獻集成》第 39 冊,北京:綫裝書局,2007 年。

陳漢平:《金文編訂補》,北京:中國社會科學出版社,1993 年。

陳劍:《金文"彖"字考釋》,《甲骨金文考釋論集》,北京:綫裝書局,2007 年。

陳劍:《據郭店簡釋讀西周金文一例》,《甲骨金文考釋論集》,北京:綫裝書局,2007 年。

陳經：《求古精舍金石圖（節錄）》清嘉慶十八年説劍樓木刻本，《金文文獻集成》第 2 冊，北京：綫裝書局，2005 年。

陳夢家：《海外中國銅器圖録》，北京：中華書局，2017 年。

陳夢家：《西周銅器斷代》，北京：中華書局，2004 年。

陳夢家：《殷虚卜辭綜述》，北京：中華書局，1988 年。

陳佩芬：《夏商周青銅器研究（東周篇）》，上海：上海古籍出版社，2004 年。

陳佩芬：《夏商周青銅器研究（西周篇）》，上海：上海古籍出版社，2004 年。

陳佩芬：《中國青銅器辭典》，上海：上海辭書出版社，2013 年。

陳斯鵬等：《新見金文字編》，福州：福建人民出版社，2012 年。

陳英杰：《西周金文作器用途銘辭研究》，北京：綫裝書局，2008 年。

陳直：《讀金日札·讀子日札》，北京：中華書局，2008 年。

崔恒升：《安徽出土金文訂補》，合肥：黄山書社，1998 年。

戴家祥主編：《金文大字典》，上海：學林出版社，1995 年。

鄧佩玲：《新出兩周金文及文例研究》，上海：上海古籍出版社，2019 年。

丁佛言：《説文古籀補補》1924 年寫印本，《金文文獻集成》第 17 冊，北京：綫裝書局，2005 年。

丁麟年：《杮林館吉金圖識》1941 年北平東雅堂翻印清宣統二年石印本，《金文文獻集成》第 8 冊，北京：綫裝書局，2005 年。

董蓮池：《金文編校補》，長春：東北師範大學出版社，1995 年。

董蓮池：《新金文編》，北京：作家出版社，2011 年。

董逌：《廣川書跋（節錄）》1915 年南林張氏適園叢書本，《金文文獻集成》第 16 冊，北京：綫裝書局，2005 年。

杜廼松：《青銅器銘文中的金屬名稱考釋》，《古文字與青銅文明論集》，北京：故宮出版社，2015 年。

杜廼松：《青銅器定名的幾個理論問題》，《古文字與青銅文明論集》，北京：故宮出版社，2015 年。

端方：《陶齋吉金録》清光緒三十四年石印本，《金文文獻集成》第 8 冊，北京：綫裝書局，2005 年。

端方：《陶齋吉金續録》清宣統元年石印本，《金文文獻集成》第 8 冊，北京：綫裝書局，2005 年。

方濬益：《綴遺齋彝器考釋》1935 年商務印書館石印本，《金文文獻集成》第 14 冊，北京：綫裝書局，2005 年。

馮雲鵬、馮雲鵷：《金石索（節錄）》清道光七年木刻本，《金文文獻集成》第 3 冊，北京：綫裝書局，2005 年。

甘肅省文物考古研究所：《西戎遺珍：馬家原戰國墓地出土文物》，北京：文物出版社，2014 年。

高亨：《古銅器雜説·説鋪》，《高亨著作集林》第 9 卷，北京：清華大學出版社，2004 年。

高鴻縉：《散盤集釋》，高氏私印本。

高鴻縉：《頌器考釋》，臺北：臺灣省立師範大學，1958 年。

高鴻縉：《中國字例》，臺北：三民書局，1960 年。

高明、塗白奎：《古文字類編》，上海：上海古籍出版社，2014 年。

高明：《古陶文彙編》，北京：中華書局，1990 年。

高佑仁：《清華伍書類文獻研究》，臺北：萬卷樓圖書有限公司，2018 年。

龔自珍：《説宗彝》，《龔自珍全集》，上海：上海古籍出版社，1975 年。

谷朝旭：《中國古代青銅器整理與研究·青銅敦卷》，北京：科學出版社，2016 年。

故宮博物院：《故宮銅器》，北京：紫禁城出版社，1999 年。

故宮博物院：《古璽彙編》，北京：文物出版社，1981 年。

郭寶鈞：《濬縣辛村》，北京：科學出版社，1964 年。

郭寶鈞：《商周銅器群綜合研究》，北京：文物出版社，1981 年。

郭沫若：《甲骨文合集》，北京：中華書局，1978—1982 年。

郭沫若：《郭沫若全集》，北京：科學出版社，2002 年。

郭沫若：《兩周金文辭大系圖録攷釋》1957 年科學出版社影印本，《金文文獻集成》第 21 冊，北京：綫裝書局，2005 年。

郭沫若：《壽縣所出楚器之年代》，《金文叢考》1954 年人民出版社影印本，《金文文獻集成》第 25 冊，北京：綫裝書局，2005 年。

郭若愚：《戰國楚簡文字編》，上海：上海書畫出版社，1994 年。

郭永秉：《古文字與古文獻論集》，上海：上海古籍出版社，2011 年。

郭永秉：《古文字與古文獻論集續編》，上海：上海古籍出版社，2019 年。

國家文物局主編：《中國文物精華大辭典·青銅卷》，上海：上海辭書出版社，香港：商務印書館（香港），1995 年。

何琳儀：《安徽大學漢語言文字研究叢書·何琳儀卷》，合肥：安徽大學出版社，2013 年。

河北省文物研究所：《槁城臺西商代遺址》，北京：文物出版社，1985 年。

河北省义物研究所：《䚡墓——戰國中山國國王之墓》，北京：文物出版社，1996 年。

河北省文物研究所：《戰國中山國靈壽城：1975—1993 年考古發掘報告》，北京：文物出版社，2005 年。

何琳儀：《戰國古文字典》，北京：中華書局，1998 年。

何琳儀：《戰國文字通論》，北京：中華書局，1989 年。

何樹環：《説銅器稱名中的"旅"》，《青銅器與西周史論集》，臺北：文津出版社，2013 年。

河南出土商周青銅器編輯組：《河南出土商周青銅器》，北京：文物出版社，1981 年。

河南省文物考古研究所、三門峽市文物工作隊：《三門峽虢國墓》第一卷，北京：文物出版社，1999 年。

河南省文物考古研究、周口市文化局：《鹿邑太清宮長子口墓》，鄭州：中州古籍出版社，2000 年。

河南省文物考古研究所：《平頂山應國墓地 I》上，鄭州：大象出版社，2012 年。

河南省文物考古研究所：《固始侯古堆一號墓》，鄭州：大象出版社，2004 年。

河南省文物考古研究所：《新鄭鄭國祭祀遺址》，鄭州：大象出版社，2006 年。

河南省文物考古研究所：《鄭州商城：1953—1985 年考古發掘報告》，北京：文物出版社，2001 年。

河南省文物研究所等：《淅川下寺春秋楚墓》，北京：文物出版社，1991 年。

胡光煒：《胡小石論文集三編》，上海：上海古籍出版社，1995 年。

胡厚宣主編：《甲骨文合集釋文》，北京：中國社會科學出版社，2009 年。

胡厚宣：《殷代婚姻家庭宗法生育制度考》，《甲骨學商史論叢初集》上冊，北京：哈佛燕京學
　　社，1944 年。

胡雅麗：《包山二號楚墓遣策初步研究》，《包山楚墓》，北京：文物出版社，1991 年。

湖北省荆沙鐵路考古隊：《包山楚簡》，北京：文物出版社，1991 年。

湖北省荊州博物館：《荆州天星觀二號楚墓》，北京：文物出版社，2003 年。

湖北省文物考古研究所：《江陵望山沙冢楚墓》，北京：文物出版社，1996 年。

湖北省文物考古研究所：《望山楚簡》，北京：中華書局，1995 年。

湖北省文物考古研究所：《曾國青銅器》，北京：文物出版社，2007 年。

湖北省文物考古研究所、襄樊市考古隊、襄陽區文物管理處：《襄陽王坡東周秦漢墓》，北
　　京：科學出版社，2005 年。

湖北省宜昌地區博物館、北京大學考古系：《當陽趙家湖楚墓》，北京：文物出版社，1992 年。

湖南省常德市文物局：《沅水下游楚墓》，北京：文物出版社，2010 年。

黃德寬主編：《古文字譜系疏證》，北京：商務印書館，2007 年。

黃德寬、徐在國主編：《安徽大學藏戰國竹簡》，上海：中西書局，2019 年。

黃德寬：《古文字譜系疏證》，北京：商務印書館，2006 年。

黃錦前：《讀伯克父甘婁盨銘瑣記》，《曾國銅器銘文探頤》，北京：科學出版社，2020 年。

黃錦前：《讀近刊曾器散記》，《秦始皇帝陵博物院》，西安：秦始皇帝陵博物院，2018 年。

黃紹箕：《說段》，《叢書集成續編》第 72 冊《翠墨園語》，上海：上海書店出版社，1994 年。

黃錫全：《"取子"所鑄器銚考》，《古文字與古貨幣文集》，北京：文物出版社，2009 年。

黃錫全：《湖北出土商周文字輯證（增補本）》，武漢：武漢大學出版社，2019 年。

黃錫全：《湖北出土商周文字輯證》，武漢：武漢大學出版社，1992 年。

黃錫全：《晋侯墓地諸位晋侯的排列即叔虞方鼎補正》，《晋侯墓地出土青銅器國際學術研討會
　　論文集》，上海：上海書畫出版社，2002 年。

季旭升：《說文新證》，臺北：藝文印書館，2014 年。

賈連敏：《淅川和尚嶺、徐家嶺楚墓銅器銘文簡釋》，《淅川和尚嶺與徐家嶺楚墓》，鄭州：大
　　象出版社，2004 年。

江西省文物考古研究所等：《吳城：1973—2002 年考古發掘報告》，北京：科學出版社，2005 年。

靳非、梅鵬雲、陳永志主編：《中國出土青銅器全集》，北京：科學出版社，2018 年。

康殷：《文字源流淺說》，北京：榮寶齋出版社，1979 年。

柯昌濟：《韡華閣集古錄跋尾》1935 年餘園叢刻鉛字本，《金文文獻集成》第 25 冊，北京：綫
　　裝書局，2005 年。

孔仲温：《論鄒陵君三器的幾個問題》，《容庚先生百年誕辰紀念文集》，廣州：廣東人民出版
　　社，1998 年。

李朝遠：《晋侯青銅鼎探識》，《青銅器學步集》，北京：文物出版社，2007 年。

李濟：《殷墟青銅器研究》，上海：上海人民出版社，2008 年。

李家浩：《包山 266 號簡所記木器研究》，《著名中年語言學家自選集·李家浩卷》，合肥：安
　　徽教育出版社，2002 年。

李家浩：《包山楚簡中的"枳"字》，《著名中年語言學家自選集·李家浩卷》，合肥：安徽教育出版社，2002年。

李家浩：《信陽楚簡"澮"字及從"类"之字》，《著名中年語言學家自選集·李家浩卷》，合肥：安徽教育出版社，2002年。

李家浩：《燕國"泃谷山金鼎瑞"補釋——爲紀念朱德熙先生逝世四周年而作》，《著名中年語言學家自選集·李家浩卷》，合肥：安徽教育出版社，2002年。

李零：《入山與出塞》，北京：文物出版社，2004年。

李零：《郭店楚簡校讀記（增訂本）》，北京：北京大學出版社，2002年。

李零：《李零自選集》，南寧：廣西師範大學出版社，1998年。

李圃主編：《古文字詁林》，上海：上海教育出版社，1999—2004年。

李守奎：《楚文字編》，上海：華東師範大學出版社，2003年。

李樹浪、郭凱、孫海寧、向野：《商周青銅禮器定名與自名研究》，成都：四川大學出版社，2021年。

李孝定：《甲骨文字集釋》，臺北："中央"研究院歷史語言研究所，1970年。

李孝定：《金文詁林讀後記》，臺北："中央"研究院歷史語言研究所，1982年。

李學勤主編：《字源》，天津：天津古籍出版社，2012年。

李學勤：《新出青銅器研究（增訂版）》，北京：人民美術出版社，2016年。

李學勤：《楚王酓盥盉及有關問題》，《走出疑古時代》，沈陽：遼寧大學出版社，1994年。

李學勤：《薦簠銘文考釋》，《中國古代文明研究》，上海：華東師範大學出版社，2005年。

李學勤：《考古發現與東周王都》，《新出青銅器研究（增訂版）》，北京：人民美術出版社，2016年。

李學勤：《青銅器中的簠與鋪》，《中國古代文明研究》，上海：華東師範大學出版社，2005年。

李學勤：《釋東周器名卮及有關文字》，《第四屆國際中國古文字學研討會論文集》，香港：香港中文大學，2003年。

李學勤：《王盂與鎬京》，《傳統文化研究》，蘇州：古吳軒出版社，1997年。

李學勤：《小臣缶方鼎》，《李學勤學術文化隨筆》，北京：中國青年出版社，1999年。

李學勤：《新出應公鼎釋讀》，《古文字學論稿》，合肥：安徽大學出版社，2008年。

梁思永、高去尋：《侯家莊》，臺北："中央"研究院歷史語言研究所，1996年。

林義光：《文源》1920年寫印本，《金文文獻集成》第17冊，北京：綫裝書局，2005年。

林澐：《新〈金文編〉正文部分釋字商榷》，《中國古文字學會第8屆年會論文》，1990年。

劉彬徽、劉長武：《楚系金文彙編》，武漢：湖北教育出版社，2009年。

劉彬徽：《楚系青銅器研究》，武漢：湖北教育出版社，1995年。

劉彬徽：《東周時期青銅敦研究》，《湖南博物館文集》，長沙：岳麓書社，1991年。

劉承幹：《希古樓金石萃編》，北京：文物出版社，1982年。

劉國勝：《楚喪葬簡牘集釋》，北京：科學出版社，2011年。

劉洪濤：《形體特點對古文字考釋重要性研究》，北京：商務印書館，2019年。

劉節：《楚器圖釋》，北京：國立北平圖書館，1934年。

劉節：《壽縣所出楚器考釋》，《古史考存》，北京：人民出版社，1958年。

劉節：《說彝》，《古史考存》，北京：人民出版社，1958年。

劉體智：《小校經閣金石文字（引得本）》，臺北：大通書局，1979 年。

劉喜海：《長安獲古編》光緒三十一年劉鶚補刻標題本，《金文文獻集成》第 7 冊，北京：綫裝書局，2005 年。

劉喜海：《清愛堂家藏鐘鼎彝器款識法帖》清光緒三年尹彭壽補刻本，《金文文獻集成》第 12 冊，北京：綫裝書局，2005 年。

劉翔：《殷周青銅禮器稱名研究》，《深圳大學學報增刊·青年學者論學集》，1986 年。

劉心源：《古文審》光緒十七年自寫刻本，《金文文獻集成》第 11 冊，北京：綫裝書局，2005 年。

劉心源：《奇觚室吉金文述》清光緒二十八年自寫刻本，《金文文獻集成》第 13 冊，北京：綫裝書局，2005 年。

劉信芳：《包山楚簡解詁》，臺北：藝文印書館，2003 年。

劉雨、盧岩：《近出殷周金文集錄》，北京：中華書局，2002 年。

劉雨、汪濤：《流散歐美殷周有銘青銅器集錄》，上海：上海辭書出版社，2007 年。

劉雨、嚴志斌：《近出殷周金文集錄二編》，北京：中華書局，2010 年。

劉雨：《信陽楚簡釋文與考釋》，《信陽楚墓》，北京：文物出版社，1986 年。

劉昭瑞：《宋代著錄青銅器銘文箋證》，廣州：中山大學出版社，2000 年。

盧連成、胡智生：《寶雞強國墓地》，北京：文物出版社，1988 年。

路國權：《東周青銅容器譜系研究》（上），上海：上海古籍出版社，2018 年。

倫敦中國藝術國際展覽會籌備委員會：《參加倫敦中國藝術國際展覽會出品圖說》1936 年商務印書館鉛字本，《金文文獻集成》第 20 冊，北京：綫裝書局，2005 年。

羅福頤：《三代吉金文存釋文》，香港：問學社，1983 年。

羅新慧、晁福林：《首陽吉金疏證》，上海：上海古籍出版社，2016 年。

羅振玉：《丁戊稿》，《羅雪堂先生全集續編（一）》，臺北：大通書局，1968 年。

羅振玉：《古器物識小錄》，《雪堂類稿甲·筆記匯刊》，瀋陽：遼寧教育出版社，2003 年。

羅振玉：《三代吉金文存》，北京：中華書局，1983 年。

羅振玉：《增訂殷虛書契考釋》，《羅雪堂先生全集三編》，臺北：大通書局，1976 年。

羅振玉：《貞松堂集古遺文》1930 年石印本，《金文文獻集成》第 24 冊，北京：綫裝書局，2005 年。

羅振玉：《貞松堂集古遺文補遺》1931 年寶熙書崇出版石印本，《金文文獻集成》第 24 冊，北京：綫裝書局，2005 年。

羅振玉：《貞松堂集古遺文續編》1934 年蟫隱廬石印本，《金文文獻集成》第 24 冊，北京：綫裝書局，2005 年。

羅振玉輯：《夢郼草堂吉金圖》，《羅雪堂先生全集三編》，臺北：大通書局，1976 年。

羅振玉輯：《夢郼草堂吉金圖續編》，《羅雪堂先生全集三編》，臺北：大通書局，1976 年。

洛陽市文物工作隊：《洛陽北窯西周墓》，北京：文物出版社，1999 年。

雒有倉：《商周青銅器族徽文字綜合研究》，合肥：黃山書社，2017 年。

呂大臨：《考古圖》清乾隆四十六年四庫全書文淵閣書錄錢曾影鈔宋刻本，《金文文獻集成》第 1 冊，北京：綫裝書局，2005 年。

呂章申主編：《中國國家博物館百年收藏集粹》，合肥：安徽美術出版社，2014 年。

旅順博物館：《旅順博物館館藏文物選粹·青銅器卷》，北京：文物出版社，2008 年。

馬承源：《中國青銅器》，上海：上海古籍出版社，1988 年。

馬承源：《中國青銅器（修訂本）》，上海：上海古籍出版社，2003 年。

馬衡：《凡將齋金石叢稿（節錄）》1977 中華書局排印本，《金文文獻集成》第 37 冊，北京：綫裝書局，2005 年。

馬衡：《凡將齋金石叢稿》，北京：中華書局，1977 年。

馬薇廎：《𨣛及𨣛》，《中國文字》第 36 冊，臺北：台灣大學文學院中國文學系，1971 年。

馬薇廎：《從彝銘所見彝器之名稱》，《中國文字》第 42 冊，臺北：台灣大學文學院中國文學系，1973 年。

馬薇廎：《彝銘中所加于器名上的形容字》，《中國文字》第 43 冊，臺北：台灣大學文學院中國文學系，1973 年。

馬叙倫：《讀金器刻詞》1926 年中華書局影印本，《金文文獻集成》第 30 冊，北京：綫裝書局，2005 年。

馬叙倫：《讀金器刻識》1935 年國立北京大學《國學季刊》第 5 卷第 1 號，《金文文獻集成》第 27 冊，北京：綫裝書局，2005 年。

馬叙倫：《説文解字六書疏證》，上海：上海書店出版社，1985 年。

潘祖蔭：《攀古樓彝器款識》清同治十一年滂喜齋木刻本，《金文文獻集成》第 7 冊，北京：綫裝書局，2005 年。

彭林注：《儀禮》，長沙：岳麓書社，2001 年。

錢坫：《十六長樂堂古器款識攷》1933 年開明書局翻刻嘉慶元年自刻本，《金文文獻集成》第 2 冊，北京：綫裝書局，2005 年。

乾隆敕編：《寧壽鑑古》1913 年涵芬樓依寧壽宮寫本石印本，《金文文獻集成》第 7 冊，北京：綫裝書局，2005 年。

乾隆敕編：《西清古鑑》清乾隆二十年内府刻本，《金文文獻集成》第 3 冊，北京：綫裝書局，2005 年。

强運開：《説文古籀三補》1935 年商務印書館石印本，《金文文獻集成》第 17 冊，北京：綫裝書局，2005 年。

清華大學出土文獻研究與保護中心：《清華大學藏戰國竹簡》（伍），上海：中西書局，2015 年。

清華大學出土文獻研究與保護中心：《清華大學藏戰國竹簡》（陸），上海：中西書局，2016 年。

邱德修：《鑊鼎考證——商周禮器考（一）》，《金文文獻集成》第 38 冊，北京：綫裝書局，2005 年。原載 1989 年《大陸雜誌》第 79 卷第 3 期。

裘錫圭：《〈説文〉與出土古文字》，《裘錫圭學術文集·金文及其他古文字卷》，上海：復旦大學出版社，2012 年。

裘錫圭：《卜辭"異"字和詩、書裏的"式"字》，《裘錫圭學術文集·甲骨文卷》，上海：復旦大學出版社，2012 年。

裘錫圭：《讀書札記（九則）·釋"食"》，《裘錫圭學術文集·語言文字與古文獻卷》，上海：復旦大學出版社，2015 年。

裘錫圭：《西周糧田考》，《胡厚宣先生紀念文集》，北京：科學出版社，1998 年。

屈萬里：《殷虚文字甲編考釋》，臺北：聯經出版事業公司，1984 年。

全廣鎮：《兩周金文通假字研究》，臺北：臺灣學生書局，1989 年。

饒宗頤：《殷代貞卜人物通考》，《饒宗頤二十世紀學術文集》，北京：中國人民大學出版社，2002 年。

饒宗頤：《殷代貞卜人物通考》，香港：香港大學出版社，1959 年。

任雪莉：《中國古代青銅器整理與研究·青銅簠卷》，北京：科學出版社，2016 年。

容庚：《金文編》第 4 版，北京：中華書局，1985 年。

容庚：《寶蘊樓彝器圖錄》1929 年北京京華印書局影印本，《金文文獻集成》第 19 冊，北京：綫裝書局，2005 年。

容庚：《海外吉金圖錄》1935 年考古學社專集影印本，《金文文獻集成》第 20 冊，北京：綫裝書局，2005 年。

容庚：《善齋彝器圖錄》1936 年燕京大學哈佛燕京學社影印本，《金文文獻集成》第 20 冊，北京：綫裝書局，2005 年。

容庚：《商周彝器通考》，臺北：大通書局，1973 年。

容庚：《商周彝器通考》，上海：上海人民出版社，2008 年。

容庚：《頌齋吉金圖錄》1933 年考古學社專集第八種影印本，《金文文獻集成》第 19 冊，北京：綫裝書局，2005 年。

容庚：《頌齋吉金續錄》1938 年考古學社專集第十四種影印本，《金文文獻集成》第 19 冊，北京：綫裝書局，2005 年。

容庚：《武英殿彝器圖錄》1934 年燕京大學哈佛燕京學社影印本，《金文文獻集成》第 20 冊，北京：綫裝書局，2005 年。

阮元：《積古齋鐘鼎彝器款識》嘉慶九年自刻本，《金文文獻集成》第 10 冊，北京：綫裝書局，2005 年。

山東省博物館：《山東金文集成》，濟南：齊魯書社，2007 年。

山東省文物考古研究所、山東省博物館等：《曲阜魯國故城》，濟南：齊魯書社，1982 年。

山東省文物考古研究所：《臨淄齊故城》，北京：文物出版社，2013 年。

山西省考古研究所：《上馬墓地》，北京：文物出版社，1994 年。

山西省文物局：《山西珍貴文物檔案》，北京：科學出版社，2020 年。

陝西省考古研究所等：《陝西出土商周青銅器》1979 年文物出版社鉛印本，《金文文獻集成》第 22 冊，北京：綫裝書局，2005 年。

陝西省考古研究院：《陝北出土青銅器》，成都：巴蜀出版社，2009 年。

陝西省考古研究院等：《鳳翔孫家南頭：周秦墓葬與西漢倉儲建築遺址發掘報告》，北京：科學出版社，2015 年。

陝西省考古研究院等：《梁帶村芮國墓地：2007 年度發掘報告》，北京：文物出版社，2007 年。

單育辰：《甲骨文中所見動物研究》，上海：上海古籍出版社，2020 年。

單育辰：《釋甲骨文"屮"字》，《清華簡〈繫年〉與古史新探學術研討會會議論文集》，2015 年。

商承祚：《長沙仰天湖二五號楚墓竹簡遣策考釋》，《戰國楚竹簡匯編》，濟南：齊魯書社，1995 年。

商承祚：《甲骨文字研究》，天津：天津古籍出版社，2008 年。

商承祚：《江陵望山一號楚墓竹簡疾病雜事札記考釋》，《戰國楚竹簡匯編》，濟南：齊魯書社，1995 年。

商承祚：《十二家吉金圖錄》1935 年哈佛燕京學社影印本，《金文文獻集成》第 20 冊，北京：綫裝書局，2005 年。

商承祚：《說文中之古文考》，上海：上海古籍出版社，1983 年。

上海博物館：《上海博物館藏青銅器》，北京：文物出版社，1964 年。

上海博物館商周青銅器銘文選編寫組：《商周青銅器銘文選》，北京：文物出版社，1990 年。

深圳博物館、山西省考古研究所、山西博物院：《封邦建霸——山西翼城大河口墓地出土西周霸國文物珍品》，北京：文物出版社，2016 年。

沈寶春：《〈商周金文錄遺〉考釋》，臺北：花木蘭文化工作坊，2005 年。

盛昱：《鬱華閣金文》北京大學圖書館藏原拓本，《金文文獻集成》第 15 冊，北京：綫裝書局，2005 年。

石小力：《東周金文與楚簡合證》，上海：上海古籍出版社，2017 年。

石小力：《〈商周青銅器銘文暨圖像集成續編〉釋文校訂》，《商周青銅器與先秦史研究論叢》，北京：科學出版社，2017 年。

史樹青：《長沙仰天湖出土楚簡研究》，上海：群聯出版社，1955 年。

史樹青：《仰天湖出土楚簡研究》，上海：群聯出版社，1955 年。

首陽齋、上海博物館、香港中文大學文物館：《首陽吉金：胡盈瑩、范季融藏中國古代青銅器》，上海：上海古籍出版社，2008 年。

蘇秉琦：《陝西省寶雞縣鬥雞臺發掘所得瓦鬲的研究》，《蘇秉琦考古學論述選集》，北京：文物出版社，1984 年。

孫常叙：《居簋簋簡釋》，《孫常叙古文字學論集》，上海：上海古籍出版社，2016 年。

孫海波：《新鄭彝器》1937 年考古學社專刊第十九種影印本，《金文文獻集成》第 21 冊，北京：綫裝書局，2005 年。

孫海波：《甲骨文編》，北京：中華書局，1965 年。

孫海波：《濬縣彝器》1937 年初版影印本，《金文文獻集成》第 21 冊，北京：綫裝書局，2005 年。

孫詒讓：《古籀餘論》1929 年燕京大學哈佛燕京學社石印容庚校補本，《金文文獻集成》第 13 冊，北京：綫裝書局，2005 年。

孫詒讓：《名原》，濟南：齊魯書社，1986 年。

孫詒讓：《墨子閒詁》，北京：中華書局，2018 年。

孫詒讓：《契文舉例》，《吉石盦叢書三集》，1912 年。

孫詒讓：《籀高述林（節錄）》1916 年刻本，《金文文獻集成》第 16 冊，北京：綫裝書局，2005 年。

孫稚雛：《三代吉金文存辨正》，《三代吉金文存》，北京：中華書局，1983 年。

臺北故宮博物院：《故宮西周金文錄》，臺北：臺北故宮博物院，2001 年。

臺北故宮博物院編輯委員會：《故宮商代青銅禮器圖錄》，臺北：臺北故宮博物院，1998 年。

湯超：《試辨􀀀、􀀀》，《金文釋讀與文明探索》，上海：上海古籍出版社，2011 年。

湯餘惠：《楚器銘文八考》，《古文字論集（一）》，西安：陝西省考古研究所，1983 年。

湯餘惠：《戰國銘文選》，長春：吉林大學出版社，1993 年。

唐蘭：《〈五省出土重要文物展覽圖錄〉序言》，《唐蘭全集·論文集中編》，上海：上海古籍出版社，2015 年。

唐蘭:《晋公𥂴䀠考釋》,《唐蘭全集》第 1 冊,上海:上海古籍出版社。

唐蘭:《壽縣所出銅器考略》,《金文文獻集成》第 22 冊,北京:綫裝書局,2005 年。

唐蘭:《西周青銅器銘文分代史徵》,北京:中華書局,1986 年。

唐蘭:《西周青銅器銘文分代史徵》,上海:上海古籍出版社,2016 年。

唐蘭:《殷虚文字記》,北京:中華書局,1981 年。

唐蘭:《智君子鑒考》,《唐蘭全集》第 2 冊,上海:上海古籍出版社,2015 年。

唐鈺明:《戰國文字資料釋讀三題》,《容庚先生百年誕辰紀念文集》,廣州:廣東人民出版
  社,1998 年。

田煒:《西周金文字詞關繫研究》,上海:上海古籍出版社,2016 年。

王黼等:《博古圖》清乾隆十八年天都黃晟亦政堂修補明萬曆二十八年吳萬化寶古堂刻本,
  《金文文獻集成》第 1—2 冊,北京:綫裝書局,2005 年。

王國維:《觀堂集林(外二種)》,北京:中華書局,1959 年。

王輝:《一粟集——王輝學術文存》,臺北:藝文印書館,2002 年。

王杰等:《西清續鑑甲編》清宣統三年涵芬樓石印寧壽宮寫本,《金文文獻集成》第 5 冊,北
  京:綫裝書局,2005 年。

王杰等:《西清續鑒乙編》1931 年北平古物陳列所依寶蘊樓鈔本石印本,《金文文獻集成》第
  6 冊,北京:綫裝書局,2005 年。

王筠:《説文釋例》,武漢:武漢市古籍書店,1983 年。

王慶正主編:《中國歷代貨幣大系》,上海:上海人民出版社,1988 年。

王俅:《嘯堂集古錄》1922 年涵芬樓本,《金文文獻集成》第 9 冊,北京:綫裝書局,2005 年。

王仁湘:《濡熬爨羹話灾鼎》,《飲食考古初集》,北京:中國商業出版社,1994 年。

王獻唐:《國史金石志稿》,青島:青島出版社,2004 年。

王子超:《𦡳器試論》,《容庚先生百年誕辰紀念文集》,廣州:廣東人民出版社,1998 年。

聞一多:《大豐𣪕考釋》,《聞一多全集》第十冊,武漢:湖北人民出版社,1994 年。

吳大澂:《恒軒所見所藏吉金錄》清光緒十一年自刻木本,《金文文獻集成》第 8 冊,北京:
  綫裝書局,2005 年。

吳大澂:《愙齋集古錄》1930 年涵芬樓影印本,《金文文獻集成》第 12 冊,北京:綫裝書局,
  2005 年。

吳大澂:《愙齋集古錄釋文賸稿》1930 年涵芬樓影印本,《金文文獻集成》第 12 冊,北京:綫
  裝書局,2005 年。

吳大澂等:《説文古籀補三種(附索引)》,北京:中華書局,2011 年。

吳大澂:《説文古籀補》清光緒二十四年增輯本,《金文文獻集成》第 17 冊,北京:綫裝書
  局,2005 年。

吳闓生:《吉金文錄》,香港:萬有圖書公司,1968 年。

吳榮光:《筠清館金文》清宜都楊守敬重刻本,《金文文獻集成》第 12 冊,北京:綫裝書局,
  2005 年。

吳式芬:《攈古錄金文》光緒二十一年吳氏家刻本,《金文文獻集成》第 11 冊,北京:綫裝書
  局,2005 年。

吳雲:《兩罍軒彝器圖釋》清同治十一年自刻木本,《金文文獻集成》第 8 冊,北京:綫裝書
  局,2005 年。

吳振武：《〈古璽文編〉校訂》，北京：人民美術出版社，2011 年。

吳鎮烽：《金文人名彙編》（修訂本），北京：中華書局，2006 年。

吳鎮烽：《陝西金文彙編》三秦出版社 1989 年 8 月第一版，《金文文獻集成》第 27 冊，北京：綫裝書局，2005 年。

吳鎮烽：《商周青銅器銘文暨圖像集成》，上海：上海古籍出版社，2012 年。

吳鎮烽：《商周青銅器銘文暨圖像集成續編》，上海：上海古籍出版社，2016 年。

吳鎮烽：《商周青銅器銘文暨圖像集成三編》，上海：上海古籍出版社，2020 年。

吳鎮烽主編：《中華國寶——陝西珍貴文物集成·青銅器卷》，西安：陝西教育出版社，1999 年。

伍仕謙：《白公父簠銘文考釋》，《四川大學學報叢刊第 10 輯·古文字研究論文集》，成都：四川人民出版社，1982 年。

襄樊市考古隊、湖北省文物考古研究所、湖北孝襄高速公路考古隊：《棗陽郭家廟曾國墓地》，北京：科學出版社，2005 年。

謝明文：《商周文字論集》，上海：上海古籍出版社，2017 年。

徐灝：《説文解字段注箋》第 3 冊，《續修四庫全書·二二五·經部·小學類》，上海：上海古籍出版社，2002 年。

徐同柏：《從古堂款識學》光緒三十二年蒙學報館影石校本，《金文文獻集成》第 10 冊，北京：綫裝書局，2005 年。

徐在國：《談銅器銘文中的“不杯”》，《紀念于省吾先生誕辰 120 周年、姚孝遂先生誕辰 90 周年學術研討會論文》，2016 年。

徐中舒主編：《甲骨文字典》，成都：四川辭書出版社，2006 年。

薛尚功：《歷代鐘鼎彝器款識法帖》1935 年于省吾影印明崇禎六年朱謀垔刻本，《金文文獻集成》第 9 冊，北京：綫裝書局，2005 年。

嚴可均輯：《全上古三代秦漢三國六朝文（節錄）》清光緒年間黃岡王毓藻刻本，《金文文獻集成》第 16 冊，北京：綫裝書局，2005 年。

嚴一萍：《金文總集》，臺北：藝文印書館，1983 年。

楊懷源：《西周金文詞彙研究》，成都：巴蜀書社，2007 年。

楊樹達：《積微居金文説》，北京：中國社會科學院，1952 年。

楊樹達：《積微居金文説（增訂本）》，北京：科學出版社，1959 年。

楊樹達：《積微居小學述林》，上海：上海古籍出版社，2007 年。

葉玉森：《殷虛書契前編集釋》，上海：大東書局，1934 年。

益陽市文物管理處、益陽市博物館：《益陽楚墓》，北京：文物出版社，2008 年。

于省吾主編：《甲骨文字詁林》，北京：中華書局，1996 年。

于省吾：《商周金文録遺》，北京：中華書局，2009 年。

于省吾：《釋㸚》，《甲骨文字釋林》，北京：中華書局，1979 年。

于省吾：《釋利、㹜、杯、不》，《甲骨文字釋林》，北京：中華書局，1979 年。

于省吾：《釋嚳》，《雙劍誃殷契駢枝·雙劍誃殷契駢枝續編·雙劍誃殷契駢枝三編》，北京：中華書局，2009 年。

于省吾：《雙劍誃古器物圖録》，北京：中華書局，2009 年。

于省吾：《雙劍誃吉金圖録》1934 年影印本，《金文文獻集成》第 20 冊，北京：綫裝書局，2005 年。

于省吾：《雙劍誃吉金文選》，北京：中華書局，2009 年。

俞偉超等：《保利藏金》，廣州：嶺南美術出版社，1999 年。

袁國華：《姬雋母溫鼎初探》，《古文字學論稿》，合肥：安徽大學出版社，2008 年。

曾憲通、陳偉武主編：《出土戰國文獻字詞集釋》，北京：中華書局，2018 年。

曾憲通：《古文字資料的釋讀與訓詁問題》，《曾憲通自選集》，廣州：中山大學出版社，2017 年。

張翀：《中國古代青銅器整理與研究·青銅豆卷》，北京：科學出版社，2015 年。

張光裕：《蔡侯𪓐銘𦊅字試釋》，《毛子水先生九五壽慶論文集》，臺北：幼獅文化事業公司，
　　1987 年。又《雪齋學術論文集》，臺北：藝文印書館，1989 年。

張光裕：《香江新見彝銘兩則》，《揖芬集——張政烺先生九十華誕紀念文集》，北京：社會科
　　學出版社，2002 年。

張光裕：《雪齋新藏可忌豆銘識小》，《雪齋學術論文二集》，臺北：藝文印書館，2004 年。

張掄：《紹興內府古器評》明崇禎年間毛晉汲古閣刻本，《金文文獻集成》第 16 冊，北京：綫
　　裝書局，2005 年。

張懋鎔：《青銅敦：非仿陶青銅器產生、演進的典型代表》，《中國古代青銅器整理與研究·青
　　銅敦卷》，北京：科學出版社，2016 年。

張世超、孫凌安、金國泰、馬如森：《金文形義通解》，京都：中文出版社，1996 年。

張天恩主編：《陝西金文集成》，西安：三秦出版社，2016 年。

張廷濟：《清儀閣所藏古器物文》1925 年涵芬樓石印本，《金文文獻集成》第 7 冊，北京：綫
　　裝書局，2005 年。

張聞捷：《楚國青銅禮器制度研究》，廈門：廈門大學出版社，2015 年。

張亞初：《商周古文字源流疏證》，北京：中華書局，2014 年。

張亞初：《殷周金文集成引得》，北京：中華書局，2001 年。

張再興：《近十年新發表西周金文中的若干新見字和新見字形》，《二十年來新見古代中國青銅
　　器國際學術研討會論文集》，2010 年。

張振林：《商周銅器銘文之校讎》，《第一屆國際暨第三屆全國訓詁學學術研討會論文集》，臺
　　北：文史哲出版社，1997 年。

趙誠：《二十世紀金文研究述要》，太原：書海出版社，2003 年。

趙九成：《續考古圖》清乾隆四十六年四庫全書文淵閣書錄錢曾影鈔宋刻本，《金文文獻集
　　成》第 1—2 冊，北京：綫裝書局，2005 年。

趙明誠：《金石錄（節錄）》清乾隆四十六年四庫全書文淵閣本，《金文文獻集成》第 16 冊，
　　北京：綫裝書局，2005 年。

趙平安：《〈說文〉小篆研究》，南寧：廣西教育出版社，1999 年。

趙平安：《金文"礦𪓐"解——兼及它的異構》，《金文釋讀與文明探索》，上海：上海古籍出
　　版社，2011 年。

趙平安：《新出簡帛與古文字古文獻研究》，北京：商務印書館，2009 年。

鍾柏生、陳昭容、黃銘崇等：《新收殷周青銅器銘文暨器影彙編》，臺北：藝文印書館，2006 年。

中國美術全集編委會：《中國美術全集·工藝美術編·青銅器》，北京：文物出版社，2014 年。

中國青銅器全集編輯委員會：《中國青銅器全集》，北京：文物出版社，1997 年。

中國社會科學院考古研究所：《安陽大司空：2004 年發掘報告》，北京：文物出版社，2014 年。

中國社會科學院考古研究所：《安陽殷墟郭家莊商代墓葬：1982—1992 年考古發掘報告》，北京：中國大百科全書出版社，1998 年。

中國社會科學院考古研究所：《安陽殷墟花園莊東地商代墓葬》，北京：科學出版社，2007 年。

中國社會科學院考古研究所：《長沙發掘報告》，北京：科學出版社，1957 年。

中國社會科學院考古研究所：《灃西發掘報告》，北京：文物出版社，1959 年。

中國社會科學院考古研究所：《輝縣發掘報告》，北京：科學出版社，1956 年。

中國社會科學院考古研究所：《江陵雨臺山楚墓》，北京：文物出版社，1984 年。

中國社會科學院考古研究所：《洛陽中州路（西工段）》，北京：科學出版社，1959 年。

中國社會科學院考古研究所：《美帝國主義劫掠的我國殷周銅器集録》，北京：科學出版社，1963 年。

中國社會科學院考古研究所：《陝縣東周秦漢墓》，北京：科學出版社，1994 年。

中國社會科學院考古研究所：《上村嶺虢國墓地》，北京：科學出版社，1959 年。

中國社會科學院考古研究所：《滕州前掌大墓地》，北京：文物出版社，2005 年。

中國社會科學院考古研究所：《信陽楚墓》，北京：文物出版社，1984 年。

中國社會科學院考古研究所：《曾侯乙墓》，北京：文物出版社，1989 年。

中國社會科學院考古研究所：《張家坡西周墓地》，北京：中國大百科全書出版社，1999 年。

中國社會科學院考古研究所等：《臨猗程村墓地》，北京：中國大百科全書出版社，2003 年。

中國社會科學院考古研究所：《小屯南地甲骨》，北京：中華書局，1983 年。

中國社會科學院考古研究所：《新出金文分域簡目》，北京：中華書局，1983 年。

中國社會科學院考古研究所：《殷周金文集成》，北京：中華書局，1994 年。

中國社會科學院考古研究所：《殷周金文集成（修訂增補本）》，北京：中華書局，2007 年。

中國社會科學院考古研究所、安陽市文物考古研究所：《殷墟新出土青銅器》，昆明：雲南人民出版社，2008 年。

周寶宏：《讀古文字雜記》，《吉林大學古籍整理研究所建所十五周年紀念文集》，長春：吉林大學出版社，1998 年。

周法高：《金文詁林補》，臺北："中央"研究院歷史語言研究所，1982 年。

周法高主編：《金文詁林》，香港：香港中文大學出版社，1975 年。

周法高主編：《金文詁林附録》，香港：香港中文大學出版社，1977 年。

周法高：《金文零釋》，臺北："中央"研究院歷史語言研究所，1951 年。

周法高：《三代吉金文存補》1980 年臺聯國風出版社影印本，《金文文獻集成》第 26 册，北京：綫裝書局，2005 年。

周忠兵：《釋春秋金文中的"糋"》，《戰國文字研究的回顧與展望》，上海：中西書局，2017 年。

朱德熙：《壽縣出土楚器銘文研究》，《朱德熙古文字論集》，北京：中華書局，1995 年。

朱芳圃：《殷周文字釋叢》，北京：中華書局，1962 年。

朱鳳瀚：《古代中國青銅器》，天津：南開大學出版社，1995 年。

朱鳳瀚：《中國青銅器綜論》，上海：上海古籍出版社，2009 年。

朱善旂：《敬吾心室彝器款識》清光緒三十四年朱之榛石印本，《金文文獻集成》第 13 册，北京：綫裝書局，2005 年。

鄒安：《周金文存（附補遺）》1916 年廣倉學宭石印本，《金文文獻集成》第 23 册，北京：綫裝書局，2005 年。

鄒芙都：《楚系銘文綜合研究》，成都：巴蜀書社，2007 年。

[日]白川静：《金文通釋》，《白鶴美術館誌》，大阪：日本白鶴美術館，1962—1967 年。

[日]高田忠周：《古籀篇》1925 年日本説文樓影印本初版，《金文文獻集成》第 31—34 册，北京：綫裝書局，2005 年。

[日]林巳奈夫著，[日]廣瀬薫雄譯，郭永秉潤文：《殷周青銅器綜覽：殷周時代青銅器的研究（第一卷）》，上海：上海古籍出版社，2017 年。

2　輯刊文章

白玉崢：《契文舉例校讀》，《中國文字》第 34 册，臺北：臺灣大學文學研究室，1970 年。

曹錦炎：《吳越青銅器銘文述編》，《古文字研究》第 17 輯，北京：中華書局，1989 年。

蔡一峰：《豆器自名“𣪕”新考》，《文史》第 135 輯，北京：中華書局，2021 年。

蔡一峰：《金文雜識（四則）》，《古文字論壇》第 3 輯，上海：中西書局，2018 年。

陳秉新：《安徽新出楚器銘文考釋》，《楚文化研究論集》第 3 輯，武漢：湖北人民出版社，1994 年。

陳初生：《㚔福考》，《古文字研究》第 19 輯，北京：中華書局，1992 年。

陳劍：《甲骨金文舊釋“𧱦”之字及相關諸字新釋》，《出土文獻與古文字研究》第 2 輯，上海：復旦大學出版社，2008 年。

陳劍：《青銅器自名代稱、連稱研究》，《中國文字研究》第 1 輯，南寧：廣西教育出版社，1999 年。

陳劍：《釋“㞢”》，《出土文獻與古文字研究》第 3 輯，上海：復旦大學出版社，2010 年。

陳英杰：《金文釋詞二則》，《中國文字研究》第 5 輯，南寧：廣西教育出版社，2004 年。

陳英杰：《金文字際關繫續辨（二則）》，《古文字研究》第 28 輯，北京：中華書局，2010 年。

陳英杰：《商代金文文例研究》，《中國文字研究》第 11 輯，河南：大象出版社，2008 年。

陳英杰：《商周金文異體字研究：以“旅”字爲例》，《中國文字》新 45 期，臺北：藝文印書館，2019 年。

陳英杰：《談金文中一種長期被誤釋的象形“甂”字——兼論“鬲”“甗”的形體結構》，《簡帛》第 7 輯，上海：上海古籍出版社，2012 年。

陳昭容：《從古文字材料談古代的盥洗用具及其相關問題——自淅川下寺春秋楚墓的青銅水器自名説起》，《“中央”研究院歷史語言研究所集刊》第 71 本第四分，臺北：“中央”研究院歷史語言研究所，2000 年。

程鵬萬：《從競之漁鼎自名談包山楚簡 265 號簡上的“鑐”》，《古文字研究》第 32 輯，北京：中華書局，2018 年。

程鵬萬：《子湯鼎銘研究綜述》，《古文字研究》第 33 輯，北京：中華書局，2020 年。

鄧佩玲：《談王子申盞蓋銘銘文及其拓本》，《青銅器與金文》第 4 輯，上海：上海古籍出版社，2020 年。

鄧佩玲：《銅器自名前修飾語“𤔲”字試釋——兼談“延鐘、反鐘”等辭》，《古文字研究》第 30 輯，北京：中華書局，2014 年。

丁孟：《再論王盂與莽京》，《周秦文明論叢》第 2 輯，西安：三秦出版社，2009 年。

董蓮池：《“奉”字釋禱説的幾點疑惑》，《古文字研究》第 27 輯，北京：中華書局，2008 年。

董珊：《釋楚國文字中的“汁邡”與“胸忍”》，《出土文獻》第 1 輯，上海：中西書局，2010 年。

段凱：《“豢”字補説》，《出土文獻》第 15 輯，上海：中西書局，2019 年。

管文韜：《林巳奈夫先生的青銅器研究管窺——讀〈殷周青銅器綜覽〉第一、二卷》，《青銅器與金文》第 6 輯，上海：上海古籍出版社，2021 年。

郭永秉：《釋三晋銘刻“鬲”字異體——兼談國博藏十七年春平侯鈹銘的真偽》，《簡帛》第 6 輯，上海：上海古籍出版社，2011 年。

韓文博：《西周青銅盆小議》，《青銅器與金文》第 6 輯，上海：上海古籍出版社，2021 年。

郝本性：《壽縣楚器集脰諸銘考釋》，《古文字研究》第 10 輯，北京：中華書局，1983 年。

何景成：《論“叔子敦厄”的自名》，《青銅器與金文》第 7 輯，上海：上海古籍出版社，2021 年。

何景成：《釋室簋銘文的“脂食”》，《古文字研究》第 33 輯，北京：中華書局，2020 年。

何景成：《應侯𣪘“馨簋”解説》，《古文字研究》第 31 輯，北京：中華書局，2016 年。

何樹環：《奉字再探討與兼釋🐷》，《中山人文學術論叢》第 6 輯，北京：文津出版社，2005 年。

胡寧：《從新見無期俎看俎的形制與功能》，《出土文獻》第 15 輯，上海：中西書局，2019 年。

胡仁宜：《六安市九里溝出土的銅簋》，《文物研究》第 2 輯，合肥：黄山書社，1986 年。

黄鳳春：《信陽楚簡中的“磚石之砥”》，《楚文化研究論集》第 6 集，武漢：湖北教育出版社，2005 年。

黄錦前：《“礛𪏮”新證——兼説其與“繁”“鬴”“鐈”的關繫》，《海岱考古》第 13 輯，北京：科學出版社，2020 年。

黄錦前：《説“盞盂”——兼論楚系盞盂的形態與功能》，《湖南考古輯刊》第 11 輯，北京：科學出版社，2015 年。

黄盛璋：《釋旅彝》，《中華文史論叢》第 2 輯，上海：上海古籍出版社，1979 年。

黄天樹：《釋殷墟甲骨文中的“羞”字》，《古文字研究》第 25 輯，北京：中華書局，2004 年。

蔣玉斌：《甲骨文字釋讀札記兩篇》，《中國文字研究》第 16 輯，南寧：廣西教育出版社，2012 年。

金祥恒：《釋尊、隣、🐗、🈳》，《中國文字》第 23 册，臺北：臺灣大學文學研究室，1966 年。

金祥恒：《釋鸑》，《中國文字》第 28 册，臺北：臺灣大學文學研究室，1968 年。

金祥恒：《釋異》，《中國文字》第 14 册，臺北：臺灣大學文學研究室，1964 年。

鞠焕文：《古文字“葬”字簡釋》，《中國文字研究》第 23 輯，上海：上海書店出版社，2016 年。

鞠焕文：《金文“爨”及相關問題》，《中國文字研究》第 31 輯，上海：華東師範大學出版社，2020 年。

康桂馨：《説文識小録》，《古學叢刊》第 2 期，臺北：文海出版社，1967 年。

李剛：《鹽、簠補釋》，《古文字研究》第 29 輯，北京：中華書局，2012 年。

李家浩：《包山楚簡所見楚先祖名及其相關的問題》，《文史》第 42 輯，北京：中華書局，1997 年。

李家浩：《包山祭禱研究》，《簡帛研究·二〇〇一》上册，桂林：廣西師範大學出版社，2001 年。

李家浩：《楚大府鎬銘文新釋》，《語言學論叢》第 22 輯，北京：商務印書館，1999 年。

李家浩：《葛陵村楚簡中的“句䣖”》，《古文字研究》第 29 輯，北京：中華書局，2012 年。

李家浩：《釋弁》，《古文字研究》第 1 輯，北京：中華書局，1979 年。

李家浩：《信陽楚簡中的"柿枳"》，《簡帛研究》第 2 輯，北京：法律出版社，1996 年。

李零：《楚國銅器銘文編年匯釋》，《古文字研究》第 13 輯，北京：中華書局，1986 年。

李零：《讀〈楚系簡帛文字編〉》，《出土文獻研究》第 5 輯，北京：科學出版社。

李零：《丽器考》，《青銅器與金文》第 4 輯，上海：上海古籍出版社，2020 年。

李零：《論東周時期的楚國典型銅器群》，《古文字研究》第 19 輯，北京：中華書局，1992 年。

李孝定：《釋釁與沬》，《歷史語言研究所集刊外編》第四種，1961 年。

李學勤：《由沂水新出盂銘釋金文"總"字》，《出土文獻》第 3 輯，上海：中西書局，2012 年。

李勇、胡援：《春秋"子蕩"楚器考》，《文物研究》第 8 輯，合肥：黃山書社，1993 年。

連劭名：《甲骨刻辭中的血祭》，《古文字研究》第 16 輯，北京：中華書局，1989 年。

劉彬徽：《楚系金文訂補（之一）》，《古文字研究》第 23 輯，北京：中華書局，2002 年。

劉彬徽：《楚系青銅器研究續論》，《湖南省博物館館刊》第 7 期，長沙：岳麓書社，2010 年。

劉彬徽：《湖北出土兩周金文國別年代考述》，《古文字研究》第 13 輯，北京：中華書局，1986 年。

劉洪濤：《戰國文字考釋兩篇》，《出土文獻研究》第 12 輯，上海：中西書局，2013 年。

劉凱先：《說"異"及其相關問題》，《古文字論壇》第 3 輯，上海：中西書局，2018 年。

劉翔：《簠器略説》，《古文字研究》第 13 輯，北京：中華書局，1986 年。

劉信芳：《楚簡器物釋名（上篇）》，《中國文字》新 22 期，臺北：藝文印書館，1997 年。

劉信芳：《楚簡器物釋名（下篇）》，《中國文字》新 23 期，臺北：藝文印書館，1997 年。

龍宇純：《甲骨金文字及其相關問題》，《"中央"研究院歷史語言研究所集刊》第 34 册下，臺北："中央"研究院歷史語言研究所，1963 年。

龍宇純：《説簠匦害匭及其相關問題》，《"中央"研究院歷史語言研究所集刊》第 64 本第四分，臺北："中央"研究院歷史語言研究所，1993 年。

羅衛東：《單叔鬲""字及相關問題考釋》，《古文字研究》第 29 輯，北京：中華書局，2012 年。

羅衛東：《金文餘釋二則》，《漢字教學與研究》第 1 輯，北京：北京語言大學出版社，2011 年。

羅衛東：《釋新刊布應公鼎名""》，《古文字研究》第 27 輯，北京：中華書局，2008 年。

羅衛東：《談談"鄀仲匜鑑"器名問題》，《古文字研究》第 32 輯，北京：中華書局，2018 年。

羅衛東：《〈封許之命〉""補證》，《民俗典籍文字研究》第 25 輯，北京：商務印書館，2020 年。

雒有倉：《説"從彝"及其相關問題》，《古文字研究》第 31 輯，北京：中華書局，2016 年。

麥里筱：《簠字構形分析與簠形狀之爭議》，《古文字研究》第 28 輯，北京：中華書局，2014 年。

孟蓬生：《解"頤"》，《古文字研究》第 27 輯，北京：中華書局，2008 年。

孟蓬生：《釋"奉"》，《古文字研究》第 25 輯，北京：中華書局，2004 年。

莫伯峰：《"量"字新説》，《上古漢語研究》第 2 輯，北京：商務印書館，2018 年。

裘錫圭：《釋"叚"》，《古文字研究》第 28 輯，北京：中華書局，2010 年。

裘錫圭：《戰國璽印文字考釋三篇》，《古文字研究》第 10 輯，北京：中華書局，1983 年。

饒宗頤：《楚恭王酓審盂跋》，《中國文哲研究集刊》第 1 期，臺北：中國文哲研究所，1991 年。

任家賢：《讀金文札記三則》，《古文字論壇》第 2 輯，上海：中西書局，2016 年。

容庚：《殷周禮樂器考略》，《燕京學報》第 1 輯，北京：京華印書局，1927 年。

單育辰：《新見三種金文探微》，《古文字研究》第 32 輯，北京：中華書局，2018 年。

沈寶春：《宋右師敦“隹嬴嬴昷昷昜天惻”解》，《古文字研究》第 25 輯，北京：中華書局，2004 年。

石小力：《簠鋪考辨》，《古文字論壇》第 1 輯，廣州：中山大學出版社，2015 年。

孫常叙：《雈隼一字形變說》，《古文字研究》第 19 輯，北京：中華書局，1992 年。

孫合肥：《翼城大河口 1017 號墓出土青銅器銘文補說》，《古文字研究》第 33 輯，北京：中華書局，2020 年。

孫稚雛：《郟竝果戈銘釋》，《古文字研究》第 7 輯，北京：中華書局，1982 年。

孫稚雛：《金文釋讀中一些問題的探討（續）》，《古文字研究》第 9 輯，北京：中華書局，1984 年。

湯餘惠：《略論戰國文字形體研究中的幾個問題》，《古文字研究》第 15 輯，北京：中華書局。

唐蘭：《論周昭王時代的青銅器銘刻》，《古文字研究》第 2 輯，北京：中華書局，1981 年。

唐蘭：《殷虛文字二記》，《古文字研究》第 1 輯，北京：中華書局，1979 年。

田率：《内史𬨎與伯克父甘婁盨》，《青銅器與金文》第 1 輯，上海：上海古籍出版社，2017 年。

王恩田：《釋咠、昪、寏——兼說昪、帇字形》，《古文字研究》第 25 輯，北京：中華書局，2004 年。

王輝：《子湯簋銘文試解》，《文物研究》第 6 輯，合肥：黃山書社，1990 年。

王蘭：《金文札記四則》，《古文字研究》第 28 輯，北京：中華書局，2010 年。

王磊：《釋□□君鼎銘中的“貴鼎”》，《戰國文字研究》第 2 輯，合肥：安徽大學出版社，2020 年。

王樹明：《齊地得名推闡》，《東夷古國史研究》第 1 輯，西安：三秦出版社，1988 年。

王志平：《釋“鸞”》，《古文字研究》第 33 輯，北京：中華書局，2020 年。

王子楊：《甲骨文煮字補釋》，《出土文獻研究》第 18 輯，上海：中西書局，2019 年。

韋心瀅：《新見冊楸簋初探》，《古文字研究》第 33 輯，北京：中華書局，2020 年。

文術發：《淮伯鼎銘文考釋》，《古文字研究》第 24 輯，北京：中華書局，2002 年。

鄔可晶：《“芻”“若”補釋》，《古文字研究》第 32 輯，北京：中華書局，2018 年。

鄔可晶：《釋青銅器銘文中處于自名位置的“盇”“盟”等字》，《出土文獻與古文字研究》第 4 輯，上海：上海古籍出版社，2011 年。

吳麗婉：《根據辭例談“𠂇”和“𠂇”的釋讀》，《古文字研究》第 33 輯，北京：中華書局，2020 年。

吳雪飛：《新見魚顛匕通讀》，《中國文字》新 42 期，臺北：藝文印書館，2016 年。

吳振武：《釋戰國文字中的從“膚”和從“朕”之字》，《古文字研究》第 19 輯，北京：中華書局，1992 年。

吳振武：《釋䤥》，《文物研究》第 6 輯，安徽：黃山書社，1990 年。

吳鎮烽：《試論古代青銅器中的隨葬品》，《青銅器與金文》第 5 輯，上海：上海古籍出版社，2020 年。

伍仕謙：《王子午鼎、王孫亯鐘銘文考釋》，《古文字研究》第 9 輯，北京：中華書局，1984 年。

伍仕謙：《微氏家族銅器群年代初探》，《古文字研究》第 5 輯，北京：中華書局，1981 年。

夏宸溥：《試釋伯克父盨自名"舐"》，《中國文字學報》第 11 輯，北京：商務印書館，2021 年。

向桃初：《"越式鼎"研究初步》，《古代文明》第 4 卷，北京：文物出版社，2005 年。

謝明文：《霸伯盤銘文補釋》，《中國文字》新 41 期，臺北：藝文印書館，2015 年。

謝明文：《金文叢考（四）》，《古文字研究》第 32 輯，北京：中華書局，2018 年。

謝明文：《競之鐈鼎考釋》，《出土文獻》第 9 輯，上海：中西書局，2016 年。

謝明文：《說"瘳"與"蒬"》，《出土文獻》第 8 輯，上海：中西書局，2016 年。

謝明文：《說腹、鮑》，《甲骨文與殷商史》新 5 輯，上海：上海古籍出版社，2015 年。

謝明文：《談談青銅酒器中所謂三足爵形器的一種別稱》，《出土文獻》第 7 輯，上海：中西書局，2015 年。

謝明文：《新出登鐸銘文小考》，《中國文字學報》第 7 輯，北京：商務印書館，2017 年。

謝明文：《新出宜脂鼎銘文小考》，《中國文字》新 40 期，臺北：藝文印書館，2014 年。

謝明文：《曾伯克父甘婁簠銘文小考》，《出土文獻》第 11 輯，上海：中西書局，2017 年。

徐在國：《曾公子棄疾銘文補釋》，《中國文字學報》第 5 輯，北京：商務印書館，2014 年。

徐在國：《談安大簡〈詩經〉從"甾"的相關字》，《戰國文字研究》第 2 輯，合肥：安徽大學出版社，2020 年。

徐在國：《據安大簡考釋銅器銘文一則》，《戰國文字研究》第 1 輯，合肥：安徽大學出版社，2019 年。

徐中舒：《陳侯四器考釋》，《"中央"研究院歷史語言研究所集刊》第 3 本第四分，北京：商務印書館，1933 年。

徐中舒：《當塗出土晉代遺物考》，《"中央"研究院歷史語言研究所集刊》第 3 本第三分，北京：商務印書館，1931 年。

徐中舒：《說尊彝》，《"中央"研究院歷史語言研究所集刊》第 7 本第一分，北京：商務印書館，1936 年。

禤健聰：《方妝各鼎銘考釋》，《古文字論壇》第 2 輯，上海：中西書局，2016 年。

禤健聰：《銅器銘文識小錄》，《中國文字研究》第 21 輯，上海：上海書店出版社，2015 年。

禤健聰：《應侯盨自名之字證說》，《古文字研究》第 32 輯，北京：中華書局，2018 年。

嚴一萍：《釋"㱃""鼎""丩"》，《中國文字》第 8 冊，臺北：臺灣大學文學研究室，1962 年。

于省吾：《壽縣蔡侯墓銅器銘文考釋》，《古文字研究》第 1 輯，北京：中華書局，1979 年。

袁國華：《郭店楚簡文字考釋十一則》，《中國文字》新 24 期，臺北：藝文印書館，1998 年。

袁國華：《望山楚簡》考釋三則》，《古文字研究》第 24 輯，北京：中華書局，2002 年。

袁金平：《新出芮伯簠銘文釋讀補正——兼論橫水 M2158 所出器銘中的人物關繫》，《中國文字研究》第 23 輯，上海：上海書店出版社，2016 年。

臧克和：《讀〈殷周金文集成〉雜志》，《古文字研究》第 24 輯，北京：中華書局，2002 年。

詹鄞鑫：《〈魚鼎匕〉考釋》，《中國文字研究》第 2 輯，南寧：廣西教育出版社，2003 年。

張富海：《讀新出西周金文偶識》，《古文字研究》第 27 輯，北京：中華書局，2008 年。

張光裕：《香江新見蔡公子及蔡侯器述略》，《中國文字》新 22 期，臺北：藝文印書館，1997 年。

張光裕：《新見〈曾伯克父甘婁簠〉簡釋》，《青銅器與金文》第 1 輯，上海：上海古籍出版社，2017 年。

張光裕：《跋新見無叀俎銘》，《青銅器與金文》第 3 輯，上海：上海古籍出版社，2019 年。

張懋鎔：《試論青銅器自名現象的另類價值》，《古文字與青銅器論集》第 3 輯，北京：科學出版社，2010 年。

張亞初：《古文字分類考釋論稿》，《古文字研究》第 17 輯，北京：中華書局，1989 年。

張亞初：《殷周青銅鼎器名、用途研究》，《古文字研究》第 18 輯，北京：中華書局，1992 年。

張振謙：《郭大夫甗考》，《戰國文字研究》第 1 輯，合肥：安徽大學出版社，2019 年。

張政烺：《哀成叔鼎釋文》，《古文字研究》第 5 輯，北京：中華書局，1981 年。

張政烺：《邵王之諹鼎及殷銘考證》，《"中央"研究院歷史語言研究所集刊》第 8 本第三分，1939 年。

張政烺：《中山國胤嗣妤盗壺釋文》，《古文字研究》第 1 輯，北京：中華書局，1979 年。

張政烺：《中山王譽壺及鼎銘考釋》，《古文字研究》第 1 輯，北京：中華書局，1979 年。

張政烺：《周厲王胡簋釋文》，《古文字研究》第 3 輯，北京：中華書局，1980 年。

趙平安：《跋虢叔尊》，《古文字研究》第 25 輯，北京：中華書局，2004 年。

趙平安：《鹽鋪再辨》，《古文字研究》第 31 輯，北京：中華書局，2015 年。

趙平安：《説字小記（八則）》，《出土文獻》第 14 輯，上海：中西書局，2019 年。

趙思木：《利用〈保訓〉"朕"字補釋有關金文》，《中國文字》新 43 期，臺北：藝文印書館，2017 年。

中國國家博物館、中國國家書法家協會：《中國國家博物館典藏甲骨文金文集粹》，合肥：安徽美術出版社，2015 年。

中國歷史博物館：《中國歷史博物館》，北京：文物出版社，1976 年。

鍾柏生：《説"異"兼釋與"異"并見諸詞》，《"中央"研究院歷史語言研究所集刊》第 56 本第三分，1985 年。

周寶宏：《西周金文考釋六則》，《古文字研究》第 27 輯，北京：中華書局，2002 年。

周鳳五：《燹公盨銘文初探》，《華學》第 6 輯，北京：紫禁城出版社，2003 年。

周亞：《館藏晉侯青銅器概論》，《上海博物館集刊》第 7 輯，上海：上海書畫出版社，1996 年。

周忠兵：《釋甲骨文中的"餗"》，《古文字研究》第 29 輯，北京：中華書局，2012 年。

朱鳳瀚：《試説自組卜辭中"盧"字的異體》，《古文字研究》第 32 輯，北京：中華書局，2018 年。

[德]史克禮：《〈魚鼎匕〉銘文性質及"下民無智"的有關問題》，《中國文字研究》第 4 輯，南寧：廣西教育出版社，2003 年。

[日]高島謙一：《昌（𣅲）字試釋》，《中國文字學報》第 3 輯，北京：商務印書館，2010 年。

[日]廣瀬薰雄：《釋"卜缶"》，《古文字研究》第 28 輯，北京：中華書局，2010 年。

[日]廣瀬薰雄：《釋卜鼎——〈釋卜缶〉補説》，《古文字研究》第 29 輯，北京：中華書局，2012 年。

[日]廣瀬薰雄：《淅川下寺 3 號墓出土的"瓮"》，《簡帛》第 7 輯，上海：上海古籍出版社，2012 年。

[日]崎川隆：《關于自名爲"鬹"的青銅器》，《青銅器與金文》第 2 輯，上海：上海古籍出版社，2018 年。

3　期刊文章

寶雞茹家莊西周墓發掘隊：《陝西省寶雞市茹家莊西周墓發掘簡報》，《文物》1976 年第 4 期。

曹輝、陶亮：《上蔡郭莊一號楚墓"競之朝"鼎銘文及相關問題試析》，《中原文物》2019 年第
　　3 期。

曹錦炎、吳振武：《釋戠》，《吉林大學社會科學學報》1981 年第 2 期。

曹錦炎：《紹興坡塘出土徐器銘文及其相關問題》，《文物》1984 年第 1 期。

晁福林：《從甲骨文"俎"說到"義"觀念的起源》，《考古學報》2019 年第 4 期。

陳秉新：《安徽出土子湯鼎銘文的再認識》，《考古》2005 年第 7 期。

陳秉新：《讀金文札記二則》，《東南文化》2000 年第 5 期。

陳昌遠：《從"齊"得名看古代齊地紡織業》，《中國歷史地理論叢》1995 年第 1 期。

陳芳妹：《簋與盂──簋與其他粢盛器關繫研究之一》，《故宮學術季刊》1983 年第 1 卷第 2 期。

陳紅玲：《陝西韓城市博物館藏銘文》，《考古與文物》2012 年第 1 期。

陳絜：《應公鼎銘與周代宗法》，《南開學報（哲學社會科學版）》2008 年第 6 期。

陳夢家：《西周銅器斷代（一）》，《考古學報》1955 年第 3 期。

陳夢家：《西周銅器斷代（三）》，《考古學報》1956 年第 1 期。

陳夢家：《西周銅器斷代（五）》，《考古學報》1956 年第 3 期。

陳千萬：《〈中子賓缶〉初探》，《江漢考古》1985 年第 3 期。

陳雙新：《青銅樂器自名研究》，《華夏考古》2001 年第 3 期。

陳英杰：《〈陝西韓城市博物館藏銘青銅器〉釋字商榷》，《考古與文物》2017 年第 4 期。

陳英杰：《燹公盨銘文再考》，《語言科學》2008 年第 1 期。

程欣人、劉彬徽：《古盎小議》，《江漢考古》1983 年第 1 期。

董楚平：《徐器湯鼎銘文考釋中的一些問題》，《杭州大學學報》1987 年第 1 期。

董全生、李長周：《南陽市物資城一號墓及其相關問題》，《中原文物》2004 年第 2 期。

董珊：《略論西周單氏家族窖藏青銅器銘文》，《中國歷史文物》2003 年第 4 期。

董珊：《珍秦齋藏秦伯喪戈、矛考釋》，《故宮博物院院刊》2006 年第 6 期。

杜迺松：《金文中的鼎名簡釋──兼釋尊彝、宗彝、寶彝》，《考古與文物》1988 年第 4 期。

杜迺松：《青銅匕、勺、斗考辨》，《文物》1991 年第 3 期。

杜迺松：《談銅器定名中的一些問題》，《故宮博物院院刊》1979 年第 1 期。

范毓周：《關于子湯鼎的幾個問題》，《南方文物》1997 年第 4 期。

馮時：《燹公盨銘文考釋》，《考古》2003 年第 5 期。

高崇文：《東周楚式鼎形態分析》，《江漢考古》1983 年第 1 期。

高鴻縉：《毛公鼎集釋》，《師大學報》1956 年第 1 期。

高明：《盨、簠考辨》，《文物》1982 年第 6 期。

高中正：《鈈仲簠考釋》，《文史》2021 年第 3 期。

固始侯古堆一號墓發掘組：《河南固始侯古堆一號墓發掘簡報》，《文物》1981 年第 1 期。

顧鐵符：《有關信陽楚墓銅器的幾個問題》，《文物參考資料》1958 年第 1 期。

郭理遠：《宋右師敦銘文補說》，《出土文獻》2020 年第 3 期。

郭沫若：《弭叔簋及訇簋考釋》，《文物》1960 年第 2 期。

郭沫若：《陝西新出土器銘考釋》，《説文月刊》1943 年第 3 卷第 10 期。

何琳儀、房振三：《“也”“只”考辨》，《上海文博》2005 年第 3 期。

何琳儀、黃錫全：《“瑚璉”探源》，《史學集刊》1983 年第 1 期。

何琳儀：《節可忌豆小記》，《考古》1991 年第 10 期。

何琳儀：《新蔡竹簡選釋》，《安徽大學學報（哲學社會科學版）》2004 年第 3 期。

河南省丹江庫區文物發掘隊：《河南省淅川縣下寺春秋楚墓》，《文物》1980 年第 10 期。

河南省文物考古研究所、平頂山市文物管理局：《河南平頂山市應國墓地八號墓發掘簡報》，《華夏考古》2007 年第 1 期。

胡嘉麟：《上海博物館藏伯弘父盨札記》，《中原文物》2016 年第 4 期。

湖北省文物考古研究所、隨州市博物館：《湖北隨州義地崗曾公子去疾墓發掘簡報》，《江漢考古》2012 年第 3 期。

黃崇銘：《殷代與東周之“弄器”及其意義》，《古今論衡》2001 年第 6 期。

黃鳳春：《説方豆與宥坐之器》，《江漢考古》2011 年第 1 期。

黃錦前：《東周金文“石沱”正解》，《江漢考古》2016 年第 1 期。

黃錦前：《讀伯克父甘婁盨銘瑣記》，《中國國家博物館館刊》2019 年第 4 期。

黃盛璋：《郭院長關於新出銅器三器的考釋及其意義——紀念郭沫若院長》，《社會科學戰綫》1980 年第 3 期。

黃盛璋：《眉縣楊家村逨家窖藏銅器解要》，《中國歷史文物》2004 年第 3 期。

黃盛璋：《銅器中“奠器”的説法不能成立》，《考古通訊》1958 年第 1 期。

黃盛璋：《魏享陵鼎銘考論》，《文物》1988 年第 11 期。

黃庭頎：《論金文“薛”及“薛+器名”》，《東華漢學》2015 年第 21 期。

黃錫全、于炳文：《山西晉侯墓地所出楚公逆鐘銘文初釋》，《考古》1995 年第 2 期。

黃錫全：《楚系文字略論》，《考古》1990 年第 3 期。

冀小軍：《説甲骨金文中表祈求義的秦字——兼談秦字在金文車飾名稱中的用法》，《湖北大學學報（哲學社會科學版）》1991 年第 1 期。

李伯謙：《叔夨方鼎銘文考釋》，《文物》2001 年第 8 期。

李春桃：《嬰膚瑚銘文新釋》，《古代文明》2015 年第 4 期。

李純一：《關于歌鐘、行鐘及蔡侯編鐘》，《文物》1973 年第 7 期。

李家浩：《關于邡陵君銅器銘文的幾點意見》，《江漢考古》1986 年第 4 期。

李零、劉雨：《楚邡陵君三器》，《文物》1980 年第 8 期。

李零：《楚國銅器類説》，《江漢考古》1987 年第 4 期。

李零：《商周銅禮器分類的再認識》，《中國國家博物館館刊》2020 年第 11 期。

李零：《紹興坡塘 306 號墓的再認識》，《中國國家博物館館刊》2020 年第 6 期。

李零：《説匲——中國早期的婦女用品：首飾盒、化妝盒和香盒》，《故宮博物院院刊》2009 年第 3 期。

李琦：《西替敦研究》，《出土文獻》2021 年第 2 期。

李學勤：《從新出青銅器看長江下游文化的發展》，《文物》1980 年第 8 期。

李學勤：《論夒公盨及其重要意義》，《中國歷史文物》2002 年第 6 期。

李學勤：《眉縣楊家村新出青銅器研究》，《文物》2003 年第 6 期。

李學勤：《穆公簋蓋在青銅器分期上的意義》，《文博》1984 年第 2 期。

李學勤：《秦國文物的新認識》，《文物》1980 年第 9 期。

李學勤：《談近年新發現的幾種戰國文字資料》，《文物參考資料》1956 年第 1 期。

李學勤：《談叔夨方鼎及其他》，《文物》2001 年第 10 期。

李學勤：《談盂方鼎及其他》，《文物》1997 年第 12 期。

李學勤：《戰國題銘概述（下）》，《文物》1959 年第 9 期。

李仲操：《王作歸盂銘文簡釋——再談莽京爲西周宮室之名》，《考古與文物》1998 年第 1 期。

梁慧婧：《説"甗"》，《語言研究》2022 年第 1 期。

林沄：《周代用鼎制度商榷》，《史學集刊》1990 年第 3 期。

劉敦願：《釋齊》，《文史哲》1984 年第 5 期。

劉海宇、韓偉東：《再釋"齊"》，《管子學刊》2009 年第 4 期。

劉秋瑞：《説"盨"》，《中原文物》2013 年第 2 期。

劉樹滿：《青銅鬲自名與分類研究》，《考古與文物》2017 年第 2 期。

劉孝霞：《"郭大夫甗"補説》，《蘭州學刊》2012 年第 7 期。

劉雨：《西周金文中的祭祖禮》，《考古學報》1989 年第 4 期。

劉昭瑞：《爵、尊、卣、觥的定名和用途雜議》，《文物》1991 年第 3 期。

羅西章：《西周王盂考——兼論莽京地望》，《考古與文物》1998 年第 1 期。

洛陽博物館：《洛陽龐家溝五座西周墓的清理》，《文物》1972 年第 10 期。

洛陽博物館：《洛陽哀成叔墓清理簡報》，《文物》1981 年第 7 期。

馬寶春、袁廣闊：《改善鼎銘文考釋》，《文物》2012 年第 10 期。

孟蓬生：《釋豦》，《古漢語研究》1998 年第 3 期。

彭裕商：《東周青銅盆、盞、敦研究》，《考古學報》2008 年第 2 期。

邱德修：《楚王子午鼎"䚛遅遷鼎"銘考》，《故宮學術季刊》1988 年第 6 卷第 2 期。

邱德修：《金文配字源流考》，《故宮學術季刊》1986 年第 4 卷第 3 期。

裘錫圭：《燹公盨銘文考釋》，《中國歷史文物》2002 年第 6 期。

沙孟海：《配兒鈎鑃考釋》，《考古》1983 年第 4 期。

山西省考古研究所等：《山西翼城大河口西周墓地 1017 號墓發掘》，《考古學報》2018 年第 1 期。

單育辰：《釋鱻》，《考古與文物》2017 年第 5 期。

商志䮏：《次□缶銘文考釋及相關問題》，《文物》1989 年第 12 期。

施謝捷：《楚器"邶子鬵缶"跋》，《江漢考古》1989 年第 4 期。

施謝捷：《甲骨文字考釋十篇》，《考古與文物》1989 年第 6 期。

石小力：《清華簡〈虞夏殷周之治〉與上古禮樂制度》，《清華大學學報（哲學社會科學版）》2018 年第 5 期。

蘇影：《單叔鬲丁"器"字補説》，《華夏考古》2017 年第 4 期。

蘇影：《山東沂水春秋古墓新出銅盂銘"濫"字釋讀》，《殷都學刊》2013 年第 2 期。

隨州市博物館：《湖北隨縣劉家崖發現古代青銅器》，《考古》1982 年第 2 期。

孫敬明、何琳儀、黃錫全：《山東臨朐新出銅器銘文考釋及有關問題》，《文物》1983 年第 12 期。

孫稚雛：《金文釋讀中一些問題的商討》，《中山大學學報（哲學社會科學版）》1979 年第 3 期。

唐蘭：《略論西周微史家族窖藏銅器群的重要意義——陝西扶風新出牆盤銘文解釋》，《文物》1978 年第 3 期。

唐蘭：《陝西省岐山縣董家村新出西周重要銅器銘辭的譯文和注釋》，《文物》1976 年第 5 期。

唐蘭：《中國青銅器的起源與發展》，《故宮博物院院刊》1979 年第 1 期。

滕縣博物館：《山東滕縣發現滕侯銅器墓》，《考古》1984 年第 4 期。

王輝：《"富春大夫"甋跋》，《考古與文物》1994 年第 4 期。

王輝：《讀扶風縣五郡村窖藏銅器銘文小記》，《考古與文物》2007 年第 4 期。

王人聰：《楚王審盦盞餘釋》，《江漢考古》1992 年第 2 期。

王人聰：《釋元用與元弄》，《考古與文物》1996 年第 3 期。

王人聰：《徐器銘文雜釋》，《南方文物》1996 年第 1 期。

王少泉：《襄樊市博物館收藏的襄陽山灣銅器》，《江漢考古》1988 年第 3 期。

王獻唐：《岐山出土康季鼒銘讀記》，《考古》1964 年第 9 期。

王志平：《一則蚩尤傳説的新解釋——兼論神話傳説中的語源迷誤》，《中國典籍與文化》1999 年第 4 期。

吳振武：《試釋西周獻簋銘文中的"馨"字》，《文物》2006 年第 11 期。

吳振武：《談徐王爐銘文中的"𨤲"字》，《文物》1984 年第 11 期。

吳振武：《燹戒鼎補釋》，《史學集刊》1998 年第 1 期。

吳鎮烽：《"魚鼎匕"新釋》，《考古與文物》2015 年第 2 期。

吳鎮烽：《近年新出現的銅器銘文》，《文博》2008 年第 2 期。

吳鎮烽：《内史亳丰同的初步研究》，《考古與文物》2010 年第 2 期。

武振玉：《殷周金文中的征戰類動詞》，《北方論叢》2009 年第 4 期。

信陽地區文管會、潢川縣文化館：《河南潢川縣發現黃國和蔡國銅器》，《文物》1980 年第 1 期。

徐俊英：《南陽博物館藏一件春秋銅敦》，《文物》1991 年第 5 期。

徐正考：《殷商西周金文"障（尊）"字正詁》，《古漢語研究》1999 年第 1 期。

禤健聰：《曾公子棄疾銅器銘文辨讀二則》，《中原文物》2016 年第 4 期。

禤健聰：《楚文字新讀二則》，《江漢考古》2006 年第 4 期。

禤健聰：《釋蓮子受鬲的自名"䀇"》，《華夏考古》2018 年第 1 期。

閆華：《金文"用"字考察及釋例》，《古籍研究》2007 年第 2 期。

嚴志斌：《遣器與遣策緣起》，《故宮博物院院刊》2021 年第 10 期。

楊華：《"大行"與"行器"——關于上古喪葬禮制的一個新考察》，《湖南大學學報（社會科學版）》2018 年第 2 期。

楊權喜：《襄陽山灣出土的鄀國和鄧國銅器》，《江漢考古》1983 年第 1 期。

楊秀恩：《殷周金文"尊"字用義新考》，《蘭臺世界》2015 年第 33 期。

葉玉森：《説契》，《學衡》1924 年第 31 期。

尹俊敏、劉富亭：《南陽市博物館藏兩周銘文銅器介紹》，《中原文物》1992 年第 2 期。

尹黎雲：《字源説》，《中國人民大學學報》1992 年第 5 期。

于豪亮：《説俎字》，《中國語文研究》1981 年第 2 期。

于省吾：《商代的穀類作物》，《東北人民大學人文科學學報》1957 年第 1 期。

于省吾：《師克盨銘考釋書後》，《文物》1962 年第 11 期。

俞偉超、高明：《周代用鼎制度研究（上）》，《北京大學學報》1978 年第 1 期。

袁廣闊、馬寶春、梁宏剛：《"改善鼎"的年代、國別、地理及相關問題》,《首都師範大學學報（社會科學版）》2013 年第 4 期。

岳連建、王安坤：《銅盨的淵源及演變》,《考古與文物》2014 年第 2 期。

臧克和：《〈魚鼎匕〉銘文有關器名性質新釋》,《考古與文物》2004 年第 5 期。

棗莊市博物館等：《山東棗莊徐樓東周墓發掘簡報》,《文物》2014 年第 1 期。

曾昭岷、李瑾：《曾國和曾國銅器綜考》,《江漢考古》1980 年第 1 期。

崔勝利：《海岱地區蓋豆類器物的淵源及命名問題辨正》,《中國國家博物館館刊》2019 年第 7 期。

詹鄞鑫：《釋甲骨文"彝"字》,《北京大學學報（哲學社會科學版）》1986 年第 2 期。

張昌平：《曾國青銅器簡論》,《考古》2008 年第 1 期。

張昌平：《襄陽縣新發現一件銅盞》,《江漢考古》1993 年第 3 期。

張長壽、張孝光：《西周時期的銅漆木器具——1983—1986 年灃西發掘資料之六》,《考古》1992 年第 6 期。

張長壽：《論井叔銅器——1983—1986 灃西發掘資料之二》,《文物》1990 年第 7 期。

張程昊：《霸國墓地出土銅器零釋》,《中原文物》2019 年第 2 期。

張光裕：《從㲋字的釋讀談到盨、盆、盂諸器的定名問題》,《考古與文物》1982 年第 3 期。

張頷、張萬鐘：《庚兒鼎解》,《考古》1963 年第 5 期。

張頷：《晋侯斷簋銘文初識》,《文物》1994 年第 1 期。

張劍：《齊侯鑑銘文的新發現》,《文物》1977 年第 3 期。

張懋鎔、秦建明：《釋"東"及與"東"有關之字》,《人文雜誌》1981 年第 6 期。

張懋鎔：《關於青銅器定名的幾點思考——從伯湄父簋的定名談起》,《文博》2008 年第 5 期。

張懋鎔：《兩周青銅盨研究》,《考古學報》2003 年第 1 期。

張世超：《"礴𩇳""橐駝"考》,《江漢考古》1992 年第 2 期。

張聞捷：《東周飤器組銅器研究——兼論周代銅器稱名制度的變化》,《考古與文物》2017 年第 3 期。

張聞捷：《周代用鼎制度疏證》,《考古學報》2012 年第 2 期。

張玉金：《甲骨金文"尊"字補釋》,《古漢語研究》2007 年第 4 期。

趙平安：《從語源學的角度看東周時期鼎的一類別名》,《考古》2008 年第 12 期。

趙平安：《金文"礴𩇳"解——兼及它的異構》,《中山大學學報（哲學社會科學版）》1990 年第 4 期。

趙平安：《金文考釋二篇》,《語言研究》1996 年第 2 期。

趙平安：《金文考釋四篇》,《語言研究》1994 年第 1 期。

趙平安：《釋"㲃"》,《考古》1992 年第 10 期。

趙平安：《釋甲骨文中的"𤔔"和"𥷴"》,《文物》2000 年第 8 期。

趙世綱、劉笑春：《王子午鼎銘文試釋》,《文物》1980 年第 10 期。

趙振華：《哀成叔鼎的銘文和年代》,《文物》1981 年第 7 期。

中國社會科學院考古研究所安陽工作隊：《河南安陽市鐵三路殷墟文化時期制骨作坊遺址》,《考古》2015 年第 8 期。

周博：《重慶中國三峽博物館藏仲叝父盆》,《文物》2018 年第 10 期。

周萼生：《略談商婣甗》,《考古》1962 年第 1 期。

周海華、魏宜輝：《讀銅器銘文札記（四則）》,《東南文化》2000 年第 5 期。

朱德熙、裘錫圭：《平山中山王墓銅器銘文的初步研究》，《文物》1979 年第 1 期。
朱德熙、裘錫圭：《信陽楚簡考釋（五篇）》，《考古學報》1973 年第 1 期。
朱德熙、裘錫圭：《戰國文字研究（六種）》，《考古學報》1972 年第 2 期。
朱鳳瀚：《㣇公盨銘文初釋》，《中國歷史文物》2002 年第 6 期。
鄒芙都：《銅器用途銘辭考辨二題》，《求索》2012 年第 7 期。

4　學位論文

陳夢兮：《新出銅器銘文研究》，2013 年安徽大學碩士學位論文。
范佩瑜：《商周青銅匜自名、定名整理與研究》，2019 年北京語言大學碩士學位論文。
傅修才：《東周山東諸侯國金文整理與研究》，2017 年復旦大學博士學位論文。
黃錦前：《楚系銅器銘文研究》，2009 年安徽大學博士學位論文。
李琦：《東周青銅食器稱謂與功用整理研究》，2019 年吉林大學碩士學位論文。
李森：《商周青銅鬲自名、定名整理與研究》，2020 年北京語言大學碩士學位論文。
馬超：《2011 至 2016 新刊出土金文整理與研究》，2017 年西南大學博士學位論文。
彭瑾：《周代媵器試論》，2014 年南京大學碩士學位論文。
田河：《出土戰國遣册所記名物分類匯釋》，2007 年吉林大學博士學位論文。
王苛：《周代青銅容器自名限定語研究》，2020 年鄭州大學碩士學位論文。
王爽：《商周青銅盤自名、定名整理與研究》，2021 年北京語言大學碩士學位論文。
吳沙沙：《青銅簠自名、定名研究》，2018 年北京語言大學碩士學位論文。
夏宸溥：《兩周青銅盨自名、定名整理與研究》，2019 年北京語言大學碩上學位論文。
袁國華：《包山楚簡研究》，1994 年香港中文大學博士論文。
查飛能：《商周青銅器自名疏證》，2019 年西南大學博士學位論文。
趙江寒：《商周青銅盆、盂、敦自名、定名整理與研究》，2021 年北京語言大學碩士學位論文。
張芳：《西周食器稱謂及用途研究》，2018 年吉林大學碩士學位論文。

5　網絡文章

程少軒：《試説“鴌”字及相關問題》，復旦大學出土文獻與古文字研究中心網，2008 年 3 月
　　20 日。（http://www.fdgwz.org.cn/Web/Show/380）
范常喜：《方妝各鼎銘“從”字小考》，復旦大學出土文獻與古文字研究中心網，2008 年 11 月
　　17 日。（http://www.fdgwz.org.cn/Web/Show/552）
復旦大學出土文獻與古文字研究中心研究生讀書會：《清華簡〈楚居〉研讀札記》，復旦大學出
　　土文獻與古文字研究中心網，2011 年 1 月 5 日。（http://www.fdgwz.org.cn/Web/Show/1353）
葛亮：《復丰壺探研》，復旦大學出土文獻與古文字研究中心網，2020 年 1 月 11 日。
　　（http://www.fdgwz.org.cn/Web/Show/4530）
葛亮：《〈玫茵堂藏中國銅器〉有銘部分校讀》，復旦大學出土文獻與古文字研究中心網，2009 年
　　12 月 11 日。（http://www.fdgwz.org.cn/Web/Show/1012）

葛亮：《九如園藏方甗銘文考釋》，復旦大學出土文獻與古文字研究中心網，2020 年 1 月 11 日。（http://www.fdgwz.org.cn/Web/Show/4531）

李鵬輝：《上海博物館藏伯弘父盨銘文"彝"字補釋》，武漢大學簡帛研究中心網，2016 年 10 月 25 日。（http://www.bsm.org.cn/?guwenzi/7399.html）

孟蓬生：《釋清華簡〈封許之命〉的"彖"字——兼論"彖"字的古韻歸部》，復旦大學出土文獻與古文字研究中心網，2015 年 4 月 21 日。（http://www.fdgwz.org.cn/Web/Show/2502）

單育辰：《〈商周青銅器銘文暨圖像集成三編〉釋文校訂》，武漢大學簡帛研究中心網，2021 年 1 月 11 日。（http://www.bsm.org.cn/?guwenzi/8337.html）

石小力：《清華簡（伍）〈封許之命〉"鈞、膺"補說》，武漢大學簡帛研究中心網，2015 年 4 月 12 日。（http://www.bsm.org.cn/?chujian/6371.html）

蘇建洲：《〈封許之命〉研讀札記（一）》，復旦大學出土文獻與古文字研究中心網，2015 年 4 月 18 日。（http://www.fdgwz.org.cn/Web/Show/2500）

隋倫：《〈商周青銅器銘文暨圖像集成〉部分圖版及著錄問題》，復旦大學出土文獻與古文字研究中心網，2014 年 11 月 12 日。（http://www.fdgwz.org.cn/Web/Show/2371）

王祁：《略談商周青銅鈇》，社科院歷史所先秦史研究室網，2018 年 4 月 25 日。（https://www.xianqin.org/blog/archives/10111.html）

王子揚：《大河口霸國墓地 M1017 出土青銅銘文材料的幾點認識》，社科院歷史所先秦史研究室網，2018 年 3 月 9 日。（https://www.xianqin.org/blog/archives/9917.html）

吳鎮烽：《論青銅器中的"行器"及其相關器物》，復旦大學出土文獻與古文字研究中心網，2018 年 9 月 11 日。（http://www.fdgwz.org.cn/Web/Show/4287）

謝明文：《釋金文中的"鋚"字》，復旦大學出土文獻與古文字研究中心網，2013 年 5 月 13 日。（http://www.fdgwz.org.cn/Web/Show/2045）

謝明文：《椃伯盤銘文考釋》，復旦大學出土文獻與古文字研究中心網，2021 年 7 月 8 日。（http://www.fdgwz.org.cn/Web/Show/4805）

謝雨田：《新出宜脂鼎銘文小考》，復旦大學出土文獻與古文字研究中心網，2014 年 2 月 27 日。（http://www.fdgwz.org.cn/Web/Show/2233）

嬴泉：《釋疇》，復旦大學出土文獻與古文字研究中心網，2009 年 6 月 6 日。（http://www.fdgwz.org.cn/Web/Show/809）

張崇禮：《釋古文字中的"畫"和"彫"》，復旦大學出土文獻與古文字研究中心網，2012 年 12 月 8 日。（http://www.fdgwz.org.cn/Web/Show/1970）

張光裕：《跋新見無㝬俎銘》，復旦大學出土文獻與古文字研究中心網，2018 年 5 月 17 日。（http://www.fdgwz.org.cn/Web/Show/4249）

趙彤：《方豆考》，復旦大學出土文獻與古文字研究中心網，2008 年 1 月 2 日。（http://www.fdgwz.org.cn/Web/Show/289）

6　英文文獻

Christian Deydier. *Chinese Bronzes from the Meiyintang Collection Vol. 1*.[M] Hongkong: OM Publishing, 2013.

附　　錄

1　主要書名簡稱對照表

簡　　稱	全　　名
《百年》	《中國國家博物館百年收藏集粹》
《寶蘊》	《寶蘊樓彝器圖録》
《北圖拓》	《北京圖書館藏青銅器銘文拓本選編》
《博古》	《博古圖》
《長安》	《長安獲古編》
《陳論集》	《陳佩芬青銅器論集》
《澂秋》	《澂秋館吉金圖》
《出土全集》	《中國出土青銅器全集》
《辭典》	《中國文物精華大辭典》
《從古》	《從古堂款識學》
《大系》	《兩周金文辭大系圖録攷釋》
《獨笑》	《獨笑齋金石文考》
《斷代》	《西周銅器斷代》
《二百》	《二百蘭亭齋收藏金石記》
《簠齋》	《簠齋吉金録》
《復齋》	《鐘鼎款識》
《故周金》	《故宮西周金文録》
《冠斝》	《冠斝樓吉金圖》
《國史金》	《國史金石志稿》
《海外吉》	《海外吉金圖録》
《海外銅》	《海外中國銅器圖録》
《合集》	《甲骨文合集》
《恒軒》	《恒軒所見所藏吉金録》
《懷米》	《懷米山房吉金圖》

簡　稱	全　名
《彙編》	《中日歐美澳紐所見所拓所摹金文彙編》
《積古》	《積古齋鐘鼎彝器款識》
《集成》	《殷周金文集成（修訂增補本）》
《甲金粹》	《甲骨文金文集粹》
《金索》	《金石索》
《近出》	《近出殷周金文集録》
《敬吾》	《敬吾心室彝器款識》
《筠清》	《筠清館金文》
《攈古》	《攈古録金文》
《考古圖》	《考古圖》
《愙賸》	《愙齋集古録釋文賸稿》
《愙齋》	《愙齋集古録》
《兩罍》	《兩罍軒彝器圖釋》
《旅順銅》	《旅順博物館館藏文物選粹·青銅器卷》
《洛銅》	《洛陽出土青銅器》
《美集》	《美帝國主義劫掠的我國殷周銅器集録》
《美全》	《中國美術全集·工藝美術·青銅器》
《夢坡》	《夢坡室獲古叢編》
《銘三》	《商周青銅器銘文暨圖像集成三編》
《銘圖》	《商周青銅器銘文暨圖像集成》
《銘文選》	《商周青銅器銘文選》
《銘續》	《商周青銅器銘文暨圖像集成續編》
《寧壽》	《寧壽鑒古》
《攀古》	《攀古樓彝器款識》
《譜系》	《古文字譜系疏證》
《奇觚》	《奇觚室吉金文述》
《清愛》	《清愛堂家藏鐘鼎彝器款識法帖》
《清儀》	《清儀閣所藏古器物文》
《求古》	《求古精舍金石圖》
《三代》	《三代吉金文存》
《三代補》	《三代吉金文存補》
《陝北銅》	《陝北出土青銅器》

簡　　稱	全　　名
《陝集成》	《陝西金文集成》
《陝金》	《陝西金文彙編》
《陝銅》	《陝西出土商周青銅器》
《善圖》	《善齋彝器圖録》
《善齋》	《善齋吉金録》
《十二》	《十二家吉金圖録》
《十六》	《十六長樂堂古器款識攷》
《雙吉》	《雙劍誃吉金圖録》
《頌續》	《頌齋吉金續録》
《頌齋》	《頌齋吉金圖録》
《陶續》	《陶齋吉金續録》
《陶齋》	《陶齋吉金録》
《通解》	《金文形義通解》
《銅全》	《中國青銅器全集》
《徽銅》	《安徽省博物館藏青銅器》
《轀華閣》	《轀華閣集古録跋尾》
《武英》	《武英殿彝器圖録》
《西甲》	《西清續鑑甲編》
《西清》	《西清古鑑》
《西乙》	《西清續鑑乙編》
《希古》	《希古樓金石萃編》
《璽彙》	《古璽彙編》
《夏商周》	《夏商周青銅器研究》
《小校》	《小校經閣金石文字（引得本）》
《嘯堂》	《嘯堂集古録》
《新收》	《新收殷周青銅器銘文暨器影彙編》
《續考》	《續考古圖》
《薛氏》	《歷代鐘鼎彝器款識法帖》
《杉林》	《杉林館吉金圖識》
《藝展》	《參加倫敦中國藝術國際展覽會出品圖説》
《餘論》	《古籀餘論》
《鬱華閣》	《鬱華閣金文》

簡　稱	全　名
《曾侯乙》	《曾侯乙墓》
《曾銅》	《曾國青銅器》
《貞補》	《貞松堂集古遺文補遺》
《貞松》	《貞松堂集古遺文》
《貞續》	《貞松堂集古遺文續編》
《中歷博》	《中國歷史博物館》
《周金》	《周金文存（附補遺）》
《周原銅》	《周原出土青銅器》
《綴遺》	《綴遺齋彝器考釋》
《綜覽》	《殷周青銅器綜覽·第一卷》
《總集》	《金文總集》
《尊古》	《尊古齋所見吉金圖》
《通考》	《商周彝器通考》
《故銅》	《故宮青銅器》

2　部分器物自名表

表Ⅰ　鼎

序號	編號	器名	器形	時代、國別	銘文	字形
1	01296	聾鼎		西周中期	聾作寶器。	
2	01436	燚律鼎		西周中期	燚建作旬器。	
3	01488	王后鼎		戰國中期·燕國	王后之御器。	

序號	編號	器名	器形	時代、國別	銘文	字形
4	01944	曾子伯誩鼎		春秋早期	曾子伯誩鑄行器。	
5	02003—02004	黃君孟鼎		春秋中期	黃君孟自作行器彐。	
6	02005—02006	曾亘嫚鼎		春秋早期	曾亘嫚非彔，爲爾行器。	
7	02011	鄴子𦙝塦鼎	—	春秋晚期	鄴子𦙝塦爲其行器。	
8	02038	黃子鼎		春秋中期	黃子作黃夫人孟姬器。	
9	02087	黃子鼎		春秋中期	黃子作黃夫人行器。	
10	02315	師眉鼎		西周中期前段	䧹王爲周窑，錫貝五朋，用爲窑器……	
11	02435	哀成叔鼎		春秋晚期	余蒱邦之産，少去母父，作鑄飤器黃鑊。	
12	20135	姚季鼎		春秋早期	姚季媵孟姬函母飤器。	

续表

序號	編號	器名	器形	時代、國別	銘文	字形
13	20140	曾子伯選鼎	—	春秋中期	曾子伯選行器。	
14	20146	曾子歔鼎		春秋早期	曾子歔自作行器。	
15	20147	曾子壽鼎		春秋早期	曾子壽自作行器。	
16	30211	曾子牧臣鼎		春秋早期	曾子牧臣自作行器。	

表Ⅱ 鬲

序號	編號	器名	器形	時代	銘文	字形
1	02839	樊君鬲		春秋中期	樊君作叔嬴賸媵器寶鬲	
2	02844	黄子鬲		春秋中期	黄子作黄夫人孟姬器。則……	
3	02945	黄子鬲		春秋中期	黄子作黄夫人行器。則永祐福……	

表Ⅲ 簋

序號	編號	器名	器形	時代	銘文	字形
1	04680	甚孿君簋		西周早期	甚繺君休于王，自作器。	

序號	編號	器名	器形	時代	銘文	字形
2	04985	燮簋		西周中期	荓（對）揚王休，用作宮仲念器。	
3	05141	陳侯午簋		戰國中期	作皇妣孝大妃祭器鈇鐸。	（不清）
4	05144—05146	函皇父簋		西周晚期	函皇父作琱媯盤盉隣器。	
5	05149	鄭侯少子簋		春秋晚期	妳作皇妣釗君仲妃祭器八殷。	
6	05180	緋簋		西周中期	緋對揚王休，用自作寶器。	
7	05181	叹簋	—	西周中期	叹對揚王休，用自作寶器。	
8	20403	仲盂父簋		西周早期	仲盂父作乎弔子寶器。	

表Ⅳ　瑚

序號	編號	器名	器形	時代	銘文	字形
1	05826—05827	曾子屎瑚		春秋晚期	曾子屎自作行器。	
2	05828	伯彊瑚	—	春秋時期	伯彊爲皇氏伯行器，永祜福。	

序號	编號	器名	器形	時代	銘文	字形
3	05840	曾子叔牧父瑚	—	春秋晚期	曾子叔牧父作行器，用祜福。	
4	05841	鄬子塦瑚		春秋晚期	鄬子作歊瑚，塦爲其行器。	
5	05936	曾侯瑚	—	春秋早期	曾侯作弔姬、邛嬭滕器羈彝。	
6	05977—05988	陳逆瑚		戰國早期	以作氒原配季姜之祥器。	
7	30554	牧臣瑚		春秋早期	牧臣行器，爾永祜福。	
8	30591—30592	陳逆瑚	—	戰國早期	以作氒原配季姜之祥器。	

表Ⅴ 敦

序號	编號	器名	器形	時代	銘文	字形
1	06074	宋右師延敦		春秋時期	旮共天尚，作盨蕶器。	
2	06077—06078	十四年陳侯午敦		戰國中期	陳侯午以羣諸侯戝金，作皇妣孝大妃祭器鋠鐘。	
3	06079	十年陳侯午敦	—	戰國中期	陳侯午淖羣邦諸侯于齊，諸侯享以吉金，劀作平壽造器。	
4	06080	陳侯因脊敦		戰國中期	諸侯寁薦吉金，用作孝武趄公祭器鎰。	

续表

序號	編號	器名	器形	時代	銘文	字形
5	30594	膚公之孫賃丘子敦		春秋晚期	夆取膚公之孫賃丘子[乍]鎧厥饋哭。	
6	30595	樊可忌敦①		春秋晚期	樊可忌作厥元仲姞孌器寶鐈。	

表VI 豆

序號	編號	器名	器形	時代	銘文	字形
1	06148	黃子豆		春秋中期	黃子作黃甫人行器，則永祜福，霝冬霝後。	
2	06146	黃君孟豆		春秋中期	黃君孟自作行器，子=孫=永祜福。	
3	30606	黃君孟豆		春秋中期	黃君孟自作行器，子=孫=剗永祜福。	
4	30608	黃子豆		春秋中期	黃子作黃甫人行器，則永祜福，霝冬霝後。	

表VII 其他食器

序號	編號	器名	器形	時代	銘文	字形
1	20536	異好盂		西周早期	使作器……異口小子其肇作器。	
2	06263	子叔嬴内君盆		春秋早期	子叔嬴内君作寶器。	

---

① 這件器物可能爲豆器失校，暫列于敦。